万卷楼

国学经典

修订版

汲取先贤智慧

铺就成功阶梯

万表楼

万卷楼国学经典 修订版

资治通鉴

[北宋] 司马光 著

刘瀚超 编译

张家鹏 修订

万卷出版有限责任公司
VOLUMES PUBLISHING COMPANY

2025年·沈阳

图书在版编目（CIP）数据

资治通鉴 /（北宋）司马光著，刘瀚超编译，张家
鹏修订. — 沈阳：万卷出版有限责任公司，2023.5（2025.6重印）
（万卷楼国学经典：修订版）
ISBN 978-7-5470-6206-7

Ⅰ.①资… Ⅱ.①司… ②刘… ③张… Ⅲ.①中国历
史—古代史—编年体②《资治通鉴》—译文③《资治通鉴》
—注释 Ⅳ.①K204.3

中国国家版本馆CIP数据核字（2023）第035391号

出 品 人：王维良
出版发行：万卷出版有限责任公司
　　　　　（地址：沈阳市和平区十一纬路29号 邮编：110003）
印 刷 者：辽宁新华印务有限公司
经 销 者：全国新华书店
幅面尺寸：170 mm × 240 mm
字　　数：500千字
印　　张：24
出版时间：2023年5月第1版
印刷时间：2025年6月第3次印刷
责任编辑：高　爽
装帧设计：徐春迎
责任校对：张　莹
ISBN 978-7-5470-6206-7
定　　价：58.00元
联系电话：024-23284090
邮购热线：024-23284050

出版说明

"读万卷书，行万里路"这是中国古人"修身"的两条基本途径。晋代著名史学家陈寿给自己的书斋命名为"万卷楼"，此后，历代以"万卷楼"命名的书斋，由宋至清有数十家：宋代有方略、石待旦等；元代有陈杰、汪惟正等；明代有项笃寿、杨仪、范钦等；清代有孙承泽、黄彭年等。可见，"读万卷书"的理想在中国传统知识分子中是何等的根深蒂固。

读"万卷书"不仅是古人的理想，当我们懂得了读书的意义，都会自然而然地产生强烈的"博览群书"的愿望。然而，人类历史悠久，书籍浩如汪洋大海，时代发展到今天，科技与经济的发展更使得人类的精神领域空前丰富，获取信息与知识的途径不断增加。"万卷书"早已不再是一个象征性的概念，如何从这"万卷"之中，找到最值得细细品读的作品，已经成为人们必须解决的问题。

爱因斯坦曾说过："在阅读的书中找出可以把自己引到深处的东西，把其他一切统统抛掉。"这正是在阐述读书时选择的重要性。而他所说的把我们"引到深处的东西"无疑就是我们所需要深度阅读的作品，也就是我们常说的经典作品。

卡尔维诺对经典作出的定义之一是：经典就是我们正在重读的。的确，在对经典作品反反复复的品味中，人们思想得到了升华，从浅薄走向思考，最后走到通达。我们都曾有这样的感触，面对海量的书籍和信息，一方面，人们在向着功利性浅阅读大张其道，另一方面，我们的精神深处又在不断地呼唤能够滋养自己内心的深度阅读。因此，经典的价值不仅没有因为浅阅读时代的到来而有所损失，反而更显示出其珍贵来。

在惜字如金的中国传统典籍当中，从来不乏这种需要反复品味的经典。从先秦诸子到历代的经史子集，这些经典为一代代的中国人提供了取之不尽的精神滋养，为中华文化的传承和发展建立了基础。我们把这种包蕴中国文化的学问称为国学。国学的范围非常广泛，它包含了文学、历史、哲学、艺术、语言、音韵等在内的一系列内容。

包罗万象的国学经典为我们提供了广泛的教育。阅读国学经典，也就是在与我们的"先圣先贤"对话和交流，一步步地揆进我们的历史和传统。这个过程可以让我们领会先贤的旨趣，把握他们的神髓，形成恢宏的历史意识，可以让我们通晓文义、熟习经史、通彻学问，让我们成为博学之士。另一方面，国学经典所代表的传统学问，更是具有极为厚重的伦理色彩。阅读国学经典的过程，不仅是增进知识的过程，而且是一个熏陶气质、改善性情、提高涵养的过程，这个过程在潜移默化中培养着行谊谨厚、品行端方、敦品励行的谦谦君子。

当然，随着时代的发展，国学早已不再是人们追求事功的唯一法典，我们也不赞成对国学的功能无限夸大。但毫无疑问，阅读国学经典，必能促进我们对真、善、美的崇敬之心，唤起我们对伟大、深邃、美好事物的敏感和惊奇，同时也让我们了解到先贤们在探寻知识过程中思考的重大课题和运用的基本原则。这些作品体现着我们民族精神的精髓，如《周易》所阐述的"自强不息"的君子人格，《论

语》所强调的"和而不同"的包容精神，《诗经》所培养的温柔敦厚的情感，《道德经》所闪耀的思辨智慧，等等，它们共同构筑了中华民族传统的精神范式。品读先贤留下的经典，恰如与他们进行一次次心灵的直接触碰，进而去审视我们自己的内心，见贤思齐，激浊扬清。

正是基于对国学经典的这种认识，我们精选了这套《万卷楼国学经典》系列丛书，以期引导步履匆匆的现代人走近国学经典、了解国学经典。在选编过程中，我们希望能够体现这样一些特点。

首先，我们希望这套丛书能够最具代表性。在选目中，我们注重于最经典、最根源的作品，在有限的时间内，把那些最具影响力，最应该知道的作品提交给读者。四书五经、先秦诸子、唐诗宋词等这些具有符号意义的作品无疑是最应该为我们所熟知的，因此，丛书所选的30种作品都是这些经典中的经典。

其次，我们希望能够做出好读的经典。在面对国学作品时，佶屈的文言和生僻的字词常让普通读者望而却步。所以，我们试图用简洁易懂的形式呈现经典，使读者可随时随地以自己的时间、自己的速度来进入阅读。因此，我们为原著精心添加了注音、注释和译文，使读者能够真正地"无障碍阅读"。同时，我们还邀请北京大学、南京大学、复旦大学等知名学府的古代文学方面专家对丛书进行了整体修订，对原文字句及标点进行核准，适当增删注释条目、校订注释内容，对白话翻译做进一步校订疏通，使图书内容臻于完善，整体品质得到了大幅度提升。作为一名读者，也许你会常常感慨，以前没有花更多的时间去读更多的经典，如今没有机会或能力来细读，但实际上，读经典什么时间开始都不算晚，"万卷楼"就是一个极好的途径。重读或是初读这些经典，一样可以塑造我们未来的生活。

第三，我们希望呈现一套富有美感的读物。对于经典而言，内容的意义永远排在第一位，但同时，我们也希望有精彩的形式与内容相匹配，因而，我们在编辑过程中选取了大量的古代优秀版画作为本书的插图，对图片的说明也做了精心设计。此外，图书的编排、版式等细节设计都凝聚了我们大量的思索。我们希望这套经典不只是精神的食粮，拥有文本意义上的价值，更能带来无限美感，成为诗意的渊薮。

"经典作品是这样一些书，我们越是道听途说，以为我们懂了，当我们实际读它们，我们就越是觉得它们独特、意想不到和新颖。"卡尔维诺经典的评论让人击节叹赏，我们也希望这套丛书能够彰显经典的价值，使读者在细细品读中真正融化经典，真正做到"开茅塞、除鄙见、得新知、增学问、广识见"。同时，经典又是可以被享受的。当我们走进经典之时，不能只作为被动的接受者，也可用个人自我的方式进入经典，做精神的逍遥之游，对经典作品进行贴近个体生命的诠释和阅读，在现实社会之中营造自由的人生意境和精神家园，获取一种诗意盎然的人生。

怎样阅读本书

译文： 流畅、贴切，以现代白话完整展现原著全貌。

原文： 根据权威版本，精心核校，确保准确性，对生僻字反复注音，使读者无障碍阅读。

插图： 精选历代精品古版画，美妙传神，增强美感。

图注： 以图释义，扩展阅读，丰富全书知识含量。

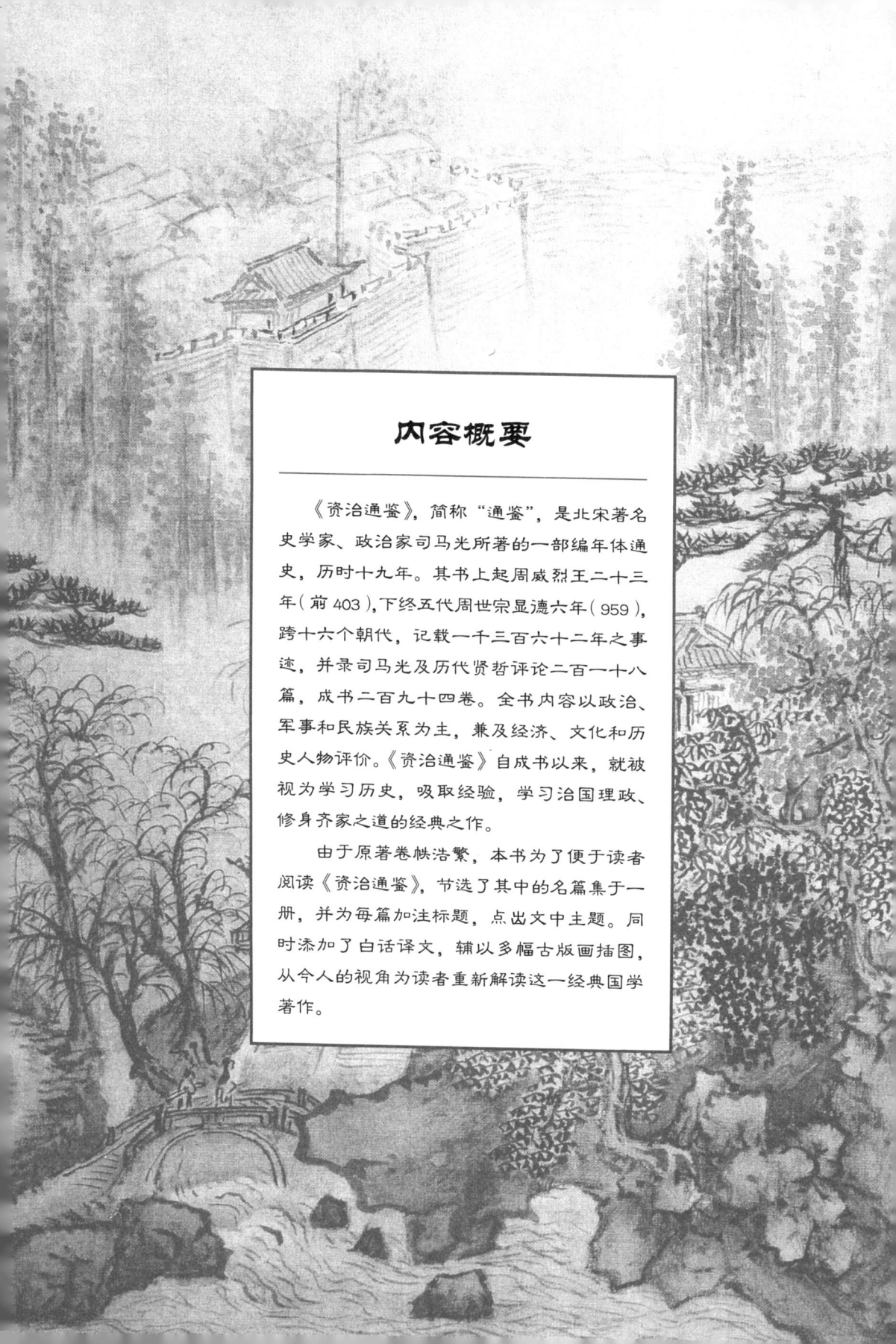

内容概要

　　《资治通鉴》，简称"通鉴"，是北宋著名史学家、政治家司马光所著的一部编年体通史，历时十九年。其书上起周威烈王二十三年（前403），下终五代周世宗显德六年（959），跨十六个朝代，记载一千三百六十二年之事迹，并录司马光及历代贤哲评论二百一十八篇，成书二百九十四卷。全书内容以政治、军事和民族关系为主，兼及经济、文化和历史人物评价。《资治通鉴》自成书以来，就被视为学习历史，吸取经验，学习治国理政、修身齐家之道的经典之作。

　　由于原著卷帙浩繁，本书为了便于读者阅读《资治通鉴》，节选了其中的名篇集于一册，并为每篇加注标题，点出文中主题。同时添加了白话译文，辅以多幅古版画插图，从今人的视角为读者重新解读这一经典国学著作。

目录

周 纪

卷 一

三家分晋

原文

威烈王二十三年戊寅，公元前四〇三年

初，智宣子将以瑶为后。智果曰："不如宵也。瑶之贤于人者五，其不逮一也。美髯长大则贤，射御足力则贤，伎艺毕给则贤，巧文辩慧则贤，强毅果敢则贤，如是而甚不仁。夫以其五贤陵人而以不仁行之，其谁能待之？若果立瑶也，智宗必灭。"弗听，智果别族于太史，为辅氏。

赵简子之子，长曰伯鲁，幼曰无恤。将置后，不知所立，乃书训戒之辞于二简，以授二子曰："谨识之！"三年而问之，伯鲁不能举其辞，求其简，已失之矣。问无恤，诵其辞甚习；求其简，出诸袖中而奏之。于是简子以无恤为贤，立以为后。

简子使尹铎为晋阳。请曰："以为茧丝乎？抑为保障乎？"简子曰："保障哉！"尹铎损其户数。简子谓无恤曰："晋国有难，而无以尹铎为少，无以晋阳为远，必以为归。"

及智宣子卒，智襄子为政，与韩康子、魏桓子宴于蓝台。智伯戏康子而侮段规。智国闻之，谏曰："主不备难，难必至矣！"智伯曰："难将由我。我不为难，谁敢兴之？"对曰："不然。《夏书》有之：'一人三失，怨岂在明，不见是图。'夫君子能勤小物，故无大患。今主一宴而耻人之君相，又弗备，曰'不敢兴难，'无乃不可乎！蝐、蚁、蜂、

chài

蚩，皆能害人，况君相乎！"弗听。

智伯请地于韩康子，康子欲弗与。段规曰："智伯好利而愎，不与，将伐我；不如与之。彼狃于得地，必请于他人；他人不与，必向之以兵。然则我得免于患而待事之变矣。"康子曰："善。"使使者致万家之邑于智伯，智伯悦。又求地于魏桓子，桓子欲弗与。任章曰："何故弗与？"桓子曰："无故索地，故弗与。"任章曰："无故索地，诸大夫必惧；吾与之地，智伯必骄。彼骄而轻敌，此惧而相亲。以相亲之兵待轻敌之人，智氏之命必不长矣。《周书》曰：'将欲败之，必姑辅之；将欲取之，必姑与之。'主不如与之，以骄智伯，然后可以择交而图智氏矣，奈何独以吾为智氏质乎！"桓子曰："善。"复与之万家之邑一。

智伯又求蔡、皋狼之地于赵襄子，襄子弗与。智伯怒，帅韩、魏之甲以攻赵氏。襄子将出，曰："吾何走乎？"从者曰："长子近，且城厚完。"襄子曰："民罢力以完之。又毙死以守之，其谁与我！"从者曰："邯郸之仓库实。"襄子曰："浚民之膏泽以实之，又因而杀之，其谁与我！其晋阳乎，先主之所属也，尹铎之所宽也，民必和矣。"乃走晋阳。

三家人以国人围而灌之，城不浸者三版。沈灶产蛙，民无叛意。智伯行水，魏桓子御，韩康子骖乘。智伯曰："吾乃今知水可以亡人国也。"桓子肘康子，康子履桓子之跗，以汾水可以灌安邑，绛水可以灌平阳也。絺疵谓智伯曰："韩、魏必反矣。"智伯曰："子何以知之？"疵曰："以人事知之。夫从韩、魏之兵以攻赵，赵亡，难必及韩、魏矣。今约胜赵而三分其地，城不没者三版，人马相食，城降有日，而二子无喜志，有忧色，是非反而何？"

明日，智伯以絺疵之言告二子，二子曰："此夫谗人欲为赵氏游说，使主疑于二家而懈于攻赵氏也。不然，夫二家岂不利朝夕分赵氏之田，而欲为危难不可成之事乎！"二子出，絺疵入曰："主何以臣之言告二子也？"智伯曰："子何以知之？"对曰："臣见其视臣端而趋疾，知臣得其情故也。"智伯不悛。絺疵请使于齐。

赵襄子使张孟谈潜出见二子，曰："臣闻唇亡则齿寒。今智伯帅韩、魏以攻赵，赵亡则韩、魏之次矣。"二子曰："我心知其然也，恐事未遂而谋泄，则祸立至矣。"张孟谈曰："谋出二主之口，入臣之耳，何伤也？"二子乃潜与张孟谈约，为之期日而遣之。襄子夜使人杀守堤之吏，而决水灌智伯军。智伯军救水而乱，韩、魏翼而击之，襄子将

资治通鉴

〇〇二

卒犯其前，大败智伯之众。遂杀智伯，尽灭智氏之族。唯辅果在。

译 文

周威烈王二十三年戊寅（公元前403年）

当初，智宣子打算将智瑶立为继承人。智果说："立智瑶不如立智宵。智瑶有五个方面比别人贤能，却有一点不足之处。智瑶留有美髯，身材比别人高大，是一贤；擅长射箭与驾车，是二贤；技能出众，才艺超群，是三贤；巧言善辩，文思聪慧，是四贤；坚强果敢，是五贤。但是，智瑶行事却极其不仁。然而，如果凭借这五处贤能去驾驭别人，且以不仁之心行事，谁能忍受得了呢？如果真的立智瑶为继承人，智氏一族必会被灭门。"智宣子却并不理睬智果的话。为了躲避灾祸，智果脱离智氏一族，另立为辅氏。

赵国大夫赵简子的大儿子名叫赵伯鲁，小儿子名叫赵无恤。在册立继承人的时候，赵简子不知立哪一个儿子是好。于是便在两块竹简上刻下训诫之辞，分别交给两个儿子，告诉他们："要用心记住这些话。"三年之后，赵简子向两个儿子询问竹简上的内容，大儿子说不出竹简上的话，再问他竹简在哪里，却说已经不见了。赵简子再问小儿子赵无恤，他不仅能将竹简上的话熟练地背诵出来，而且问他竹简放在哪里时，赵无恤立刻把竹简从袖子中取了出来，双手奉送给父亲。于是赵简子认为赵无恤是贤能之人，将他立为继承人。

赵简子派尹铎治理晋阳。尹铎向赵简子请示："您是希望晋阳成为提供赋税的地方，还是将那里建造为固若金汤的城池，如同堡垒一般的屏障？"赵简子说："要建成固若金汤的城池。"于是尹铎便将交税的户数减少，减轻百姓的负担。赵简子对儿子赵无恤说："如果晋国有难，你不要认为尹铎地位低，不要认为晋阳路途遥远，一定要投奔那里。"

智宣子死后，智瑶继位，是为智襄子。他与韩康子、魏桓子在蓝台宴饮。智瑶戏弄韩康子，又羞辱了他的策士段规。晋国大夫智国得知此事后，向智襄子谏言道："主公，您不防备灾祸，灾祸一定会降临啊！"智瑶说："一切生死灾祸都由我决定，我不降灾祸给别人，谁还敢兴风作浪？"智国回答道："不是像您说的那样。《夏书》中有记载：'一个人屡次三番地犯错误，别人对他的怨恨岂能表露在明面上，应该在这怨恨没有表露出来时就要设法对付它。'贤德的人能够谨慎地处理小事，所以才能避免大的祸患。这次主公在宴会上同时羞辱了人家的主公和策士，又不加提防，还说人家不敢兴风作浪，恐怕是不符合事实吧。就连蚊子、蚂蚁、蜜蜂、蝎子都能害人，何况是卿大夫与其策士这样的人物呢？"智瑶却对智国的话置之不理。

智瑶向韩康子提出割地要求，韩康子不打算割地给智瑶。段规对韩康子说："智瑶是个既贪财又刚愎自用的人，如果不割地给他，他必定会讨伐我们；不如就割地给他。他贪图于获得土地，一定还会向别的大夫家提出割地请求；人家如果不割地给他，他一定会发兵讨伐。如此一来，我们就免于祸患，并且可以伺机行动了。"韩康子说："好主意。"于是韩康子派出使者，将一块有万户人家的土地割让给智瑶，智瑶非常高兴。之后，智瑶又向魏桓子提出割地要求，魏桓子也不打算割地给他。仁章说："为什么不给他呢？"魏桓子说："智瑶无缘无故向我索要土地，所以不打算给他。"仁章说："智瑶无缘无故向别人索要土地，其他大夫一定会因此提高警惕；我们把土地给智瑶，他一定会因此骄傲。智瑶一骄傲，一定会更加轻敌，而其他大夫一定会因为警惕而变得更加团结。以如此团结的兵力去对付轻敌的人，智氏一族的命运一定不会长久的。《周书》上说：'如果想要打败敌人，就要姑且先听从他；如果想要夺取敌人的利益，就要先给敌人一些好处。'主公不如先给智瑶土地，让他因此而骄傲，然后可以选择盟友一起对付智氏一族。何必要让我们单独成为智氏一族对付的目标呢？"魏桓子说："好主意。"于是也把一块有一万户人家的土地给智瑶。

　　智瑶又向赵襄子提出割让蔡和皋狼两块土地的要求，赵襄子没有同意。智瑶因此而愤怒，率领韩、魏的军队攻打赵襄子。赵襄子想要外出避难，说："我应该去哪里？"随从说："长子城距离最近，并且城墙厚而完整。"赵襄子说："百姓竭尽全力才将城墙修得如此完整。又让百姓誓死守卫城池，谁能与我同心呢？"随从说："邯郸的仓库最充实。"赵襄子说："压榨民脂民膏才令仓库充实，却又因此而让百姓丧命，谁能与我同心呢？还是投奔晋阳吧，那里是先主公的属地，尹铎待人宽厚，百姓必然会与我们同心协力。"于是赵襄子带着随从投奔晋阳。

　　智瑶、韩康子、魏桓子三家将晋阳城围住，引水灌城，只剩下六尺高的城墙头露在水面上。锅灶都沉在水底，青蛙四处乱跳，百姓却完全没有背叛的意向。智瑶巡视水势，魏桓子为智瑶驾车，韩康子持矛在右侧护卫。智瑶说："我如今才知道水可以灭掉一个国家啊。"魏桓子用胳膊肘碰了碰韩康子，韩康子用鞋子踩了踩魏桓子的脚背，两人彼此心领神会，汾水可以灌入魏家都城，绛水也可以灌入韩家都城平阳。智氏谋臣绵疵对智瑶说："韩、魏两家必定会造反。"智伯说："你是怎么知道的？"绵疵说："是凭借人之常情而知道的。我们与韩、魏之兵一起攻打赵家，赵家若亡，灾难紧接着就会降临韩、魏两家。我们约定灭掉赵家之后，三家将赵家的土地分掉，现在晋阳城只剩下六尺高的城墙没有被水淹没了，城中已经断粮，开始杀马作为食物，很快就会投降了。可韩康子与魏桓子却一点儿都没有高兴的神情，反而面露担忧的神色，难道不是要造反吗？"

第二天，智瑶把絺疵的话告诉给韩康子和魏桓子，他们二人对智瑶说："这是小人在为赵家游说，好让主公怀疑我们两人，从而松懈对赵家的攻势。这话是不对的，我们两家怎么可能放弃早晚就分到手的赵家土地，而要去图谋那些既危险又不可能实现的事情呢？"韩康子与魏桓子出去后，絺疵又回到智瑶面前说："主公为什么把臣所说的话告诉他们二人？"智瑶说："你是怎么知道的？"絺疵回答说："臣刚才见他们二人仔细地端详了臣一番，然后就匆匆走开了，一定是知道我猜透了他们的心思了。"智瑶不肯悔改，絺疵就主动请求出使齐国去了。

赵襄子派家臣张孟谈偷偷从城中出来见韩康子和魏桓子，说道："臣听说嘴唇没有了，牙齿也会寒冷。如今智瑶率领韩、魏军队攻打赵家，赵家如果灭亡，接下来就轮到韩家和魏家了。"韩康子和魏桓子说："我们心里都知道会这样，但是如果背叛智瑶，恐怕事情还没能如愿，计划就会被泄露出去，到时候就会大祸临头了。"张孟谈说："计划出自两位主公的口，听入臣的耳朵，怕什么呢？"韩康子和魏桓子这才秘密与张孟谈约定好起事的日期，然后让张孟谈返回晋阳城。当晚，赵襄子趁着黑夜派人将守堤的官吏杀死，让大水决口，反灌入智瑶的军队。智瑶军队因逃避水淹而混乱不堪，韩、魏两家军队趁机从两侧夹击智瑶军队，赵襄子从正面攻击，大败智瑶军队。之后将智瑶杀死，智氏全族被诛灭，只剩下脱离智氏改姓为辅的辅果一人活了下来。

豫让刺赵

原　文

威烈王二十三年戊寅，公元前四〇三年

三家分智氏之田。赵襄子漆智伯之头，以为饮器。智伯之臣豫让欲为之报仇，乃诈为刑人，挟匕首，入襄子宫中涂厕。襄子如厕心动，索之，获豫让。左右欲杀之，襄子曰："智伯死无后，而此人欲为报仇，真义士也！吾谨避之耳。"乃舍之。豫让又漆身为癞，吞炭为哑，行乞于市，其妻不识也。行见其友，其友识之，为之泣曰："以子之才，臣事赵孟，必得近幸。子乃为所欲为，顾不易邪？何乃自苦如此？求以报仇，不亦难乎！"豫让曰："不可！既以委质为臣，而又求杀之，是二心也。凡吾所为者，极难耳。然所以为此者，将以愧天下后世之为人臣怀二心者也。"襄子出，豫让伏于桥下。襄子至桥，马惊，索之，得豫让，遂杀之。

周威烈王二十三年戊寅（公元前403年）

赵国、韩国、魏国三国一同大败智瑶之后，将属于智氏一族的土地瓜分掉，赵襄子还把智瑶的头颅割了下来，涂上漆，当作饮酒的器具。智瑶生前有一名臣子叫作豫让，他打算为智瑶报仇，便冒充受过刑罚的奴役混入赵，替赵襄子宫中修整厕所。一次，赵襄子在上厕所时忽然觉得一阵心跳不安，便派人四处搜索，将豫让搜了出来。赵襄子的手下打算将豫让杀掉，赵襄子说："智瑶已经死了，并且没有留下后代，这个人却打算为智瑶报仇，算得上是真正的义士了。以后我谨慎一些，避开他就算了。"说完就让手下将豫让放了。离开赵襄子宫中之后，豫让将自己的全身涂满漆，让身上的皮肤长满了癞疮，又吞下热炭，让自己变哑，在街市上乞讨。一次，豫让的妻子从他身边路过，竟然没有将他认出来。在乞讨的过程中，豫让遇到了从前的朋友，朋友将他认了出来，忍不住为他悲伤哭泣说道："以你的才华，如果投靠赵襄子，成为他的臣子，一定会得到他的宠信，成为近臣。如果那样，你想做什么都可以，就算是想要报仇不也是易如反掌吗？何苦把自己折磨成这个样子，如今再想报仇，不是难上加难嘛！"豫让说："不可以那样的。如果我委身为赵襄子的家臣，再去刺杀赵襄子，就是怀有二心的表现。我现在所做的一切，都是最艰难的选择。然而我之所以这样做，就是为了让天下后世怀有二心的臣子感到惭愧。"一次，赵襄子出行，豫让在其必经之路的一处桥下埋伏。赵襄子行至桥边，马突然受惊，赵襄子派人四处搜索，又将豫让搜了出来，便下令将豫让杀掉了。

魏文侯纳贤

威烈王二十三年戊寅，公元前四〇三年

魏文侯以卜子夏、田子方为师，每过段干木之庐必式。四方贤士多归之。

文侯与群臣饮酒，乐，而天雨，命驾将适野。左右曰："今日饮酒乐，天又雨，君将安之？"文侯曰："吾与虞人期猎，虽乐，岂可无一会期哉！"乃往，身自罢之。

韩借师于魏以伐赵。文侯曰："寡人与赵，兄弟也，不敢闻命。"赵借师于魏以伐韩，文侯应之亦然。二国皆怒而去。已而知文侯以讲与己也，皆朝于魏。魏由是始而大于三晋，诸侯莫能与之争。

使乐羊伐中山，克之，以封其子击。文侯问于群臣曰："我何如主？"皆曰："仁君。"

任座曰："君得中山，不以封君之弟而以封君之子，何谓仁君？"文侯怒，任座趋出。次问翟璜，对曰："仁君。"文侯曰："何以知之？"对曰："臣闻君仁则臣直。向者任座之言直，臣是以知之。"文侯悦，使翟璜召任座而反之，亲下堂迎之，以为上客。

　　文侯与田子方饮，文侯曰："钟声不比乎？左高。"田子方笑。文侯曰："何笑？"子方曰："臣闻之，君明乐官，不明乐音。今君审于音，臣恐其聋于官也。"文侯曰："善。"

　　子击出，遭田子方于道，下车伏谒。子方不为礼。子击怒，谓子方曰："富贵者骄人乎？贫贱者骄人乎？"子方曰："亦贫贱者骄人耳，富贵者安敢骄人？国君而骄人则失其国，大夫而骄人则失其家。失其国者未闻有以国待之者，失其家者未闻有以家待之者也。夫士贫贱者，言不用，行不合，则纳履而去耳，安往而不得贫贱哉！"子击乃谢之。

　　文侯谓李克曰："先生尝有言曰：'家贫思良妻，国乱思良相。'今所置非成则璜，二子何如？"对曰："卑不谋尊，疏不谋戚。臣在阙门之外，不敢当命。"文侯曰："先生临事勿让。"克曰："君弗察故也。居视其所亲，富视其所与，达视其所举，穷视其所不为，贫视其所不取，五者足矣定之矣，何待克哉？"文侯曰："先生就舍，吾之相定矣。"李克出，见翟璜。翟璜曰："今者闻君召先生而卜相，果谁为之？"克曰："魏成。"翟璜忿然作色曰："西河守吴起，臣所进也；君内以邺为忧，臣进西门豹；君欲伐中山，臣进乐羊；中山已拔，无使守之，臣进先生；君之子无傅，臣进屈侯鲋。以耳目之所睹记，臣何负于魏成？"李克曰："子之言克于子之君者，岂将比周以求大官哉？君问相于克，克之对如是。所以知君之必相魏成者，魏成食禄千钟，什九在外，什一在内，是以东得卜子夏、田子方、段干木。此三人者，君皆师之；子所进五人者，君皆臣之。子恶得与魏成比也！"翟璜逡巡再拜曰："璜，鄙人也，失对，愿卒为弟子。"

译　文

周威烈王二十三年戊寅（公元前403年）

　　魏文侯拜卜子夏、田子方为国师，每次经过段干木所居住的草庐，必定会在车上对着草庐的方向行礼。因他懂得礼贤下士，四方的贤德之士大都会来投奔，为他所用。

　　一次，魏文侯与群臣一同饮酒，正十分畅快欢乐的时候，突然天降大雨，魏文侯下令驾车去往山野之中。群臣说："今天的酒正喝到兴头上，天又下大雨，国君您要去哪里啊？"魏文侯说："我和掌管山泽苑囿的官员约好了一同打猎，此刻虽然正在兴头上，却也不能不遵守约定啊！"于是魏文侯前往山野，亲自告诉对方今天不能狩猎。

韩国向魏文侯借军队去攻打赵国。魏文侯说："我和赵国国君是兄弟，不敢从命啊。"不久，赵国又向魏文侯借军队攻打韩国，魏文侯以同样的话回复了赵国。赵与韩两国都愤怒离去。后来，两国得知魏文侯之所以这样做，是为了让两国和解，于是都臣服于魏国。魏国因此成为魏、赵、韩三国之首，诸侯都无法与魏国抗衡。

魏文侯派乐羊攻打中山，取得了胜利，就把中山封给了自己的儿子魏击。魏文侯问群臣："我是怎样的国君？"群臣异口同声说："是仁德之君。"只有任座说："国君您取得中山，不封给自己的弟弟，却封给自己的儿子，怎么能称得上仁德之君？"魏文侯大怒，把任座赶了出去。之后，魏文侯又问翟璜，翟璜回答说："您是仁德之君。"魏文侯说："你是怎么判断的呢？"翟璜回答说："臣听说，如果国君仁德，臣子就会直言。刚才任座所说的话句句都是直言，因此判断您是仁德之君。"魏文侯听后非常高兴，派翟璜将任座找回来，亲自下堂迎接任座，让他坐到上座之位。

魏文侯与田子方一同饮酒，魏文侯说："编钟的声音不太协调吧？左边的音似乎高一些。"田子方听到后笑了一下。魏文侯说："你笑什么？"田子方说："臣听说，国君应该懂得如何任用乐官，而不该过多用心去精通乐理。如今国君您如此精通乐理，恐怕会在选拔任用乐官方面分心了。"魏文侯说："你说得有道理啊。"

魏文侯的儿子魏击外出时，在路上遇到了田子方，于是下车向田子方拜伏行礼。田子方却不向魏击还礼。魏击愤怒地对田子方说："究竟是富贵的人有骄傲的资格，还是贫贱的人有骄傲的资格？"田子方说："当然是贫贱的人有骄傲的资格，富贵的人怎么敢对别人摆出骄傲的姿态呢？如果一国之君过于骄傲，就会丢失他的国土；士大夫如果对人骄傲，就会丢失自己的家园。从未听说过有人会以对待国君的态度去对待一个丢掉了国土的人，也从未听说过有人以对待一家之主的态度对待一个丢掉了家园的人。贫贱之人则不同，如果言语不合，志向不同，索性抬脚就走算了，到哪里都是一样过着贫贱的生活。"魏击听过之后，为自己刚才的态度向田子方谢罪。

魏文侯对李克说："先生曾经说过：'一户人家如果贫苦，就会想要一个良妻；一个国家如果混乱，就会想要一个良相。'如今魏国也到了需要选相的时候，候选人不是魏成就是翟璜，您觉得这两个人怎么样？"李克回答说："卑下之人不参与尊贵之人的事情，外人也不参与亲戚之间的事情。臣是一名外臣，不敢参与这件事情。"魏文侯说："先生不要临事推辞啊。"李克说："国君您是因为没有仔细观察，所以才不知道选谁为

相。想要了解一个人，就要在平时看他与什么样的人比较亲近，在他富贵时，喜欢与什么样的人交往，在他飞黄腾达时，会举荐什么样的人，在他潦倒时，有哪些事情坚决不去做的，在他贫穷时，有哪些东西坚决不去拿的，这五个方面，足以判定一个人的品性，为什么还要问我李克呢？"魏文侯说："先生回府吧，我知道该选谁为宰相了。"李克出去之后，遇到了翟璜。翟璜说："今天听说国君召先生去商量选相的事情，最后谁当选了？"李克说："魏成。"翟璜一听便愤怒了，说道："西河守臣吴起，是我举荐的；国君一直因为邺城的事情忧愁，我又举荐了西门豹去治理；国君想要攻打中山，我又举荐了乐羊；中山攻克之后，没有守城之臣，我又举荐了先生您；国君的儿子没有老师，我又举荐了屈侯鲋。凭这些人人耳闻目睹的事实，我哪里输给了魏成？"李克说："你把我举荐给你的国君，难道就是为了结党谋求高官吗？国君与我商量选相的事情，我便说了刚才那番话。我之所以知道国君一定会选魏成为相，是因为魏成有千钟的俸禄，其中九成都用在外面，只有一成留给自家享用，所以在东方，他得到了卜子夏、田子方、段干木三人，这三人都被国君奉为国师；你所举荐的那五个人，都被国君任为臣子。你怎么与魏成比呢？"翟璜听罢李克的一番话，徘徊了许久，之后向李克拜了又拜，说："我翟璜是个粗人，对先生失礼了，愿意终身做先生的弟子。"

将才吴起

原文

威烈王二十三年戊寅，公元前四〇三年

吴起者，卫人，仕于鲁。齐人伐鲁，鲁人欲以为将，起取齐女为妻，鲁人疑之，起杀妻以求将，大破齐师。或谮（zèn）之鲁侯曰："起始事曾参，母死不奔丧，曾参绝之。今又杀妻以求为君将。起，残忍薄行人也。且以鲁国区区而有胜敌之名，则诸侯图鲁矣。"起恐得罪，闻魏文侯贤，乃往归之。文侯问诸李克，李克曰："起贪而好色，然用兵，司马穰苴弗能过也。"于是文侯以为将，击秦，拔五城。

起之为将，与士卒最下者同衣食，卧不设席，行不骑乘，亲裹赢粮，与士卒分劳苦。卒有病疽者，

●吴起吮卒病疽

起为吮之。卒母闻而哭之。人曰："子，卒也，而将军自吮其疽，何哭为？"母曰："非然也。往年吴公吮其父疽，其父战不旋踵，遂死于敌。吴公今又吮其子，妾不知其死所矣，是以哭之。"

周安王十五年甲午，公元前三八七年

魏文侯薨，太子击立，是为武侯。

武侯浮西河而下，中流顾谓吴起曰："美哉山河之固，此魏国之宝也！"对曰："在德不在险。昔三苗氏，左洞庭，右彭蠡，德义不修，禹灭之。夏桀之居，左河济，右泰华，伊阙在其南，羊肠在其北，修政不仁，汤放之。商纣之国，左孟门，右太行，常山在其北，大河经其南，修政不德，武王杀之。由此观之，在德不在险。若君不修德，舟中之人皆敌国也。"武侯曰："善。"

魏置相，相田文。吴起不悦，谓田文曰："请与子论功可乎？"田文曰："可。"起曰："将三军，使士卒乐死，敌国不敢谋，子孰与起？"文曰："不如子。"起曰："治百官，亲万民，实府库，子孰与起？"文曰："不如子。"起曰："守西河而秦兵不敢东乡，韩、赵宾从，子孰与起？"文曰："不如子。"起曰："此三者子皆出吾下，而位加吾上，何也？"文曰："主少国疑，大臣未附，百姓不信，方是之时，属之子乎，属之我乎？"起默然良久，曰："属之子矣！"

久之，魏相公叔尚魏公主而害吴起。公叔之仆曰："起易去也。起为人刚劲自喜，子先言于君曰：'吴起，贤人也，而君之国小，臣恐起之无留心也，君盍试延以女，起无留心，则必辞矣。'子因与起归而使公主辱子，起见公主之贱子也，必辞，则子之计中矣。"公叔从之，吴起果辞公主。魏武侯疑之而未信，起惧诛，遂奔楚。

楚悼王素闻其贤，至则任之为相。起明法审令，捐不急之官，废公族疏远者，以抚养战斗之士，要在强兵，破游说之言从横者。于是南平百越，北却三晋，西伐秦，诸侯皆患楚之强，而楚之贵戚大臣多怨吴起者。

周安王二十一年庚子，公元前三八一年

楚悼王薨，贵戚大臣作乱，攻吴起；起走之王尸而伏之。击起之徒因射刺起，并中王尸。既葬，肃王即位。使令尹尽诛为乱者，坐起夷宗者七十余家。

周威烈王二十三年戊寅（公元前403年）

　　吴起，魏国人，在鲁国为官。齐国攻打鲁国时，鲁国打算任命吴起为将军，吴起的妻子是齐国人，鲁国人因此对吴起心存怀疑，于是吴起将妻子杀死，获得将军一职，大败齐国军队。有人在鲁侯面前诬陷吴起说：“吴起一开始在曾参手下做事，母亲去世，吴起却不奔丧，曾参因而与吴起绝交。如今他又杀死妻子求得成为国君您的将军。吴起这个人，就是一个残忍而又缺乏德行的人。况且，我们小小的鲁国有了战胜强大的齐国的威名，各诸侯国都会伺机攻打我们了。”吴起担心因此而获罪，听说魏文侯是一名贤君，便前往魏国归附魏文侯。魏文侯问李克是否应该接纳吴起，李克说：“吴起又贪婪又好色，但是在用兵方面，就连最善于领兵打仗的司马穰苴也比不过他。”于是魏文侯任命吴起为将军，派他攻打秦国，攻下了五座城池。

　　身为将军，吴起却与最下等的士兵穿同样的衣服，吃同样的食物，睡觉时不用席子，行军时也不骑马乘车，还亲自背负军粮，为士兵分担辛苦。士兵中有人患上了毒疮，吴起亲自用嘴替士兵吸出毒疮里的毒汁。士兵的母亲听说这件事大哭。有人说：“你的儿子不过是个士兵，将军亲自替他吸出毒疮里的毒汁，你还哭什么？”母亲说：“不是这样的。当年，吴将军也是这样替孩子的父亲吸出毒汁，他的父亲因此在作战时从不后退，就这样死在了敌军阵前。吴将军如今又替我的儿子吸出毒汁，我不知道我的儿子又会死在哪里，因此才痛哭不已啊。”

周安王十五年甲午（公元前387年）

　　魏文侯去世，太子魏击即位，是为魏武侯。

　　魏武侯乘船顺黄河而下，行至中游对吴起说：“这样险固的山河，多么美啊，这就是魏国的宝地啊。”吴起回答说：“国家的坚固在于君王的德行，而不在于地势的险要。当年的三苗氏，国家的左边是洞庭湖，右边是彭蠡湖，可他却不修品德与道义，最终被禹灭掉。还有夏桀居住的地方，左边是黄河与济水，右边是泰华山，南边是伊阙山，北边是羊肠坂，因为不施行仁德之政，最终被商汤灭掉了。商纣的国家，左边是孟门山，右边是太行山，北边是常山，南边是黄河，因为不施行仁德之政，被周武王杀掉了。由此看来，君王治理国家，在于德行，而不在于地势险要。如果国君您不注意自己的德行，这条船上的人都会成为您的敌人啊。”魏武侯说：“你说得很有道理啊。”

　　魏国在确立国相一职时，选择田文为国相。吴起不高兴，对田文说：“我请求与你比较一下功劳，可以吗？”田文说：“可以。”吴起说：“作为三军将领，让士兵愿意为国赴死，敌国不敢对魏国有所企图，你与我谁做得好？”田文说：“我不如你。”吴起说："管理百官，与百姓亲近，充实国库，你与我谁做得好？"田文说："我不如你。"吴起说："镇守黄河，让秦国军队不敢向东侵犯，让韩国和赵国都甘愿居于魏国之下，做魏国的从属国，你与我谁做得好？"田文说："我不如你。"吴起说："这三件事你都没有我做得好，地位却在我之上，凭什么？"田文说："国君年少，魏国的臣子与百姓都对国君的治国能力心存疑虑，大臣不愿听从国君的话，百姓也不愿相信国君做出的决定，就在这样的时候，是将国家嘱托给你更好，还是嘱托给我更好呢？"吴起沉默了很久，说："还是嘱托给你更好。"

很久以后，魏国国相公叔娶了魏国公主为妻，想要陷害吴起。公叔的仆人说："吴起很容易除去。吴起这个人，为人刚硬，又因此沾沾自喜，您先对国君说：'吴起是个贤德之人，但是国君您的国家小，臣恐怕吴起没怀长久留在魏国为臣的心，您何不试试将自己的女儿嫁给他？他要是没留下的心思，一定会推辞的。'然后您再和吴起一同回来，让公主当着吴起的面羞辱您，吴起看到公主对您如此轻视，一定会拒绝的，这样就中了您的计了。"公叔按照这个方法做了，吴起果然拒绝娶公主为妻。魏武侯对吴起起了疑心，不再信任他，吴起担心被魏武侯诛杀，于是逃到了楚国。

楚悼王一直听说吴起贤能，吴起一到楚国，就被任命为国相。吴起从此开始严明法纪，免去了一些不必要的官职，废除了王公中疏远的亲族，用来安抚负责战斗的士兵，增强军力，破除合纵及连横之类的流言。于是，楚国向南平定了百越，向北平定三晋，向西攻打秦国，诸侯国都惧怕楚国的强大，但是楚国的王公贵族却因此而更加怨恨吴起。

周安王二十一年庚子（公元前381年）

楚悼王去世，王公贵族趁机作乱，攻打吴起；吴起在逃往楚悼王的尸体处便趴卧其上，攻击吴起的暴徒因要射死吴起，把箭也射到了楚悼王的尸体上。楚悼王下葬之后，楚肃王即位，立刻命令尹将作乱者全部诛杀，因射杀吴起这件事而获罪被灭门的就有七十多家。

聂政刺侠累

原 文

周安王五年甲申，公元前三九七年

三月，盗杀韩相侠累。侠累与濮阳严仲子有恶。仲子闻轵人聂政之勇，以黄金百溢为政母寿，欲因以报仇。政不受，曰："老母在，政身未敢以许人也！"及母卒，仲子乃使政刺侠累。侠累方坐府上，兵卫甚重，聂政直入上阶，刺杀侠累，因自皮面决眼，自屠出肠。韩人暴其尸于市，购问，莫能识。其姊荣闻而往,哭之曰："是轵深井里聂政也！以妾尚在之故，重自刑以绝从。妾奈何畏殁身之诛，终灭贤弟之名！"遂死于政尸之旁。

●齐聂政姊

译 文

周安王五年甲申（公元前397年）

三月，有盗匪将韩国相国侠累刺杀。侠累曾经与濮阳人严仲子有积怨，严仲子听说轵城人士聂政是一名有勇之人，于是便拿出一百镒黄金送给聂政的母亲作寿礼，打算借机请聂政替自己报仇。聂政却不接受这些黄金，说道："年老的母亲还在世，聂政不敢把自己的身家性命许诺给任何人。"等到聂政的母亲去世，严仲子这才又让聂政去刺杀侠累。侠累刚端坐在府上，周围有重兵守卫，聂政就直接走上台阶，将侠累刺杀，然后将自己的脸皮划破，剜出自己的双眼，又自己把肚子割开，肠子流出而死。韩国人将聂政的尸体暴露在街市上，悬赏知道刺客身份的人，却没有人能够认得出来。聂政的姐姐聂荣听说这件事便去街市，哭着说："他是轵城深井里的聂政啊！因为我还活着的缘故，他才如此自残，就是为了不连累我。我怎么可能害怕引来杀身之祸而埋没我弟弟的一世英名呢？"于是聂政的姐姐就自尽在聂政的尸体旁边。

卷 二

商鞅变法

原 文

周显王八年庚申，公元前三六一年

孝公下令国中曰："昔我穆公，自岐、雍之间修德行武，东平晋乱，以河为界，西霸戎翟，广地千里，天子致伯，诸侯毕贺，为后世开业甚光美。会往者厉、躁、简公、出子之不宁，国家内忧，未遑外事。三晋攻夺我先君河西地，丑莫大焉。献公即位，镇抚边境，徙治栎阳，且欲东伐，复穆公之故地，修穆公之政令。寡人思念先君之意，常

● 商鞅立木为信

痛于心。宾客群臣有能出奇计强秦者，吾且尊官，与之分土。"于是卫公孙鞅闻是令下，乃西入秦。

公孙鞅者，卫之庶孙也，好刑名之学。事魏相公叔痤，痤知其贤，未及进。会病，魏惠王往问之曰："公叔病如有不可讳，将奈社稷何？"公叔曰："痤之中庶子卫鞅，年虽少，有奇才，愿君举国而听之！"王嘿然。公叔曰："君即不听用鞅，必杀之，无令出境。"王许诺而去。公叔召鞅谢曰："吾先君而后臣，故先为君谋，后以告子。子必速行矣！"鞅曰："君不能用子之言任臣，又安能用子之言杀臣乎？"卒不去。王出，谓左右曰："公叔病甚，悲乎！欲令寡人以国听卫鞅也！既又劝寡人杀之，岂不悖哉！"卫鞅既至秦，因嬖臣景监以求见孝公，说以富国强兵之术。公大悦，与议国事。

十年壬戌，公元前三五九年

卫鞅欲变法，秦人不悦。卫鞅言于秦孝公曰："夫民不可与虑始，而可与乐成。论至德者不和于俗，成大功者不谋于众。是以圣人苟可以强国，不法其故。"甘龙曰："不然，缘法而治者，吏习而民安之。"卫鞅曰："常人安于故俗，学者溺于所闻，以此两者，居官守法可也，非所与论于法之外也。智者作法，愚者制焉；贤者更礼，不肖者拘焉。"公曰："善。"以卫鞅为左庶长，卒定变法之令。

令民为什伍而相收司、连坐，告奸者与斩敌同赏，不告奸者与降敌同罚。有军功者，各以率受上爵。为私斗者，各以轻重被刑大小。僇力本业，耕织至粟帛多者，复其身。事末利及怠而贫者，举以为收孥。宗室非有军功论，不得为属籍。明尊卑爵秩等级，各以差次名田宅、臣妾、衣服。有功者显荣，无功者虽富无所芬华。

令既具未布，恐民之不信，乃立三丈之木于国都市南门，募民有能徙置北门者予十金。民怪之，莫敢徙。复曰："能徙者予五十金！"有一人徙之，辄予五十金。乃下令。

令行期年，秦民之国都言新令之不便者以千数。于是太子犯法。卫鞅曰："法之不行，自上犯之。太子，君嗣也，不可施刑。"刑其傅公子虔，黥其师公孙贾。明日，秦人皆趋令。

行之十年，秦国道不拾遗，山无盗贼，民勇于公战，怯于私斗，乡邑大治。秦民初言令不便者，有来言令便。卫鞅曰："此皆乱法之民也！"尽迁之于边。其后民莫敢议令。

卫鞅言于秦孝公曰："秦之与魏，譬若人之有腹心之疾，非魏并秦，秦即并魏。何者？魏居岭厄之西，都安邑，与秦界河，而独擅山东之利。利则西侵秦，病则东收地。今以君之贤圣，国赖以盛；而魏往年大破于齐，诸侯畔之，可因此时伐魏。魏不支秦，必东徙。然后秦据河、山之固，东乡以制诸侯，此帝王之业也。"公从之，使卫鞅将兵伐魏。魏使公子卬 将而御之。

军既相距，卫鞅遗公子卬书曰："吾始与公子欢，今俱为两国将，不忍相攻，可与公子面相见盟，乐饮而罢兵，以安秦、魏之民。"公子卬以为然，乃相与会。盟已，饮。而卫鞅伏甲士，袭虏公子卬，因攻魏师，大破之。魏惠王恐，使使献河西之地于秦以和。因去安邑，徙都大梁。乃叹曰："吾恨不用公叔之言！"

秦封卫鞅商於十五邑，号曰商君。

秦孝公薨，子惠文王立，公子虔之徒告商君欲反，发吏捕之。商君亡之魏。魏人不受，复内之秦。商君乃与其徒之商於，发兵北击郑。秦人攻商君，杀之，车裂以徇，尽灭其家。

初，商君相秦，用法严酷，尝临渭沦囚，渭水尽赤。为相十年，人多怨之。赵良见商君，商君问曰："子观我治秦，孰与五羖大夫贤？"赵良曰："千人之诺诺，不如一士之谔谔。仆请终日正言而无诛，可乎？"商君曰："诺。"赵良曰："五羖大夫，荆之鄙人也，穆公举之牛口之下，而加之百姓之上，秦国莫敢望焉。相秦六七年而东伐郑，三置晋君，一救荆祸。其为相也，劳不坐乘，暑不张盖。行于国中，不从车乘，不操干戈。五羖大夫死，秦国男女流涕，童子不歌谣，舂者不相杵。今君之见也，因嬖人景监以为主；其从政也，凌轹公族，残伤百姓。公子虔杜门不出八年矣。君又杀祝欢而黥公孙贾。《诗》曰：'得人者兴，失人者崩。'此数者，非所以得人也。君之出也，后车载甲，多力而骈胁者为骖乘，持矛而操闯戟者旁车而趋。此一物不具，君固不出。《书》曰：'恃德者昌，恃力者亡。'此数者，非恃德也。君之危若朝露，而尚贪商於之富，宠秦国之政，畜百姓之怨。秦王一旦捐宾客而不立朝，秦国之所以收君者岂其微哉！"商君弗从。居五月而难作。

周显王八年庚申 (公元前361年)

秦孝公在秦国下令说道："当年我秦国国君秦穆公，在岐山、雍地之间修德行，练武功，向东平定了晋国之乱，将黄河划为我国的边界，向西称霸戎翟等部族，上千里辽阔的土地尽归我国所有，就连周天子都对秦穆公委以方伯重任，各诸侯国纷纷前来祝贺，为我们后代子孙开辟了基业，增添了无限荣耀。只是到了后来，历代国君厉公、躁公、简公、出子造成了不安定的局面，令我国内忧不断，无暇顾及外事。赵国、韩国、魏国联合起来攻打我国，夺取穆公辛苦打下来的河西之地，这简直是莫大的耻辱。到了献公即位，这才平定了边境的战乱，将国都迁徙到栎阳，并且打算向东讨伐，收回穆公打下的疆土，重修穆公在世时指定的政策法令。寡人每当想到先国君未完成的事业，便痛心不已。宾客与群臣当中如果有人能提出令秦国强大的建议或方法，我就封给他高官，分给他土地。"于是卫国的公孙鞅听说秦国的这道命令，便一路向西来到秦国。

公孙鞅，是卫国宗族旁支的子孙，最喜欢法家学说。他曾在魏国国相公叔痤的门下任职，公叔痤知道公孙鞅是一名贤能之人，却一直没有机会举荐他。直到公叔痤身患重病，魏惠王前来探望时，问道："如果您的病不幸无法治愈，我魏国的江山社稷该仰仗谁来辅佐治理啊？"公叔痤说："我的门下有一名卫国宗族旁系子孙名叫公孙鞅，虽然年轻，却是一名奇才，希望国君您能把国家大事交给他全权处理。"魏惠王听罢却沉默不语。公叔痤说道："如果国君您不愿意重用公孙鞅，就一定要杀了他，不要让他离开魏国。"魏惠王看似答应了下来，之后便告辞。公叔痤把公孙鞅叫到面前，向他道歉："我必须先效忠国君，之后才能考虑臣子，因此我要先为国君出谋划策，之后才告诉你实情。你一定要尽快逃离这里啊！"公孙鞅说："国君既然不会听你的劝告来重用我，又怎么可能听你的话来杀我？"于是执意不逃走。魏惠王从公叔痤的府上出来之后，对身边的左右近臣说："公叔痤病得很重，实在是令人感到难过！他想让寡人把国家大事都交给公孙鞅来处理，之后又劝我把公孙鞅杀掉，这岂不是自相矛盾吗！"公孙鞅来到秦国之后，靠秦孝公的宠臣景监的举荐见到了秦孝公，他将自己的富国强兵之道对秦孝公叙述了一番。秦孝公非常高兴，此后凡是国家大事，都与公孙鞅一同商议。

周显王十年壬戌 (公元前359年)

公孙鞅打算在秦国施行变法，秦国人都为此感到不高兴。公孙鞅对秦孝公说："对百姓，不能与他们一同商议开创性的计划，只能和他们分享成功的利益。追求至高品德的人，不会与世俗之人同流合污，想要成大事的人，也不会和平庸的众人去商议计划。因此圣人只要可以令国家强大，就不要拘泥于陈规旧俗。"秦国士族名臣甘龙却说："公孙鞅

说得不对。按照旧的政策法令来治理国家，地方官员才会因对政策法令的熟悉而将百姓治理得安定。"公孙鞅说："寻常人都拘泥于旧的政策法令，博学之人则会陷于自己所知道的事情无法自拔，这两种人，可以做遵守法令的官员，却不能和他们商议法令之外的决策。聪明的人创造法令，愚笨的人被法令制约；贤能的人懂得变更礼法，无能的人才会拘泥于礼法当中。"秦孝公说："你说得很有道理。"于是任命公孙鞅为左庶长，最终确定变法之令。

新法中规定，百姓当中五家为一伍，十家为一什，相互监督，如果有人犯法，这几家都要受连坐之罪，告发罪犯的人可以获得与杀敌同等的奖赏，不告发罪犯的人则会受到向敌人投降等同的惩罚。与敌国打仗建立军功的人，可以获得上等爵位。私下打斗的人，根据情节轻重来判定惩罚的轻重。百姓应致力于自己所从事的职业，从事耕织的人，如能生产更多粮食和布帛，就会免除他们的徭役。从事工商业因为懒惰而贫困的人，妻女都要连坐，充为官家的奴婢。王室宗亲如果没有建立过军功，不会被列入宗室族谱之中，取消宗亲的一切优待。明确爵位的尊卑与俸禄等级，根据不同的等级而给予田地、住宅、奴隶、衣服。建立过功劳的人就应该荣耀显赫，没有建立过功劳的人虽然富有，却不会赐予荣耀。

法令制定完善之后还没有公布，因为担心百姓不相信新法，公孙鞅就让人在都城街市的南门立起一根三丈高的木头，广泛征求能将这根木头搬到北门的百姓，如能践行就奖赏十金。百姓都觉得这件事很奇怪，没有人敢轻易去搬动木头。公孙鞅又下令："如果有人能将木头搬到北门，奖赏他五十金！"终于有一个人依照命令去做了，立刻就得到了五十金的奖赏。公孙鞅这才正式公布新的法令。

新法颁布一年之后，数以千计的百姓来到秦国都城，控诉新法的不便利之处。就在此时，秦国太子犯了法。公孙鞅说："新法之所以不能顺利施行，就是因为从上层开始带头犯法。太子是未来的国君，不能施以刑法。"于是就处罚太子的老师公子虔，又在名叫公孙贾的老师脸上刺字作为惩罚。第二天，秦国上下都开始遵守新法。新法施行了十年，秦国治安一片良好，有人在路上丢失了东西也不会被捡走，山中没有盗贼出没，百姓勇于参加与敌国的战斗，却没有人在私下打斗，城市乡间一片安定。最初那些说新法不好的百姓，有些又来说新法的好处。公孙鞅说："这些都是扰乱法纪的人！"将他们全部驱逐到边境，从此以后再也没有人敢随便议论法令。

周显王二十九年辛巳（公元前340年）

公孙鞅对秦孝公说："秦国与魏国之间的关系，就好像人有心腹大患，不是魏国吞并秦国，就是秦国吞并魏国。为什么呢？魏国位于险要的山岭西侧，都城是安邑，与秦国以黄河为界，却独自享受着崤山以东的全部利益。等它国势强盛时就会向西侵犯秦国，国势衰弱时就向东边的诸侯国臣服。如今凭借国君您的圣贤，秦国日渐强盛；而魏国在多年前大败于齐国，诸侯国都纷纷背叛了魏国，可以趁现在攻打魏国。魏国打不过秦国，一定会向东迁徙。然后秦国凭借黄河与崤山的险固，向东制约各诸侯国，就能在诸侯国中成就霸业。"秦孝公采取公孙鞅的计策，派公孙鞅领兵攻打魏国，魏国派出公子卬带兵抵御秦国的进攻。

两军阵前，公孙鞅派人给公子卬送去一封书信，上面写道："我从前与公子交好，现在却分别成为两国将领，我不忍心我们彼此相争，想要与公子当面结为盟友，再宴饮享乐，之后相互撤兵，令秦国、魏国百姓都过上安定的生活。"公子卬信以为真，前去与公孙鞅见面。盟约订立之后，两人一同宴饮。公孙鞅却早已埋伏好了身穿铠甲的士兵，将公子卬俘虏，再趁机攻打魏国军队，魏军大败。魏惠王十分害怕，派出使者将魏国河西的土地献给秦国用来求和。之后魏惠王率领朝臣离开安邑，将国都迁至大梁。之后魏惠王感叹："我真后悔当年没有听公叔痤的话啊！"

秦王将商於之地十五座城封给公孙鞅，从此世人称其为商君。

周显王三十一年癸未（公元前338年）

秦孝公去世，他的儿子秦惠文王即位，公子虔等人指控商君想要谋反，惠文王便派官吏前去抓捕商君。商君逃亡到魏国。魏国不接纳他，又把他送回了秦国。商君和他的门客们只好来到商於，向北发兵攻打郑国。秦国派军队攻打商君，将他以车裂之刑处死，又诛灭了他的全家。

当初，商君做秦国的国相时，施行法令十分严酷，曾经在渭河边处决囚犯，整条渭河都被囚犯的血染红了，在他做国相的十年里，百姓对他多有抱怨。赵良见到商君，商君问他："你看我治理秦国，与五羖大夫百里奚相比，谁更贤能？"赵良说："上千人的连声顺从，不如一个人的直言不讳。我请求说出心里全部的真实想法，恳请您恕我无罪可以吗？"商君说："可以。"赵良说："五羖大夫百里奚，是荆楚之地的一个粗鄙之人，秦穆公把他从一个放牛之人推举到高位之上，秦国上下无人可及。他在秦国做了六七年的国相，向东讨伐了郑国，三次扶植晋国国君，一次拯救楚国于危难之中。他做相国的时候，即使劳累也不坐车，在炎热的夏天也不会撑起伞盖。在秦国国内出行，从不带车马跟随，也从不带兵器咄咄逼人。五羖大夫死的时候，秦国百姓不论男女都痛哭流涕，孩子也不再唱起歌谣，舂米的人也不再喊劳动号子了。如今再看看商君您，凭借宠臣景监的举荐成为商於之地的主人；在从政期间，欺压王公宗族，残害百姓。公子虔已经有八年时间闭门不出了。您又杀死与您对立的祝欢，在公孙贾的脸上刺字。《诗经》中说：'得人心的人能够兴旺，失去人心的人下场悲惨。'您做的这些事，都不得人心。商君您出行时，您的车后还跟随着载满身穿铠甲之士兵的车，左右两边还有侍卫，手拿兵器在您的车两边守护。这些东西哪怕少了一样，您都坚决不会出门。《尚书》中说：'凭借品德做事的人能够昌盛，凭借武力做事的人最终都会灭亡。'您做的这些，都不是凭借品德做的事。商君您的危难，如同清晨的露水，没有多少时间就会到来了，而您还贪恋商於之地的富贵，在秦国独断专行，积累百姓的怨恨。秦王一旦有个三长两短，秦国用来逮捕您的罪名还会少吗？"商君却不听从赵良的劝告。只过了五个月危难就降临了。

齐魏斗宝

原　文

周显王十四年丙寅，公元前三五五年

齐威王、魏惠王会田于郊。惠王曰："齐亦有宝乎？"威王曰："无有。"惠王曰："寡人国虽小，尚有径寸之珠，照车前后各十二乘者十枚。岂以齐大国而无宝乎？"威王曰："寡人之所以为宝者与王异。吾臣有檀子者，使守南城，则楚人不敢为寇，泗上十二诸侯皆来朝；吾臣有盼子者，使守高唐，则赵人不敢东渔于河；吾吏有黔夫者，使守徐州，则燕人祭北门，赵人祭西门，徙而从者七千余家；吾臣有种首者，使备盗贼，则道不拾遗。此四臣者，将照千里，岂特十二乘哉！"惠王有惭色。

译　文

周显王十四年丙寅（公元前355年）

齐威王与魏惠王一同在郊外打猎。魏惠王问："齐国也有宝贝吗？"齐威王说："没有。"魏惠王说："寡人的国家虽小，还有直径一寸那么大的珍珠，放在车上，能够照亮前后十二辆马车的距离，这样的珠子有十枚。齐国那么大，怎么可能没有宝贝呢？"齐威王说："寡人认为的宝贝与惠王您认为的宝贝不一样。我国有一名叫作檀子的大臣，我派他驻守南城，楚国就不敢来侵犯，泗水旁的十二个诸侯国都来向我国朝拜；我国还有一名叫作盼子的大臣，我派他驻守高唐，赵国人就不敢在东边的黄河中打鱼；我国还有一个名叫黔夫的小吏，我派他驻守徐州，燕国人就会向他们的北门祭祀祈福，赵国人则会向他们的西门祭祀祈福，有七千多户百姓主动搬到齐国来居住；我国还有一名叫作种首的大臣，我让他防备盗贼，我国的治安就会呈现路不拾遗的景象。这四名臣子，能够照亮我国的千里国土，又何止区区十二辆马车的距离！"魏惠王听后脸上流露出惭愧的神色。

孙膑庞涓斗智

周显王十五年丁卯，公元前三五四年

魏惠王伐赵，围邯郸。楚王使景舍救赵。

周显王十六年戊辰，公元前三五三年

齐威王使田忌救赵。初，孙膑与庞涓俱学兵法。庞涓仕魏为将军，自以能不及孙膑，乃召之。至，则以法断其两足而黥之，欲使终身废弃。齐使者至魏，孙膑以刑徒阴见，说齐使者。齐使者窃载与之齐。田忌善而客待之，进于威王。威王问兵法，遂以为师。于是威王谋救赵，以孙膑为将，辞以刑余之人不可。乃以田忌为将而孙子为师，居辎车中，坐为计谋。

田忌欲引兵之赵。孙子曰："夫解杂乱纷纠者不控拳，救斗者不搏撠。批亢捣虚，形格势禁，则自为解耳。今梁、赵相攻，轻兵锐卒必竭于外，老弱疲于内。子不若引兵疾走魏都，据其街路，冲其方虚，彼必释赵以自救。是我一举解赵之围而收弊于魏也。"

马陵伏弩

●孙膑马陵伏弩

田忌从之。十月，邯郸降魏。魏师还，与齐战于桂陵，魏师大败。

周显王二十八年庚辰，公元前三四一年

魏庞涓伐韩。韩请救于齐。齐威王召大臣而谋曰："蚤救孰与晚救？"成侯曰："不如勿救。"田忌曰："弗救则韩且折而入于魏，不如蚤救之。"孙膑曰："夫韩、魏之兵未弊而救之，是吾代韩受魏之兵，顾反听命于韩也。且魏有破国之志，韩见亡，必东面而愬(shuò)于齐矣。吾因深结韩之亲而晚承魏之弊，则可受重利而得尊名也。"王曰："善！"乃阴许韩使而遣之。韩因恃齐，五战不胜，而东委国于齐。

齐因起兵，使田忌、田婴、田盼将之，孙子为师，以救韩，直走魏都。庞涓闻之，去韩而归。

魏人大发兵，以太子申为将，以御齐师。孙子谓田忌曰："彼三晋之兵素悍勇而轻齐，齐号为怯。善战者因其势而利导之。《兵法》：'百里而趣利者蹶上将，五十里而趣利者军半至。'"乃使齐军入魏地为十万灶，明日为五万灶，又明日为二万灶。庞涓行三日，大喜曰："我固知齐军怯，入吾地三日，士卒亡者过半矣！"乃弃其步军，与其轻锐倍日并行逐之。孙子度其行，暮当至马陵。马陵道狭而旁多阻隘，可伏兵。乃斫大树，白而书之曰："庞涓死此树下！"于是令齐师善射者万弩夹道而伏，期日暮见火举而俱发。庞涓果然夜到斫木下，见白书，以火烛之。读未毕，万弩俱发，魏师大乱相失。庞涓自知智穷兵败，乃自刭，曰："遂成竖子之名！"齐因乘胜大破魏师，虏太子申。

译　文

周显王十五年丁卯（公元前354年）

魏惠王攻打赵国，包围邯郸。楚王派景舍营救赵国。

周显王十六年戊辰（公元前353年）

齐威王派田忌营救赵国。当初，孙膑与庞涓一同学习兵法。庞涓在魏国当上将军，自知能力比不过孙膑，就想办法把孙膑叫到魏国。孙膑到达魏国之后，庞涓又设计用魏国法令砍断孙膑的双脚，又在他脸上刺字，想让他终身都成为一个废人。齐国派使者出访魏国时，孙膑以受过刑的囚犯的身份偷偷求见，说服了齐国使者。齐国使者偷偷用车将孙膑载到齐国。田忌待孙膑十分友善，以宾客的礼节对待他，又把他举荐给齐威王。齐威王问孙膑一些与兵法有关的事情，立刻决定拜孙膑为军师。当齐威王计划营救赵国的时候，任命孙膑为将领，孙膑觉得自己是受过刑的人，推辞不接受。于是便让田忌为将领，孙膑为军师，坐在辎车当中为战争出谋划策。

田忌打算率兵前往赵国。孙膑说："想要解除两方的纷争，不能用拳脚的方式把他们分开，更不能揪住任何一方帮另一方打他。而是应该乘虚而入，令双方受到局势的限制，纠纷自然就解除了。如今梁国与赵国交战，精锐部队一定都在前方打仗，老弱残兵留在国内。您不如率兵快速赶到魏国都城，占据交通要道，攻打他们虚弱的地方，魏国一定会放弃攻打赵国回国自救。到时候我们就解除了赵国被围的困境，又给魏国以打击。"田忌按照孙膑的计划行事。十月，赵国邯郸向魏国投降。魏国军队返回途中，与齐国军队在桂陵交战，魏国军队大败。

周显王二十八年庚辰（公元前341年）

魏国派庞涓攻打韩国。韩国向齐国求救。齐威王召集众大臣商量："是早点营救好还是晚点营救好？"成侯说："不如不救。"田忌说："如果我们不营救韩国，魏国就会将韩国吞并，不如早点营救。"孙膑说："韩国与魏国的军队士气正盛，现在营救，就等于是我们代替韩国被魏国攻打，反倒会听命于韩国。况且魏国有吞并韩国的志向，韩国见到亡国的趋势，一定会向东投靠于我们齐国。我们到时候就可以获得韩国深深的依赖，又刚好赶上魏国军队士气衰弱的时候，就可以既获得很大的利益，又得到受人尊敬的名声。"齐威王说："就按你说的办。"于是暗中答应韩国使者便把他打发回去了。韩国因为仗着齐国的支持而出兵迎战，却一连五次战败，只好向齐国求助，将国家的存亡寄托在齐国身上。

齐国于是发兵，派田忌、田婴、田盼三人为将领，孙膑为军师，营救赵国，直接攻打魏国都城。庞涓听说之后，急忙放弃攻打韩国，向魏国方向返回。魏国发动大军，以太子申为将领，抵御齐国军队。孙膑对田忌说："魏国、赵国、韩国的士兵素来骁勇善战，看轻齐国，齐国也一直有着怯战的名声。擅长指挥作战的将领必须懂得因势利导才行。《兵法》说："从一百里外奔袭而去会损失上将军，从五十里外奔袭而去会损失一半的军队。""于是就让齐国军队进入魏国领土之后先是在营地中修建供十万人吃饭的营灶，第二天就减少为供五万人吃饭的营灶，第三天又减少为只供两万人吃饭的营灶。庞涓率军队追了三天，大喜过望说道："我向来知道齐国军队害怕打仗，到我国三天，士卒竟然跑了大半！"于是舍弃了步军，率领轻锐部队加速追赶。孙膑早已经猜到了庞涓的行军速度，大概会在黄昏时分来到马陵。马陵道路狭窄，路旁还有许多障碍，可以供军队埋伏。又砍去一棵大树的树皮，在白色的树干上写道："庞涓死于此树下！"然后命令齐国军队中善于射箭的上万名士兵带着弓弩埋伏在道路两侧，约定天黑之后见到火把就万箭齐发。庞涓果然在夜晚来到那棵被砍掉树皮的大树前面，看到了树干上有字，便用火把照明观看。还没等他把树干上的字读完，齐国军队就万箭齐发，魏国军队大乱溃散。庞涓知道自己已经再无计策挽救兵败的局面，于是自刎而死，临死前说道："终究还是让孙膑这小子成名了！"齐国乘胜大败魏国，俘虏了太子申。

苏秦合纵

原 文

周显王三十六年戊子，公元前三三三年

初，洛阳人苏秦说秦王以兼天下之术，秦王不用其言。苏秦乃去，说燕文公曰："燕之所以不犯寇被甲兵者，以赵之为蔽其南也。且秦之攻燕也，战于千里之外；赵之攻燕也，战于百里之内。夫不忧百里之患而重千里之外，计无过于此者。愿大王与赵从亲，天下为一，则燕国必无患矣。"

文公从之，资苏秦车马，以说赵肃侯曰："当今之时，山东之建国莫强于赵，秦之所害亦莫如赵。然而秦不敢举兵伐赵者，畏韩、魏之议其后也。秦之攻韩、魏也，无有名山大川之限，稍蚕食之，傅国都而止。韩、魏不能支秦，必入臣于秦。秦无韩、魏之规则祸中于赵矣。臣以天下地图案之，诸侯之地五倍于秦，料度诸侯之卒十倍于秦。六国为一，并力西乡而攻秦，秦必破矣。夫衡人者皆欲割诸侯之地以与秦，秦成则其身富荣，国被秦患而不与其忧，是以衡人日夜务以秦权恐愒_{kài}诸侯，以求割地。故愿大王熟计之也！窃为大王计，莫如一韩、魏、齐、楚、燕、赵为从亲以畔秦，令天下之将相会于洹水之上，通质结盟，约曰：'秦攻一国，五国各出锐师，或桡_{ráo}秦，或救之。有不如约者，五国共伐之！'诸侯从亲以摈_{bìn}秦，秦甲必不敢出于函谷以害山东矣。"肃侯大说，厚待苏秦，尊崇赐赍之，以约于诸侯。

会秦使犀首伐魏，大败其师四万余人，禽将龙贾，取雕阴，且欲东兵。苏秦恐秦兵至赵而败从约，念莫可使用于秦者，乃激怒张仪，入之于秦。

张仪者，魏人，与苏秦俱事鬼谷先生，学纵横之术，苏秦自以为不及也。仪游诸侯无所遇，困于楚，苏秦故召而辱之。仪怒，念诸侯独秦能苦赵，遂入秦。苏秦阴遣其舍人赍_{jī}金币资仪，仪得见秦王。秦王说之，以为客卿。舍人辞去，曰："苏君忧秦伐赵败从约，以为非君莫能得秦柄，故激怒君，使臣阴奉给君资，尽苏君之计谋也。"张仪曰："嗟乎！此在吾术中而不悟_{wù}，吾不及苏君明矣。为吾谢苏君，苏君之时，仪何敢言！"

于是苏秦说韩宣惠王曰："韩地方九百余里，带甲数十万，天下之强弓、劲弩、利剑皆从韩出。韩卒超足而射，百发不暇止。以韩卒之勇，被坚甲，跖_{zhí}劲弩，带利剑，一人当百，不足言也。大王事秦，秦必求宜阳、成皋。今兹效之，明年复求割地。与则无地以给之，不与则弃前功，受后祸。且大王之地有尽而秦求无已，以有尽之地逆无已之求，此所谓市怨结祸者也，不战而地已削矣！鄙谚曰：'宁为鸡口，无为牛后。'夫以大王之贤，挟强韩之兵，而有牛后之名，臣窃为大王羞之。"韩王从其言。

苏秦说魏王曰："大王之地方千里，地名虽小，然而田舍庐庑之数，曾无所刍牧。人民之众，车马之多，日夜行不绝，輷輷殷殷_{hōng}，若有三军之众。臣窃量大王之国不下楚。今窃闻大王之卒，武士二十万，苍头二十万，奋击二十万，厮徒十万；车六百乘，骑五千匹，乃听于群臣之说，而欲臣事秦。愿大王熟察之。故敝邑赵王使臣效愚计，奉明约，以大王之诏诏之。"魏王听之。

苏秦说齐王曰："齐四塞之国，地方二千余里，带甲数十万，粟如丘山。三军之良，五家之兵，进如锋矢，战如雷霆，解如风雨。即有军役，未尝倍泰山，绝清河，涉渤海者也。临淄之中七万户，臣窃度之，不下户三男子，不待发于远县，而临淄之卒固已二十一万矣。临淄甚富而实，其民无不斗鸡、走狗、六博、阘鞠。临淄之涂，车毂击，人肩摩，连衽成帷，挥汗成雨。夫韩、魏之所以重畏秦者，为与秦接境壤也。兵出而相当，不十日而战，胜（负）存亡之机决矣。韩、魏战而胜秦，则兵半折，四境不守；战而不胜，则国已危亡随其后；是故韩、魏之所以重与秦战而轻为之臣也。今秦之攻齐则不然，倍韩、魏之地，过卫阳晋之道，经乎亢父之险，车不得方轨，骑不得比行。百人守险，千人不敢过也。秦虽欲深入则狼顾，恐韩、魏之议其后也。是故恫疑、虚喝、骄矜而不敢进，则秦之不能害齐亦明矣。夫不深料秦之无奈齐何，而欲西面而事之，是群臣之计过也。今无臣事秦之名而有强国之实，臣是故愿大王少留意计之。"齐王许之。

乃西南说楚威王曰："楚，天下之强国也，地方六千余里，带甲百万，车千乘，骑万匹，粟支十年，此霸王之资也。秦之所害莫如楚，楚强则秦弱，秦强则楚弱，其势不两立。故为大王计，莫如从亲以孤秦。臣请令山东之国奉四时之献，以承大王明诏。委社稷，奉宗庙，练士厉兵，在大王之所用之。故从亲则诸侯割地以事楚，衡合则楚割地以事秦。此两策者相去远矣，大王何居焉？"楚王亦许之。

于是苏秦为从约长，并相六国，北报赵，车骑辎重拟于王者。

周显王三十七年己丑，公元前三三二年

秦惠王使犀首欺齐、魏，与共伐赵，以败从约。赵肃侯让苏秦，苏秦恐，请使燕，必报齐。苏秦去赵而从约皆解。赵人决河水以灌齐、魏之师，齐魏之师乃去。

周显王四十五年丁酉，公元前三二四年

苏秦通于燕文公之夫人，易王知之。苏秦恐，乃说易王曰："臣居燕不能使燕重，而在齐则燕重。"易王许之。乃伪得罪于燕而奔齐，齐宣王以为客卿。苏秦说齐王高官室，大苑囿，以明得意，欲以敝齐而为燕。

译 文

周显王三十六年戊子（公元前333年）

当初，洛阳人苏秦将统一天下的方法进献给秦王，秦王却不采纳他的方法。苏秦于是离开秦国，来到燕国，对燕文公说："燕国之所以不被兵甲侵犯，是因为赵国在燕国的南方起到了屏障的作用。并且秦国要想攻打燕国，要长途奔袭上千里；赵国要想攻打燕国，只需行军百里即可。如今您不为百里之内的隐患担忧，反而要去忧虑千里之外的危险，没有比这再错的事情了。希望大王您能与赵国结为亲密友邦，让两国合为一体，燕国就没有隐患了。"

　　燕文公听从了苏秦的建议，资助给苏秦车马，让他去说服赵肃侯。苏秦对赵肃侯说："以如今的局势，崤山以东的国家当中赵国最强大，秦国最害怕的也要数赵国。然而秦国不敢出兵攻打赵国，是因为害怕韩国和魏国在背后算计秦国。秦国如果要攻打韩国和魏国，没有名山大川作为阻碍，只要一点一点地吞并，很快就能侵犯到他们的国都。韩国和魏国打不过秦国，一定会向秦国臣服。秦国没有了韩国和魏国作为牵制，一定会成为赵国的隐患。臣根据天下的地图来分析，各诸侯国的土地加起来是秦国的五倍，想必各诸侯国的兵士加起来是秦国的十倍。如果六国联合为一体，合力向西攻打秦国，一定会将秦国消灭。那些倡导连横的人都想割地献给秦国，秦国如果能成就霸业，则有享不尽的荣华富贵，秦国已经成为各诸侯国的隐患，各诸侯国却不知道为此而担忧，因此那些倡导连横的人日日夜夜都用秦国的强权来恐吓各诸侯国，来换取割地的利益。所以我希望大王您能慎重考虑一下。我也私下里为大王着想，不如联合韩国、魏国、齐国、楚国、燕国、赵国结为亲密友邦一同背叛秦国，召令天下的优秀将领一同在洹水会盟，缔结盟约，一同宣誓：'只要秦国攻打六国中的任何一个国家，另外五国都要派出精锐部队，或是扰乱秦国，或是营救被攻打的国家。如果有不遵守盟约的国家，另外五国联合起来共同讨伐它！'诸侯国成为亲密友邦来排斥秦国，秦兵一定不敢走出函谷关危害崤山以东。"赵肃侯听后十分高兴，厚待苏秦，给予他丰厚的赏赐，让他去和其他诸侯国约定结盟之事。

　　这时秦国派犀首率军攻打魏国，打败魏国四万多人的军队，秦国将领龙贾占据了雕阴之地，还打算继续向东发兵。苏秦担心秦国军队攻打到赵国，从而令他合纵的计划失败，想到没有更好的人选出使秦国，扰乱秦国的进攻，于是就设计激怒了张仪，让张仪去往秦国。

　　张仪原本是魏国人，与苏秦一起在鬼谷子的门下学习纵横之术，苏秦自认为才能比不过张仪。张仪游遍诸侯国，却没遇到赏识自己的人，最终困顿在楚国，苏秦将张仪叫来故意羞辱他。张仪愤怒不已，想着诸侯国中只有秦国能对赵国造成威胁，于是便来到秦国。苏秦暗中派自己的门客向张仪赠予金币，张仪终于见到了秦王。秦王见到张仪十分高兴，将他当作客卿来对待。苏秦的门客离开之前告诉张仪："苏先生担心秦国攻打赵国，破坏他的合纵大计，认为除了您没有人能操纵秦国，便故意激怒您，又派我暗中资助您，这都是苏先生的计谋啊。"张仪说："唉，我在别人的计谋中却不自知，看来我明显比不

过苏先生。替我感谢苏先生吧，只要苏先生活着，我张仪就没有什么好说的了。"

于是苏秦又来到韩国游说韩宣王："韩国的土地方圆九百多里，带甲勇士有几十万之多，天下最好的弓弩和最锋利的剑都是产自韩国。韩国的士兵腾空跃起射箭，能一连射出百发以上。凭借韩国士兵的骁勇，身披坚固的铠甲，脚踏强劲的弓弩，手持最锋利的宝剑，一个人可以当一百个人来用，根本不在话下。大王您若是对秦国称臣，秦国一定会向您索要宜阳、成皋之地。如果这次给了他们，明年他们还会再要求割地。如果割地给他们，土地总有给完的一天，不割地给他们，之前的地就统统白割了，以后还要遭受祸患。况且大王您的土地是有数的，秦国的索求欲望却没有尽头，用早晚会割完的土地来满足他们没有边界的欲求，这就是自找苦吃。根本不需要打仗，土地就已经割让掉了。俗话说：'宁可做鸡头，不愿做牛尾。'凭借大王您的贤能，拥有如此强大的韩国兵力，却要忍受牛尾的名声，就连我都暗自替大王感到羞耻。"韩宣王于是接受了苏秦合纵的建议。

苏秦又来游说魏王："大王您拥有方圆千里的土地，面积虽然不算大，但是房屋和田地却十分密集，几乎到了无处放牧的地步。除此之外，百姓人数众多，车马数量也不少，日夜往来不绝，熙熙攘攘的声音仿佛千军万马一般。臣暗自思量大王您的国家比楚国一点也不差。如今臣听人私下里说大王的军队，有二十万武士，二十万苍头军，二十万精兵，十万杂役；四匹马拉的车有六百辆，战马五千匹，还听您的群臣说，您打算向秦国臣服。希望大王您能好好考虑一下。我们的赵王派臣来献上这个小小的计谋，订立盟约，以大王您的诏书来召集诸侯国。"魏王听从了苏秦的建议。

苏秦又游说齐王道："齐国是一个四面都有天险作为屏障的国家，土地方圆两千多里，带甲勇士有几十万，粮食堆得如同山丘一样高。还有优良的三军队伍，驻扎在五都的兵士，进攻时犹如锋利的箭矢，战斗时如同雷霆般迅猛，散开时如同风雨刮过。即使需要招募军役，也不用到泰山、清河、渤海那么远的地方去招募。临淄城有七万户人家，臣暗自揣度，每户的男子数量不少于三人，根本不用去边远的县乡去征兵，光是在临淄城就能招募到二十一万兵力。临淄十分富有殷实，城中的百姓都喜欢斗鸡、赛狗、赌博、踢球。临淄的道路上，车多得相互碰撞，人多得摩肩接踵，衣襟连起来能形成一道帷幕，行人们出的汗抛洒出来如同下雨一般。韩国和魏国之所以那样害怕秦国，是因为他们两国都与秦国接壤。敌我出兵的数量不相上下，如果开战不出十天，存亡的征兆就会十分明显了。韩国和魏国即使战胜秦国，兵力也损失大半，四方边境便会缺乏士兵去守卫；如果不能战胜秦国，紧随而来的就是亡国的危险。所以韩国和魏国在与秦国交战方面十分慎重，宁愿臣服于秦国。如今秦国攻打齐国却不一样，韩国和魏国都在秦国军队的背后，秦军还要经过卫国的阳晋之路，再跋涉过亢父的险隘，道路之狭窄，令车辆与骑兵都无法并行。只要有

资治通鉴

一百个人守住这处险要之地，一千个人也不敢轻易通过。秦国虽然想深入齐国之地，却不得不谨慎观望，担心韩国与魏国在他们背后捣乱。因此秦国只是虚张声势，虽骄傲自大却也不敢轻易冒进，因此秦国无法对齐国造成危害是很明显的事情。不去深入思考秦国对齐国无可奈何这件事，反而想要向西对秦国臣服，这都是齐国群臣的过错。如今有一条妙计能够为齐国免去向秦国臣服的卑贱名声，而且还能让齐国更加强大，希望大王您能稍稍留心听一下我的计策。"齐王于是接受了苏秦的合纵之计。

苏秦又前往西南游说楚威王道："楚国是天下的强国，土地方圆六千多里，带甲勇士上百万，战车上千辆，战马上万匹，粮食储备够全国吃十年，这些都是楚国称霸的资本。秦国最害怕的非楚国莫属，楚国强大秦国就会削弱，秦国强大楚国就会削弱，这两个国家是势不两立的。因此为大王您考虑，不如接受合纵之计，让秦国孤立。如果楚国接受合纵，各诸侯国都会割地向楚国称臣，如果不合纵，楚国就要割地向秦国称臣。这两种选择的差别可谓是巨大的，大王您怎么打算呢？"楚王也接受了合纵的建议。

于是苏秦成为主持合纵的纵约长，同时成为六国的国相，当他向北回到赵国汇报合纵之事时，跟随他的车马随从之多，可以与君王相比。

周显王三十七年己丑（公元前332年）

秦惠王派犀首逼迫齐国与魏国，让这两国与秦国一同攻打赵国，从而破坏合纵之计。赵肃侯斥责苏秦，苏秦害怕，主动请求出使燕国，承诺一定报复齐国。苏秦一离开赵国，合纵盟约便瓦解了。赵国人挖开河道用水去灌齐国和魏国的军队，这两国的军队才从赵国撤离。

周显王四十五年丁酉（公元前324年）

苏秦与死去的燕文公的夫人私通，被燕易王知道了。苏秦十分害怕，于是对燕易王说道："臣留在燕国不能使燕国变得更加强大，如果去齐国则能想办法增加燕国的力量。"燕易王答应了苏秦的请求。于是苏秦假装在燕国获罪投奔齐国，齐宣王将苏秦作为客卿对待。苏秦鼓动齐宣王建立高大的宫室，扩大园林，显示齐国的强大，从而削弱齐国的力量、增强燕国的力量。

孟尝君拒象床

原　文

周显王四十八年庚子，公元前三二一年

齐王封田婴于薛，号曰靖郭君。靖郭君言于齐王曰："五官之计，不可不日听而数

览也。"王从之。已而厌之，悉以委靖郭君。靖郭君由是得专齐之权。

靖郭君欲城薛，客谓靖郭君曰："君不闻海大鱼乎？网不能止，钩不能牵，荡而失水，则蝼蚁制焉。今夫齐，亦君之水也。君长有齐，奚以薛为！苟为失齐，虽隆薛之城到于天，庸足恃乎？"乃不果城。

靖郭君有子四十人，其贱妾之子曰文。文通傥饶智略，说靖郭君以散财养士。靖郭君使文主家待宾客，宾客争誉其美，皆请靖郭君以文为嗣。靖郭君卒，文嗣为薛公，号曰孟尝君。孟尝君招致诸侯游士及有罪亡人，皆舍业厚遇之，存救其亲戚。食客常数千人，各自以为孟尝君亲己，由是孟尝君之名重天下。

孟尝君聘于楚，楚王遗之象床。登徒直送之，不欲行，谓孟尝君门人公孙戌曰："象床之直千金，苟伤之毫发，则卖妻子不足偿也。足下能使仆无行者，有先人之宝剑，愿献之。"公孙戌许诺，入见孟尝君曰："小国所以皆致相印于君者，以君能振达贫穷，存亡继绝，故莫不悦君之义，慕君之廉也。今始至楚而受象床，则未至之国将何以待君哉！"孟尝君曰："善。"遂不受。公孙戌趋去，未至中闱，孟尝君召而反之，曰："子何足之高，志之扬也？"公孙戌以实对。孟尝君乃书门版曰："有能扬文之名，止文之过，私得宝于外者，疾入谏！"

译 文

周显王四十八年庚子（公元前321年）

齐王将薛地封给田婴，赐号称靖郭君。靖郭君对齐王说："文武官员的奏章，您一定要每日仔细听，反复阅读。"齐王听从了靖郭君的建议，却又很快就厌烦了，把国家大事全部委托靖郭君来处理。靖郭君于是成了齐国的掌权人。

靖郭君想在薛地建城，他的门客对他说："您没有听说过海里的大鱼吗？渔网不能捕捞它，鱼钩也牵不动它，可一旦离开海水，就连蝼蚁都能牵制它。如今的齐国，就是您的海水。您能长期主宰齐国的政权，还在乎薛地干什么！如果失去了齐国这片汪洋大海，即使把薛地的城墙砌到天上，也保不住您的安危。"于是靖郭君放弃了在薛地建城的打算。

靖郭君有四十多个儿子，其中一个贱妾所生的儿子名叫田文。田文的文采过人，又极富智谋，劝说靖郭君用闲散钱财来供养士人。靖郭君便让田文来主持家事，招待宾客，宾客争相称赞田文，都请靖郭君将田文立为继承人。靖郭君去世后，田文继承了薛地，成为薛公，号称孟尝君。孟尝君四处招募各诸侯国的游士和有罪出逃的人才，都给予丰厚的

待遇，并且还救济他们的亲戚。他的门客常有数千人之多，每个人都认为孟尝君对自己十分亲近。于是孟尝君广纳贤才的名号传遍天下。

　　孟尝君访问楚国时，楚王送给他一张象牙床。孟尝君让登徒直将象牙床送回国，登徒直却迟迟不肯动身，他对孟尝君的门客公孙戍说："象牙床贵重值千金，哪怕损伤到一丝一毫，我就算卖掉妻子儿女也不够赔偿。您要是能让我免去这趟差事，我就把先人留下来的一把宝剑送给您。"公孙戍答应了下来，去面见孟尝君说道："各个小国家之所以都想请您担任国相，是因为您能帮助贫困之人，修复灭亡的国家，延续断绝了的子孙，因此没有人不欣赏您的高义，仰慕您的方正品行。如今刚来到楚国就接受了象牙床，那些您还没有去过的国家将怎样来招待您呢！"孟尝君说："你说得有道理。"于是便不接受象牙床。公孙戍跑着离开，还没跑到内室，孟尝君就把他叫了回来，问道："你为什么能如此趾高气扬呢？"公孙戍将实情告诉了孟尝君。孟尝君于是在门板上写道："只要能弘扬田文的名声，阻止田文的过错，即使私下接受了别人的馈赠，也不要紧，赶快来给我提建议。"

卷　三

孟子游齐

原　文

周显王三十三年乙酉，公元前三三六年

　　邹人孟轲见魏惠王，王曰："叟，不远千里而来，亦有以利吾国乎？"孟子曰："君何必曰利，仁义而已矣！君曰何以利吾国，大夫曰何以利吾家，士庶人曰何以利吾身，上下交征利而国危矣。未有仁而遗其亲者也，未有义而后其君者也。"王曰："善。"

　　初，孟子师子思，尝问牧民之道何先。子思曰："先利之。"孟子曰："君子所以教民者，亦仁义而已矣，何必利！"子思曰："仁义固所以利之也。上不仁则下不得其所，上不义则下乐为诈也，此为不利大矣。故《易》曰：'利者，义之和也。'又曰：'利用安身，以崇德也。'此皆利之大者也。"

周慎靓王二年壬寅，公元前三一九年

　　魏惠王薨，子襄王立。孟子入见而出，语人曰："望之不似人君，就之而不见所畏焉。卒然问曰：'天下恶乎定？'吾对曰：'定于一。''孰能一之？'对曰：'不嗜杀人者能

一之。'‘孰能与之？’对曰：‘天下莫不与也。王知夫苗乎？七八月之间旱，则苗槁矣。天油然作云，沛然下雨，则苗勃然兴之矣。其如是，孰能御之！’”

周赧王元年丁未，公元前三一四年

燕子之为王三年，国内大乱。将军市被与太子平谋攻子之。齐王令人谓太子曰："寡人闻太子将饬君臣之义，明父子之位，寡人之国唯太子所以令之。"太子因要党聚众，使市被攻子之，不克。市被反攻太子。构难数月，死者数万人，百姓恫恐。齐王令章子将五都之兵，因北地之众以伐燕。燕士卒不战，城门不闭。齐人取子之，醢之，遂杀燕王哙。

齐王问孟子曰："或谓寡人勿取燕，或谓寡人取之。以万乘之国伐万乘之国，五旬而举之，人力不至于此；不取，必有天殃。取之何如？"孟子对曰："取之而燕民悦则取之，古之人有行之者，武王是也。取之而燕民不悦则勿取，古人有行之者，文王是也。以万乘之国伐万乘之国，箪食壶浆以迎王师，岂有他哉？避水火也。如水益深，如火益热，亦运而已矣！"

诸侯将谋救燕。齐王谓孟子曰："诸侯多谋伐寡人者，何以待之？"对曰："臣闻七十里为政于天下者，汤是也；未闻以千里畏人者也。《书》曰：'徯我后，后来其苏。'今燕虐其民，王往而征之，民以为将拯己于水火之中也，箪食壶浆以迎王师。若杀其父兄，系累其子弟，毁其宗庙，迁其重器，如之何其可也！天下固畏齐之强也，今又倍地而不行仁政，是动天下之兵也。王速出令，反其旄倪，止其重器，谋于燕众，置君而后去之，则犹可及止也。"齐王不听。

已而燕人叛。王曰："吾甚惭于孟子。"陈贾曰："王无患焉。"乃见孟子，曰："周公何人也？"曰："古圣人也。"陈贾曰："周公使管叔监商，管叔以商畔也。周公知其将畔而使之与？"曰："不知也。"陈贾曰："然则圣人亦有过与？"曰："周公，弟也，管叔，兄也，周公之过不亦宜乎！且古之君子，过则改之；今之君子，过则顺之。古之君子，其过也如日月之食，民皆见之；及其更也，民皆仰之。今之君子，岂徒顺之，又从为之辞？"

译文

周显王三十三年乙酉（公元前336年）

邹地人孟轲拜见魏惠王，魏惠王说："老先生，您不远千里而来，对我国有什么利益吗？"孟子说："国君您何必说利呢，只不过是倡导仁义罢了。国君您问我治国什么方法有利，士大夫问我理家什么方法有利，普通的士人问我养身什么方法有利，一个国家从上到下都在追求利益，那么这个国家就危险了。没有仁心的人会失去他的亲人，没有义气的人会把君王也丢在脑后。"魏惠王说："对。"

●孟子

当初，孟子拜孔子的孙子子思为师，他曾问子思，治理百姓什么才是最重要的。子思说："要先给百姓利益。"孟子说："君子教育百姓，只要让他们懂得仁义就够了，为什么还要给予他们利益呢？"子思说："仁义的根本就是利益。上面的人不仁，下面的人就不能安分，上面的人不义，下面的人就都学会了狡诈，这是最大的不利之处。所以《易经》中说：'利，是许多的义加在一起所产生的东西。'还说：'用利益来让百姓安定，才能推崇道德。'这就是利益之所以重要的原因。"

周慎靓王二年壬寅（公元前319年）

魏惠王去世，他的儿子襄王即位。孟子进去拜见魏襄王出来后，对人说："他看上去不像是一名国君，和他接触之后也不会对他产生敬畏之心。他刚才突然问我：'天下怎样才能安定？'我答：'统一就能安定。'他问：'谁能统一天下？'我答：'不将杀人作为喜好的人就统一天下。'他问：'谁能愿意把国家交给他？'我答：'天下人都愿意把国家交给这样的人来统一。大王您知道田地里的小苗吗？七八月间干旱，小苗就会枯萎。天上突然乌云密布，下起大雨，小苗就会生机勃勃。像这样的势头，谁也无法阻挡！'"

周赧王元年丁未（公元前314年）

燕国的子之做了三年燕王，国内发生大乱。将军市被与太子平密谋攻打子之。齐王派人对太子平说："寡人听说太子想要整饬君臣之间的道义，申明父子之间的地位，寡人的国家愿意听从太子的指挥。"太子平于是聚集了自己的同党，让市被去攻打子之，却没有攻打下来。市被又反过来攻打太子平。战争一连持续几个月，死掉了数万人，百姓人心惶惶。齐王命令章子率领五城的士兵，凭借北方的人多去攻打燕国。燕国将士不与齐国交战，也不关闭城门。齐国军队将子之捉住，剁成肉酱，又杀死了燕王哙。

齐王问孟子："有人劝寡人不要攻占燕国，有人劝寡人应该攻占燕国。拥有万乘兵车的大国去攻打另一个拥有万乘兵车的大国，五十天就攻下来了，仅凭人的力量是做不到的；如果我不攻占燕国，上天一定会怪罪我。将燕国攻占怎么样？"孟子回答说："如果燕国的百姓因为齐国攻占燕国而高兴，那就攻占下来，古人有这样做的，那就是周武王。如果燕国百姓因此而不高兴，那就不要攻占，古人也有这样做的，那就是周文王。用一个拥有万乘兵车的大国去攻打另一个拥有万乘兵车的大国，百姓们都带着食物和酒水来欢迎大王您的军队，不是因为别的原因，是因为希望您把他们从水深火热中拯救出来。如果在您的统治下水变得更深，火变得更热，他们就会迁徙到别处去了。"

各诸侯国计划营救燕国。齐王对孟子说："许多诸侯国都在计划着攻打寡人，该如何应对呢？"孟子答道："臣听说只占据七十里土地就能统一天下的人，是商汤；从来没听过占有千里土地的人还要去惧怕别人。《尚书》中说：'我们等待着我们的君王，他来了我们就有救了。'如今燕国虐待他们的百姓，大王您前去征讨燕国，百姓会认为自己即将从水深火热中被拯救出来，会带着食物与酒水迎接大王的军队。如果您的军队杀死他们的父母兄弟，伤害到他们的孩子，毁掉他们的宗庙，抢走他们珍贵的器物，如同雪上加霜，那就不可以了。天下人自然畏惧齐国的强大，如今土地增加了一倍，却不施行仁政，这是让天下人发兵讨伐齐国啊。大王您应该尽快下令，释放被逮捕的老人和孩子，将珍贵的器物还给他们，与燕国百姓一同商议，扶植新的燕国国君，之后离开燕国，还来得及。"齐王不听孟子的建议。

不久之后燕国百姓造反，齐王说："我真愧对于孟子啊。"陈贾说："大王不要担心。"于是陈贾去见孟子，问道："周公是什么人？"孟子说："古代的圣人。"陈贾说："周公派管叔治理商地，管叔却在商地叛变。周公是知道管叔即将叛变还让他治理商地的吗？"孟子说："周公不知道管叔要叛变。"陈贾说："那么就连圣人都难免犯错吧？"孟子说："周公，是弟弟，管叔，是哥哥，周公的过错难道不是可以理解的吗！古代的君子，有错就及时改正；现在的所谓君子，有错却任由错误继续下去。古代的君子，他们的过错如同日食月食，百姓都能看到；等到他们改正错误，百姓会更加仰慕他们。现在的所谓君子，不仅任由错误继续，还总是能找到狡辩的言辞。"

张仪连横

 原　文

周慎靓王四年甲辰，公元前三一七年

　　张仪说魏襄王曰："梁地方不至千里，卒不过三十万，地四平，无名山大川之限，卒戍楚、韩、齐、赵之境，守亭、障者不下十万，梁之地势固战场也。夫诸侯之约从，

资治通鉴

盟于洹水之上，结为兄弟以相坚也。今亲兄弟同父母，尚有争钱财相杀伤，而欲恃反覆苏秦之余谋，其不可成亦明矣。大王不事秦，秦下兵攻河外，据卷衍、酸枣，劫卫，取晋阳，则赵不南，赵不南则梁不北，梁不北则从道绝，从道绝则大王之国欲毋危，不可得也。故愿大王审定计议，且赐骸骨。"魏王乃倍从约，而因仪以请成于秦。张仪归，复相秦。

五年乙巳，公元前三一六年

巴、蜀相攻击，俱告急于秦。秦惠王欲伐蜀，以为道险狭难至，而韩又来侵，犹豫未能决。司马错请伐蜀。张仪曰："不如伐韩。"王曰："请闻其说。"仪曰："亲魏，善楚，下兵三川，攻新城、宜阳，以临二周之郊，据九鼎，按图籍，挟天子以令于天下，天下莫敢不听，此王业也。臣闻争名者与朝，争利者于市。今三川、周室，天下之朝市也，而王不争焉，顾争于戎翟，去王业远矣！"司马错曰："不然，臣闻，欲富国者务广其地，欲强兵者务富其民，欲王者务博其德，三资者备而王随之矣。今王地小民贫，故臣愿先从事于易。夫蜀，西僻之国而戎翟之长也，有桀、纣之乱，以秦攻之，譬如使豺狼逐群羊。得其地足以广国，取其财足以富民，缮兵不伤众而彼已服焉。拔一国而天下不以为暴，利尽西海而天下不以为贪，是我一举而名实附也，而又有禁暴止乱之名。今攻韩，劫天子，恶名也，而未必利也，又有不义之名，而攻天下所不欲，危矣！臣请论其故。周，天下之宗室也；齐，韩之国也。周自知失九鼎，韩自知亡三川，将二国并力合谋，以因乎齐、赵而求解乎楚、魏。以鼎与楚，以地与魏，王弗能止也。此臣之所谓危也。不如伐蜀完。"王从错计，起兵伐蜀。十月取之。贬蜀王，更号为侯，而使陈庄相蜀。蜀既属秦，秦以益强，富厚，轻诸侯。

周赧王二年戊申，公元前三一三年

秦王欲伐齐，患齐、楚之从亲，乃使张仪至楚，说楚王曰："大王诚能听臣，闭关绝约于齐，臣请献商於之地六百里，使秦女得为大王箕帚之妾，秦、楚嫁女娶妇，长为兄弟之国。"楚王说而许之。群臣皆贺，陈轸独吊。王怒曰："寡人不兴师而得六百里地，何吊也？"对曰："不然，以臣观之，商於之地不可得而齐、秦合。齐、秦合则患必至矣！"王曰："有说乎？"对曰："夫秦之所以重楚者，以其有齐也。今闭关绝约于齐，则楚孤，秦奚贪夫孤国而与之商於之地六百里？张仪至秦，必负王。是王北绝齐交，西生患于秦也。两国之兵必俱至。为王计者，不若阴合而阳绝于齐，使人随张仪。苟与吾地，绝齐未晚也。"王曰："愿陈子闭口，毋复言，以待寡人得地！"乃以相印授张仪，厚赐之。遂闭关绝约于齐，使一将军随张仪至秦。

张仪佯堕车，不朝三月。楚王闻之，曰："仪以寡人绝齐未甚邪？"乃使勇士宋遗借宋之符，北骂齐王。齐王大怒，折节而事秦，齐、秦之交合。张仪乃朝，见楚使者曰："子何不受地？从某至某，广袤六里。"使者怒，还报楚王。楚王大怒，欲发兵而攻秦。陈轸曰："轸可发口言乎？攻之不如因赂以一名都，与之并兵而攻齐，是我亡地于秦，取偿于齐也。今王已绝于齐而责欺于秦，是吾合齐、秦之交而来天下之兵也，国必大伤矣！"楚王不听，使屈匄(gài)帅师伐秦。秦亦发兵使庶长章击之。

<u>三年己酉，公元前三一二年</u>

春，秦师及楚战于丹杨，楚师大败，斩甲士八万，虏屈匄及列侯、执珪七十余人，遂取汉中郡。楚王悉发国内兵以复袭秦，战于蓝田，楚师大败。韩、魏闻楚之困，南袭楚，至邓。楚人闻之，乃引兵归，割两城以请平于秦。

<u>四年庚戌，公元前三一一年</u>

蜀相杀蜀侯。

秦惠王使人告楚怀王，请以武关之外易黔中地。楚王曰："不愿易地，愿得张仪而献黔中地。"张仪闻之，请行。王曰："楚将甘心于子，奈何行？"张仪曰："秦强楚弱，大王在，楚不宜敢取臣。且臣善其嬖臣靳尚，靳尚得事幸姬郑袖，袖之言，王无不听者。"遂往。楚王囚，将杀之。靳尚谓郑袖曰："秦王甚爱张仪，将以上庸六县及美女赎之。王重地尊秦，秦女必贵而夫人斥矣。"于是郑袖日夜泣于楚王曰："臣各为其主耳。今杀张仪，秦必大怒。妾请子母俱迁江南，毋为秦所鱼肉也！"王乃赦张仪而厚礼之。张仪因说楚王曰："夫为从者无以异于驱群羊而攻猛虎，不格明矣。今王不事秦，秦劫韩驱梁而攻楚，则楚危矣。秦西有巴、蜀，治船积粟，浮岷江而下，一日行五百余里，不至十日而拒扞关(hàn)，扞关惊则从境以东尽城守矣，黔中、巫郡非王之有。秦举甲出武关，则北地绝。秦兵之攻楚也，为难在三月之内，而楚待诸侯之救在半岁之外。夫待弱国之救，忘强秦之祸，此臣所为大王患也。大王诚能听臣，请令秦、楚长为兄弟之国，无相攻伐。"楚王已得张仪而重出黔中地，乃许之。

张仪遂之韩，说韩王曰："韩地险恶山居，五谷所生，非菽而麦，国无二岁之食，见卒不过二十万。秦被甲百余万。山东之士被甲蒙胄(tí)以会战，秦人捐甲徒裼以趋敌，左

资治通鉴

挈人头，右挟生虏。夫战孟贲、乌获之士以攻不服之弱国，无异垂千钧之重于鸟卵之上，必无幸矣。大王不事秦，秦下甲据宜阳，塞成皋，则王之国分矣。鸿台之宫，桑林之苑，非王之有也。为大王计，莫如事秦以攻楚，以转祸而悦秦。计无便于此者。"韩王许之。

张仪归报，秦王封以六邑，号武信君。复使东说齐王曰："从人说大王者必曰：'齐蔽于三晋，地广民众，兵强士勇，虽有百秦，将无奈其何。'大王贤其说而不计其实。今秦、楚嫁女娶妇，为昆弟之国；韩献宜阳；梁效河外；赵王入朝，割河间以事秦。大王不事秦，秦驱韩、梁攻齐之南地，悉赵兵，渡清河，指博关，临淄、即墨非王之有也！国一日见攻，虽欲事秦，不可得也！"齐王许张仪。

张仪去，西说赵王曰："大王收率天下以摈秦，秦兵不敢出函谷关十五年。大王之威行于山东，敝邑恐惧，缮甲厉兵，力田积粟，愁居慑处，不敢动摇，唯大王有意督过之也。今以大王之力，举巴、蜀，并汉中，包两周，守白马之津。秦虽僻远，然而心忿含怒之日久矣。今秦有敝甲凋兵军于渑池，愿渡河，逾漳，据番吾，会邯郸之下，愿以甲子合战，正殷纣之事。谨使使臣先闻左右。今楚与秦为昆弟之国，而韩、梁称东藩之臣，齐献鱼盐之地，此断赵之右肩。夫断右肩与人斗，失其党而孤居，求欲毋危，得乎？今秦发三将军，其一军塞午道，告齐使渡清河，军于邯郸之东；一军军成皋，驱韩、梁军于河外；一军军于渑池，约四国为一以攻赵，赵服必四分其地。臣窃为大王计，莫如与秦王面相约而口相结，常为兄弟之国也。"赵王许之。

张仪乃北之燕，说燕王曰："今赵王已入朝，效河间以事秦。大王不事秦，秦下甲云中、九原，驱赵而攻燕，则易水、长城非大王之有也。且今时齐、赵之于秦，犹郡县也，不敢妄举师以攻伐。今王事秦，长无齐、赵之患矣。"燕王请献常山之尾五城以和。

张仪归报，未至咸阳，秦惠王薨，子武王立。武王自为太子时，不说张仪，及即位，群臣多毁短之。诸侯闻仪与秦王有隙，皆畔衡，复合从。

张仪说秦武王曰："为王计者，东方有变，然后王可以多割得地也。臣闻齐王甚憎臣，臣之所在，齐必伐之。臣愿乞其不肖之身以之梁，齐必伐梁，齐、梁交兵而不能相去，王以其间伐韩，入三川，挟天子，案图籍，此王业也。"王许之。齐王果伐梁，梁王恐。张仪曰："王勿患也。请令齐罢兵。"乃使其舍人之楚，借使谓齐王曰："甚矣，王之托仪于秦也！"齐王曰："何故？"楚使者曰："张仪之去秦也，固与秦王谋矣，欲齐、梁

相攻而令秦取三川也。今王果伐梁，是王内罢国而外伐与国，以信仪于秦王也。"齐王乃解兵还。张仪相魏一岁，卒。

仪与苏秦皆以纵横之术游诸侯，致位富贵，天下争慕效之。又有魏人公孙衍者，号曰犀首，亦以谈说显名。其余苏代、苏厉、

● 张仪游说列国

周最、楼缓之徒，纷纭遍于天下，务以辩诈相高，不可胜纪。而仪、秦、衍最著。

译 文

周慎靓王四年甲辰（公元前317年）

张仪对魏襄王说："梁这个地方方圆不到千里，兵士不过三十万，地势四下平坦，没有名山大川作为屏障，守卫在与楚国、韩国、齐国、赵国接壤的边境要塞的士兵，不少于十万人，以梁地的地势，固然容易成为战场。各诸侯国合纵，在洹水之上订立盟约，结为兄弟之邦，以求相互援助。如今就算同父同母的亲兄弟，尚且为了争夺钱财而相互杀戮伤害，各诸侯国却指望像苏秦那样反复无常的小人想出的合纵计谋，无法成功的结局是很明显的。大王您不向秦国臣服，秦国就会发兵攻打河外，占据卷衍、酸枣之地，挟制卫国，攻取晋阳，赵国就无法向南与魏国往来，魏国也无法向北与赵国往来，如此一来，各合纵国之间相互援助的交通要道就被断掉了，而大王您的国家将会岌岌可危，很难守住了。所以希望大王您能够重新审定一下计划，留下我的身家性命。"魏王于是背弃了合纵之约，张仪也请求前往秦国求和。张仪回到秦国之后，再次成为秦国国相。

周慎靓王五年乙巳（公元前316年）

巴地与蜀地相互攻打，全都向秦国请求援助。秦惠王打算攻打蜀地，但他又担心蜀地道路艰险狭窄难以到达，韩国可能趁机来攻打秦国，于是犹豫着不能下定决心。司马错请求攻打蜀地，张仪却说："不如攻打韩国。"秦惠王说："请详细说明。" 张仪说："与魏国和楚国交好，向三川发兵，攻打新城、宜阳，兵临周朝国都两侧郊外，占领象征王权的九座鼎，控制天下疆土与百姓，挟持天子向天下发号施令，天下没有人敢不听从于您，由此成就帝王大业。臣听说想要获得名声的人应该在朝堂之上，想要获得利益的人应该在市井之中。如今三川与周朝，就是天下的朝堂与市井，而大王您却不去争夺，只顾着与戎翟部族去争夺一席之地，这样距离帝王大业相去甚远啊！" 司马错说："不对，臣

听说，想要令国家富裕必须扩大土地，想要让兵力强大必须令百姓富裕，想要成为帝王必须令自己的德行广博，这三个条件都具备了，帝王大业随后就会成就了。如今大王您的国家土地面积小，百姓贫困，因此臣希望先从容易的事情做起。蜀地，是西边偏僻的国度，又是戎翟部族的首领，此刻正如同夏桀与商纣时期的乱局，以秦国的兵力去攻打，就好像豺狼驱赶羊群。能够占领他们的土地，令秦国的国土更加广阔，占据他们的钱财，令秦国百姓更加富足，兵力没有太大的伤亡就能令对方臣服。攻取一个国家，天下人不会认为秦国残暴，占尽蜀地的利益，天下人也不会认为秦国贪婪，这实在是我国一举成名的机会，并且还有禁止暴乱的名义作为旗号。如今要是攻打韩国，劫持周天子，是恶名，却不一定能获得利益，既有不义之名，又攻打天下人都不希望我们攻打的地方，实在是危险！臣请求讲述一下其中的原委。周朝，是天下诸侯国共同的宗室；齐国，是韩国的友邦。周朝知道自己将失去九座鼎，韩国知道自己将失去三川之地，如果这两国将兵力合在一起，共同谋划，向齐国、赵国、楚国、魏国求得援助。将鼎赠予楚国，将土地割让给魏国，大王您也无法阻止啊。这就是臣所谓的危险。不如攻打蜀地，这些危险就没有了。"秦惠王听从了司马错的计策，发兵攻打蜀地。到了十月将蜀地攻打下来。将蜀王贬为蜀侯，派陈庄出任蜀国的国相。蜀国归属秦国之后，秦国变得更加强大，财力更加雄厚，更加看轻其他诸侯国。

周赧王二年戊申（公元前313年）

秦王打算攻打齐国，又担心齐国与楚国之间的亲好关系，于是派张仪去往楚国，游说楚王道："大王您如果能听臣的劝说，与齐国断绝往来，臣会请求秦王将商於一带六百里的土地献给楚国，将秦国女子送给大王做妾室来服侍大王。秦国与楚国之间结为姻亲，永远成为兄弟之邦。"楚王十分高兴，答应了张仪的请求。楚王与群臣一同庆贺，只有陈轸闷闷不乐。楚王怒道："寡人没有发动军队就得到了六百里土地，你有什么不高兴？"陈轸答道："不是，根据臣的观察，商於之地不可能得到，并且齐国会与秦国结盟。一旦齐国与秦国结盟，楚国一定会遭难。"楚王说："有什么根据吗？"陈轸答道："秦国之所以重视楚国，就是因为楚国与齐国交好。如今要与齐国断绝关系，楚国就会孤立无援，秦国怎么会看重一个孤立无援的国家，而将商於一带六百里的土地送给这个国家呢？张仪回到秦国，一定会背弃与大王的约定。到时候，大王向北断绝了与齐国的关系，还要承受西方的秦国这个隐患。齐国与秦国的军队一定会同时来攻打楚国。我为大王筹谋，不如暗地里仍然与齐国交好，表面上与齐国断绝往来，再派人跟张仪一起回秦国。如果真的把商於一带六百里土地给我们，到时候再和齐国断交也不晚。"楚王说："你还是闭嘴吧，别再说话了，就等着寡人得到商於六百里土地吧！"于是授予张仪国相之印，丰厚地赏赐了

他。之后就与齐国断绝往来，派一名将军跟随张仪去往秦国。

张仪在路上假装从车上摔下来，三个月没有上朝。楚王听说后，说："难道张仪以为寡人和齐国的关系断绝得不够彻底？"于是派出勇士宋遗借来宋国的符节，向北去往齐国大骂齐王。齐王大怒，放下身段向秦国臣服，齐国与秦国成了同盟国。张仪这才开始上朝，见到楚国使者说道："你怎么还不接受秦国的赠地？从某处到某处，共有六里广袤的土地。"使者大怒，回去报告楚王。楚王大怒，打算发兵攻打秦国。陈轸说："陈轸可以开口说话了吗？攻打秦国不如用一座大城的土地去收买秦国，让他们与楚国一同出兵攻打齐国，虽然我们在秦国那里失去了土地，却从齐国那里得到了偿还。如今大王已经与齐国断交，还要去责怪秦国对我们的欺骗，那就是我们促成了秦国与齐国的交好，招来天下之兵攻打我们，楚国一定会有大的危难的。"楚王不听陈轸的劝告，派屈匄率领军队攻打秦国。秦国派魏章担任庶长一职率兵迎击楚军。

周赧王三年己酉（公元前312年）

春天，秦楚两国军队在丹杨交战，楚军大败，被秦国斩杀了八万名甲士，俘虏屈匄及列侯、执珪头衔的楚国侯爵，攻取汉中郡。楚王发动全国所有兵力再次攻打秦国，在蓝田交战，楚军大败。韩国和魏国听说楚国的遭遇，向南袭击楚国，攻打到邓地。楚国听说后，这才让军队回到楚国，割两座城给秦国请求和解。

周赧王四年庚戌（公元前311年）

蜀国国相杀死蜀侯。

秦惠王派人告诉楚怀王，让他用武关之外的土地来交换黔中的土地。楚王说："我不愿意交换土地，愿意用黔中的土地来交换张仪。"张仪听说，申请前往楚国。秦惠王说："楚国要杀死你才甘心，为什么还要去？"张仪说："秦国强大楚国衰弱，有大王您在，楚国不敢拿臣怎么样。况且臣与楚国宠臣靳尚交好，靳尚又深得楚怀王宠妃郑袖的喜爱，郑袖的话，楚王没有不听的。"于是张仪前往楚国。楚王将张仪囚禁起来，打算将他处死。靳尚对郑袖说："秦王十分喜爱张仪，打算用上庸六县的土地和美女把张仪赎出来。楚王重视土地，尊重秦国，秦国女子一定会地位尊贵，夫人您就要遭到大王嫌弃了。"于是郑袖日夜在楚王面前哭泣道："大臣都是各自为了他们的主人做事罢了。如今要杀掉张仪，秦王必然大怒。臣妾请求让我们母子搬到江南去居住，不要成为秦国刀下的鱼肉！"楚怀王于是将张仪释放，又给予他丰厚的赏赐。张仪趁机对楚王说："楚国参与合纵，和驱赶羊群去进攻猛虎没有什么区别，这是很明显的事情。如今大王不向秦国臣服，秦国就会挟制韩国、驱使魏国来攻打楚国，到时候楚国就危险了。秦国西面有巴蜀之地，可以修造船只积攒粮食，乘船沿岷江而下，一天就能航行五百多里，不到十天就能

占据扞关，扞关一受惊就会让边境以东各城全部展开防守，黔中与巫郡之地也不再归大王所有了。秦国派出全部兵力出武关，楚国的北方就会成为绝地。攻打楚国的秦兵，三个月之内就会到达，而楚国期待的诸侯国前来救援，则要半年之后才能赶到。等待弱国的救援，忘记强大的秦国造成的祸患，这就是臣替大王担心的地方。大王如果能听臣的劝说，就让秦国和楚国长久地结为兄弟之邦，不要相互攻打。"楚王既然得到了张仪，又舍不得用黔中的土地来交换，于是听从张仪的劝说，放他离开了。

于是张仪来到韩国，游说韩王道："韩国地势险恶，大多都是山地，土地里种出来的不是豆类而是麦子，国家积攒的粮食不够两年食用，能看见的兵士也不超过二十万。秦国有一百多万甲士。崤山以东的人要身披甲胄才能打仗，秦国的勇士抛弃甲胄赤足露体也能打仗，左手提着人头，右臂夹着活的俘虏。让孟贲、乌获那样的勇士去攻打不向秦国臣服的弱小国家，就和用千钧之重的锤子敲在鸟蛋上没有任何差别，一定不会幸免于难的。大王您不向秦国臣服，秦国派出甲士占据宜阳，堵住成皋的交通要道，大王您的国家就四分五裂了。鸿台的宫殿，桑林的苑囿，都不再归大王所有了。为大王您考虑，不如向秦国臣服再去攻打楚国，以求摆脱祸患取悦秦国。没有比这再好的计策了。"韩王接受了张仪的建议。

张仪回到秦国向秦王禀报自己游说诸侯国的成果，秦王封给他六座城，又赐予他武信君的封号。又派他向东游说齐王道："主张合纵的人说大王一定会说：'齐国有魏国、韩国、赵国作为屏障，土地广阔百姓众多，兵力强大将士勇猛，就算有一百个秦国，也拿齐国无可奈何。'大王觉得他们说得好却不在乎是否是事实。如今秦国和楚国是姻亲关系，是兄弟之邦；韩国将宜阳之地献给秦国；魏国将河外之地献给秦国；赵王来到秦国朝贡，将河间的土地割给秦国以示臣服。大王您如果不向秦国臣服，秦国就会驱使韩国和魏国攻打齐国的南方土地，再派出赵国的全部兵力，渡过清河，直接攻打博关，到时候临淄和即墨之地都不再归大王您所有了！一旦秦国发兵攻打，齐国就算想向秦国臣服，秦国也不会接受了！"齐王接受了张仪的建议。

张仪离开齐国，向西去游说赵王："大王您率领天下诸侯排斥秦国，秦兵已经有十五年不敢出函谷关了。大王的威仪在崤山以东无人不知，我们秦国十分害怕，赵国修缮铠甲，操练士兵，做足了战斗准备，又着力于农业，积攒粮食，秦国在赵国的威慑之下生存，不敢轻举妄动，就担心大王您来兴师问罪。如今凭借大王您的武力，夺取巴、蜀之地，吞并汉中之地，包围周朝国都两侧，据守白马津。秦国虽偏僻遥远，对赵国心含愤怒已经很久了。现在秦国有一支不太像样的军队驻扎在渑池，愿意渡过黄河，越过漳水，占据番吾，兵临邯郸城下，愿意效仿古时甲子合战的方式，重演武王伐纣的历史。秦王派臣来作为使臣，先将情况告知于您。如今楚国与秦国结为兄弟之邦，韩国与魏国向秦国称臣，齐国献出了自己物产丰富的土地，这等于断掉了赵国的右肩。一个断掉右肩的人和别人打仗，失去了自己的同党而孤军奋战，想要摆脱危险，可能吗？现在秦国发动了三支军队，其中一支军队堵塞午道，通知齐国使者渡过清河，驻扎在邯郸东边；一支军队驻扎在成皋，驱使韩国和魏国的军队驻扎在河外；一支军队驻扎在渑池，约定四国一起攻打赵国，赵国被打败后一定会将土地分成四份。臣私下为大王您谋划，不如与秦王当面订立盟约，长久地结为兄弟之邦。"赵王接受了张仪的建议。

张仪又向北来到燕国，游说燕王："现在赵王已经向秦国朝拜，献出河间之地向秦国臣服。大王您不向秦国臣服，秦国就会派兵攻打云中、九原，驱使赵国攻打燕国，到时候易水和长城都不再归大王您所有了。况且如今齐国和赵国对于秦国来说，就如同秦国的郡县，不敢轻易派出军队攻打秦国。大王您如果臣服于秦国，就再也没有齐国和赵国的隐患了。"燕王请求献出常山之尾的五座城以求和解。

张仪赶回秦国去汇报自己的连横成果，还没到咸阳，秦惠王就去世了，他的儿子武王即位。武王自从做太子时起，就不喜欢张仪，到了即位成为秦王之后，群臣大多诋毁张仪，说他的坏话。各诸侯国听说张仪与秦王不合，都背叛连横，又重新开始合纵。

周赧王五年辛亥（公元前310年）

张仪对秦武王说："为大王谋划，东方会发生变化，然后大王可以多获得许多诸侯国的割地。臣听说齐王非常憎恨臣，有臣在的地方，齐国一定会发兵攻打。臣请求去往魏国，齐国一定会攻打魏国，齐国与魏国交战得不可开交的时候，大王您就趁机攻打韩国，进入三川之地，挟持周天子，控制天下版图，成就帝王大业。"秦武王接受了张仪的建议。齐王果然攻打魏国，魏王害怕。张仪说："大王不要担心。请派我去让齐国罢兵。"于是张仪派自己的门客去往楚国，让楚国派使者去往齐国，借助楚国使者的口对齐王说："大王您把张仪托付给秦国的办法真厉害啊！"齐王问："为何这样说？"楚国使者说："张仪去秦国，一定会和秦王谋划，想要让齐国和魏国相互攻打，从而让秦国夺取三川之地。现在大王您果然攻打魏国，相当于大王您停止国中一切事务而对外和他国交战，使张仪获得秦王的信任。"齐王于是停止战争率领军队回国。张仪在魏国做了一年丞相，之后就去世了。

张仪与苏秦都用纵横之术游说各诸侯国，让自己身居富贵之位，天下士人都仰慕他们并纷纷效仿。在他们之后，有一名魏国人名叫公孙衍，号犀首，也凭借谈说的能力扬名。其余像苏代、苏厉、周最、楼缓这些人，天下比比皆是，都是以狡辩和奸诈试比高下。无法逐一记述。只有张仪、苏秦、公孙衍最值得记录下来。

燕昭王求贤

原　文

周赧王三年己酉，公元前三一二年

燕人共立太子平，是为昭王，昭王于破燕之后即位，吊死问孤，与百姓同甘苦，卑身厚币以招贤者。谓郭隗曰："齐因孤之国乱而袭破燕，孤极知燕小力少，不足以报。然诚得贤士与共国，以雪先王之耻，孤之愿也。先生视可者，得身事之！"郭隗曰："古人之君有以千金使涓人求千里马者，马已死，买其首五百金而返。君大怒，涓人曰：'死马且买之，况生者乎？马今至矣。'不期年，千里之马至者三。今王必欲致士，先从隗始。况贤于隗者，岂远千里哉？"于是昭王为隗改筑宫而师事之。于是士争趣燕。乐毅自魏往，剧辛自赵往。昭王以乐毅为亚卿，任以国政。

译　文

周赧王三年己酉（公元前312年）

燕国人共同扶植太子平为燕昭王，昭王是在燕国被齐国攻破之后即位的，他凭吊死者，慰问孤寡之人，和百姓同甘共苦，放下身段以丰厚的奖赏来招募贤能之人。他对郭隗说："齐国因为我们国家的内乱而攻破了燕国，我知道燕国是个小国，力量薄弱，不足以向齐国报仇。但是如果真诚地招募贤能之士与他们共同商议国事，替先王雪耻，是我的心愿。先生如果遇到合适的人才，我愿意亲自侍奉他。"郭隗说："古代有一位郡王派负责洒扫的涓人带着千金去买千里马，当涓人到达那里，千里马已经死了，于是涓人花了五百金把千里马的头买了回来。君王大怒，涓人说：'就连一匹死去的千里马都肯花钱买，更何况活的千里马呢？千里马很快就能来了。'不到一年，就有三匹千里马被送来。如今大王您想要招募贤士，就先从我郭隗开始吧。那些比我郭隗贤能的人，哪怕在千里之外，还会怕路途遥远吗？都会来投奔您的。"于是燕昭王为郭隗重新修建府邸，封他为国师。于是各地名士纷纷争相来到燕国。乐毅从魏国而来，剧辛从赵国而来。昭王任命乐毅为亚卿，将国家大事都委托给他。

息壤之盟

原文

周赧王七年癸丑，公元前三〇八年

秦、魏会于应。

秦王使甘茂约魏以伐韩，而令向寿辅行。甘茂至魏，令向寿还，谓王曰："魏听臣矣，然愿王勿伐！"王迎甘茂于息壤而问其故。对曰："宜阳大县，其实郡也。今王倍数险，行千里，攻之难。鲁人有与曾参同姓名者杀人，人告其母，其母织自若。及三人告之，其母投杼下机，逾墙而走。臣之贤不若曾参，王之信臣又不如其母，疑臣者非特三人，臣恐大王之投杼也。魏文侯令乐羊将而攻中山，三年而拔之。反而论功，文侯示之谤书一箧^{qiè}。乐羊再拜稽首曰：'此非臣之功，君王力也。'今臣，羁旅之臣也，樗里子、公孙奭^{shì}挟韩而议之，王必听之，是王欺魏王而臣受公仲侈之怨也。"王曰："寡人弗听也，请与子盟。"乃盟于息壤。秋，甘茂、庶长封帅师伐宜阳。

八年甲寅，公元前三〇七年

甘茂攻宜阳，五月而不拔。樗里子、公孙奭果争之。秦王召甘茂，欲罢兵。甘茂曰："息壤在彼。"王曰："有之。"因大悉起兵以佐甘茂。斩首六万，遂拔宜阳。韩公仲侈入谢于秦以请平。

译文

周赧王七年癸丑（公元前308年）

秦国与魏国在应地举行会议。

秦王派甘茂联合魏国一起攻打韩国，又派向寿辅佐甘茂一同前往。甘茂到达魏国后，让向寿回到秦国，对秦王说："魏国已经听了臣的话，但是希望大王不要攻打韩国。"秦王亲自前往息壤在那里等待甘茂，想要问他究竟是为什么。甘茂说："宜阳看似是个大县，其实却是个郡。现在大王背着巨大的风险，远行千里，想要将其攻打下来是很难的。鲁国曾经有个与曾参同名的人杀了人，有人告诉曾参的母亲，他的母亲仍然泰然自若地织布。等到有三个人前来告知这件事时，曾参的母亲就扔下机杼，跳墙逃走了。臣没有曾参那样贤能，大王对臣的信任也比不上曾参的母亲对他的信任，猜疑臣的也不只有三个人，臣怕大王也像曾参的母亲那样扔下机杼弃臣而去。魏文侯派乐羊率军攻打中山，三年才攻占下来。回到魏国论功行赏，魏文侯拿出一箱子诽谤乐羊的书信给他看。乐羊对魏

文侯拜了又拜，又磕头说：'这不是臣的功劳，是大王对臣信任的功劳啊。'如今的我，不过是个客居异乡的臣子，樗里子和公孙奭用韩国的事情来攻击我，大王您一定会听信他们的话，到时候就是大王欺骗了魏王而我却要忍受韩国国相仲侈对我的怨恨。"秦王说："我不会听信樗里子和公孙奭的话，我们就在此处立下盟约。"于是秦王与甘茂在息壤定下盟约。到了秋天，甘茂和一个名叫封的庶长一同率兵攻打宜阳。

周赧王八年甲寅（公元前307年）

甘茂攻打宜阳，五个月都没有攻克。樗里子和公孙奭果然用此事攻击甘茂。秦王召回甘茂，想要撤兵。甘茂说："大王忘记了我们在息壤订立的盟约了吗？"秦王说："没有忘记。"于是派出更多兵力援助甘茂。杀死六万敌军，将宜阳攻占下来。韩国国相仲侈去往秦国谢罪求和。

赵武灵王胡服骑射

原文

周赧王八年甲寅，公元前三〇七年

赵武灵王北略中山之地，至房子，遂之代，北至无穷，西至河，登黄华之上。与肥义谋胡服骑射以教百姓，曰："愚者所笑，贤者察焉。虽驱世笑我，胡地、中山，吾必有之！"遂胡服。

国人皆不欲，公子成称疾不朝。王使人请之："家听于亲，国听于君。今寡人作教易服而公叔不服，吾恐天下议之也。制国有常，利民为本；从政有经，令行为上。明德先论于贱，而从政先信于贵，故愿慕公叔之义以成胡服之功也。"公子成再拜稽首曰："臣闻中国者，圣贤之所教也，礼乐之所用也，远方之所观赴也，蛮夷之所则效也。今王舍此而袭远方之服，变古之道，逆人之心，臣愿王孰图之也！"使者以报。王自请往之，曰："吾国东有齐、中山，北有燕、东胡，西有楼烦、秦、韩之边。今无骑射之备，则何以守之哉？先时中山负齐之强兵，侵暴吾地，系累吾民，引水围鄗；微社稷之神灵，则鄗几于不守也，先君丑之。故寡人变服骑射，欲以备四境之难，报中山之怨。而叔顺中国之俗，恶变服之名，以忘鄗事之丑，非寡人所望也。"公子成听命，乃赐胡服，明日服而朝。于是始出胡服令，而招骑射焉。

译文

周赧王八年甲寅（公元前307年）

赵武灵王向北攻打中山国，经过房子这个地方，之后又经过代地，再向北到达无穷之地，向西到达黄河，登上黄花顶。与肥义商量要教给百姓穿胡人的衣服和骑马射箭，赵武灵王说："愚蠢的人会嘲笑我的想法，贤能的人才能体察我的本意。即使天下人都嘲笑我，我也要夺取胡地和中山国！"于是开始穿胡人的衣服。

赵国人都不愿穿胡人的衣服，公子成甚至称病不上朝。赵武灵王派人去拜见他说："一个家应该听从父母双亲，一个国家应该听从国君。如今已下令改换服装而公叔您却不换，我担心天下人都会因此议论纷纷啊。治国有章法可以遵守，那就是要以百姓的利益作为根本；从政也有规矩，执行命令是最重要的。宣传道德首先要针对卑贱的人，执行政策要先让高贵的人信服，所以希望借助公叔您的榜样来成全更换胡人服装这件功劳。"公子成拜了又拜又磕头说："我听说，中原国家人是遵守圣贤的教化，用礼乐仪制，让远方的国家前来瞻仰，让蛮夷之地对我们进行效仿。如今大王舍弃这些传统，要穿上远方之国的服装，改变古人的习惯，悖逆天下人的心，我希望大王再慎重考虑一下！"使者回来将公子成的话告诉赵武灵王。赵武灵王亲自前去面见公子成，说："我国东边有齐国、中山国，北边有燕国和东胡，西边有楼烦国，又与秦国、韩国接壤。如今没有骑马射箭的本领作为防备，如果发生战争凭什么能够守住国家？之前中山国借助齐国的强兵，侵犯我国土地，让我国百姓遭殃，还引水灌入鄗城；如果不是我国的神灵保佑，鄗城几乎就守不住了，先王也将这件事作为国耻。因此我想要更换胡人的服装，让百姓学会骑马射箭，用来防备四方边境的侵犯，向中山国报仇。而您却一定要遵守中原国家的旧俗，搞坏更换胡服的名声，忘掉鄗城被攻打这件丑事，实在辜负我的期望。"公子成这才听从赵武灵王的命令，赵武灵王于是赐给他胡人的衣服，第二天公子成就穿着这件衣服上朝。于是赵武灵王正式颁布更换胡人服装的诏令，倡导学习骑马射箭。

鸡鸣狗盗

原　文

周赧王十六年壬戌，公元前二九九年

秦王闻孟尝君之贤，使泾阳君为质于齐以请。孟尝君来入秦，秦王以为丞相。

十七年癸亥，公元前二九八年

或谓秦王曰："孟尝君相秦，必先齐而后秦。秦其危哉！"秦王乃以楼缓为相，囚孟尝君，欲杀之。孟尝君使人求解于秦王幸姬，姬曰："愿得君狐白裘。"孟尝君有狐白裘，已献之秦王，无以应姬求。客有善为狗盗者，入秦藏中，盗狐白裘以献姬。姬乃为之言

于王而遣之。王后悔，使追之。孟尝君至关。关法，鸡鸣而出客。时尚蚤，追者将至，客有善为鸡鸣者，野鸡闻之皆鸣。孟尝君乃得脱归。

周赧王十六年壬戌（公元前299年）

秦王听说孟尝君的贤能，派泾阳君去齐国做人质，将孟尝君请来。孟尝君来到秦国，秦王就任命他为丞相。

周赧王十七年癸亥（公元前298年）

有人对秦王说："孟尝君做秦国的丞相，一定会先为齐国打算，之后才为秦国打算。这样秦国就有危险了！"秦王于是任命楼缓为丞相，将孟尝君囚禁起来，想要杀掉他。孟尝君派人去向秦王的宠妃求情，宠妃说："我想要孟尝君的狐白裘。"孟尝君的确有一件狐白裘，但是已经献给秦王，没有办法再答应宠妃的要求。孟尝君的门客中有一个善于偷盗的人，溜入秦国皇宫藏了起来，找机会偷来狐白裘献给宠妃。宠妃这才替孟尝君求情让秦王放了他。放了孟尝君之后，秦王又后悔了，便派人将他追回来。孟尝君逃到城门边。守关法律规定：公鸡打鸣之后才能放人通行。当时时间尚早，追兵却即将到达，孟尝君的门客中有善于模仿公鸡打鸣的人，四下的公鸡听到他模仿的打鸣声纷纷叫了起来。孟尝君这才得以逃脱归返齐国。

白马非马

周赧王十七年癸亥，公元前二九八年

赵王封其弟胜为平原君。平原君好士，食客常数千人。有公孙龙者，善为坚白同异之辩，平原君客之。孔穿自鲁适赵，与公孙龙论臧三耳，龙甚辩析。子高弗应，俄而辞出，明日复见平原君。平原君曰："畴昔公孙之言信辩也，先生以为何如？"对曰："然。几能令臧三耳矣。虽然，实难！仆愿得又问于君：今谓三耳甚难而实非也，谓两耳甚易而实是也，不知君将从易而是者乎，其亦从难而非者乎？"平原君无以应。明日，谓公孙龙曰："公无复与孔子高辩事也！其人理胜于辞，公辞胜于理。辞胜于理，终必受诎。"

邹衍过赵，平原君使与公孙龙论白马非马之说。邹子曰："不可。夫辩者，别殊类使不相害，序异端使不相乱。抒意通指，明其所谓，使人与知焉，不务相谜也。故胜者不失其所守，不胜者得其所求。若是，故辩可为也。及至烦文以相假，饰辞以相悖，巧譬以相移，引人使不得及其意，如此害大道。夫缴纷争言而竟后息，不能无害君子，衍不为也。"座皆称善。公孙龙由是遂绌。

周赧王十七年癸亥（公元前298年）

　　赵王将弟弟赵胜封为平原君。平原君喜欢结交士人，家中的食客总有几千人之多。有一个叫公孙龙的人，擅长"坚白同异"这类的辩论，平原君将他招为食客。孔穿（孔子高）从鲁国来到赵国，与公孙龙辩论奴仆有三个耳朵这件事，公孙龙辩论得条理十分清晰。孔子高无法应答，不久就告辞离开了，第二天又来见平原君。平原君说："昨天公孙先生的辩词的确条理清晰，先生认为怎么样呢？"孔穿说："是的。几乎令人相信奴仆有三个耳朵了。虽然如此，依然很难让人信服。我恳请再问问平原君您：如今论证三个耳朵这件事十分困难，又不是真实的，论证两个耳朵十分容易，又确实是真的，不知道平原君您是会选择容易且真实的问题呢；还是选择艰难且不真实的问题呢？"平原君无法回应。第二天，平原君对公孙龙说："你不要再和孔子高辩论任何事情了！他这个人道理胜于言辞，你的言辞胜于道理。言辞胜于道理，总有一天会处于下风的。"

　　齐国的邹衍路过赵国，平原君让他和公孙龙辩论白马非马这一言论。邹衍说："不可以。辩论这件事，应该区分不同种类令彼此不相互侵害，排列不同的理念使彼此不相互混淆。抒发自己的观点，讲明自己的言论，让别人明白，而不是困惑。因此辩论胜利的一方能坚守自己的观点，不能胜利的一方也能得到自己追求的东西。如果是这样，就可以开始辩论。如果借助繁文缛节，推崇加以修饰的言辞，用华丽的比喻来偷换概念，误导别人无法领会真正的道理，这是在危害治学的道理。那种纠缠不休、咄咄逼人直到对方认输才住口的人，有伤君子风度，我邹衍是不会参与的。"在座的人纷纷叫好。公孙龙于是被平原君冷落了。

卷　四

田单复齐国

周赧王三十六年壬午，公元前二七九年

　　田单令城中人食，必祭其先祖于庭，飞鸟皆翔舞而下城中。燕人怪之，田单因宣言

曰："当有神师下教我。"有一卒曰："臣可以为师乎？"因反走。田单起引还，坐东乡，师事之。卒曰："臣欺君。"田单曰："子勿言也！"因师之。每出约束，必称神师。乃宣言曰："吾唯惧燕军之劓所得齐卒，置之前行，即墨败矣！"燕人闻之，如其言。城中见降者尽劓，皆怒，坚守，唯恐见得。单又纵反间，言"吾惧燕人掘吾城外冢墓，可为寒心！"燕军尽掘冢墓，烧死人。齐人从城上望见，皆涕泣，共欲出战，怒自十倍。田单知士卒之可用，乃身操版、锸，与士卒分功；妻妾编于行伍之间；尽散饮食飨士。令甲卒皆伏，使老、弱、女子乘城，遣使约降于燕；燕军皆呼万岁。田单又收民金得千镒，令即墨富豪遗燕将，曰："即降，愿无虏掠吾族家！"燕将大喜，许之。燕军益懈。田单乃收城中，得牛千余，为绛缯衣，画以五采龙文，束冰刃于其角，而灌脂束苇于其尾，烧其端，凿城数十穴，夜纵牛，壮士五千随其后。牛尾热，怒而奔燕军。燕军大惊，视牛皆龙文，所触者尽死伤。而城中鼓噪从之，老弱皆击铜器为声，声动天地。燕军大骇，败走。齐人杀骑劫，追亡逐北，所过城邑皆叛燕，复为齐。田单兵日益多，乘胜，燕日败亡，走至河上，而齐七十余城皆复焉。乃迎襄王于莒；入临淄，封田单为安平君。

译文

周赧王三十六年壬午（公元前279年）

　　田单下令城中所有人吃饭的时候，一定要在庭院中祭祀自己的先祖，天上的飞鸟都盘旋飞舞着落在城中。燕国人觉得很奇怪，田单趁机发布言论说："一定是有神兵下来帮助我。"有一个士卒说："我可以做神兵吗？"说完起身就走。田单立刻站起来将那个士卒叫回来，面对东边坐下，奉他为神兵。于是宣言道："我只怕燕国军队对齐国俘虏施行割鼻之刑，再把他们放在军队最前面与齐国交战，即墨一定会被攻打下来。"燕国人听说之后，果然按照田单说的这样做。只要在城中见到投降的齐人，都对他们施行割鼻之刑，齐国百姓全都愤怒不已，更加坚守即墨城，就怕被燕国俘虏了去。田单又开始施行另一条反间计，说："我怕燕国人将位于城外的齐国祖坟

● 田单火牛破敌

挖开，那样就太让齐国人寒心了！"燕国军队就将齐国祖坟全部挖开，将坟墓中的尸体焚烧。齐国人站在城墙上望见燕国人的所作所为，全都痛哭流涕，都想出城与燕军决战，愤怒之情增添了十倍。田单知道这个时候的兵士是最有战斗力的，于是带头拿起版、锹等工具，与兵士们一同修筑城墙；田单把自己的妻妾编入军队之中，又拿出家中的所有食物来犒劳兵士，让兵士们都对他信服不已。之后，他让城中的老人、体弱之人、女子登上城墙，派使者去燕国军营约定投降一事。燕国人听说即墨城要投降，都大喊万岁。田单又从民间收来两万多两黄金，让即墨城中的富豪送给燕国将领，说："即墨马上就要投降了，希望燕军不要抢掠我家族人！"燕国将领大喜过望，答应了这个请求。燕国军队也日渐松懈。田单在即墨城中收集了一千多头牛，为它们套上大红色的绸衣，在衣服上画上五颜六色的龙纹，在牛角上绑上锋利的匕首，把浸满油脂的芦苇扎在牛尾巴上，又在城墙上凿开十几个洞，将牛尾巴上的芦苇点燃，趁着夜色让牛跑出去，后面紧跟着五千名壮士。牛感觉到尾巴被烧着，狂怒不已，奔入燕军阵营。燕军大惊失色，看到牛身上都画满了龙纹，被牛角触碰到的人非死即伤。守城之人此刻又敲响锣鼓铜器，发出巨大的噪音，震得天地都为之变色。燕军十分害怕，纷纷逃走。齐国人趁乱杀死骑劫，一直将燕军追赶到崐山以北，沿途经过的城邑全都背叛燕国，重新回归齐国。田单的兵力日渐增多，乘胜追击，燕军一路逃亡到黄河，齐国的七十多座城全部被收复。于是恭迎齐襄王回到莒地，进入临淄城，封田单为安平君。

卷 五

秦相范雎

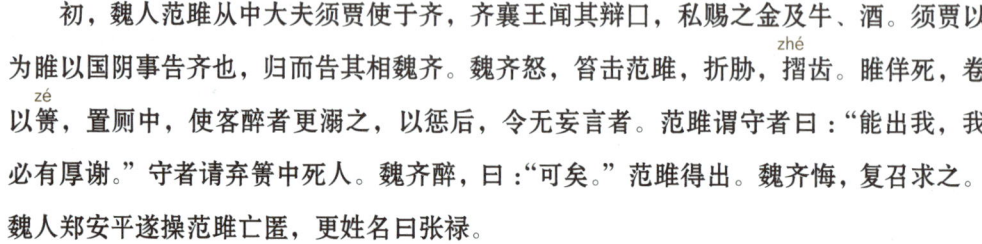

原 文

周赧王四十五年辛卯，公元前二七〇年

初，魏人范雎从中大夫须贾使于齐，齐襄王闻其辩口，私赐之金及牛、酒。须贾以为雎以国阴事告齐也，归而告其相魏齐。魏齐怒，笞击范雎，折胁，摺齿。雎佯死，卷以箦（zé），置厕中，使客醉者更溺之，以惩后，令无妄言者。范雎谓守者曰："能出我，我必有厚谢。"守者请弃箦中死人。魏齐醉，曰："可矣。"范雎得出。魏齐悔，复召求之。魏人郑安平遂操范雎亡匿，更姓名曰张禄。

秦谒者王稽使于魏，范雎夜见王稽。稽潜载与俱归，荐之于王，王见之于离宫。范雎佯为不知永巷而入其中，王来而宦者怒逐之，曰："王至！"范雎谬曰："秦安得王，秦独有太后、穰侯耳！"王微闻其言，乃屏左右，跽而请曰："先生何以幸教寡人？"对曰："唯唯。"如是者三。王曰："先生卒不幸教寡人邪？"范雎曰："非敢然也！臣，羁旅之臣也，交疏于王，而所愿陈者皆匡君之事，处人骨肉之间，愿效愚忠而未知王之心也，此所以王三问而不敢对者也。臣知今日言之于前，明日伏诛于后，然臣不敢避也。且死者，人之所以必不免也，苟可以少有补于秦而死，此臣之所大愿也。独恐臣死之后，天下杜口裹足，莫肯乡秦耳。"王跽曰："先生，是何言也！今者寡人得见先生，是天以寡人溷先生而存先王之宗庙也。事无大小，上及太后，下至大臣，愿先生悉以教寡人，无疑寡人也！"范雎拜，王亦拜。范雎曰："以秦国之大，士卒之勇，以治诸侯，譬若走韩卢而博蹇兔也，而闭关十五年，不敢窥兵于山东者，是穰侯为秦谋不忠，而大王之计亦有所失也。"王跽曰："寡人愿闻失计！"然左右多窃听者，范雎未敢言内，先言外事，以观王之俯仰。因进曰："夫穰侯越韩、魏而攻齐刚、寿，非计也。齐湣王南攻楚，破军杀将，再辟地千里，而齐尺寸之地无得焉者，岂不欲得地哉？形势不能有也。诸侯见齐之罢敝，起兵而伐齐，大破之，齐几于亡，以其伐楚而肥韩、魏也。今王不如远交而近攻，得寸则王之寸也，得尺亦王之尺也。今夫韩、魏，中国之处而天下之枢也。王若用霸，必亲中国以为天下枢，以威楚、赵，楚强则附赵，赵强则附楚，楚、赵皆附，齐必惧矣，齐附则韩、魏因可虏也。"王曰："善。"乃以范雎为客卿，与谋兵事。

四十七年癸巳，公元前二六八年

秦王用范雎之谋，使五大夫绾伐魏，拔怀。

四十九年乙未，公元前二六六年

秦拔魏邢丘。范雎日益亲，用事，因承间说王曰："臣居山东时，闻齐之有孟尝君，不闻有王；闻秦有太后、穰侯，不闻有王。夫擅国之谓王，能利害之谓王，制杀生之谓王。今太后擅行不顾，穰侯出使不报，华阳、泾阳击断无讳，高陵进退不请，四贵备而国不危者，未之有也。为此四贵者下，乃所谓无王也。穰侯使者操王之重，决制于诸侯，剖符于天下，征敌伐国，莫敢不听；战胜攻取则利归于陶，战败则结怨于百姓而祸归于社稷。臣又闻之，木实繁者披其枝，披其枝者伤其心；大其都者危其国，尊其臣者卑其主。淖齿管齐，射王股，擢王筋，悬之于庙梁，宿昔而死。李兑管赵，囚主父于沙丘，百日而饿死。今臣观四贵之用事，此亦淖齿、李兑之类也。夫三代之所以亡国者，君专授政于臣，纵酒弋猎；其所授者妒贤疾能，御下蔽上以成其私，不为主计，而主不觉悟，故失其国。今自有秩以上至诸大吏，下及王左右，无非相国之人者，见王独立于朝，臣窃为王恐，万世之后有秦国者，非王子孙也！"王以为然，于是废太后，逐穰侯、高陵、华阳、泾阳君于关外，以范雎为丞相，封为应侯。

魏王使须贾聘于秦，应侯敝衣间步而往见之。须贾惊曰："范叔固无恙乎！"留坐饮食，取一绨（tí）袍赠之。遂为须贾御而至相府，曰："我为君先入通于相君。"须贾怪其久不出，问于门下，门下曰："无范叔；乡者吾相张君也。"须贾知见欺，乃膝行入谢罪。应侯坐，责让之，且曰："尔所以得不死者，以绨袍恋恋尚有故人之意耳！"乃大供具，请诸侯宾客；坐须贾于堂下，置莝（cuò）、豆于前而马食之，使归告魏王曰："速斩魏齐头来！不然，且屠大梁！"须贾还，以告魏齐。魏齐奔赵，匿于平原君家。

五十二年戊戌，公元前二六三年

楚顷襄王疾病。黄歇言于应侯曰："今楚王疾恐不起，秦不如归其太子。太子得立，其事秦必重而德相国无穷，是亲与国而得储万乘也。不归，则咸阳布衣耳。楚更立君，必不事秦，是失与国而绝万乘之和，非计也。"应侯以告王。王曰："令太子之傅先往问疾，反而后图之。"黄歇与太子谋曰："秦之留太子，欲以求利也。今太子力未能有以利秦也，而阳文君子二人在中。王若卒大命，太子不在，阳文君子必立为后，太子不得奉宗庙矣。不如亡秦，与使者俱出。臣请止，以死当之！"太子因变服为楚使者御而出关；而黄歇守舍，常为太子谢病。度太子已远，乃自言于王曰："楚太子已归，出远矣。歇愿赐死！"王怒，欲听之。应侯曰："歇为人臣，出身以徇其主，太子立，必用歇。不如无罪而归之，以亲楚。"王从之。黄歇至楚三月，秋，顷襄王薨，考烈王即位；以黄歇为相，封以淮北地，号曰春申君。

译 文

周赧王四十五年辛卯（公元前270年）

起初，魏国人范雎跟随中大夫须贾出使齐国，齐襄王听说范雎能言善辩，私下里赏赐给他黄金、牛和酒。须贾以为范雎将魏国的秘密告诉齐王，回国后将此事告诉给魏国国相魏齐。魏齐大怒，对范雎施以鞭刑，打断他的肋骨和牙齿。范雎装死，被人用竹席卷起

来，扔在厕所里，让喝醉酒的客人在他身上撒尿，用来警示他人不要像范雎一样，让别人不敢再轻易说话。范雎对看守厕所的人说："如果能救我出去，我一定会重重谢你。"看守厕所的人请求把竹席中的死人扔出去。魏齐喝醉了，说："可以。"范雎这才得以逃出。魏齐很快后悔了，又要把范雎找回来。一个叫郑安平的魏国人带着范雎隐姓埋名逃亡，范雎把自己的名字改为张禄。

秦国官居谒者一职的王稽出使魏国，范雎夜里拜见王稽。王稽偷偷将范雎用车载回秦国，举荐给秦王，秦王在离宫召见范雎。范雎假装不认路走进宫中巷道，秦王到来后宦官大怒，把范雎赶出去，说："大王到了！"范雎故意胡说："秦国哪里有大王，秦国只有太后和穰侯罢了！"秦王略微听了几句范雎的话，就让身边的人退下，跪着请求范雎道："寡人有幸可以向先生请教些什么？"范雎只是恭敬地连声应答而已。秦王一连问了三遍，范雎也这样回答了三遍。秦王说："难道寡人终究还是不能有幸向先生请教？"范雎说："我哪里敢啊！我是一名漂泊异乡的人，与大王您的交情并不深厚，而我想要说的话却都是一些纠正您错误的事，关系到您的至亲骨肉，虽然我想要献出我的忠心，却不知道大王您的心意是怎样的，这就是为什么大王问了三次我不敢回答的原因。我知道今天说了这些话，明天可能就会被处死，但是我依然不敢逃避。况且，人人都有一死，如果我的死能对秦国有少许的好处，也就是我最大的愿望了。只怕我死后，天下贤能之人都闭口不言，裹足不前，再也不敢投奔秦国了。"秦王跪着说："先生，您这是说的什么话！今日我能够见到先生，是上天认为我浑浊，让先生来保全我先人的宗庙啊。不管多大的事情，上自太后，下至大臣，希望先生能全部教导我，不要怀疑我！"范雎向秦王下拜，秦王也向范雎下拜。范雎说："凭借秦国土地之大，将士的勇敢，来统治各诸侯国，就好像用韩卢那样的猛犬去追击跛脚的兔子，而秦国却闭关十五年，不敢向崤山以东发兵，是穰侯为秦国的谋划不够忠心，而大王的谋划也有不足。"秦王跪着说："我愿意听听我做的不足的地方！"可是身边有许多偷听的人，范雎不敢说秦王家中的事，只能说外朝的事情，来观察一下秦王的态度。于是说道："穰侯越过韩国、魏国去攻打齐国的刚地与寿地，不是什么好计策。齐王向南攻打楚国，大败楚国军队杀死楚国将领，又开辟了上千里的土地，然而齐国最后却连一尺一寸的土地都没有得到，难道是齐国不想得到土地吗？是因为地理形势不允许啊。各诸侯国见到齐国军队疲劳困敝，全都发兵攻打齐国，大败齐国军队，齐国几乎亡国，齐国从楚国得到的好处只是便宜了韩国和魏国罢了。大王您如果称霸，必定要与中原各国亲近，将那里作为天下的枢纽，来威慑楚国、赵国，楚国强大就收服赵国，赵国强大就收服楚国，楚国赵国都被您收服了，齐国一定会害怕，齐国被收服，韩国和魏国也就可以被收服了。"秦王说："有道理。"于是拜范雎为客卿，与他一同谋划用兵之事。

秦王用范雎的计谋，派五大夫绾攻打魏国，攻占怀城。

秦国攻占魏国邢丘。范雎越来越被秦王亲信，让他处理许多重要的事情，范雎于是趁机劝说秦王："我住在山东的时候，听说齐国只有孟尝君，没有齐王；听说秦国只有太后和穰侯，没有大王。能独揽国政的叫作王，能区分利害的叫作王，有杀生之权的叫作王。如今太后独断专行，不顾一切，穰侯出使外国也不向大王您报告，华阳侯和泾阳侯处事专断，没有避讳，高陵侯任何事情都不向您请示，有这样四个权贵国家却没有亡国风险的，自古以来还没有过。在这四个权贵的威慑之下，也就没有大王您的存在了。穰侯派使者操控大王您的外交重权，决断各国事务，出使的国家遍及天下，与各国展开征战，没有人敢不听他的话；战胜攻打下来的利益就归他自己拥有的封地陶邑，战败就让百姓心生怨恨，祸患归于秦国。我还听说，果实太多会压断树枝，树枝折断就会损伤大树的树根；封地过于强大就会威胁到国家，臣子太尊贵，大王就会显得卑微。淖齿管理齐国，射杀齐王的大腿，抽去齐王的筋，把齐王吊在庙宇的房梁上，折磨了一夜才死去。李兑管理赵国，把赵王囚禁在沙丘，一百天后活活饿死。如今我看秦国这四位权贵做的事，与淖齿和李兑差不多。夏、商、周三代最后都亡国，是因为君王让大臣专权，自己却只顾喝酒打猎；他授予权力的那个嫉妒贤能的人，欺下瞒上，不为君主谋划，君主自己也没有觉察，这才亡国。如今秦国从有秩小官一直到各位大官，再到大王您身边的人，没有一个不是相国的人，看见大王孤零零地在朝中，我私下里真替大王担心，万年以后的秦国，恐怕不归大王的子孙所有了。"秦王觉得范雎说得有道理，于是废弃太后的权力，把穰侯、高陵侯、华阳侯、泾阳侯驱逐到关外，让范雎做丞相，封为应侯。

魏王派须贾访问秦国，范雎穿着破衣服，徒步前去拜见。须贾惊讶地说："范叔你还好啊！"又把范雎留下来给他吃喝，还拿来一件丝制的袍子送给他。于是范雎替须贾驾车送到相府，说："我先替您进去向丞相禀报。"须贾奇怪范雎为什么许久没有出来，就问看门的人，看门人说："没有范叔，刚才那个是我们张丞相。"须贾知道自己被骗了，双膝跪地用膝盖走进去谢罪。范雎坐着斥责他："你之所以没死，是因为那件丝袍还包含了一些照顾故人的情意罢了！"于是大摆筵席，宴请各国宾客；让须贾坐在堂下的位置，把用作饲料的草和豆子放在须贾面前，让马来吃。范雎让须贾回去告诉魏王："赶快把魏齐的头砍下送来！否则，就屠杀大梁城！"须贾回国后告诉魏齐。魏齐逃往赵国，藏在平原君家中。

楚顷襄王病重。黄歇对范雎说："如今楚王病重，恐怕不会康复，秦国不如放楚国太子回去。太子即位之后，一定会更加对秦国臣服，感谢丞相您的无边恩德，这样既能与楚国亲好，又能得到一个国力强大的同盟。如果不放太子回国，太子就会成为咸阳城内的一个普通人。楚国会立别人做楚王，到时候一定不会对秦国臣服，那就是失去一个友邦，与一个国力强大的国家断交了，不是好计策。"范雎把黄歇的话告诉秦王。秦王说："让太子的老师先回去探望楚王，回来后再说。"黄歇和太子密谋："秦国之所以留下太子，是想要利益罢了。如今太子没有能给秦国利益的能力，而阳文君的两个儿子都在楚国。楚王如果去世，太子您不在，阳文君的儿子一定会被立为楚王，太子您就得不到宗庙供奉了。不如逃离秦国，和使者一起出城。我请求留下了，哪怕死也要挡住他们！"太子于是换上楚国使者的衣服，驾车出关而去；黄歇守在府中，一直说太子生病谢客。估计太子已经跑远了，这才自己对秦王说："楚国太子回国了，已经走得很远了。我请求被赐死！"秦王大怒，想要杀黄歇。范雎说："黄歇是楚国臣子，愿意为君主献出自己的生命，楚国太子即位，一定会重用黄歇。不如赦他无罪让他回楚国，来表示对楚国亲好。"秦王按范雎说的做了。黄歇回到楚国三个月，秋天，楚顷襄王去世，楚考烈王即位，任命黄歇为丞相，将淮北的土地封给他，号称春申君。

赵括纸上谈兵

原文

周赧王五十五年辛丑，公元前二六〇年

秦左庶长王龁攻上党，拔之。上党民走赵。赵廉颇军于长平，以按据上党民。王龁因伐赵。赵军战数不胜，亡一裨将、四尉。赵王与楼昌、虞卿谋，楼昌请发重使为媾。虞卿曰："今制媾者在秦，秦必欲破王之军矣，虽往请媾，秦将不听。不如发使以重宝附楚、魏，楚、魏受之，则秦疑天下之合从，媾乃可成也。"王不听，使郑朱媾于秦，秦受之。王谓虞卿曰："秦内郑朱矣。"对曰："王必不得媾而军破矣。何则？天下之贺战胜者皆在秦矣。夫郑朱，贵人也，秦王、应侯必显重之以示天下。天下见王之媾于秦，必不救王。秦知天下之不救王，则媾不可得成矣。"既而秦果显郑朱而不与赵媾。

秦数败赵兵，廉颇坚壁不出。赵王以颇失亡多而更怯不战，怒，数让之。应侯又使人行千金于赵为反间，曰："秦之所畏，独畏马服君之子赵括为将耳！廉颇易与，且降矣！"赵王遂以赵括代颇将。蔺相如曰："王以名使括，若胶柱鼓瑟耳。括徒能读其父书传，不知合变也。"王不听。初，赵括自少时学兵法，以天下莫能当；尝与其父奢言兵事，奢不能难，然不谓善。括母问其故，奢曰："兵，死地也，而括易言之。使赵不将括则已；若必将之，破赵军者必括也。"及括将行，其母上书，言括不可使。王曰："何以？"对曰："始妾事其父，时为将，身所奉饭而进食者以十数，所友者以百数，王及宗室所赏赐者，尽以与军吏士大夫；受命之日，不问家事。今括一旦为将，东乡而朝，军吏无敢仰视之者；王所赐金帛，归藏于家，而日视便利田宅可买者买之。王以为如其父，父子异心，愿王勿遣！"王曰："母置之，吾已决矣！"母因曰："即如有不称，妾请无随坐。"赵王许之。

秦王闻括已为赵将，乃阴使武安君为上将军而王龁为裨将，令军中："有敢泄武安君将者斩！"赵括至军，悉更约束，易置军吏，出兵击秦师。武安君佯败而走，张二奇兵以劫之。赵括乘胜追造秦壁，壁坚拒不得入；奇兵二万五千人绝赵军之后，又五千骑绝赵壁间。赵军分而为二，粮道绝。武安君出轻兵击之，赵战不利，因筑壁坚守以待救至。秦王闻赵食道绝，自如河内发民年十五以上悉诣长平，遮绝赵救兵及粮食。齐人、楚人救赵。赵人乏食，请粟于齐，齐王弗许。周子曰："夫赵之于齐、楚，扞蔽也，犹齿之有唇也，唇亡则齿寒；今日亡赵，明日患及齐、楚矣。救赵之务，宜若奉漏甕沃焦釜然。且救赵，高义也；却秦师，显名也；义救亡国，威却强秦。不务为此而爱粟，为国计者过矣！"齐王弗听。九月，赵军食绝四十六日，皆内阴相杀食。急来攻秦垒，欲出为四队，四、五复之，不能出。赵括自出锐卒搏战，秦人射杀之。赵师大败，卒四十万人皆降。武安君曰："秦已拔上党，上党民不乐为秦而归赵。赵卒反复，非尽杀之，恐为乱。"乃挟诈而尽坑杀之，遗其小者二百四十人归赵。前后斩首虏四十五万人，赵人大震。

译 文

周赧王五十五年辛丑（公元前260年）

秦国左庶长王龁攻打上党，将那里攻占。上党百姓逃到赵国。赵国将军廉颇驻扎在长平，屯兵以援助上党百姓。王龁于是攻打赵国。赵国军队屡战不胜，战死了一名裨将、四个都尉。赵王与楼昌和虞卿商议对策，楼昌请求派出重要的使臣去请求交好。虞卿说："如今是秦国决定着是否交好，秦国一定想要大败赵国军队，即便前去求和，秦国将领也不会听的。不如派使臣带着贵重的宝物依附楚国和魏国，楚国和魏国接受了，秦国就会怀疑天下又合纵了，交好一事也就成了。"赵王不听，派郑朱去秦国请求交好，秦国答应

了。赵王对虞卿说："秦国接纳了郑朱的请求。"虞卿答道："大王您无法与秦国交好，赵国军队反而会大败。为什么呢？天下人都在为秦国的胜利提前庆贺呢。郑朱是个富贵的人，秦王和应侯范雎一定会凸显对他的尊重来给天下人看。天下人看到大王您与秦国交好，一定不敢来救您。秦国知道天下人不会来救大王您，交好也就不会成功了。"不久，秦国果然到处宣扬郑朱，却不与赵国交好。

秦国多次打败赵国军队，廉颇坚守壁垒不肯出兵。赵王认为廉颇是因为伤亡太多害怕交战，大怒，多次斥责他。范雎又派人用千金去赵国施行反间计，说："秦国怕的，只有马服君的儿子赵括做将领罢了！廉颇好对付呀，很快就投降了！"赵王于是让赵括代替廉颇做将领。蔺相如说："大王因为赵括有名气就重用他，就好像用胶粘住鼓槌去敲瑟啊！赵括只会读他父亲写的兵书，不知道随机应变。"赵王不听。当初，赵括从年幼时就学习兵法，认为天下没人能战胜他；还曾经与父亲赵奢讨论军事，赵奢也难不住他，却并不认为他这样是好事。赵括母亲问赵奢何以见得，赵奢说："带兵打仗，是关乎生死的事情，然而赵括却说得那样容易。赵国不让赵括做将领就罢了，如果一定要让他做将领，让赵国军队大败的一定是赵括。"赵括临行之前，他的母亲向赵王呈上书信，说赵括不能做将领。赵王说："为什么？"赵母答："当年我服侍赵括的父亲，他父亲当时身为将领，能让他亲自捧着饭送去吃的有十几人，他的朋友更是多达百人，大王和宗室贵戚赏赐给他的东西，全都给了军中的官员和士大夫；接受王命出征的时候，从不过问家里的事情。如今赵括刚成为将领，就面向东方摆开架势接待来办事的人，军中大小官员没有敢抬头看他的；大王赏赐的金钱和布帛，都被他收藏在家中，每天都在追寻哪里的土地和房子可心如意，能买的就买下来。大王您以为赵括像他父亲一样，其实他们父子不一样，希望大王不要派他出征！"赵王说："赵母请回吧，我已经决定了！"赵母说："如果赵括有失职，请求不要让我跟着他受连坐之罪。"赵王答应了。

秦国听说赵括已经成为赵国将领，就暗中任命武安君为上将军，让王龁做副将，号令军中："如果有人敢把武安君做上将军的秘密泄露出去就斩首！"赵括来到军队中，把军令全部更改，又重新任命军中官员，发兵攻打秦国军队。武安君假装败退逃走，预先分布两队奇兵截击赵括。赵括乘胜追击来到秦军营垒，因为营垒坚固无法攻入；两万五千名秦国奇兵断绝了赵国军队的退路，又有五千名骑兵堵住赵国军队返回营垒的通道。赵国军队被一分为二，运粮通道被阻断。武安君派出少量军队攻打，赵国战败，于是修筑壁垒坚守等待救援。秦王听说赵国运粮道路断绝，亲自去往河内征集十五岁以上的百姓全部调往长平，阻止赵国救兵和粮食的到来。齐国和楚国营救赵国，赵国没有粮食，向齐国借粮，齐王没有答应。周子说："赵国对于齐国和楚国来说是屏障，如同牙齿没有了嘴唇，嘴唇

周纪

没了牙齿就会感到寒冷；今天赵国灭亡，明天就会危及齐国和楚国。营救赵国这件事，就好像把漏瓮里漏出的水浇在烧焦的锅里一样是当务之急。况且营救赵国，是高尚的道义；击退秦国军队，能彰显齐国的名望；凭道义拯救一个濒临灭亡的国家，给强大的秦国以威慑。不应该因为这件事而舍不得自己的粮食，这样为国筹谋的话有些太过了！"齐王不听。九月，赵国军队断粮四十六天，军队内部已经私下里相互杀人为食。情急之下，赵括想要攻打秦国军营，打算兵分四路，一连攻打了四五次，仍无法突围。赵括亲自率领精锐部队肉搏，被秦国用箭射死。赵国军队大败，四十万士兵投降秦国。武安君说："秦国已经攻占上党，上党百姓不愿意投奔秦国想要回赵国。赵国士兵反复无常，如果不全部杀掉，恐怕会叛乱。"于是用计谋把赵国士兵骗入坑中活埋，放走二百四十名年纪小的士兵回赵国。一共杀死四十五万名俘虏，赵国人大惊失色。

毛遂自荐

原　文

周报王五十七年癸卯，公元前二五八年

正月，王陵攻邯郸，少利，益发卒佐陵；陵亡五校。武安君病愈，王欲使代之。武安君曰："邯郸实未易攻也；且诸侯之救日至。彼诸侯怨秦之日久矣，秦虽胜于长平，士卒死者过半，国内空，远绝河山而争人国都，赵应其内，诸侯攻其外，破秦军必矣。"王自命不行，乃使应侯请之。武安君终辞疾，不肯行；乃以王龁代王陵。

赵王使平原君求救于楚，平原君约其门下食客文武备具者二十人与之俱，得十九人，余无可取者。毛遂自荐于平原君。平原君曰："夫贤士之处世也，譬若锥之处囊中，其末立见。今先生处胜之门下三年于此矣，左右未有所称诵，胜未有所闻，是先生无所有也。先生不能，先生留！"毛遂曰："臣乃今日请处囊中耳！使遂蚤得处囊中，乃颖脱而出，非特其末见而已。"平原君乃与之俱，十九人相与目笑之。平原君至楚，与楚王言合从之利害，日出而言之，日中不决。毛遂按剑历阶而上，谓平原君曰："从之利害，两言而决耳！今日出而言，日中不决，何也？"楚王怒叱曰："胡不下！吾乃与而君言，汝何为者也！"毛遂按剑而前曰："王之所以叱遂者，以楚国之众也。今十步之内，王不得恃楚国之众也！王之命悬于遂手。吾君在前，叱者何也？且遂闻汤以七十里之地王天下，文王以百里之壤而臣诸侯，岂其士卒多哉？诚能据其势而奋其威也。今楚地方五千里，持戟百万，此霸王之资也。以楚之强，天下弗能当。白起，小竖子耳，率数万

秦 纪

卷　一

李牧防匈奴

原　文

始皇帝三年丁巳，公元前二四四年

蒙骜伐韩，取十二城。

赵王以李牧为将，伐燕，取武遂、方城。
李牧者，赵之北边良将也，尝居代、雁门备匈
奴，以便宜置吏，市租皆输入莫府，为士卒费，
日击数牛飨士；习骑射，谨烽火，多间谍，为
约曰："匈奴即入盗，急入收保。有敢捕虏者
斩！"匈奴每入，烽火谨，辄入收保不战。如
是数岁，亦不亡失。匈奴皆以为怯，虽赵边兵
亦以为吾将怯。赵王让之，李牧如故。王怒，
使他人代之。岁余，屡出战，不利，多失亡，
边不得田畜。王复请李牧，李牧杜门称病不出。
王强起之，李牧曰："必用臣，臣如前，乃敢
奉令。"王许之。

李牧至边，如约。匈奴数岁无所得，终以

赵李牧常居鴈门备匈奴每至辄入保
不战凶奴赵兵皆以收恩怯赵王怒使
他人代将数出战不利复请牧如前
竟大破凶奴
清雍簌书

● 李牧养兵

为怯。边士日得赏赐而不用，皆愿一战。于是乃具选车得千三百乘，选骑得万三千匹，百金之士五万人，彀者十万人，悉勒习战；大纵畜牧、人民满野。匈奴小入，佯北不胜，以数十人委之。单于闻之，大率众来入。李牧多为奇陈，张左、右翼击之，大破之，杀匈奴十余万骑，灭襜褴（chān），破东胡，降林胡。单于奔走，十余岁不敢近赵边。

先是，天下冠带之国七，而三国边于戎狄：秦自陇以西有绵诸、绲戎（gǔn）、翟、貗之戎（yuán），岐、梁、泾、漆之北有义渠、大荔、乌氏、朐衍之戎；而赵北有林胡、楼烦之戎；燕北有东胡、山戎；各分散居溪谷，自有君长，往往而聚者百有余戎，然莫能相一。其后义渠筑城郭以自守，而秦稍蚕食之，至惠王遂拔义渠二十五城。昭王之时，宣太后诱义渠王，杀诸甘泉，遂发兵伐义渠，灭之，始于陇西、北地、上郡筑长城以拒胡。赵武灵王北破林胡、楼烦，筑长城，自代并阴山下，至高阙为塞，而置云中、雁门、代郡。其后燕将秦开为质于胡，胡甚信之；归而袭破东胡，东胡却千余里；燕亦筑长城，自造阳至襄平，置上谷、渔阳、右北平、辽东郡以距胡。及战国之末而匈奴始大。

十三年丁卯，公元前二三四年

桓齮伐赵，败赵将扈辄（zhé）于平阳，斩首十万，杀扈辄。赵王以李牧为大将军，复战于宜安、肥下，秦师败绩，桓齮奔还。赵封李牧为武安君。

十五年己巳，公元前二三二年

王大兴师伐赵，一军抵邺（yè），一军抵太原，取狼孟、番吾；遇李牧而还。

十八年壬申，公元前二二九年

王翦将上地兵下井陉，端和将河内兵共伐赵。赵李牧、司马尚御之。秦人多与赵王嬖臣郭开金，使毁牧及尚，言其欲反。赵王使赵葱及齐将颜聚代之。李牧不受命，赵人捕而杀之；废司马尚。

译 文

秦始皇帝三年丁巳（公元前244年）

蒙骜攻打韩国，夺取十二座城。

赵王任命李牧为将军，攻打燕国，夺取武遂、方城。李牧，是赵国北方的一名良将，曾经驻军在代地、雁门防备匈奴，他根据实际需要来设置官职，收到的租税也都直接送入军中作为士兵的军费，每天都宰杀好几头牛来犒劳士兵；并且每天操练骑射，谨慎把守烽火台，还派出很多人侦察敌情，并且和这些侦察兵约定："一旦匈奴来犯，我们立刻

收拾所有东西退入营垒坚守。如果有胆敢强行俘虏匈奴的人，杀无赦！"匈奴每次入侵边境，李牧都立刻派人点燃烽火，之后就退入营垒坚守却不交战。这样过了几年，也没有任何损失。匈奴都以为李牧胆小，赵国的戍边士兵也都觉得将军的胆子太小了。赵王斥责李牧，李牧却还是像从前一样。赵王愤怒，派人将他取代。之后几年中，赵兵屡次和匈奴交战，都没能战胜匈奴，伤亡众多，边境百姓也无法安心种田。赵王再请李牧，李牧称病闭门谢客。赵王强制他官复原位，李牧说："如果一定要用我，我必须还像从前一样，这才敢接受大王的命令。"赵王答应了。

李牧来到边境，还像从前一样。匈奴一连几年都抢掠不到什么，还是认为是李牧害怕他们。戍边将士每天都能得到赏赐，却不被派出去抵抗匈奴，都想出去与匈奴交战。于是李牧准备了一千三百辆精选战车，又挑选出一万三千匹战马，五万名身获战功得到百金赏赐的勇士，弓弩手十万人，全部进行作战训练，还大力组织放牧，让边境田野到处都有放牧的人。匈奴小规模入侵，赵国军队假装战败，还留下十几个人当匈奴的俘虏。匈奴单于听说后，率领大队人马入侵。李牧摆出许多奇阵，左右两路包围匈奴军队，将匈奴打败，杀死匈奴十万多人马，消灭襜褴部落、东胡部落，林胡部落向赵国投降。匈奴单于逃走，十多年不敢接近赵国边境。

当时，天下讲究礼仪的国家有七个，其中三个国家的边境是戎狄部落：秦国从陇地以西有绵诸、绲戎、翟、獂等部落，岐地、梁地、泾地、漆地以北有义渠、大荔、乌氏、朐衍等部落；赵国北边有林胡、楼烦等部落；燕国北边有东胡、山戎等部落；这些部落各自分散，居住在溪水旁、山谷间，都有自己的首领，往往都有一百多个部落聚居在一起，却没有任何人能将这些部落统一起来。后来义渠部落修建城池来自卫，秦国总是每次都攻占一点土地，到了秦惠王时期，一下子攻占下二十五座义渠城池。秦昭王时，宣太后引诱义渠王，在甘泉将他杀死，于是发兵攻打义渠，将其剿灭；从陇西、北地、上郡开始修筑长城抵挡胡人。赵武灵王向北攻破林胡、楼烦部落，也修筑长城，从代地阴山下开始，一直修到高阙，作为要塞，还设置云中、雁门、代郡几个郡。后来燕国将领秦开在胡人那里做人质，胡人十分信任他。秦开回国后率军剿灭东胡部落，东胡向后退了一千多里；燕国也修筑长城，从造阳到襄平，又设置上谷、渔阳、右北平、辽东几个郡来抵御胡人侵略。到了战国末年匈奴才开始强大起来。

秦始皇帝十三年丁卯（公元前234年）

桓齮攻打赵国，在平阳打败赵国将领扈辄，杀死十万兵士，杀死扈辄。赵王任命李牧为大将军，在宜安、肥下与桓齮再次交战，秦国战败，桓齮逃回秦国。赵国封李牧为武安君。

秦始皇十五年己巳（公元前232年）

秦王发兵大举攻打赵国，一路军队抵达邺城，一路军队抵达太原，攻占狼孟、番吾，遇到李牧率领的军队之后才撤退。

秦始皇十八年壬申（公元前229年）

王翦率领驻扎在上地的士兵攻打井陉，端和率领河内士兵共同攻打赵国。赵国的李牧和司马尚率兵抵抗。秦国给了赵王的宠臣郭开很多金子，让他在赵王面前诋毁李牧和司马尚，说他们打算造反。赵王派赵葱和齐国将领颜聚取代李牧和司马尚。李牧不接受命令，赵国人将他抓住杀掉了，又废掉了司马尚的官职。

荆轲刺秦

原　文

始皇帝十九年癸酉，公元前二二八年

燕太子丹怨王，欲报之，以问其傅鞠武。鞠武请西约三晋，南连齐、楚，北媾匈奴以图秦。太子曰："太傅之计，旷日弥久，令人心惛然，恐不能须也。"顷之，将军樊於期得罪，亡之燕；太子受而舍之。鞠武谏曰："夫以秦王之暴而积怒于燕，足为寒心，又况闻樊将军之所在乎！是谓委肉当饿虎之蹊也。愿太子疾遣樊将军入匈奴。"太子曰："樊将军穷困于天下，归身于丹，是固丹命卒之时也，愿更虑之！"鞠武曰："夫行危以求安，造祸以为福，计浅而怨深，连结一人之后交，不顾国家之大害，所谓资怨而助祸矣！"太子不听。

太子闻卫人荆轲之贤，卑辞厚礼而请见之。谓轲曰："今秦已虏韩王，又举兵南伐楚，北临赵。赵不能支秦，则祸必至于燕。燕小弱，数困于兵，何足以当秦！诸侯服秦，莫敢合从。丹之私计愚，以为诚得天下之勇士使于秦，劫秦王，使悉反诸侯侵地，若曹沫之与齐桓公，则大善矣；则不可，因而刺杀之，彼大将擅兵于外而内有乱，则

● 荆轲与友人在易水话别

君臣相疑，以其间，诸侯得合从，其破秦必矣。唯荆卿留意焉！”荆轲许之。于是舍荆卿于上舍，太子日造门下，所以奉养荆轲，无所不至。及王翦灭赵，太子闻之惧，欲遣荆轲行。荆轲曰：“今行而无信，则秦未可亲也。诚得樊将军首与燕督亢之地图，奉献秦王，秦王必说见臣，臣乃有以报。”太子曰：“樊将军穷困来归丹，丹不忍也！”荆轲乃私见樊於期曰：“秦之遇将军，可谓深矣，父母宗族皆为戮没！今闻购将军首，金千斤，邑万家，将奈何？”於期太息流涕曰：“计将安出？”荆卿曰：“愿得将军之首以献秦王，秦王必喜而见臣，臣左手把其袖，右手揕其胸，则将军之仇报而燕见陵之愧除矣！”樊於期曰：“此臣之日夜切齿腐心也！”遂自刎。太子闻之，奔往伏哭，然已无奈何，遂以函盛其首。太子豫求天下之利匕首，使工以药焠之，以试人，血濡缕，人无不立死者。乃装为遣荆轲，以燕勇士秦舞阳为之副，使入秦。

二十年甲戌，公元前二二七年

荆轲至咸阳，因王宠臣蒙嘉卑辞以求见，王大喜，朝服，设九宾而见之。荆轲奉图以进于王，图穷而匕首见，因把王袖而揕之；未至身，王惊起，袖绝。荆轲逐王，王环柱而走。群臣皆愕，卒起不意，尽失其度。而秦法，群臣侍殿上者不得操尺寸之兵，左右以手共搏之，且曰：“王负剑！”负剑，王遂拔以击荆轲，断其左股。荆轲废，乃引匕首擿王，中铜柱。自知事不就，骂曰：“事所以不成者，以欲生劫之，必得约契以报太子也！”遂体解荆轲以徇。王于是大怒，益发兵诣赵，就王翦以伐燕，与燕师、代师战于易水之西，大破之。

译 文

秦始皇帝十九年癸酉（公元前228年）

燕国太子丹怨恨秦始皇，想要报复他，就问太傅鞠武该怎么办。鞠武请求向西和赵国、魏国、韩国结盟，向南联合齐国、楚国，向北结交匈奴来共同对付秦国。太子丹说："太傅的计策，耗时太久，让人等不及，恐怕不行。"不久之后，樊於期犯罪，逃亡到燕国；太子丹将樊於期留下来做门客。鞠武谏言道："秦王如此残暴，又和燕国积怨已久，已经令人胆寒，更何况听说樊将军留在这里，又会怎样对待我们呢？这就相当于把肉丢在饿虎出没的小路上，引虎下山啊。希望太子您尽快把樊将军送到匈奴那里去吧。"太子丹说："樊将军穷困潦倒，投身到我太子丹这里，我就算舍弃生命也要保全他，希望太傅再考虑一下。"鞠武说："为了求得太平去做危险的事，为了享福去制造祸端，谋划不周就会结下深深的怨恨，这些都是为了与一个人结交，而不顾整个国家安危的做法，也就是让怨恨加深，让灾祸早日到来的做法！"太子丹不听。

太子丹听说卫国人荆轲有能力，放下身段带着厚礼去求见荆轲。他对荆轲说："如今秦国已经俘虏了韩王，又发兵向南攻打楚国，向北攻打赵国。赵国如果抵挡不住秦国，燕国的灾难就降临了。燕国地方小，国力弱，几次都被兵力侵犯所困，靠什么来抵抗秦国呢？各诸侯国都向秦国臣服，不敢联合起来抵抗秦国。我私下里想出一条计策，认为用诚信请来天下的勇士出使到秦国，劫持秦王，让他把从各诸侯国侵略来的土地都还回去，就像曹沫对待齐桓公那样，就太好了；实在不行，就把秦王杀死，秦国的大将都在外领兵打仗，国内一乱，君臣就会相互猜疑，趁这个时候，各诸侯国联合起来，秦国一定会战败。希望荆先生您考虑一下！"荆轲答应了下来。于是太子丹将荆轲请入上舍居住，太子丹每天上门拜访，对荆轲照料得无微不至。等到王翦消灭赵国，太子丹听说后十分害怕，打算派荆轲去往秦国。荆轲说："现在要是没有信物就去往秦国，秦国一定不会相信我。我希望能得到樊将军的头和燕国督亢的地图，奉献给秦王，秦王一定很愿意见我，我才能做接下来的事情。"太子丹说："樊将军穷困潦倒来投奔我，我不忍心杀他。"荆轲于是私下里去见樊於期说道："秦国对将军您来说，可以说有深仇大恨了，您的父母宗族都被秦王杀死！如今听说秦国正在用千金和有一万户人家的城邑来悬赏您的头颅，您该怎么办呢？"樊於期叹息一声流着泪说："你说该怎么办呢？"荆轲说："希望能得到将军您的头颅来献给秦王，秦王一定很愿意见我，到时候我左手拉着他的袖子，右手拿刀刺入他的胸口，那么将军的仇就报了，燕国失去见陵的耻辱也就免除了。"樊於期说："这正是我日夜痛恨到极点的事情啊。"于是樊於期持剑自刎。太子丹听说后，赶忙跑去趴在樊於期的尸体上恸哭不止，可惜却无可奈何，于是把樊於期的头装在盒子里。太子丹事先求得天下最锋利的匕首，让工匠在匕首上淬炼入毒药，用这把匕首来杀人，只要见血，人就会立刻死去。准备好一切之后，太子丹派荆轲去往秦国，让燕国勇士秦舞阳做荆轲的助手，出使秦国。

秦始皇帝二十年甲戌（公元前227年）

荆轲到达咸阳，凭借秦王的宠臣蒙嘉谦卑地请求拜见，秦王十分高兴，穿上上朝的衣服，用最隆重的礼节召见他。荆轲捧着地图进献给秦王，当地图完全

●荆轲入秦行刺

资治通鉴

展开，匕首就露了出来，他趁机拉住秦王的袖子想要刺杀他；还没靠近秦王，秦王就惊得站了起来，割断自己的袖子跑掉。荆轲在后面追赶秦王，秦王绕着柱子跑。群臣都大惊失色，面对这样突发的状况，众人都不知如何是好。按照秦国法律，大臣进入王宫大殿都不能带任何兵器，身边的人只能徒手与荆轲肉搏，都喊道："大王您背着剑呢！"秦王这才拔出背上背着的剑去刺荆轲，砍断了荆轲的左腿。荆轲成了残废，只能把匕首朝着秦王扔过去，却刺中了铜柱。荆轲知道不能成功刺杀秦王了，于是骂道："之所以没杀了你，是因为本打算生擒你，得到你的契约来报答太子丹！"秦人冲上来将荆轲碎尸万段。秦王大怒，派出更多兵力攻打赵国，让王翦攻打燕国，与燕国和代国军队在易水之西交战，大败两国军队。

卷 二

王翦灭楚

原　文

始皇帝二十一年乙亥，公元前二二六年

冬，十月，王翦拔蓟，燕王及太子率其精兵东保辽东，李信急追之。代王嘉遗燕王书，令杀太子丹以献。丹匿衍水中，燕王使使斩丹，欲以献王，王复进兵攻之。

王贲伐楚，取十余城。王问于将军李信曰："吾欲取荆，于将军度用几何人而足？"李信曰："不过用二十万。"王以问王翦，王翦曰："非六十万人不可。"王曰："王将军老矣，何怯也！"遂使李信、蒙恬将二十万人伐楚；王翦因谢病归频阳。

二十二年丙子，公元前二二五年

王贲伐魏，引河沟以灌大梁。三月，城坏。魏王假降，杀之，遂灭魏。

王使人谓安陵君曰："寡人欲以五百里地易安陵。"安陵君曰："大王加惠，以大易小，甚幸。虽然，臣受地于魏之先王，愿终守之，弗敢易。"王义而许之。

李信攻平舆，蒙恬攻寝，大破楚军。信又攻鄢郢，破之，于是引兵而西，与蒙恬会城父，楚人因随之，三日三夜不顿舍，大败李信，入两壁，杀七都尉；李信奔还。

王闻之，大怒，自至频阳谢王翦曰："寡人不用将军谋，李信果辱秦军。将军虽病，独忍弃寡人乎！"王翦谢病不能将，王曰："已矣，勿复言！"王翦曰："必不得已用臣，非六十万人不可！"王曰："为听将军计耳。"于是王翦将六十万人伐楚。王送至霸上，王翦请美田宅甚众。王曰："将军行矣，何忧贫乎！"王翦曰："为大王将，有功，终不得封侯，故及大王之向臣，以请田宅为子孙业耳。"王大笑。王翦既行，至关，使使还请善田者五辈。或曰："将军之乞贷亦已甚矣！"王翦曰："不然。王怚中而不信人，今空国中之甲士而专委于我，我不多请田宅为子孙业以自坚，顾令王坐而疑我矣。"

二十三年丁丑，公元前二二四年

王翦取陈以南至平舆。楚人闻王翦益军而来，乃悉国中兵以御之；王翦坚壁不与战。楚人数挑战，终不出。王翦日休士洗沐，而善饮食，抚循之；亲与士卒同食。久之，王翦使人问："军中戏乎？"对曰："方投石、超距。"王翦曰："可用矣！"楚既不得战，乃引而东。王翦追之，令壮士击，大破楚师，至蕲南，杀其将军项燕，楚师遂败走。王翦因乘胜略定城邑。

二十四年戊寅，公元前二二三年

王翦、蒙武虏楚王负刍，以其地置楚郡。

译 文

秦始皇帝二十一年乙亥（公元前226年）

冬季，十月，王翦攻克魏国蓟城，燕王和太子率领燕国精兵向东保卫辽东，秦国将领李信率兵急速追赶。代王赵嘉送信给燕王，让他杀死太子丹献给秦王。太子丹藏在衍水一带，燕王派使者杀死太子丹，想要献给秦王，但秦王依然派兵攻打燕国。

王贲攻打楚国，夺取十几座城池。秦王问将军李信道："我想要吞并楚国，将军你觉得用多少兵力能够呢？"李信说："不超过二十万兵力就可以。"秦王又问王翦，王翦说："没有六十万兵力攻不下来。"秦王说："王将军老了，为什么胆怯了！"于是秦王派李信、蒙恬率领二十万兵力攻打楚国；王翦于是称病回到频阳故乡。

秦始皇帝二十二年丙子（公元前225年）

王贲攻打魏国，引来河沟里的水灌入大梁城中。三月，大梁城墙被水冲坏。魏王假投降，被秦军杀死，于是魏国灭亡。

秦王派人对安陵君说："我想用五百里土地交换安陵。"安陵君说："大王您施加恩惠给我，用大的土地换取我这里小的土地，我十分荣幸。虽然如此，我的土地是魏国先王赠给我的，我愿意终生守在这里，不敢换给大王您。"秦王因为安陵君的信义而答应了他。

李信攻打平舆，蒙恬攻打寝地，大败楚国军队。李信又攻下了鄢郢，于是率领军队向西，与蒙恬在城父会师，楚国军队趁机在后面跟踪，三天三夜不停歇，终于大败李信，攻入秦军两个营地，杀死七个都尉；李信逃回秦国。

　　秦王听说这件事，大怒，亲自来到频阳向王翦谢罪："我没有采用将军您的谋略，李信果然辱没了秦军的使命。将军您虽然生病，但是忍心抛弃我吗！"王翦称病不能做秦军将领，秦王说："我已经决定了，不要再多说了！"王翦说："如果一定要用我，没有六十万兵力不行！"秦王说："都听将军您的。"于是王翦率领六十万大军攻打楚国。秦王将王翦送到霸上，王翦请求秦王赐给自己许多上好的土地与房子。秦王说："将军出征就是了，为什么害怕贫穷呢！"王翦说："替大王您率军出征，即使立下战功，也不能封侯，因此趁着大王现在看重我，才请求赐给我土地和房子来留给我的子孙。"秦王大笑。王翦出发之后，来到武关，先后派了五名使者再次请求秦王赏赐土地。有人说："将军您向大王要的东西太过分了吧！"王翦说："你说得不对。大王心性粗暴又不信任别人，如今把全国的兵力都派给我率领，我如果不多请求一些土地和房子留给子孙作为自保的条件，一定会让大王怀疑我的。"

秦始皇帝二十三年丁丑（公元前224年）

　　王翦攻取陈地以南直到平舆。楚国人听说王翦率领更多兵力前来，就将国内全部兵力派出抵抗；王翦只将营垒修建得更加坚固，却不和楚军交战。楚军几次挑战，王翦还是不出战。王翦白天让士卒休息、沐浴，又好吃好喝地安抚他们；自己还和士卒们一起吃饭。时间久了，王翦派人问："军中有什么游戏可以玩啊？"士卒回答说："正在玩投石、跳远的游戏。"王翦说："能用得上！"楚军无法和秦军交战，于是率兵向东而去。王翦率兵追赶，让精壮的兵士前去攻击，大败楚军，攻打到蕲南，杀死楚军将军项燕，楚军战败逃走。王翦于是乘胜攻占了楚国的一些城邑。

秦始皇帝二十四年戊寅（公元前223年）

　　王翦、蒙武俘虏了楚王芈负刍，将楚地设置为秦国的楚郡。

秦始皇统一六国

原　文

始皇帝二十六年庚辰，公元前二二一年

　　王初并天下，自以为德兼三皇，功过五帝，乃更号曰"皇帝"，命为"制"，令为"诏"，自称曰"朕"。追尊庄襄王为太上皇。制曰："死而以行为谥，则是子议父，臣议君也，甚无谓。自今以来，除谥法。朕为始皇帝，后世以计数，二世、三世至于万世，传之无穷。"

初，齐威、宣之时，邹衍论著终始五德之运；及始皇并天下，齐人奏之。始皇采用其说，以为周得火德，秦代周，从所不胜，为水德。始改年，朝贺皆自十月朔；衣服、旌旄、节旗皆尚黑，数以六为纪。

丞相绾等言："燕、齐、荆地远，不为置王，无以镇之。请立诸子。"始皇下其议。廷尉斯曰："周文、武所封子弟同姓甚众，然后属疏远，相攻击如仇雠_{chóu}，周天子弗能禁止。今海内赖陛下神灵一统，皆为郡、县，诸子功臣以公赋税重赏赐之，甚足易制，天下无异意，则安宁之术也。置诸侯不便。"始皇曰："天下共苦战斗不休，以有侯王。赖宗庙，天下初定，又复立国，是树兵也；而求其宁息，岂不难哉！廷尉议是。"

分天下为三十六郡，郡置守、尉、监。

收天下兵聚咸阳，销以为钟镰_{jù}、金人十二，重各千石，置宫廷中。一法度、衡、石、丈尺。徙天下豪杰于咸阳十二万户。

诸庙及章台、上林皆在渭南。每破诸侯，写放其宫室，作之咸阳北阪上，南临渭，自雍门以东至泾、渭，殿屋、复道、周阁相属，所得诸侯美人、钟鼓以充入之。

二十七年辛巳，公元前二二〇年

始皇巡陇西、北地，至鸡头山，过回中焉。作信宫渭南，已，更命曰极庙。自极庙道通骊山，作甘泉前殿，筑甬道自咸阳属之，治驰道于天下。

二十八年壬午，公元前二一九年

始皇东行郡、县，上邹峄山，立石颂功业。于是召集鲁儒生七十人，至泰山下，议封禅。诸儒或曰："古者封禅，为蒲车，恶伤山之土石、草木；扫地而祭，席用菹秸_{zū}。"议各乖异。始皇以其难施用，由此绌儒生。而遂除车道，上自太山阳至颠，立石颂德；从阴道下，禅于梁父。其礼颇采太祝之祀雍上帝所用，而封藏皆秘之，世不得而记也。

于是始皇遂东游海上，行礼祠名山、大川及八神。始皇南登琅邪，大乐之，留三月，作琅邪台，立石颂德，明得意。

初，燕人宋毋忌、羡门子高之徒称有仙道、形解销化之术，燕、齐迂怪之士皆争传习之。自齐威王、宣王、燕昭王皆信其言，使人入海求蓬莱、方丈、瀛洲，云此三神山在勃海中，去人不远。患且至，则风引舡去。尝有至者，诸仙人及不死之药皆在焉。及始皇至海上，诸方士齐人徐市等争上书言之，请得齐戒(zhāi)与童男女求之。于是遣徐市发童男女数千人入海求之。舡交海中，皆以风解，曰："未能至，望见之焉。"

始皇还，过彭城，斋戒祷祠，欲出周鼎泗水，使千人没水求之，弗得。乃西南渡淮水，之衡山、南郡。浮江至湘山祠，逢大风，几不能渡。上问博士曰："湘君何神？"对曰："闻之：尧女，舜之妻，葬此。"始皇大怒，使刑徒三千人皆伐湘山树，赭其山。遂自南郡由关武归。

初，韩人张良，其父、祖以上五世相韩。及韩亡，良散千金之产，欲为韩报仇。

始皇东游，至阳武博浪沙中，张良令力士操铁椎狙击始皇，误中副车。始皇惊，求，弗得；令天下大索十日。

始皇遂登之罘(fú)，刻石；旋，之琅邪，道上党入。

使黔首自实田。

始皇之碣石，使燕人卢生求羡门，刻碣石门。坏城郭，决通堤坊。始皇巡北边，从上郡入。卢生使入海还，因奏《录图书》曰："亡秦者胡也。"始皇乃遣将军蒙恬发兵三十万人，北伐匈奴。

发诸尝逋亡人、赘婿、贾人为兵，略取南越陆梁地，置桂林、南海、象郡；以谪徙民五十万人戍五岭，与越杂处。

蒙恬斥逐匈奴，收河南地为四十四县。筑长城，因地形，用制险塞。起临洮至辽东，延袤万余里。于是渡河，据阳山，逶迤而北。暴师于外十余年。蒙恬常居上郡统治之，威振匈奴。

谪治狱吏不直及覆狱故、失者，筑长城及处南越地。

丞相李斯上书曰："异时诸侯并争，厚招游学。今天下已定，法令出一，百姓当家则力农工，士则学习法令。今诸生不师今而学古，以非当世，惑乱黔首，相与非法教人；

闻令下，则各以其学议之，入则心非，出则巷议，夸主以为名，异趣以为高，率群下以造谤。如此弗禁，则主势降乎上，党与成乎下。禁之便！臣请史官非秦记皆烧之；非博士官所职，天下有藏《诗》、《书》、百家语者，皆诣守、尉杂烧之。有敢偶语《诗》、《书》，弃市；以古非今者族；吏见知不举，与同罪。令下三十日，不烧，黥为城旦。所不去者，医药、卜筮、种树之书。若欲有学法令，以吏为师。"制曰："可。"

魏人陈馀谓孔鲋曰："秦将灭先王之籍，而子为书籍之主，其危哉！"子鱼曰："吾为无用之学，知吾者惟友。秦非吾友，吾何危哉！吾将藏之以待其求；求至，无患矣。"

三十五年己丑，公元前二一二年

使蒙恬除直道，道九原，抵云阳，堑山堙谷千八百里，数年不就。

始皇以为咸阳人多，先王之宫廷小，乃营作朝宫渭南上林苑中，先作前殿阿房，东西五百步，南北五十丈，上可以坐万人，下可以建五丈旗，周驰为阁道，自殿下直抵南山，表南山之颠以为阙。为复道，自阿房渡渭，属之咸阳，以象天极阁道、绝汉抵营室也。隐宫、徒刑者七十余万人，乃分作阿房宫或作骊山。发北山石椁，写蜀、荆地材，皆至；关中计宫三百，关外四百余。于是立石东海上胊界中，以为秦东门。因徙三万家骊邑，五万家云阳，皆复不事十岁。

卢生说始皇曰："方中：人主时为微行以辟恶鬼。恶鬼辟，真人至。愿上所居宫毋令人知，然后不死之药殆可得也。"始皇曰："吾慕真人。"自谓"真人"，不称"朕"。乃令咸阳之旁二百里内宫观二百七十，复道、甬道相连，帷帐、钟鼓、美人充之，各案署不移徙。行所幸，有言其处者，罪死。始皇幸梁山宫，从山上见丞相车骑众，弗善也。中人或告丞相，丞相后损车骑。始皇怒曰："此中人泄吾语！"案问，莫服，捕时在旁者，尽杀之。自是后，莫知行之所在。群臣受决事者，悉于咸阳宫。

侯生、卢生相与讥议始皇，因亡去。始皇闻之，大怒曰："卢生等，吾尊赐之甚厚，今乃诽谤我！诸生在咸阳者，吾使人廉问，或为妖言以乱黔首。"于是使御史悉案问诸生。诸生传相告引，乃自除犯禁者四百六十余人，皆坑之咸阳，使天下知之，以惩后；益发谪徙边。始皇长子扶苏谏曰："诸生皆诵法孔子。今上皆重法绳之，臣恐天下不安。"始皇怒，使扶苏北监蒙恬军于上郡。

三十六年庚寅，公元前二一一年

有陨石于东郡。或刻其石曰："始皇死而地分。"始皇使御史逐问，莫服；尽取石旁居人诛之，燔其石。

迁河北榆中三万家；赐爵一级。

秦始皇帝二十六年庚辰（公元前221年）

秦王刚刚统一天下，自认为兼具了三皇的德行，功绩超过五帝，于是将自己的名号改为"皇帝"，将皇帝出命称为"制书"，下令称为"诏书"，称自己为"朕"。追尊秦庄襄王为太上皇。下制书说："君王死后，根据他生前的行为来定谥号，是儿子议论父亲、臣子议论君王的行为，实在没意思。从今以后，废除为先王定谥号的法令。我是始皇帝，后代就用数字来命名，也就是二世皇帝、三世皇帝，直到万世，代代相传，无穷无尽。"

当初，齐威王、齐宣王在位时，邹衍在论著中创立了金、木、水、火、土"五德相运"的学说。到了秦始皇统一天下之后，齐国人将这一学说奏报给秦始皇。秦始皇也采用了这一学说，认为周朝是火德，秦朝取代了周朝，遵从火不能胜水的理论，认为秦朝是水德。于是开始更改岁历，朝贺觐见皇帝都从十月初一开始；衣服、旗帜、符节都崇尚黑色，计数以六为一个单位。

丞相王绾等人说："燕地、齐地、楚地距离秦国都城遥远，不在那里设置郡王，就没人能镇守那里。请将您的儿子立为各地的郡王。"秦始皇将这一谏议下发给大臣们商议。廷尉李斯说："周文王、周武王封了许多同姓子弟做各地的郡王，后来他们的后代渐渐疏远，像仇人一样相互攻击，周朝天子都无法禁止。如今四海之内都仰仗陛下您才能统一，各地都成为秦朝的郡、县，您的儿子们和有功之臣都得到了国家征收来的赋税作为赏赐，这样很容易就能控制住他们，天下人对秦朝都不会怀有二心，这才是让国家安宁的方法。在各地设置诸侯，实在多有不便。"秦始皇说："天下的战争无休无止，就是因为当初有封侯封王的制度。仰仗我们秦国的宗庙，天下刚刚安定，若再次设立诸侯国，是为我们树敌啊；到时候想要再求得安宁，岂不是困难？廷尉说得很有道理。"

●周文王

秦始皇将天下分成三十六个郡，在每个郡都设置郡守、郡尉、监御史。

将天下的兵器全部收到咸阳城，将这些兵器销毁后制成乐器、十二座金属人像，每个都重达十二万斤，放置在宫廷中。又统一法制和度量衡，将天下各地富豪十二万户都迁徙到咸阳居住。

周朝祭祀先人的宗庙、章华宫、上林苑都在渭南。秦国每消灭一个诸侯国，就将这个国家的宫室描画下来，在咸阳北阪上建造一座一模一样的宫殿，南临渭水，从雍门往东一直到泾水和渭水交界处，宫殿屋宇、天桥、楼阁相互连接，从各诸侯国得到的美人、钟鼓乐器都被安置在那里。

秦始皇帝二十七年辛巳（公元前220年）

秦始皇出巡陇西、北地，到达鸡头山，途经回中宫。在渭水南岸修建信宫，修建完毕之后，又更名为极庙。从极庙通往骊山，修建甘泉前殿，又以咸阳为起点，修筑通往四面八方的驰道。

秦始皇帝二十八年壬午（公元前219年）

秦始皇向东巡幸各郡县，登上邹峄山，在山上立起一块巨石，在巨石上刻上文字，传颂自己的功绩。之后又召集了七十名鲁地儒生来到泰山脚下，商议封禅的事情。儒生中有人说："古人祭祀封禅时，用蒲草裹住车轮，为的是不损伤山上的土地与石头、草木；扫地祭祀时的席子都是用草编成的。"每个人的言论都不同。秦始皇认为这些言论都难以施行，因此贬退了这些儒生。之后下令开通车道，一直通往泰山南麓顶峰，在那里立起巨石，刻字为自己歌功颂德；又从北麓山路下山，祭祀梁父。祭祀的仪式和礼节都采用秦国古时在雍城由太祝令主持祭祀上帝的形式。至于如何封土埋藏都是秘密，世人无法记录下来。

之后秦始皇又向东出游海上，祭祀各名山大川以及八神。秦始皇又向南登上琅琊山，十分高兴，在那里停留了三个月，修建琅琊台，立起巨石刻为自己歌功颂德。

当初，燕国人宋毋忌、羡门子高等人称自己有修仙之道，人老之后能化骨升天，燕国、齐国那些崇尚神怪的人全都争相传播、研习。从齐威王、齐宣王、燕昭王开始全都相信这些言论，派人到海上寻找蓬莱、方丈、瀛洲，因为人们都说这三座神山在渤海中，离世人居住的地方不是很远。只是凡人将要到达那里时，就会被一阵仙风把船吹离那里。曾经有人到达那里，的确看到过各位仙人和不死神药。到了秦始皇来到海上，像齐国人徐市这样自认为有仙术的方士纷纷上书进言，请求得到秦始皇的准许，斋戒之后带着童男童女到海上去寻仙。于是秦始皇派徐市带领数千名童男童女到海上求仙。船到海上，都被风吹了回来，徐市说："没能到达仙山，但已经远远望见了。"

秦始皇返回咸阳，途经彭城，举行斋戒祭祀活动，想要打捞沉没在泗水中的周鼎，派上千人到水底去寻找，没有找到。于是向西南方向渡过淮水，到达衡山、南郡。顺江而下到达湘山祠，遇上大风天，差点没能渡河。秦始皇问通晓史事的官员："湘君是什么神？"官员答："听说她是尧帝的女儿，是舜帝的妻子，埋葬在这里。"秦始皇大怒，派三千名身受刑罚之人砍伐湘山上的树木，令整座山寸草不生。之后从南郡途经武关回到咸阳。

当初，韩国人张良，他的父亲、祖父以上五代人都是韩国的宰相。韩国亡国后，张良散尽千金家财，想要替韩国报仇。

秦始皇帝二十九年癸未（公元前218年）

秦始皇东巡，抵达阳武县博浪沙，张良让孔武有力的人把一个铁锥扔出去击打秦始皇，却失误砸中了副车。秦始皇大惊失色，派人搜查害自己的人，没有找到，于是下令全国进行为期十天的大搜捕。

秦始皇又登上之罘山，在巨石上刻字歌颂自己的功德；返回途中，经过琅琊，取道上党进入咸阳城。

秦始皇帝三十一年乙酉（公元前216年）

下令百姓亲自上报自己拥有的土地数目。

秦始皇帝三十二年丙戌（公元前215年）

秦始皇出巡抵达碣石，派燕国人卢生寻访仙人羡门，在碣石门上刻字为自己歌功颂德。拆毁城墙，决通堤防。秦始皇向北边出巡，从上郡返回咸阳。卢生受派遣入海后返回，随即抄录《录图书》上的文字："令秦国灭亡的人是'胡'。"秦始皇于是派将军蒙恬率领三十万精兵，向北攻打匈奴。

秦始皇帝三十三年丁亥（公元前214年）

秦始皇下令召那些曾经逃亡的人、入赘做女婿的人、商人入伍当兵，攻略夺取南越的陆梁地，设置桂林郡、南海郡、象郡；并将贬谪的五十万人流放到五岭守边，与南越人杂居在一起。

蒙恬驱逐了匈奴人，收复了黄河以南的土地设置四十四个县。修筑长城，根据地形修建险关要塞。从临洮开始一直到辽东，绵延一万多里。于是渡过黄河，占据阳山，向北曲折前进。在外率兵打仗十多年。蒙恬曾经驻扎在上郡治理当地，威震匈奴。

秦始皇帝三十四年戊子（公元前213年）

下令将那些徇私枉法、知人有罪却将其释放、知人无罪却判其入狱的官吏发配到南越之地去修筑长城。

丞相李斯上书道："之前诸侯纷争，用高官厚禄来招揽四方游历的学士。如今天下已经安定，法令已经统一，百姓就应该全力发展农业和工业，士人则应该学习法令。如今那些儒生不学习当今的事物却效仿古时的事物，对当下有诸多非议，惑乱百姓，还以此来教导百姓。百姓听说朝廷颁布法令，就各自凭借自己学到的东西来议论，入朝时口是心非，下朝后就到街头巷尾去议论，夸赞君主来提升自己的威望，标新立异来显示自己的高明，率领一些在自己下面的人去造谣、诽谤朝廷。如果不禁止他们，君主的威势就会下降，民间将会遍布党派来反对朝廷。只有将他们全部禁止才能对朝廷有利！我请求让史官将除了秦国以外的全部书籍烧毁；如果不是掌管书籍文典的官职，应将家中收藏的《诗经》《书经》以及诸子百家学说等书送到郡守或郡尉处烧毁。如果有人敢在私下里说与《诗经》《书经》有关的言语的人，在闹市执行死刑；用古代的事情来非议现代的，诛九族；如果有官员知道有人犯罪却不举报的，与犯罪的人同罪处罚。法令颁布三十天后还没有将家中藏书烧毁的，在脸上刺字，判处筑城四年的劳役。不需要烧毁的书籍包括医药、占卜、种树一类的书籍。如果有人想要学习法令，可以拜官员为师。"秦始皇下制书道："准许。"

魏国人陈馀对孔鲋说："秦国将要毁灭先王的书籍，而你是这些书籍的主人，很危险啊！"子鱼说："我学的都是没有用的学问，知道我的只有朋友。秦国不是我的朋友，我有什么危险！我把这些书都藏起来，等着有人向我征求这些书；一旦有人来求，就没有危险了。"

秦始皇帝三十五年己丑（公元前212年）

派蒙恬开通大道，让咸阳通过九原直通云阳，挖山填谷一千八百里，多年都没有修好。

秦始皇认为咸阳城中人多，先王留下的宫殿太小，于是让人在渭水南边的上林苑中修建朝宫，先修建前殿阿房宫，东西五百步宽，南北五十丈宽，宫殿上方可以坐下上万人，下方可以建起五丈高的旗杆，周围是能让车马奔驰的阁道，从宫殿下方能直接抵达南山，在南山顶峰修建瞭望台作为标志。又修建上下两层的通道，能够从阿房渡过渭水，与咸阳城相连，象征天上的北极星、阁道星，横越银河，抵达营室星宿。又征集受过宫刑和其他刑罚的人七十多万名，分别修建阿房宫和骊山陵。从北山采来石料，用来制造棺椁，又从蜀地和楚地分别运来木材；在关中修建的宫殿有三百座，在关外修建的宫殿有四百多座。又在东海朐县境内竖立石碑，作为秦朝的东门。又迁徙三万户百姓到骊邑，迁徙五万户百姓到云阳，免除这些人家的十年徭役。

卢生劝说秦始皇："有一种方法说道：人做君主时经常微服出行能躲避恶鬼。躲避了恶鬼，真正的仙人就来了。希望皇上居住的宫殿不要让别人知道，之后就能得到不死神药了。"秦始皇说："我仰慕真正的仙人。"从此以后就自称"真人"，不称自己为"朕"。于是下令咸阳城周围二百里内的二百七十座宫殿，都用天桥和甬道连接起来，在里面安置帷帐、钟鼓乐器和美人，各自按部署登记，不迁徙移动。皇帝巡幸到某处，如果有人敢透露皇帝的下落，处以死罪。秦始皇巡幸梁山宫，从山上望见丞相的车马很多，很不高兴。朝中有权势的近臣把这件事告诉丞相李斯，李斯立即减少了自己的车马。秦始皇大怒说道："这是近臣把我的话泄露出去了！"于是开始审问，没有人认罪，就把当时在秦始皇身旁的人全部抓起来杀掉。从此以后，没有人知道秦始皇的行踪。群臣有事奏报皇帝或听候裁决的，都在咸阳宫等待。

侯生、卢生在一起讥讽议论秦始皇，并因此逃亡离开咸阳。秦始皇听说后大怒道："卢生等人，我尊重他们，给予丰厚的赏赐，如今却诽谤我！在咸阳城中的儒生，我派人察访查问，或许就有妖言蛊惑百姓的人。"于是御史挨个审问儒生。儒生相互告发，秦始皇亲自判处违反禁令的四百六十多人死刑，都在咸阳予以活埋，让全国上下都知道这件事，以儆效尤。同时将更多的人贬谪到边境去戍守。秦始皇的长子扶苏谏言道："儒生都尊崇孔子。如今皇上用重法惩治他们，我怕天下人会觉得不安。"秦始皇大怒，派扶苏去往北方上郡，到蒙恬的军队中去做监军。

秦始皇帝三十六年庚寅（公元前211年）

有陨石坠落在东郡。有人在陨石上刻字："秦始皇死而土地分。"秦始皇派御史挨个去查问，没有人承认。于是将陨石旁边居住的人全部杀死，又将陨石烧毁。

又将三万户人家迁徙到黄河以北榆中一带，每户授爵位一级。

赵高篡诏

原 文

始皇帝三十七年辛卯，公元前二一〇年

冬，十月，癸丑，始皇出游；左丞相斯从，右丞相去疾守。始皇二十余子，少子胡亥最爱，请从；上许之。

十一月，行至云梦，望祀虞舜于九疑山。浮江下，观藉柯，渡海渚，过丹阳，至钱唐，临浙江。水波恶，乃西百二十里，从峡中渡。上会稽，祭大禹，望于南海；立石颂德。还，过吴，从江乘渡。并海上，北至琅邪、之罘。见巨鱼，射杀之。遂并海西，至平原津而病。

始皇恶言死，群臣莫敢言死事。病益甚，乃令中车府令行符玺事赵高为书赐扶苏曰：

"与丧，会咸阳而葬。"书已封，在赵高所，未付使者。秋，七月，丙寅，始皇崩于沙丘平台。丞相斯为上崩在外，恐诸公子及天下有变，乃秘之不发丧，棺载辒凉车中，故幸宦者骖乘。所至，上食、百官奏事如故，宦者辄从车中可其奏事。独胡亥、赵高及幸宦者五六人知之。

初，始皇尊宠蒙氏，信任之。蒙恬任在外将，蒙毅常居中参谋议，名为忠信，故虽诸将相莫敢与之争。赵高者，生而隐宫，始皇闻其强力，通于狱法，举以为中车府令，使教胡亥决狱，胡亥幸之。赵高有罪，始皇使蒙毅治之；毅当高法应死。始皇以高敏于事，赦之，复其官。赵高既雅得幸于胡亥，又怨蒙氏，乃说胡亥，请诈以始皇命诛扶苏而立胡亥为太子。胡亥然其计。赵高曰："不与丞相谋，恐事不能成。"乃见丞相斯曰："上赐长子书及符玺，皆在胡亥所。定太子，在君侯与高之口耳。事将何如？"斯曰："安得亡国之言！此非人臣所当议也！"高曰："君侯材能、谋虑、功高、无怨、长子信之，此五者皆孰与蒙恬？"斯曰："不及也。"高曰："然则长子即位，必用蒙恬为丞相，君侯终不怀通侯之印归乡里明矣！胡亥慈仁笃厚，可以为嗣。愿君审计而定之！"丞相斯以为然，乃相与谋，诈为受始皇诏，立胡亥为太子。更为书赐扶苏，数以不能辟地立功，士卒多耗，反数上书，直言诽谤，日夜怨望不得罢归为太子，将军恬不矫正，知其谋，皆赐死，以兵属裨将王离。

扶苏发书，泣，入内舍，欲自杀。蒙恬曰："陛下居外，未立太子；使臣将三十万众守边，公子为监，此天下重任也。今一使者来，即自杀，安知其非诈！复请而后死，未暮也。"使者数趣之。扶苏谓蒙恬曰："父赐子死，尚安复请！"即自杀。蒙恬不肯死，使者以属吏，系诸阳周。更置李斯舍人为护军，还报。胡亥已闻扶苏死，即欲释蒙恬。会蒙毅为始皇出祷山川，还至。赵高言于胡亥曰："先帝欲举贤立太子久矣，而毅谏以为不可，不若诛之！"乃系诸代。

遂从井陉抵九原。会暑，辒车臭，乃诏从官令车载一石鲍鱼以乱之。从直道至咸阳，发丧。太子胡亥袭位。

译 文

秦始皇帝三十七年辛卯（公元前210年）

冬季，十月，癸丑，秦始皇出游；左丞相李斯跟随，右丞相冯去疾留守咸阳。秦始皇有二十多个儿子，小儿子胡亥最受宠爱，请求跟随秦始皇出游，秦始皇准许了。

十一月，出行队伍来到云梦，在九嶷山祭祀虞舜。之后顺江而下，观览藉柯，渡过湖中岛屿，经过丹阳，来到钱塘，临幸浙江。钱塘江水流湍急，于是向西行走了一百二十里，从峡中渡江。登上会稽山，祭祀大禹，遥望南海，在山上立起巨石刻字歌功颂德。返回途中经过吴地，从江乘县渡过长江。沿海北上，来到琅琊、之罘。见到一条巨大的鱼，将其射杀。之后又沿海西行，到达平原津后，秦始皇病重。

　　秦始皇最厌恶有人说"死"字，群臣没有人敢议论与死有关的事情。秦始皇的病日渐沉重，于是让中军府令、兼掌管玉玺事务的赵高撰写诏书给扶苏："参与处理丧事，灵柩返回咸阳后下葬。"诏书封好之后，一直放在赵高的住所，没有交给送信的使者。到了秋天，七月，丙寅，秦始皇死在沙丘平台。丞相李斯认为皇帝死在外面，怕宫中的各位公子和天下发生什么变故，于是秘不发丧，把棺材放在一辆能够躺卧的凉车中，让秦始皇生前最宠幸的宦官在车的左右两边随行。每到一个地方，皇帝的饮食以及百官向皇帝上奏等事情都和平常一样，宦官从车中接受并批复奏报。只有胡亥、赵高和最受宠幸的宦官等五六个人知道皇帝已经死了。

　　当初，秦始皇最尊崇蒙氏兄弟，对他们十分信任。蒙恬在外率兵，蒙毅在朝中做参谋官，称为忠信大臣，因此朝中百官没有人敢和蒙氏兄弟一争高下。赵高，一出生就成为宦官，秦始皇听说他能力很强，精通狱法，就升他做中车府令，让他教胡亥狱法，胡亥十分喜爱赵高。赵高曾经犯罪，秦始皇让蒙毅处罚他；蒙毅认为赵高按律法应该处死。秦始皇因为觉得赵高处世机敏，赦免了他，恢复了他的官职。赵高因为被胡亥宠幸，又对蒙氏心生怨恨，于是劝说胡亥，请求伪造秦始皇的命令，杀死扶苏，立胡亥为太子。胡亥同意了赵高的计策。赵高说："如果不和丞相李斯商量，恐怕很难成事。"于是拜见丞相李斯说道："皇上赐给长子书信和符玺，都在胡亥那里。确立太子这件事，都是您与我赵高口中的一句话罢了。你觉得该怎么处理？"李斯说："怎么能说这种亡国的话呢？这种事情不是你和我这种做臣子的人应该议论的啊！"赵高说："君侯您无论是才能、谋略、功绩、人缘，还是长子扶苏的信任，这五个方面与蒙恬比怎么样？"李斯说："我比不上蒙恬。"赵高说："如果长子扶苏即位，一定会让蒙恬做丞相，君侯您最终也不能怀揣通侯的印信返回乡里，这是很明确的事情了。胡亥仁慈宽厚，可以作为储君。希望您能重新考虑再决定！"丞相李斯觉得很有道理，于是与赵高一同谋划，假称接受秦始皇的诏命，立胡亥为太子。又更改了书信的内容送给扶苏，指责他不能开辟疆土，创立战功，损伤了许多士卒，还几次上书诽谤父皇，日日夜夜抱怨自己没有被立为太子，将军蒙恬还不帮助扶苏改正错误，并与扶苏一起图谋篡位，将他们二人赐死，将蒙恬的兵权移交给副将王离。

　　扶苏接到诏书，大哭，进入内舍，打算自杀。蒙恬说："陛下出游在外，没有确立太子；派我率领三十万兵士戍守边境，让公子您做监军，这是天下的重任。如今一个使者来到，您就要自杀，怎么知道他是不是骗您呢？我们再奏请核实一下，如果是真的再死也不迟啊。"使者几次催促他们自行了断，扶苏对蒙恬说："父亲让儿子死，怎么还敢奏请核实呢！"于是就自杀了。蒙恬不肯死，使者就把他交给官吏，囚禁在阳周。改置李斯的舍人作为护军，之后回报李斯和赵高。胡亥听说扶苏已经死了，打算释放蒙恬。正巧蒙毅替秦始皇外出去名山大川祈祷，回到咸阳。赵高对胡亥说："先帝很久之前就打算挑选贤能的人立为太子，但蒙毅却谏言说不可以，不如把蒙毅杀了吧。"于是又将蒙毅囚禁到代地。

车队从井陉抵达九原。正逢暑天，运载秦始皇棺材的车上传出臭味，于是下令让跟随的官员用车拉一石鲍鱼来掩盖尸体的臭味。从直道抵达咸阳之后，才发丧。太子胡亥继承皇位。

胡亥暴政

原　文

二世皇帝元年壬辰，公元前二〇九年

夏，四月，二世至咸阳，谓赵高曰："夫人生居世间也，譬犹骋六骥过决隙也。吾既已临天下矣，欲悉耳目之所好，穷心志之所乐，以终吾年寿，可乎？"高曰："此贤主之所能行，而昏乱主之所禁也。虽然，有所未可。臣请言之：夫沙丘之谋，诸公子及大臣皆疑焉；而诸公子尽帝兄，大臣又先帝之所置也。今陛下初立，此其属意怏怏皆不服，恐为变。臣战战栗栗，唯恐不终，陛下安得为此乐乎！"二世曰："为之奈何？"赵高曰："陛下严法而刻刑，令有罪者相坐，诛灭大臣及宗室；然后收举遗民，贫者富之，贱者贵之。尽除先帝之故臣，更置陛下之所亲信者，此则阴德归陛下，害除而奸谋塞，群臣莫不被润泽，蒙厚德，陛下则高枕肆志宠乐矣。计莫出于此。"二世然之。乃更为法律，务益刻深，大臣、诸公子有罪，辄下高令鞫治之。于是公子十二人僇死咸阳市，十公主矺死于杜，财物入于县官，相连逮者不可胜数。

译　文

秦二世皇帝元年壬辰（公元前209年）

夏季，四月，秦二世皇帝回到咸阳，对赵高说："人活在世上，就好像六匹骏马奔驰一起通过一道缝隙一样短暂。我既然已经君临天下，就想要满足我的各种喜好，让自己得到最大的快乐，直到我的生命结束，可以吗？"赵高说："这是贤能的君主能做，而昏庸的君主不能做的。虽然是这样，还有不能做的事情。请让我来说一下：我们在沙丘谋划的那件事，各位公子和朝中大臣都开始怀疑了；而且各位公子都是皇上您的兄长，大臣又都是先帝生前提拔的。如今陛下您刚登基，这些人还不服气，恐怕有变故。我每天都战战兢兢，生怕不得好死，陛下您怎么还能只图享乐呢？"秦二世皇帝说："那我该怎么办？"赵高说："陛下您应该推行严厉的法令、残酷的刑罚，让有罪的亲朋僚友都受到连坐，这样就可以将大臣和皇室诛杀干净；然后提拔剩下来的人，让贫穷的人富起来，让地位卑贱的人尊贵起来。把先帝留下的臣子全部除掉，都换成陛下您的亲信，这样他们就会暗中感谢您的恩德。祸害被除掉，阴谋被阻塞，朝中群臣都享受陛下您的恩泽，您就可以高枕无忧，纵情享乐了。没有比这更好的计策了。"秦二世皇帝觉得很有道理。于是把法律改得更加严苛、残酷，大臣和各位公子都被治罪，皇帝下令让赵高抓捕审讯他们。就这样，有十二位公子在咸阳街市上被处死，十位公主在杜县被碎尸万段，他们的财物都被充公，受牵连被逮捕的人不计其数。

陈胜吴广起义

原文

二世皇帝元年壬辰，公元前二〇九年

秋，七月，阳城人陈胜、阳夏人吴广起兵于蕲。是时，发闾左戍渔阳，九百人屯大泽乡，陈胜、吴广皆为屯长。会天大雨，道不通，度已失期。失期，法皆斩。陈胜、吴广因天下之愁怨，乃杀将尉，召令徒属曰："公等皆失期当斩，假令毋斩，而戍死者固什六七。且壮士不死则已，死则举大名耳！王侯将相宁有种乎！"众皆从之。乃诈称公子扶苏、项燕，为坛而盟，称大楚；陈胜自立为将军，吴广为都尉。攻大泽乡，拔之。收而攻蕲，蕲下。乃令符离人葛婴将兵徇蕲以东，攻铚、酂(zhì zàn)、苦、柘、谯(zhè)，皆下之。行收兵，比至陈，车六七百乘，骑千余，卒数万人。攻陈，陈守、尉皆不在，独守丞与战谯门中，不胜；守丞死，陈胜乃入据陈。

初，大梁人张耳、陈馀相与为刎颈交。秦灭魏，闻二人魏之名士，重赏购求之。张耳、陈馀乃变名姓，俱之陈，为里监门以自食。里吏尝以过笞陈馀，陈馀欲起，张耳蹑之，使受笞。吏去，张耳乃引陈馀之桑下，数之曰："始吾与公言何如？今见小辱而欲死一吏乎！"陈馀谢之。陈涉既入陈，张耳、陈馀诣门上谒。陈涉素闻其贤，大喜。陈中豪杰父老请立涉为楚王,涉以问张耳、陈馀。耳、馀对曰:"秦为无道,灭人社稷,暴虐百姓。将军出万死之计,为天下除残也。今始至陈而王之,示天下私。愿将军毋王,急引兵而西。遣人立六国后,自为树党,为秦益敌。敌多则力分,与众则兵强。如此,则野无交兵,县无守城,诛暴秦,据咸阳,以令诸侯。诸侯亡而得立,以德服之,如此则帝业成矣。今独王陈,恐天下懈也。"陈涉不听,遂自立为王,号"张楚"。

当是时,诸郡县苦秦法,争杀长吏以应涉。谒者使从东方来,以反者闻。二世怒,下之吏。后使者至,上问之,对曰:"群盗鼠窃狗偷,郡守、尉方逐捕,今尽得,不足忧也。"上悦。

陈王以吴叔为假王,监诸将以西击荥阳。

张耳、陈馀复说陈王,请奇兵北略赵地。于是陈王以故所善陈人武臣为将军,邵骚为护军,以张耳、陈馀为左、右校尉,予卒三千人,徇赵。

陈王又令汝阴人邓宗徇九江郡。当此时,楚兵数千人为聚者不可胜数。

葛婴至东城,立襄强为楚王。闻陈王已立,因杀襄强还报。陈王诛杀葛婴。

陈王令魏人周市北徇魏地。以上蔡人房君蔡赐为上柱国。

陈王闻周文,陈之贤人也,习兵,乃与之将军印,使西击秦。

武臣等从白马渡河,至诸县,说其豪杰,豪杰皆应之。乃行收兵,得数万人。号武臣为武信君。下赵十余城。余皆城守。乃引兵东北击范阳。范阳蒯彻说武信君曰:"足下必将战胜而后略地,攻得然后下城,臣窃以为过矣。诚听臣之计,可不攻而降城,不战而略地,传檄而千里定,可乎?"武信君曰:"何谓也?"彻曰:"范阳令徐公,畏死而贪,欲先天下降。君若以为秦所置吏,诛杀如前十城,则边地之城皆为金城、汤池,不可攻也。君若贵臣侯印以授范阳令,使乘朱轮华毂,驱驰燕、赵之郊,即燕、赵城可毋战而降矣。"武信君曰:"善!"以车百乘、骑二百、侯印迎徐公。燕、赵闻之,不战以城下者三十余城。

陈王既遣周章,以秦政之乱,有轻秦之意,不复设备。博士孔鲋谏曰:"臣闻兵法:'不恃敌之不我攻,恃吾不可攻。'今王恃敌而不自恃,若跌而不振,悔之无及也。"陈王曰:"寡人之军,先生无累焉。"

周文行收兵至关,车千乘,卒数十万,至戏,军焉。二世乃大惊,与群臣谋曰:"奈何?"少府章邯曰:"盗已至,众强,今发近县,不及矣。骊山徒多,请赦之,授兵以击之。

二世乃大赦天下，使章邯免骊山徒、人奴产子，悉发以击楚军，大败之。周文走。

张耳、陈馀至邯郸，闻周章却，又闻诸将为陈王徇地还者多以谗毁得罪诛，乃说武信君令自王。八月，武信君自立为赵王，以陈馀为大将军，张耳为右丞相，邵骚为左丞相；使人报陈王。陈王大怒，欲尽族武信君等家而发兵击赵。柱国房君谏曰："秦未亡而诛武信君等家，此生一秦也；不如因而贺之，使急引兵西击秦。"陈王然之，从其计，徙系武信君等家官中，封张耳子敖为成都君，使使者贺赵，令趣发兵西入关。张耳、陈馀说赵王曰："王王赵，非楚意，特以计贺王。楚已灭秦，必加兵于赵。愿王毋西兵，北徇燕、代，南收河内以自广。赵南据大河，北有燕、代，楚虽胜秦，必不敢制赵；不胜秦，必重赵。赵乘秦、楚之敝，可以得志于天下。"赵王以为然，因不西兵，而使韩广略燕，李良略常山，张黡略上党。

译 文

秦二世皇帝元年壬辰（公元前209年）

秋季，七月，阳城人陈胜、阳夏人吴广在蕲地起兵。当时，秦二世皇帝正在征集闾左百姓前往渔阳戍边，其中九百人屯聚在大泽乡，陈胜、吴广都是屯长。正逢天降大雨，道路不通，陈胜和吴广料想一定会延误到达渔阳的期限。延误期限，按秦朝法律会被斩首。陈胜、吴广凭借着全国百姓对秦二世皇帝的怨恨，于是杀死了押送他们的将尉，将被押送的百姓们都召集起来说道："你们都延误了到达渔阳的期限，将要被斩首，即使不被斩首，戍边的人十个当中也有六七个会死掉。况且壮士不死就算了，要是死就应该死得轰轰烈烈！王侯将相难道都是天生的吗？"众人都对陈胜、吴广十分信服。于是他们诈以死去的秦国公子扶苏、项燕的名义，设立祭坛盟誓，号称大楚；陈胜立自己为将军，吴广做都尉。他们向大泽乡展开进攻，并攻占了下来。之后又攻打蕲地，也攻占了下来。之后又让符离人葛婴率领队伍沿着蕲地一路向东攻打，攻下了铚地、酂地、苦地、柘地、谯地。沿途征收兵士，当队伍到达陈地时，已经拥有战车六七百乘，战马千余匹，士卒数万人。队伍攻打陈地，当地的郡守和郡尉都不在，只有守丞率军在谯门迎战，最终战败，守丞战死，陈胜于是占据了陈地。

当初，大梁人张耳、陈馀是生死之交的朋友。秦国消灭魏国时，听说这两个人都是魏国有名的贤士，重金悬赏想要得到这两个人。张耳和陈馀于是改了姓名，一起来到陈地，以看大门为生。里长曾经因为陈馀犯了过错，用鞭子抽打他，陈馀想要起身，张耳踩住他的脚，让他受刑。里长离开后，张耳把陈馀带到桑树下，数落他："当初我和你是怎么说的？如今受到一点小屈辱就要杀死一个官吏吗？"陈馀对张耳表示了感谢。陈胜率领起义军进入陈地后，张耳和陈馀主动登门拜访。陈胜一直听说过他们都是贤能之士，见到他们大喜过望。陈地有声望的乡绅和族长请求立陈胜为楚王，陈胜问张耳和陈馀的意见。张耳和陈馀答道："秦朝皇帝黑暗，消灭别人的国家，残暴地虐待百姓。将军您冒死起义，是为天下人除掉这个残暴的皇帝。如今刚刚来到陈地就要称王，是在向天下人展示您有私心。建议将军您不要称王，赶快率兵向西去，派人扶植六国国君的后裔，这是在为自己培植党羽，为秦朝树立敌人。敌人越多，秦朝的兵力就越分散，您的党羽越多，兵力就越强。这样一来，即使在野外也不需要和秦军交战，到了县城也没有人替秦朝守城，我们就可以诛杀残暴的秦朝皇帝，占据咸阳城，号令各诸侯国。各诸侯国本来已经亡国，如今能够再次立国，您再用品德让他们信服，这样才能成就帝王之业。如今只做一个陈地的王，恐怕天下人会因此而懈怠。"陈胜不听张耳和陈馀的劝告，自立为王，号称"张楚"。

就在这个时候，各地郡县都因为秦国法律的残酷严苛而苦恼，争相杀掉当地的官吏来响应陈胜的起义军。秦朝的谒者从东方归来，把陈胜造反的消息告诉秦二世皇帝。二世皇帝大怒，把谒者交给官吏问罪。后来，回朝的使者们再被秦二世皇帝问起外面的情况，都会回答说："都是一群鼠辈，已经被郡守和郡尉全部抓起来了，不用担心。"秦二世皇帝这才高兴。

陈胜任命吴广为暂代的楚王，监督各位将领率兵向西攻打荥阳。

张耳和陈馀再次劝说陈胜，请求派奇兵向北攻打赵地。于是陈胜让自己的老朋友陈地人武臣做将军，邵骚做护军，派张耳和陈馀分别做左、右校尉，派给他们三千名士卒，攻打赵地。

陈胜又派汝阴人邓宗攻打九江郡。当时，楚军拥有的数千人一支的队伍，多得数不胜数。

葛婴抵达东城，扶植襄强做楚王。听说陈胜已经自立为王，就杀死襄强回来禀报。但陈胜却将葛婴杀死了。

陈胜派魏国人周市向北攻打魏地。又任命封号为房君的上蔡人蔡赐为起义军的最高统帅。

陈胜听说周文是陈地的贤能之士，精通兵法，于是授予他将军的印信，派他向西攻打秦朝。

武臣等人从白马一带渡河，到达各个县郡，劝说当地才能出众的人物，他们全部响应起义军。一边走一边征收士兵，得到了一支数万人的队伍。武臣号称武信君，率兵攻下赵地十几座城，其他城全都守城不战。于是武臣率兵向东北攻打范阳。范阳人蒯彻劝说武信君："您一定要先打胜仗之后再扩大地盘，先进攻得手然后再攻占城池，我私下认为这样是错的。如果您能听从我的计策，可以不攻打就让守城的人投降，不交战就扩大地盘，只要一纸檄文，就能平定千里，可以吗？"武信君说："是什么计策？"蒯彻说："范阳县令徐公，是个贪生怕死的人，他想要比别的郡县更早地投降。您要是认为徐公是秦朝任命的官员，像杀死前十座县城的县令一样杀死他，那么范阳周边的郡县就都变得固若金汤，无法攻占了。如果您能把侯印交给我，让我送给范阳县令，让他乘坐着华丽的马车，在燕地和赵地策马驰骋，到时候燕地和赵地的城池就会不战而降了。"

陈胜派出周文率领的军队，他们因为秦国的乱政，有了轻视秦朝军队的意思，对秦军不设防备。博士孔鲋向陈胜谏言道："我听说兵法上写道：'不要抱着侥幸的心态指望敌人不来攻击我，而是要让我们自己有让敌人不敢来进攻的实力。'如今大王您仰仗敌人却不仰仗自己，如果因此跌倒而一蹶不振，后悔也来不及了。"陈胜说："我的军队，不用你操心。"

周文边行军边征收兵士，当队伍到达函谷关时，已经拥有上千辆战车，几十万士卒。队伍行进到戏亭一带驻扎下来。秦二世皇帝大惊失色，与群臣商议道："该怎么办？"少府章邯说："盗贼已经来了，人数多兵力强，如今调集附近郡县的军队已经来不及了。骊山有许多被发配到那里去做劳役的人，不如赦免他们的罪过，给他们兵器让他们去抵抗起义军。"于是秦二世皇帝大赦天下，派章邯去赦免在骊山做劳役的罪犯、奴婢所生的儿子，将他们全部派出去抵抗楚军，将楚军打败，周文逃走。

张耳和陈馀来到邯郸，听说周文战败逃走，又听说各位将领替陈胜掠取土地归来后大多都因为谗言而获罪，最终被杀死，于是劝说武信君自立为王。八月，武信君自立为赵王，任命陈馀做大将军，张耳做右丞相，邵骚做左丞相，又派人去告诉陈胜。陈胜大怒，想要杀尽武信君的族人之后发兵攻打赵军。柱国房君谏言道："秦朝没有灭亡就诛杀武信君的族人，这是让另一个秦朝复生啊。不如趁这个机会庆贺武信君称赵王，让他火速率军向西进攻秦朝。"陈胜听从了柱国的建议，依照这个计策，把武信君的族人全部迁入宫中居住，封张耳的儿子张敖为成都君，派使者恭贺赵王，催促他发兵向西攻入函谷关。张耳、陈馀劝说赵王道："您自称赵王，并不是楚王的本意，他们特意用计策来恭贺您称王。楚军如果消灭秦朝，一定会对赵军发兵。希望大王您不要向西发兵，而是向北攻略燕地、代地，向南收取河内一带的土地来扩大自己的地盘。赵军在南方占据黄河，在北方占据燕地和代地，楚军即便战胜秦朝，也不敢制约我们赵军；如果楚军不能战胜秦朝，一定会倚重我们赵军。赵军趁着秦朝和楚军都疲惫的时候，就可以实现自己的志愿了。"赵王认为很有道理，于是不向西发兵，反而派韩广攻略燕地，派李良攻略常山，派张黡攻略上党。

卷 三

破釜沉舟

原 文

二世皇帝二年癸巳，公元前二〇八年

章邯已破项梁，以为楚地兵不足忧，乃渡河，北击赵，大破之。引兵至邯郸，皆徙其民河内，夷其城郭。张耳与赵王歇走入巨鹿城，王离围之。陈馀北收常山兵，得数万人，军巨鹿北。章邯军巨鹿南棘原。赵数请救于楚。

高陵君显在楚，见楚王曰："宋义论武信君之军必败，居数日，军果败。兵未战而先见败征，此可谓知兵矣。"王召宋义与计事而大说之，因置以为上将军。项羽为次将，范增为末将，以救赵。诸别将皆属宋义，号为"卿子冠军"。

初，楚怀王与诸将约："先入定关中者王之。"当是时，秦兵强，常乘胜逐北，诸将莫利先入关。独项羽怨秦之杀项梁，奋势愿与沛公西入关。怀王诸老将皆曰："项羽为人，憬悍猾贼，尝攻襄城，襄城无遗类，皆坑之，诸所过无不残灭。且楚数进取，前陈王、项梁皆败，不如更遣长者，扶义而西，告谕秦父兄。秦父兄苦其主久矣，今诚得长者往，无侵暴，宜可下。项羽不可遣，独沛公素宽大长者，可遣。"怀王乃不许项羽，而遣沛公西略地，收陈王、项梁散卒以伐秦。

三年甲午，公元前二〇七年

宋义行至安阳，留四十六日不进。项羽曰："秦围赵急，宜疾引兵渡河；楚击其外，赵应其内，破秦军必矣。"宋义曰："不然。夫搏牛之虻，不可以破虮虱。今秦攻赵，战胜则兵疲，我承其敝；不胜，则我引兵鼓行而西，必举秦矣。故不如先斗秦、赵。夫被坚执锐，义不如公；坐运筹策，公不如义。"因下令军中曰："有猛如虎，狠如羊，贪如狼，强不可使者，皆斩之！"

乃遣其子宋襄相齐，身送之至无盐，饮酒高会。天寒，大雨，士卒冻饥。项羽曰："将戮力而攻秦，久留不行。今岁饥民贫，士卒食半菽，军无见粮，乃饮酒高会；不引兵渡河，因赵食，与赵并力攻秦，乃曰'承其敝'。夫以秦之强，攻新造之赵，其势必举。

赵举秦强，何敝之承！且国兵新破，王坐不安席，扫境内而专属于将军，国家安危，在此一举。今不恤士卒而徇其私，非社稷之臣也！"

十一月，项羽晨朝上将军宋义，即其帐中斩宋义头。出令军中曰："宋义与齐谋反楚，楚王阴令籍诛之！"当是时，诸将皆慑服，莫敢枝梧<ruby>zhé</ruby>，皆曰："首立楚者，将军家也，今将军诛乱。"乃相与共立羽为假上将军。使人追宋义子，及之齐，杀之。使桓楚报命于怀王。怀王因使羽为上将军。

项羽已杀卿子冠军，威震楚国，乃遣当阳君、蒲将军将卒二万渡河救巨鹿。战少利，绝章邯甬道，王离军乏食。陈馀复请兵。项羽乃悉引兵渡河，皆沈船，破釜、甑，烧庐舍，持三日粮，以示士卒必死，无一还心。于是至则围王离，与秦军遇，九战，大破之，章邯引兵却。诸侯兵乃敢进击秦军，遂杀苏角，虏王离；涉间不降，自烧杀。当是时，楚兵冠诸侯；诸侯军救巨鹿者十余壁，莫敢纵兵。及楚击秦，诸侯将皆从壁上观。楚战士无不一当十，呼声动天地，诸侯军无不人人惴恐。于是已破秦军，项羽召见诸侯将。诸侯将入辕门，无不膝行而前，莫敢仰视。项羽由是始为诸侯上将军。诸侯皆属焉。

译　文

秦二世皇帝二年癸巳（公元前208年）

章邯攻破了项梁的军队，认为楚地的兵力不足以让他担忧，于是渡过黄河，向北攻打赵国，大败赵国军队。章邯率兵抵达邯郸，将当地百姓全部迁徙到河内居住，将邯郸城郭夷为平地。张耳与赵王歇一起逃入巨鹿城，被王离率兵包围。陈馀向北收复常山兵士，得到一支数万人的队伍，在巨鹿北侧驻扎下来。章邯的军队驻扎在巨鹿南边的棘原。赵国几次向楚国求救。

恰逢齐国使者高陵君出使楚国，觐见楚王说道："宋义推论武信君的军队必败，结果没过几天，武信君的军队果然战败。军队还没有交战就预测出了失败的征兆，这可以说是深知兵法了。"楚王召宋义入朝与他一起商议军事之后，楚王十分高兴，于是任命宋义为上将军，任命项羽为次将军，范增为末将，出兵援助赵国。其余将领都归宋义统领，号称"卿子冠军"。

当初，楚怀王与各路将领约定："先平定函谷关的人称王。"当时，秦朝兵力强盛，经常乘胜向北追击，各路将领都没有先攻入函谷关的便利条件。唯独项羽怨恨秦朝杀死了他的叔父项梁，凭报仇心切的情势愿与沛公刘邦向西攻入函谷关。楚怀王的各位老将军都说："项羽这个人，勇猛而又狡诈，曾经攻打襄城，襄城无一人幸存，全部被他活

埋，他经过的地方没有不被他毁灭的。况且楚国曾经多次进攻秦朝，从前的陈胜和项梁都战败了，不如更换一名年长一些的将领，以仁义之名向西进攻，对秦朝的父老兄弟讲明道理。秦朝的父老兄弟受秦二世皇帝给予的苦难太久了，如今如果真的有一名年长忠厚的将领前往，没有残暴和侵略，应该可以攻得下来。不能派遣项羽前去，只有沛公刘邦是一名宽厚的长者，可以派遣。"楚怀王于是不让项羽出征，又派遣刘邦向西攻略，收拢陈胜、项梁的散兵来攻打秦朝。

秦二世皇帝三年甲午（公元前207年）

宋义抵达安阳，停留了四十六天没有进攻。项羽说："秦国围困赵国，情况十分紧急，应该火速率兵渡过黄河。楚军从外围攻打秦军，赵军在城内策应，一定会大败秦军的。"宋义说："不是这样。要拍打牛身上大的虻虫，而不是消灭牛身上小的虱子。如今秦朝攻打赵国，如果秦国战胜，那么军队就会疲惫，我们就趁着他们疲惫之时进攻；如果秦朝不能战胜赵国，我们就率领军队大张旗鼓地向西行进，一定会攻克秦朝。所以不如先让秦军和赵军交战。披着坚固的铠甲，拿着锋利的兵器去战斗，我宋义比不上你；但是坐在帷帐内策划军事谋略，你比不上我宋义。"于是在军队中下令："有像虎一样勇猛，像羊一样凶狠，像狼一样贪婪，倔强不听从指挥的人，一律斩首。"

随后，宋义又派他的儿子宋襄去辅佐齐国，亲自把宋襄送到无盐，举办了一场盛大的宴会。天气寒冷，天降大雨，士兵们又冷又饿。项羽说："我们即将齐心协力攻打秦朝，不能在这里停留而久久不前行。如今赶上饥年，百姓贫苦，士兵们只能吃粗劣的饭食，军队里也没有存粮，却还要在这里喝酒设宴，不率兵渡过黄河，让赵国为我们提供食物，和赵国军队合力攻打秦朝，还说什么'趁其疲惫再攻打'。凭借秦军的强大，攻打刚刚建立起来的赵国，按照这个势头，赵国一定会被打败。秦朝打败了赵国就会更强大，哪里来的趁其疲惫？况且楚国的军队刚刚打了败仗，楚王坐立不安，找遍全国，最后只看重将军你，国家的安危，就在此一举了。如今你不体恤士卒却只顾自己的利益，你不配做辅佐我楚国的臣子。"

十一月，项羽大清早借着向将军宋义请示的名义，进入宋义帐中砍下宋义的头。从帐中出来，项羽对军队发号命令："宋义与齐国谋反楚国，楚王秘密下令让我杀了他。"当时，各位将领全都害怕项羽的威严，对他臣服，没有人敢反抗，都说："最先帮助楚国立国的，就是将军您家，如今将军是在诛杀祸乱楚国的人。"于是一起拥立项羽做代理上将军。又派人追赶宋义的儿子，追到齐国，将宋襄杀死。又派桓楚做使者向怀王报命。怀王于是任命项羽为上将军。

项羽杀死卿子冠军宋义之后，威震楚国，又派遣当阳君、蒲将军率领两万名士兵渡过黄河救援巨鹿城。战事稍稍顺利一些，断绝了章邯运送军粮的通道，王离的军队没有了粮食。陈馀再次请求出兵。项羽于是率领全部军队渡过黄河，之后把所有船都凿沉，打碎了做饭的锅和罐子，烧掉了房子，带着三天的粮食，显示必死的决心，没有抱着一点儿生还的希望。项羽的军队一赶到巨鹿，就包围了王离的军队，与秦军相遇，一连战了九场，将秦军打败，章邯率领军队撤退。各诸侯国的军队于是也敢攻打秦军，杀死苏角，俘虏王离。涉间不肯投降，引火自焚了。当时，楚国军队是各国军队之首，援救巨鹿城的军队营垒有十多座，却没有人敢出兵。等到楚国军队攻打秦国的时候，各诸侯国的将领全都在营垒中观望。发现楚国士兵全都以一当十，呼杀的声音震天动地，各诸侯国的军队没有人不害怕。等楚军打败了秦军，项羽召见各诸侯国的将领。各位将领进入军营大门之后，全都跪着用膝盖行走到项羽面前，没有人敢仰头看看项羽。项羽因此成为了各诸侯国的上将军，各诸侯国的军队都成了他的属下。

指鹿为马

原 文

二世皇帝二年癸巳，公元前二○八年

郎中令赵高恃恩专恣，以私怨诛杀人众多，恐大臣入朝奏事言之，乃说二世曰："天子之所以贵者，但以闻声，群臣莫得见其面故也。且陛下富于春秋，未必尽通诸事。今坐朝廷，谴举有不当者，则见短于大臣，非所以示神明于天下也。陛下不如深拱禁中，与臣及侍中习法者待事，事来有以揆之。如此，则大臣不敢奏疑事，天下称圣主矣。"二世用其计，乃不坐朝廷见大臣，常居禁中。赵高侍中用事，事皆决于赵高。

高闻李斯以为言，乃见丞相曰："关东群盗多，今上急益发繇，治阿房宫，聚狗马无用之物。臣欲谏，为位贱，此真君侯之事。君何不谏？"李斯曰："固也，吾欲言之久矣。今时上不坐朝廷，常居深宫。吾所言者，不可传也。欲见，无闲。"赵高曰："君诚能谏，请为君侯上闲，语君。"于是赵高待二世方燕乐，妇女居前，使人告丞相："上方闲，可奏事。"丞相至宫门上谒。如此者三。二世怒曰："吾常多闲日，丞相不来；吾方燕私，丞相辄来请事！丞相岂少我哉，且固我哉？"赵高因曰："夫沙丘之谋，丞相与焉。今陛下已立为帝，而丞贵不益，此其意亦望裂地而王矣。且陛下不问臣，臣不敢言。丞相长男李由为三川守，楚盗陈胜等皆丞相傍县之子，以故楚盗公行，过三川城，守不肯击。高闻其文书相往来，未得其审，故未敢以闻。且丞相居外，权重于陛下。"

二世以为然，欲案丞相，恐其不审，乃先使人按验三川守与盗通状。

李斯闻之，因上书言赵高之短曰："高擅利擅害，与陛下无异。昔田常相齐简公，窃其恩威，下得百姓，上得群臣，卒弑齐简公而取齐国，此天下所明知也。今高有邪佚之志，危反之行，私家之富，若田氏之于齐矣，而又贪欲无厌，求利不止，列势次主，其欲无穷，劫陛下之威信，其志若韩玘为韩安相也。陛下不图，臣恐其必为变也。"二世曰："何哉！夫高，故宦人也，然不为安肆志，不以危易心，洁行修善，自使至此，以忠得进，以信守位，朕实贤之。而君疑之，何也？且朕非属赵君，当谁任哉！且赵君为人，精廉强力，下知人情，上能适朕，君其勿疑！"二世雅爱信高，恐李斯杀之，乃私告赵高。高曰："丞相所患者独高，高已死，丞相即欲为田常所为。"

是时，盗贼益多，而关中卒发东击盗者无已。右丞相冯去疾、左丞相李斯、将军冯劫进谏曰："关东群盗并起，秦发兵追击，所杀亡甚众，然犹不止。盗多，皆以戍、漕、转、作事苦，税赋大也。请且止阿房宫作者，减省四边戍、转。"二世曰："凡所为贵有天下者，得肆意极欲，主重明法，下不敢为非，以制御四海矣。夫虞、夏之主，贵为天子，亲处穷苦之实以徇百姓，尚何于法！且先帝起诸侯，兼天下，天下已定，外攘四夷以安边境，作宫室以章得意，而君观先帝功业有绪。今朕即位，二年之间，群盗并起，君不能禁，又欲罢先帝之所为，是上无以报先帝，次不为朕尽忠力，何以在位！"下去疾、斯、劫吏，案责他罪。去疾、劫自杀，独李斯就狱。二世以属赵高治之，责斯与子由谋反状，皆收捕宗族、宾客。赵高治斯，榜掠千余，不胜痛，自诬服。

斯所以不死者，自负其辩，有功，实无反心，欲上书自陈，幸二世寤而赦之。乃从狱中上书曰："臣为丞相治民，三十余年矣。逮秦地之狭隘，不过千里，兵数十万。臣尽薄材，阴行谋臣，资之金玉，使游说诸侯；阴修甲兵，饬政教，官斗士，尊功臣；故终以胁韩，弱魏，破燕、赵，夷齐、楚，卒兼六国，虏其王，立秦为天子。又北逐胡、貉，南定百越，以见秦之强。更克画平斗斛、度量，文章布之天下，以树秦之名。此皆臣之罪也，臣当死久矣！上幸尽其能力，乃得至今。愿陛下察之！"书上，赵高使吏弃去不奏，曰："囚安得上书！"

赵高使其客十余辈诈为御史、谒者、侍中，更往覆讯斯，斯更以其实对，辄使人复榜之。后二世使人验斯，斯以为如前，终不敢更言。辞服，奏当上。二世喜曰："微赵君，几为丞相所卖！"及二世所使案三川守由者至，则楚兵已击杀之。使者来，会职责相下

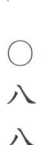

吏，高皆妄为反辞以相傅会，遂具斯五刑论，腰斩咸阳市。斯出狱，与其中子俱执。顾谓其中子曰："吾欲与若复牵黄犬，俱出上蔡东门逐狡兔，岂可得乎！"遂父子相哭而夷三族。二世乃以赵高为丞相，事无大小皆决焉。

三年甲午，前二〇七年

初，中丞相赵高欲专秦权，恐群臣不听，乃先设验，持鹿献于二世曰："马

●指鹿为马

也。"二世笑曰："丞相误邪？谓鹿为马。"问左右，左右或默，或言马以阿顺赵高，或言鹿者。高因阴中诸言鹿者以法。后群臣皆畏高，莫敢言其过。

高前数言"关东盗无能为也"，及项羽虏王离等，而章邯等军数败，上书请益助。自关以东，大抵尽畔秦吏，应诸侯，诸侯咸率其众西乡。八月，沛公将数万人攻武关，屠之。高恐二世怒，诛及其身，乃谢病，不朝见。

二世梦白虎啮其左骖马，杀之，心不乐，怪问占梦。卜曰："泾水为祟。"二世乃斋于望夷宫，欲祠泾水，沈四白马。使使责让高以盗贼事。高惧，乃阴与其婿咸阳令阎乐及弟赵成谋曰："上不听谏。今事急，欲归祸于吾。吾欲易置上，更立子婴。子婴仁俭，百姓皆载其言。"乃使郎中令为内应，诈为有大贼，令乐召吏发兵追，劫乐母置高舍。遣乐将吏卒千余人至望夷宫殿门，缚卫令仆射，曰："贼入此，何不止？"卫令曰："周庐设卒甚谨，安得贼，敢入宫！"乐遂斩卫令，直将吏入，行射郎、宦者。郎、宦者大惊，或走，或格。格者辄死，死者数十人。郎中令与乐俱入，射上幄坐帏。二世怒，召左右，左右皆惶扰不斗。旁有宦者一人侍，不敢去。二世入内，谓曰："公何不早告我，乃至于此！"宦者曰："臣不敢言，故得全。使臣早言，皆已诛，安得至今！"阎乐前即二世，数曰："足下骄恣，诛杀无道，天下共畔足下。足下其自为计！"二世曰："丞相可得见否？"乐曰："不可！"二世曰："吾愿得一郡为王。"弗许。又曰："愿为万户侯。"弗许。曰："愿与妻子为黔首，比诸公子。"阎乐曰："臣受命于丞相，为天下诛足下。足下虽多言，臣不敢报！"麾其兵进。二世自杀。阎乐归报赵高。赵高乃悉召诸大臣、公子，告以诛二世之状，曰："秦故王国，始皇君天下，故称帝。今六国复自立，秦地益小，乃以空

名为帝，不可。宜为王如故，便。"乃立子婴为秦王。以黔首葬二世杜南宜春苑中。

九月，赵高令子婴斋戒，当庙见，受玉玺。斋五日。子婴与其子二人谋曰："丞相高杀二世望夷宫，恐群臣诛之，乃佯以义立我。我闻赵高乃与楚约，灭秦宗室而分王关中。今使我斋、见庙，此欲因庙中杀我。我称病不行，丞相必自来，来则杀之。"高使人请子婴数辈，子婴不行。高果自往，曰："宗庙重事，王奈何不行？"子婴遂刺杀高于斋宫，三族高家以徇。

译 文

秦二世皇帝二年癸巳（公元前208年）

郎中令赵高依仗皇帝的恩宠专断跋扈，因为自己的私怨杀了许多人，他担心大臣入朝时把这件事告诉皇帝，于是对二世皇帝说："天子之所以尊贵，是因为只能听到你的声音，群臣都不能见到你的容貌。况且陛下您还年轻，不一定对所有事情都通晓。如今坐在朝堂之上，处理赏罚之事如果有不恰当的地方，会被大臣们笑话，如此一来就不能向天下人显示您的圣明了。陛下不如深居宫中，由我和熟悉法律的侍中们接待大臣来奏事，再加以处理。这样一来，大臣们就不敢将是非难辨的事情上奏给您，天下人都会觉得您是圣明的君主。"二世皇帝采纳了赵高的计策，于是不上朝见大臣，常常深居宫中。赵高侍奉左右，凡事都由赵高来决策。

赵高听说丞相李斯对他不满，颇有非议，于是面见丞相说："关东盗贼成群，如今皇上却急着征发更多的徭役，去修建阿房宫，收集狗和马那些没用的东西。我想要谏言，却地位卑贱，这应该是真正的君侯该做的事情。你为什么不向皇上谏言呢？"李斯说："是啊，我想向皇上谏言已经很久了。如今皇上不上朝，常常深居宫中。我想说的话，传不到皇上耳朵里。想要见皇上，皇上却没空。"赵高说："如果你真的能向皇上谏言，请让我在皇上空闲的时候通知你。"于是赵高等秦二世皇帝正在宴饮享乐、宫中女子都在这里的时候，派人告诉丞相："皇上刚闲下来，你可以来奏事了。"丞相来到宫门前请求上奏。一连请求了三次，二世皇帝发怒道："我平日闲的时候很多，丞相不来；刚想要宴饮享乐，丞相就来请求奏事。丞相是欺负我年少，觉得我见识少吗？"赵高趁机说："我们在沙丘谋划篡诏的事情，丞相也参与了。如今陛下已经做了皇帝，丞相的地位却没有提高，他的意思看来是想要割地称王了。如果陛下不问我，我是不敢说的。丞相的大儿子李由是三川郡守，楚国盗匪陈胜等人都是丞相家乡旁边县城的人，这些盗匪敢公然横行，经过三川城，郡守却不肯出击。我赵高听说李由经常与陈胜有书信往来，因为没有审问过，所以不敢告诉您。况且丞相在宫外居住，权势比陛下您还要大呢。"二世皇帝觉得赵高说

得很对，想要审讯丞相，又怕丞相不肯受审，于是先派人去查验三川郡守李由与盗匪私通的罪状。

　　李斯听说后，向皇帝上书揭发赵高的罪行："赵高专擅赏罚大权，在外面和皇帝没有两样。当年田常作为齐简公的丞相，窃取了齐简公的恩威，下得百姓拥戴，上得群臣信服，最终田常杀死齐简公夺取了齐国，这是天下人都知道的事情。如今赵高也有这个邪念，做出许多阴谋叛乱的行为，让自己私下里富足，就好像当年齐国的田常一样，并且赵高还贪得无厌，无休止地追求私利，地位仅次于皇上，欲望无穷无尽，他劫夺了陛下您的威信，他的野心就好像韩玘当年做韩安的丞相的时候。陛下如果不想办法，我担心他会造反啊。"秦二世皇帝说："怕什么？赵高是个宦官，不为自己的安稳而随心所欲，不为危险而改变自己的忠心，品行廉洁善良，从一开始就这样，凭借忠心得到升迁，凭借信义守住自己的职位，我实在觉得他很贤能。而你却怀疑他，为什么？况且如果我不信任赵高，让谁去坐他的位置呢？况且赵高这个人，精明廉洁，能力很强，向下能体恤民情，向上能适合我的心意，你不要怀疑他了。"二世皇帝素来厚爱赵高，担心李斯会杀害赵高，就私下告诉了他。赵高说："丞相担心的人只有我赵高，我要是死了，丞相就能像田常那样为所欲为了。"

　　当时，盗贼越来越多，函谷关内一刻不停地向东派兵讨伐盗贼。右丞相冯去疾、左丞相李斯、将军冯劫谏言道："关东盗贼团伙一同壮大，我们秦朝派兵追击，已经杀死了许多盗贼，却依然不能将他们杀尽。盗贼之所以多，是因为兵役、水运、陆运、劳役太过痛苦，赋税太过沉重。我们请求停止修建阿房宫，减少四方戍守边防的兵役和负责运输的劳役。"秦二世皇帝说："能够拥有天下的贵重之人，就应该想做什么就做什么，君主重在修明法令，下面的人才不敢胡作非为，这样才能统治全国。虞、夏的君主，贵为天子，却亲自处于穷苦的环境当中，甘愿为百姓献身，这有什么好效仿的？况且先帝是诸侯出身，统一了天下，如今天下已经安定，应该对外打击四方蛮夷部落，让边境安定。修建宫室是为了显示我们的得意之情，而你们都是看到了先帝是如何开创业绩的。如今我已经即位，短短两年，盗贼成群地出现，你们不能禁止盗贼，又想废弃先帝创立的基业，这种做法向上不能报答先帝，其次没有为我尽忠，凭什么还坐在你们的职位上？"于是二世皇帝罢免了冯去疾、李斯、冯劫的官职，交给司法官去审讯。冯去疾和冯劫自杀了，只有李斯一人入狱。秦二世将其交给赵高处理，赵高诬陷李斯和其子李由谋反的罪状，将李氏宗族、宾客全部逮捕。赵高惩治李斯，打了一千多板子，李斯疼痛难忍，只能含冤认罪。

　　李斯之所以不自杀，是因为自信能言善辩，他对秦朝有功，确实没有造反的心，想要上书向皇帝表明忠心，希望侥幸能让秦二世皇帝醒悟过来将他释放。于是他在狱中上书道：

"我作为丞相治理百姓,三十多年了。曾赶上秦国土地狭小,不超过千里,只有几十万士兵。我用尽我鄙薄的才学,暗中派遣有谋略的大臣,资助他们金玉,让他们去游说各诸侯;又秘密训练披坚执锐的士卒,整治政令和教化,提拔能征善战的勇士,尊崇有功之臣;因此终于能够威胁住韩国,削弱魏国,战败燕国、赵国,扫平齐国、楚国,最终吞并六国,俘虏他们的君王,立秦国君主为天子。又向北驱逐胡人、貉人,向南平定北越,令秦朝日渐强大。又统一度量衡,改革文字,颁布于天下,来树立秦朝的威名。如果这些都是我的罪过,那么我早就该死了。皇上希望我竭尽所能,才有了我的今天。希望陛下能够详察!"奏书呈上之后,赵高让官吏把奏书扔掉,不奏报皇帝,还说:"囚犯凭什么给皇帝上书。"

赵高派出十多名自己的门客,假扮御史、谒者、侍中,轮流交换审讯李斯,李斯交代的全都是实情,赵高又派人再次拷打李斯。后来二世皇帝派人审讯李斯,李斯以为像从前一样,最终没有更改屈打成招的口供。李斯认罪的口供呈送给皇帝,皇帝高兴地说:"如果没有赵高,我险些被丞相出卖了。"等到二世皇帝派去审讯三川郡守李由的人回来,楚军已经将李由杀死。使者来到后,正赶上李斯被交给司法官吏问罪,赵高捏造了全部李斯谋反的罪状,把没有的说成有的,于是判处李斯五刑,在咸阳街市腰斩。李斯走出监狱之后,和他的二儿子一同被押解。李斯回头对他的二儿子说:"我想和你再牵着黄狗,一起到上蔡东门外去打猎,好吗?"父子二人相对恸哭,李家三族全部被诛杀。二世皇帝任命赵高为丞相,无论大小事情全部由赵高做主。

秦二世皇帝三年甲午(公元前207年)

当初,中丞相赵高想要在秦朝专权,怕群臣不听他的话,就先设下一计试验一下,他将一头鹿献给秦二世皇帝,并说道:"这是马。"二世皇帝笑着说:"丞相错了吧?把鹿叫成马。"赵高问周围的人,大家有的沉默,有的顺着赵高的话说是马,也有人说这是鹿。赵高暗中把那些说是鹿的人治罪。后来群臣都害怕赵高,没有人敢说他不对。

赵高之前多次说"关东的盗贼没有什么能耐",后来项羽俘虏了王离等人,章邯等人的军队又几次战败,向朝廷上书请求援助。从函谷关往东,大部分郡县都背叛了秦朝,响应各路诸侯,各诸侯全都率领着自己的军队向西进攻。八月,沛公刘邦率领几万人攻打武关,屠杀全城。赵高害怕二世皇帝发怒杀了他,于是称病不上朝。

二世皇帝梦见白虎咬他的左骖马,并且将马咬死,心中很不高兴,觉得这个梦很奇怪,就找人替他占卜这个梦的含义。占卜的结果显示:"是泾水神在作祟。"二世皇帝于是在望夷宫斋戒,想要祭祀泾水神,并将四匹白马沉入泾水中。又因为盗贼的事情派人去斥责赵高。赵高害怕,于是暗中和他的女婿咸阳令阎乐以及他的弟弟赵成密谋:"皇上不听劝谏。如今事情紧急,想要把祸都怪到我的头上。我想要换一个皇帝,扶植子婴登基。

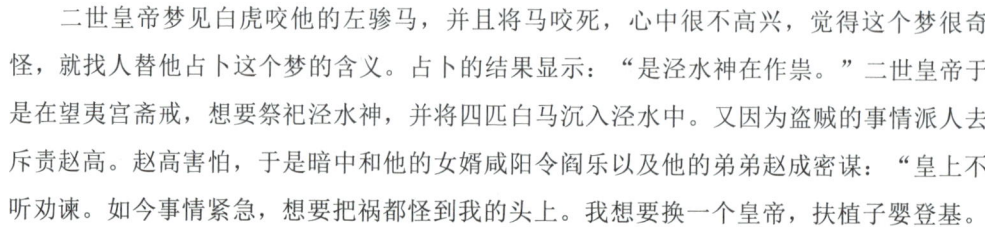

子婴仁慈勤俭，百姓都尊重他所说的话。”于是让郎中令作为内应，谎称有大盗进入皇宫，让阎乐调兵去追击，同时劫持了阎乐的母亲，将她安置在赵高家中。赵高派阎乐调遣一千多名官兵来到望夷宫殿门口，把卫令仆射捆了起来，说："盗贼都来到这里了，怎么不抓住？"卫令说："皇宫周围设置的守卫十分严密，怎么会有盗贼进入皇宫呢？"阎乐于是杀了卫令，率领官兵直接闯入望夷宫，边走边射杀宫中的郎官和宦官。郎官和宦官都大惊失色，不是逃走就是和官兵抵抗。反抗的人立刻被杀死，一连死了十几个人。郎中令和阎乐全都闯入望夷宫，用箭射二世皇帝的帷帐。二世皇帝大怒，召唤身边的人，身边的人却都害怕不敢与阎乐的官兵抵抗。旁边有一个侍奉皇帝的宦官，不敢逃走。二世皇帝进入内宫，对这个宦官说："你为什么不早告诉我啊，何至于到了这个地步？"宦官说："我不敢说，因此才得以保全。如果我早说了，早就被杀死了，怎么能活到今天？"阎乐来到二世皇帝面前，数落他的罪过："你骄横自大，恣意妄为，无故杀人，天下人都已经背叛你了。你自己看着办吧。"二世皇帝说："我能见见丞相吗？"阎乐说："不行。"二世皇帝说："让我当一个郡的王就可以。"还是没获得准许。二世皇帝又说："让我做一个万户侯也行。"还是没被准许。二世皇帝又说："让我和妻子儿女做平民百姓也可以，就像其他公子一样。"阎乐说："我接受了丞相的命令，替天下人杀了你。你虽然说了这么多，我却一件事也不敢答应。"之后阎乐指挥官兵进入，二世皇帝自杀。阎乐回去向赵高汇报。赵高把全部大臣和公子都召集起来，告诉他们诛杀二世皇帝的事情以及二世皇帝的罪状："秦朝过去是一个诸侯国，始皇帝成为天下的君王，因此称皇帝。如今六国又重新立国，秦朝的土地越来越小，只剩下一个皇帝的空名了，不可以这样。应该还像过去那样成为真正的王才行。"于是扶植子婴为秦王。用百姓的葬礼把二世皇帝埋葬在杜县南边的宜春苑中。

九月，赵高让子婴斋戒，到宗庙参拜祖先，接受玉玺，一连斋戒了五天。子婴和他的儿子商议道："丞相赵高在望夷宫杀了二世皇帝，怕群臣杀了他，于是假装扶植我做皇帝。我听说赵高和楚国约定，消灭秦朝宗亲，一起在关中称王。如今让我斋戒，拜见宗庙，这是想要在宗庙里杀我啊。我假装称病，丞相一定会亲自来探望，只要他来了就杀了他。"赵高派人接连请了子婴几次，子婴都没有来。赵高果然亲自前往，说："拜见宗庙是大事，皇上你为什么不来？"子婴于是在斋戒的宫殿里面杀死了赵高，并诛杀赵高家三族示众。

汉　纪

资治通鉴

卷　一

鸿门宴

太祖高皇帝元年乙未，公元前二○六年

　　沛公西入咸阳，诸将皆争走金帛财物之府分之。萧何独先入收秦丞相府图籍藏之，以此沛公得具知天下厄塞、户口多少、强弱之处。沛公见秦官室、帷帐、狗马、重宝、妇女以千数，意欲留居之。樊哙谏曰："沛公欲有天下耶，将为富家翁耶？凡此奢丽之物，皆秦所以亡也，沛公何用焉！愿急还霸上，无留官中！"沛公不听。张良曰："秦为无道，故沛公得至此。夫为天下除残贼，宜缟素为资。今始入秦，即安其乐，此所谓'助桀为虐'。且忠言逆耳利于行，毒药苦口利于病，愿沛公听樊哙言！"沛公乃还军霸上。

　　十一月，沛公悉召诸县父老、豪杰，谓曰："父老苦秦苛法久矣！吾与诸侯约，先入关者王之，吾当王关中。与父老约法三章耳：杀人者死，

●入关约法

伤人及盗抵罪。余悉除去秦法，诸吏民皆案堵如故。凡吾所以来，为父老除害，非有所侵暴，无恐。且吾所以还军霸上，待诸侯至而定约束耳。"乃使人与秦吏行县、乡、邑，告谕之。秦民大喜。争持牛、羊、酒食献飨军士。沛公又让不受，曰："仓粟多，非乏，不欲费民。"民又益喜，唯恐沛公不为秦王。

或说沛公曰："秦富十倍天下，地形强。闻项羽号章邯为雍王，王关中，今则来，沛公恐不得有此。可急使兵守函谷关，无内诸侯军；稍征关中兵以自益，距之。"沛公然其计，从之。

已而项羽至关，关门闭。闻沛公已定关中，大怒，使黥布等攻破函谷关。十二月，项羽进至戏。沛公左司马曹无伤使人言项羽曰："沛公欲王关中，令子婴为相，珍宝尽有之。"欲以求封。项羽大怒，飨士卒，期旦日击沛公军。当是时，项羽兵四十万，号百万，在新丰鸿门；沛公兵十万，号二十万，在霸上。

范增说项羽曰："沛公居山东时，贪财好色。今入关，财物无所取，妇女无所幸，此其志不在小。吾令人望其气，皆为龙虎，成五采，此天子气也。急击勿失！"

楚左尹项伯者，项羽季父也，素善张良，乃夜驰之沛公军，私见张良，具告以事，欲呼与俱去，曰："毋俱死也！"张良曰："臣为韩王送沛公。沛公今有急，亡去不义，不可不语。"良乃入，具告沛公。沛公大惊。良曰："料公士卒足以当项羽乎？"沛公默然曰："固不如也。且为之奈何？"张良曰："请往谓项伯，言沛公之不敢叛也。"沛公曰："君安与项伯有故？"张良曰："秦时与臣游，尝杀人，臣活之。今事有急，故幸来告良。"沛公曰："孰与君少长？"良曰："长于臣。"沛公曰："君为我呼入，吾得兄事之。"张良出，固要项伯；项伯即入见沛公。沛公奉卮酒为寿，约为婚姻，曰："吾入关，秋毫不敢有所近，籍吏民，封府库而待将军。所以遣将守关者，备他盗之出入与非常也。日夜望将军至，岂敢反乎！愿伯具言臣之不敢倍德也。"项伯许诺，谓沛公曰："旦日不可不蚤自来谢。"沛公曰："诺。"于是项伯复夜去，至军中，具以沛公言报项羽，因言曰："沛公不先破关中，公岂敢入乎！今人有大功而击之，不义也。不如因善遇之。"项羽许诺。

沛公旦日从百余骑来见项羽鸿门，谢曰："臣与将军戮力而攻秦，将军战河北，臣战河南。不自意能先入关破秦，得复见将军于此。今者有小人之言，令将军与臣有隙。"项羽曰："此沛公左司马曹无伤言之，不然，籍何以至此！"项羽因留沛公与饮。范增数目项羽，举所佩玉玦以示之者三。项羽默然不应。范增起，出，召项庄，谓曰："君王为人不忍。若入前为寿，寿毕，以剑舞，因击沛公于坐，杀之。不者，若属皆且为所虏！"庄则入为寿，寿毕，曰："军中无以为乐，请以剑舞。"项羽曰："诺。"项庄拔剑起舞。项伯亦拔剑起舞，常以身翼蔽沛公，庄不得击。

于是张良至军门见樊哙。哙曰："今日之事何如？"良曰："今项庄拔剑舞，其意常在沛公也。"哙曰："此迫矣，臣请入，与之同命！"哙即带剑拥盾入。军门卫士欲止不内，樊哙侧其盾以撞，卫士仆地。遂入，披帷西向立，瞋目视项羽，头发上指，目眦尽裂。项羽按剑而跽曰："客何为者？"张良曰："沛公之参乘樊哙也。"项羽曰："壮士！赐之卮酒！"则与斗卮酒。哙拜谢，起，立而饮之。项羽曰："赐之彘肩！"则与一生彘肩。樊哙覆其盾于地，加彘肩其上，拔剑切而啗之。项羽曰："壮士能复饮乎？"樊哙曰："臣死且不避，卮酒安足辞！夫秦有虎狼之心，杀人如不能举，刑人如恐不胜；天下皆叛之。怀王与诸将约曰：'先破秦入咸阳者，王之。'今沛公先破秦入咸阳，毫毛不敢有所近，还军霸上以待将军。劳苦而功高如此，未有封爵之赏，而听细人之说，欲诛有功之人，此亡秦之续耳，窃为将军不取也！"项羽未有以应，曰："坐！"樊哙从良坐。

坐须臾，沛公起如厕，因招樊哙出。公曰："今者出，未辞也，为之奈何？"樊哙曰："如今人方为刀俎，我方为鱼肉，何辞为！"于是遂去。鸿门去霸上四十里，沛公则置车骑，脱身独骑；樊哙、夏侯婴、靳强、纪信等四人持剑、盾步走，从骊山下道芷阳，间行趣霸上。留张良使谢项羽，以白璧献羽，玉斗与亚父。沛公谓良曰："从此道至吾军，不过二十里耳。度我至军中，公乃入。"沛公已去，间至军中，张良入谢曰："沛公不胜杯杓，不能辞，谨使臣良奉白璧一双，再拜献将军足下；玉斗一双，再拜奉亚父足下。"项羽曰："沛公安在？"良曰："闻将军有意督过之，脱身独去，已至军矣。"项羽则受璧，置之坐上。亚父受玉斗，置之地，拔剑撞而破之，曰："唉！竖子不足与谋！夺将军天下者，必沛公也。吾属今为之虏矣！"沛公至军，立诛杀曹无伤。

居数日，项羽引兵西，屠咸阳，杀秦降王子婴，烧秦宫室，火三月不灭。收其货宝、妇女而东。秦民大失望。

韩生说项羽曰："关中阻山带河，四塞之地，地肥饶，可都以霸。"项羽见秦宫室皆已烧残破，又心思东归，曰："富贵不归故乡，如衣绣夜行，谁知之者！"韩生退曰："人言楚人沐猴而冠耳，果然！"项羽闻之，烹韩生。

译文

太祖高皇帝元年乙未（公元前206年）

沛公刘邦进入咸阳城，各将领争先恐后抢夺城中府内的金帛财物，相互瓜分。只有萧何先进入秦国丞相府，把地图和户籍藏了起来，因此沛公刘邦全面了解了天下的山川要塞、户籍的数量以及财力物力强弱的分布。沛公看到秦国的皇宫、帷帐、豢养的狗和马、贵重的宝物、美女都数以千计，想要留在这里居住。樊哙谏言道："沛公是想要一统天下，还是想要做一个有钱人而已？这些奢华的物品，都是秦朝亡国的原因，沛公您要它有什么用？希望您火速返回霸上，不要留在皇宫里。"沛公不听劝告。张良说："秦朝没有人道，因此沛公才能来到这里。我们是为天下人扫除残余的贼人，应该如同丧服在身，把抚慰百姓作为根本。如今我们刚刚进入秦朝境内，就立刻觉得安稳，想要贪图享乐，这就是人们说的'帮助夏桀做暴虐的事情'。况且忠言逆耳利于行，良药苦口利于病，希望沛公能听樊哙的劝告。"沛公于是带领军队回到霸上。

十一月，沛公把各县的父老、乡绅全部召集起来，对他们说："各位父老乡亲被秦朝严苛的法律迫害得太久了！我和诸侯约定，先进入函谷关的人称王，因此我应该成为关中的王。我要和各位父老乡亲约法三章：杀人的人要被处死，伤害他人的和盗窃的人要被治罪。除此之外将秦朝的法律全部废除，各位官吏和百姓都和从前一样不变。我之所以来这里，是为百姓除害，不是要侵略施暴，大家不要怕。并且我们之所以还驻扎在霸上，是因为要等各位诸侯到来后再制定法令。"于是派人和秦朝的官吏一起去往各县、乡、邑，把这些话告谕各地。秦朝百姓大喜过望，争相带着牛、羊、酒菜来犒劳士兵。沛公又下令军中不得接受百姓的馈赠，说："军中粮仓很多，不缺粮食，不要让百姓破费。"百姓更加高兴，都生怕沛公不在秦地称王。

有人对沛公说："秦国比天下其他地方要富有十倍，地形险要。听说项羽任命章邯为雍王，让他在关中称王，如果他们来了，恐怕沛公就得不到眼下的一切了。应该火速派兵守住函谷关，不要让诸侯的军队进入；再在关中征召一些士兵来增强兵力，抵抗诸侯军队。"沛公听从了他的计策。

不久项羽来到函谷关，看到关门紧闭。听说沛公已经平定了关中，大怒不已，派黥布等人攻破函谷关。十二月，项羽进入函谷关来到戏亭。沛公的左司马曹无伤派人对项羽说："沛公想要在关中称王，任命子婴为丞相，将奇珍异宝全部占为己有。"曹无伤想要凭这番话得到项羽的封赏。项羽大怒，犒劳士兵，打算第二天就攻打沛公的军队。

当时，项羽有四十万兵，号称一百万，驻扎在新丰鸿门；沛公有十万兵，号称二十万，驻扎在霸上。

范增劝说项羽道："沛公在山东时，贪财好色。如今进入函谷关，财物一点都没拿，也没有宠幸女色，看来他的志向不小啊。我让人观察他那边的云气，都呈现出龙虎的形状，还有五彩的颜色，这是天子的云气啊。赶快出兵攻打他吧，不要错过时机。"

楚国左尹项伯，是项羽最小的叔叔，一直和张良交好，于是连夜骑马赶到沛公的军队，私下里见张良，把自己知道的情况全都告诉了他，想要让张良和自己一同离开沛公的军队。项伯说："不要和沛公一起死啊。"张良说："我替韩王陪伴沛公。沛公如今有危难，我如果逃走是不义之举，不能不告诉沛公。"张良于是进入沛公营帐，把事情全部告诉沛公。沛公大惊失色。张良说："您觉得自己的兵力足以抵抗项羽吗？"沛公沉默了一会说："肯定不能抵挡。那该怎么办呢？"张良说："我请求前去告诉项伯，说沛公不敢背叛项羽。"沛公说："你怎么和项伯有交情？"张良说："秦朝时，我与项伯有交往，他曾经杀了人，我保他活了下来。如今事情紧急，所以特意来告诉我。"沛公说："你和项伯谁年长？"张良说："项伯比我年长。"沛公说："你替我叫他进来，我把他当兄长对待。"张良出去后，执意让项伯进来。项伯进来见到沛公，沛公亲自为他敬酒，想要和他约定做亲家，沛公说："我进入函谷关，任何微小的东西都不敢碰，只是登记了官民、封上了府库等待项羽将军的到来。之所以派将领守住函谷关，是防备其他的盗贼前来惹事。我日夜都盼望项羽将军的到来，怎么敢造反呢？希望项伯把我不敢忘恩负义的话全部告诉项羽将军。"项伯答应下来，对沛公说："明天一定要早点亲自来谢罪。"沛公说："好。"于是项伯又连夜离去，回到军营，把沛公的话全部告诉项羽，还趁机说："如果不是沛公先攻破了关中，您怎么敢进来呢？如今沛公是个有大功的人，我们要是攻打他，是不义之举。不如趁此机会好好对待他吧。"项羽答应了。

沛公第二天带着一百多骑随从来到鸿门拜见项羽，谢罪道："我和将军您齐心合力攻打秦朝，将军攻打黄河以北，我攻打黄河以南。我也没有想到能先攻破秦朝进入函谷关，能在这里和将军您重逢。如今有小人谗言，让将军您和我之间有嫌隙了。"项羽说："这都是沛公您的左司马曹无伤说的，不然，我怎么会这么生气？"项羽于是趁机留沛公和他一起喝酒。范增几次对项羽使眼色，三次举起自己佩戴的玉玦暗示项羽杀死沛公。项羽沉默不回应范增。范增突然起身，走了出去，并且招呼项庄一起出去，对项庄说："君王是个心软的人。不如我们上前向沛公敬酒，敬酒之后就表演舞剑，趁机在座位上刺杀沛公。如果不这样，恐怕我们都会成为沛公的俘虏！"项庄于是进去向沛公敬酒，敬酒结束后说："军队里没有什么可供取乐的事情，请让我来舞剑吧。"项羽说："好。"项庄拔出剑开始舞剑。项伯也拔出剑一同舞剑，时不时地用自己的身体遮挡住沛公，项庄无法刺杀沛公。

后来张良到军营门口去见樊哙。樊哙说："今天的事情怎么样了？"张良说："今天项庄拔剑起舞，真正的意思是想要杀死沛公。"樊哙说："事情紧急，我请求进入军营，和他们拼命。"于是樊哙带着剑和盾牌进入军营。军营守门的卫士想要拦住樊哙，樊哙用盾牌侧面撞击卫士，卫士倒地。于是樊哙进入军营，拨开帷幕面向西侧站住，瞪大眼睛愤怒地看着项羽，头发都气得立了起来，眼眶几乎都瞪裂开来。项羽手按着剑，跪起身问："这位客人是干什么的？"张良说："他是沛公的参乘樊哙。"项羽说："这是一名壮士啊！赐他一杯酒！"于是有人拿来一个和斗一样大的酒杯。樊哙拜谢了项羽，起身，站着把那一大杯酒一饮而尽。项羽说："再赐他一个猪肘子！"有人拿来一个生的猪肘子。樊哙把自己的盾牌翻过来放在地上，把生猪肘子放在盾牌上，拔出剑切着吃。项羽说："壮士你还能再喝酒吗？"樊哙说："我死都不怕，还会推辞一杯酒吗？秦人像虎狼一样凶狠，杀的人不计其数，施以刑法的人数都数不过来，天下人都背叛了秦朝。怀王和各位将领约定：'先攻破秦朝进入咸阳城的人，可以称王。'如今沛公先攻破秦朝进入咸阳，却连一个微小的毛发那样大的东西都不敢碰，带领军队回到霸上等待将军您。沛公像这样劳苦功高，没有得到封爵的赏赐，您却因为小人的谗言，想要杀死有功之人，这是在延续已经灭亡的秦朝的做法，我个人不赞成将军的做法！"项羽无言以对，说："坐！"樊哙于是挨着张良坐下。

坐了一会儿，沛公起来上厕所，趁机召唤樊哙出来。沛公说："现在我们出来，没有告辞，怎么办啊？"樊哙说："如今人家是刀和砧板，我们是鱼肉，为什么还要和他们告辞？"于是沛公悄悄离开了鸿门。鸿门距离霸上四十里，沛公舍弃了马车，自己骑着马，樊哙、夏侯婴、靳强、纪信四个人拿着剑和盾牌跟着跑，从骊山下去取道芷阳，抄小路去往霸上。把张良留下来向项羽谢罪，并将一对白璧献给项羽，将一对玉斗献给项羽的亚父范增。沛公对张良说："从这条路到军营，不超过二十里。等你估计我回到军营，再进去。"沛公离开之后，抄小路回到军营，张良才回到项羽营帐中谢罪道："沛公不胜酒力，不能亲自向您告辞了，特意派我张良献上一对白璧，再次拜谢将军；再将一对玉斗拜送给亚父。"项羽问："沛公在哪儿？"张良说："听说将军您有责罚沛公的意思，沛公已经独自离开了，现在已经回到军营。"项羽接受了白璧，放在座位上。亚父范增接过玉斗，扔在了地上，拔出剑把玉斗砸碎，说道："唉！你这个小子不值得让我和你一同谋划事情！夺走你的天下的人，一定是沛公。我们这些人都会成为他的俘虏的！"沛公回到军营，立刻将曹无伤诛杀。

几天后，项羽率领部队向西，屠杀咸阳城，杀死投降的秦降王子婴，火烧秦朝皇宫，大火一连烧了三个月都没有熄灭。又把皇宫中的宝物和美女全部带走，返回东边。秦国百姓对项羽大失所望。

韩生劝说项羽道："关中靠山环河，地势险要，四面都有屏障，土地肥沃，可以作为国都。"项羽看到秦朝的皇宫全都被大火烧得残破不堪，又打算回到东边去，说："人富贵之后如果不回到故乡，就好像穿着锦衣华服走夜路，谁能看到？"韩生退下去之后说道："别人都说楚国人就像一个戴了帽子的猴子，终究不是真人，原来真是这样！"项羽听说之后，将韩生煮死。

萧何追韩信

原 文

太祖高皇帝元年乙未，公元前二〇六年

初，淮阴人韩信，家贫，无行，不得推择为吏，又不能治生商贾，常从人寄食饮，人多厌之。信钓于城下，有漂母见信饥，饭信。信喜，谓漂母曰："吾必有以重报母。"母怒曰："大丈夫不能自食，吾哀王孙而进食，岂望报乎！"淮阴屠中少年有侮信者曰："若虽长大，好带刀剑，中情怯耳。"因众辱之曰："信能死，刺我；不能死，出我袴下！"于是信孰视之，俛出袴下，蒲伏。一市人皆笑信，以为怯。

及项梁渡淮，信杖剑从之。居麾下，无所知名。项梁败，又属项羽，羽以为郎中。数以策干羽，羽不用。汉王之入蜀，信亡楚归汉，未知名。为连敖，坐当斩。其辈十三人皆已斩，次至信，信乃仰视，适见滕公，曰："上不欲就天下乎？何为斩壮士？"滕公奇其言，壮其貌，释而不斩。与语，大说之，言于王。王拜以为治粟都尉，亦未之奇也。

信数与萧何语，何奇之。汉王至南郑，诸将及士卒皆歌讴思东归，多道亡者。信度何等已数言王，王不我用，即亡去。何闻信亡，不及以闻，自追之。人有言王曰："丞相何亡。"王大怒，如失左右手。居一二日，何来谒王。王且怒且喜，骂何曰："若亡，何也？"何曰："臣不敢亡也，臣追亡者耳。"王曰："若所追者谁？"何曰："韩信也。"王复骂曰："诸将亡者以十数，公无所追。追信，诈也！"何曰："诸将易得耳。至如信者，国士无双。王必欲长王汉中，无所事信，必欲争天下，非信无可与计事者。顾王策安所

一〇〇

决耳。"王曰："吾亦欲东耳，安能郁郁久居此乎！"何曰："计必欲东，能用信，信即留；不能用信，终亡耳。"王曰："吾为公以为将。"何曰："虽为将，信不留。"王曰："以为大将。"何曰："幸甚！"于是王欲召信拜之。何曰："王素慢无礼。今拜大将，如呼小儿，此乃信所以去也。王必欲拜之，择良日，斋戒，设坛场，具礼，乃可耳。"王许之。诸将皆喜，人人各自以为得大将。至拜大将，乃韩信也，一军皆惊。

译 文

太祖高皇帝元年乙未（公元前206年）

当初，淮阴人韩信，家中贫穷，没有善行，不能被推选为官吏，他自己又不会经商谋生，只能寄人篱下靠他人给一些饮食，人们大多对韩信十分厌烦。韩信在城墙下面的河边钓鱼，有一个漂洗丝絮的老妇人看到韩信十分饥饿，给了他一些饭吃。韩信非常高兴，对那位老妇人说："我一定会重重报答你的。"老妇人生气地说："你身为大丈夫却不能养活自己，我是可怜你才给你饭吃的，还奢望你能报答我吗？"淮阴县的屠户当中有一些少年侮辱韩信道："你虽然身材高大，又喜欢随身携带刀剑，却是一个怯懦的人。"并趁机当众羞辱韩信道："韩信你要是不怕死，就来刺我；要是怕死，就从我胯下爬过去。"韩信仔细打量了那个人一会儿，趴在地上从他的胯下爬了过去。街市上的人全都嘲笑韩信，认为他是个怯懦的人。

等到项梁渡过淮河，韩信持剑追随项梁。在项梁的军营里，韩信并不出名。项梁打了败仗后，韩信又追随项羽，项羽任命他做郎中。韩信几次为项羽献计，项羽都没有采纳。刘邦进入蜀地后，韩信逃离楚国归降汉朝，还是默默无闻。在汉朝，韩信只做了一个小官，因为受人牵连，被判处斩首。和韩信一起被判刑的十三个人都被斩首了，轮到韩信的时候，韩信抬头仰望，正好看见了滕公夏侯婴，说道："汉王不想夺取天下了吗？为什么要斩杀我这样的壮士？"滕公觉得他的话很奇怪，又看到他雄壮威猛，就把他放了。和韩信交谈一番之后，滕公十分高兴，把韩信举荐给汉王刘邦。汉王任命韩信做管粮的都尉，没觉得韩信有什么过人之处。

韩信和萧何交谈了几次，萧何觉得韩信是个奇才。汉王抵达南郑后，各位将领和士兵都用歌声表达想要回归东边故乡的想法，有许多人在途中逃走了。韩信觉得萧何等人已经多次向汉王举荐过自己，汉王却依然不重用他，于是也逃走了。萧何听说韩信逃走，来不及禀报汉王，就亲自前去追赶。有人对汉王说："丞相萧何逃走了。"汉王大怒，仿佛失去了左膀右臂。一两天后，萧何来拜见汉王。汉王又生气又高兴，骂萧何道："你为什么逃走？"萧何说："我不敢逃走，我是去追逃走的人。"汉王问："你追的是谁？"萧何答："韩信。"汉王又骂道："逃走的将领有十几个，你都不去追。却去追韩信，分明是骗我。"萧何说："其他的将领都容易得。像韩信这样的，全国上下没有第二个了。大王如果想要长久地在汉中称王，他就没有用得着的地方，但想要夺取天下，除了韩信谁也指望不上。就看大王您如何选择了。"汉王说："我想要向东征伐，怎么可能郁郁寡欢地永远待在这里呢？"萧何说："如果打算向东征伐，那么如能重用韩信，韩信就会留下；如果不能重用韩信，韩信还是会逃走的。"汉王说："我就看在你的面子上任命他为将军吧。"萧何说："就算做将军，韩信也是不会留下的。"汉王说："任命他做大将军。"萧何说："那太好了。"于是汉王想要召见韩信任命他。萧何说："大王您向来轻慢韩信，对他没有礼貌。如今想要任命他做大将军，却像招呼一个小孩儿一样不重视，这就是韩信之所以离开的原因。大王如果想要任命韩信做大将军，就应该挑选一个良辰吉日，斋戒之后，设立祭坛道场，准备各种祭祀器具才可以。"汉王答应了。各位将军听说汉王想要任命大将军，都很高兴，人人都以为自己即将成为大将军。等到任命那天，才知道是韩信，整个军队都为此震惊。

楚汉相争

原 文

太祖高皇帝二年丙申，公元前二○五年

　　居无何，汉王攻下殷。项王怒，将诛定殷将吏。陈平惧，乃封其金与印，使使归项王；而挺身间行，杖剑亡，渡河，归汉王于脩武，因魏无知求见汉王。汉王召入，赐食，遣罢就舍。平曰："臣为事来，所言不可以过今日。"于是汉王与语而说之。问曰："子之居楚何官？"曰："为都尉。"是日，即拜平为都尉，使为参乘，典护军。诸将尽讙曰："大王一日得楚之亡卒，未知其高下，而即与同载，反使监护长者！"汉王闻之，愈益幸平。

　　汉王南渡平阴津，至洛阳新城。三老董公遮说王曰："臣闻'顺德者昌，逆德者亡'；'兵出无名，事故不成'。故曰：'明其为贼，敌乃可服。'项羽为无道，放杀其主，天下之贼也。夫仁不以勇，义不以力，大王宜率三军之众为之素服，以告诸侯而伐之，则四海之内莫不仰德，此三王之举也。"于是汉王为义帝发丧，袒而大哭，哀临三日，发使告诸侯曰："天下共立义帝，北面事之。今项羽放杀义帝江南，大逆无道！寡人悉发关中兵，收三河士，南浮江、汉以下，愿从诸侯王击楚之杀义帝者！"

使者至赵，陈馀曰："汉杀张耳，乃从。"于是汉王求人类张耳者斩之，持其头遗陈馀；馀乃遣兵助汉。

田荣弟横收散卒，得数万人，起城阳，夏，四月，立荣子广为齐王，以拒楚。项王因留，连战，未能下。虽闻汉东，既击齐，欲遂破之而后击汉，汉王以故得率诸侯兵凡五十六万人伐楚。到外黄，彭越将其兵三万余人归汉。汉王曰："彭将军收魏地得十余城，欲急立魏后。今西魏王豹，真魏后。"乃拜彭越为魏相国，擅将其兵略定梁地。汉王遂入彭城，收其货宝、美人，日置酒高会。

项王闻之，令诸将击齐，而自以精兵三万

●项羽

人南，从鲁出胡陵至萧。晨，击汉军而东至彭城，日中，大破汉军。汉军皆走，相随入榖、泗水，死者十余万人。汉卒皆南走山，楚又追击至灵壁东睢水上；汉军却，为楚所挤，卒十余万人皆入睢水，水为之不流。围汉王三匝。会大风从西北起，折木，发屋，扬沙石，窈冥昼晦，逢迎楚军，大乱坏散，而汉王乃得与数十骑遁去。欲过沛收家室，而楚亦使人之沛取汉王家。家皆亡，不与汉王相见。

汉王道逢孝惠、鲁元公主，载以行。楚骑追之，汉王急，推堕二子车下。滕公为太仆，常下收载之。如是者三，曰："今虽急，不可以驱，奈何弃之！"故徐行。汉王怒，欲斩之者十余；滕公卒保护，脱二子。审食其从太公、吕后间行求汉王，不相遇，反遇楚军。楚军与归，项王常置军中为质。

译 文

太祖高皇帝二年丙申（公元前205年）

不久之后，汉王攻占了殷地。项羽知道后大怒，打算杀死那些与汉王在殷地交战的将领和士卒。陈平十分害怕，将自己得到的黄金和官印封好，派使者送还项羽。之后毅然持剑抄小路逃亡，渡过黄河，在脩武向汉王投降，凭借魏无知的关系求见汉王。汉王召见陈平，赏赐给他食物，打发他住下来。陈平说："我是为成就大业而来，想要说的话

汉纪

一〇三

不能等到明天。"于是汉王和陈平交谈。汉王问："你在楚国做什么官职？"陈平答："做都尉。"当天，汉王就任命陈平做都尉，又让他做参乘，统领军中将领。各位将领不服气道："大王您在一天的时间内得到一个从楚国逃亡来的兵，还不知道他的能力怎么样，就和他同坐一辆车，还让他监管我们这些有资历的老将。"汉王听到这些话，越发器重陈平。

汉王向南渡过平阴津，抵达洛阳新城。执掌教化的官员董公拦住汉王劝说道："我听说'顺从德行的人能够昌盛，悖逆德行的人会灭亡'；'没有合理的名义出兵打仗，一定不会打胜仗。'所以说：'点明要讨伐的人是乱臣贼子，才能让敌人臣服。'项羽不施行仁政，将自己的君主放逐并杀害，是天下最大的乱臣贼子。仁者不靠武力，义者不靠力气，大王您应该率领三军穿上丧服，以此告诫诸侯一起讨伐项羽，到时候四海之内全都仰仗您的德行，这才是像夏、殷、周三朝开国皇帝那样的壮举啊。"于是汉王为义帝举办丧礼，脱去上衣大哭，一连哀悼了三天，派使者对诸侯说道："天下人共同扶植义帝登基，面向北方臣服于他。如今项羽把义帝放逐到长江以南，又把他杀害，是大逆无道的行为。我要派出关中全部的兵力，征收河南、河东、河内的士兵，乘船沿长江和汉水南下，希望和各位诸侯联合起来攻打那个杀害义帝的楚国人项羽。"

使者到了赵国，陈馀说："汉王如果能杀了张耳，我们就与汉王联合。"于是汉王找了一个长得像张耳的人杀了，把那个人的头送给陈馀，陈馀这才派兵协助汉王。

田荣的弟弟田横收集了几万名散兵，在城阳起义，到了夏天，四月，扶植田荣的儿子田广做齐王，以此抵抗楚国。项羽为此留在齐地，接连战了几场，都没能攻下。虽然项羽听说齐东崛起，但是因为正在攻打齐地，想要攻下来之后再去攻打汉地，汉王因此才能够率领各诸侯的五六十万兵马攻打楚国。汉军抵达外黄时，彭越率领三万多人的军队投靠汉军。汉王说："彭将军收复魏地十几座城池，急着想要扶植魏国后裔称王。如今的西魏王魏豹是真正的魏国后裔。"于是任命彭越做魏国的相国，率领他的部队攻略梁地。汉王于是攻入彭城，将那里的珍宝和美人全部搜获，每天都举办盛大的宴会。

项羽听说后，下令各将领攻打齐国，又亲自率领三万名精兵向南出发，从鲁地出胡陵一直抵达萧地。清晨，楚军在萧地攻打汉军，一直打到彭城，到了中午，彻底打败汉军。汉军全部逃走，相互跟随着涌入泗水谷口，战死了十几万人。剩下的汉军士兵全部向南从山路逃走，楚军在后面一直追到灵壁东边的睢水，汉军后退，十几万士兵全部被楚军挤入睢水中，尸体将睢水都堵塞到无法流动。楚军将汉王里外包围了三层，正赶上西北风大作，吹折了树木，掀翻了房屋，沙石飞扬，遮蔽太阳，让白昼如同黑夜。狂风迎头吹向楚军，楚军阵型大乱溃散，汉王这才能够和几十骑人马逃走。汉王想要在途经沛地时带走自己的家人，然而楚军也派人到沛地来捉拿汉王的家人。家里的人全都逃走了，没能与汉王见面。

汉王在逃跑途中遇到了自己的儿子和女儿，让马车载着他们一同逃走。楚军骑兵在后面追赶，汉王情急之下把两个孩子推下了车。滕公夏侯婴当时是掌管车马的太仆，每次都跳下马把两个孩子抱回来。汉王一连多次把两个孩子推下马车，夏侯婴就多次抱回来。夏侯婴说："如今虽然形势紧急，但是马车就是跑不快，把两个孩子扔掉也没有用啊。"因此只能让马车慢慢地跑。汉王大怒，有十几次想要杀死滕公。就这样，滕公还是把两个孩子保全了下来。审食其跟随太公和吕后抄小路追随汉王，没有遇到，反而遇到了楚军。楚军把太公和吕后带了回去，被项羽押在军营中做人质。

卷 二

背水一战

原 文

太祖高皇帝三年丁酉，公元前二〇四年

冬，十月，韩信、张耳以兵数万东击赵。赵王及成安君陈馀闻之，聚兵井陉口，号二十万。

广武君李左车说成安君曰："韩信、张耳乘胜而去国远斗，其锋不可当。臣闻'千里馈粮，士有饥色；樵苏后爨（cuàn），师不宿饱。'今井陉之道，车不得方轨，骑不得成列；行数百里，其势粮食必在其后。愿足下假臣奇兵三万人，从间路绝其辎重；足下深沟高垒勿与战。彼前不得斗，退不得还，野无所掠，不至十日，而两将之头可致于麾下；否则必为二子所擒矣。"成安君尝自称义兵，不用诈谋奇计，曰："韩信兵少而疲，如此避而不击，则诸侯谓吾怯而轻来伐我矣。"

韩信使人间视，知其不用广武君策，则大喜，乃敢引兵遂下。未至井陉口三十里，止舍。夜半，传发，选轻骑二千人，人持一赤帜，从间道萆（bì）山而望赵军。诚曰："赵见我走，必空壁逐我；若疾入赵壁，拔赵帜，立汉赤帜。"令其裨将传餐，曰："今日破赵会食！"诸将皆莫信，佯应曰："诺。"信曰："赵已先据便地为壁；且彼未见吾大将旗鼓，未肯击前行，恐吾至阻险而还也。"乃使万人先行，出，背水陈。赵军望见而大笑。

平旦，信建大将旗鼓，鼓行出井陉口；赵开壁击之，大战良久。于是信与张耳佯弃鼓旗，走水上军；水上军开入之，复疾战。赵果空壁争汉旗鼓，逐信、耳。信、耳已入水上军，军皆殊死战，不可败。信所出奇兵二千骑共候赵空壁逐利，则驰入赵壁，皆拔赵旗，立汉赤帜二千。赵军已不能得信等，欲还归壁；壁皆汉赤帜，见而大惊，以为汉皆已得赵王将矣，兵遂乱，遁走，赵将虽斩之，不能禁也。于是汉兵夹击，大破赵军，斩成安君泜水上，禽赵王歇。

诸将效首虏，毕贺，因问信曰："兵法：'右倍山陵，前左水泽。'今者将军令臣等反背水陈，曰'破赵会食'，臣等不服，然竟以胜，此何术也？"信曰："此在兵法，顾诸君不察耳！兵法不曰'陷之死地而后生，置之亡地而后存'？且信非得素拊循士大夫也，此所谓'驱市人而战之'，其势非置之死地，使人人自为战。今予之生地，皆走，宁尚可得而用之乎？！"诸将皆服，曰："善！非臣所及也。"

译文

太祖高皇帝三年丁酉（公元前204年）

冬季，十月，韩信、张耳带领几万人马攻打赵地。赵王和成安君陈馀听说后，将部队聚集在井陉口，号称二十万兵马。

广武君李左车对成安君说："韩信、张耳趁着刚刚打了胜仗，到离他们国家这么远的地方来打仗，他们的锋芒无法抵挡啊。我听说'远粮不解近饥；柴草做不成饭，军队无法吃饱。'如今井陉一带的道路，车辆无法通过，战马也不能列队走过；队伍行进几百里，他们的粮车一定跟在后面。希望您能借给我三万奇兵，抄小路断了他们的物资；您守着深深的战壕和高高的营垒，不用和他们交战。他们向前不能与我们交战，向后又没有退路，在荒野之中找不到任何物资，不到十天，就可以把他们两个将军的头砍下来扔在我们的军旗下面。如果不这样，我们一定会被他们的两个将军捉住。"成安君曾经自称是义兵，不用阴谋诡计，说道："韩信的兵少，

● 淮阴侯韩信

资治通鉴

并且已经疲惫，如果躲起来不和他们交战，那么诸侯都会觉得我胆怯，轻视我，因此来攻打我了。"

韩信派人暗中打探，知道武信君没有采纳广武君的计策，十分高兴，于是带兵前进。到了距离井陉口三十里的地方，停下来驻扎。到了半夜，传令军中，挑选出两千名轻骑兵，每人手拿一面红色旗帜，抄小路上山，在能望见赵军军营的地方埋伏起来。韩信告诫这两千人："赵军看到我们逃走，一定会全军出动来追我们；你们趁机迅速进入赵军营垒，拔掉赵军的旗帜，立起汉军的旗帜。"韩信又让自己的副将传令就餐，说："今天攻破赵军之后我们再聚餐！"各位将领都不相信，只是假意应承道："好的。"韩信说："赵军已经先占据了有利地形扎营，况且他们没有看见我们大张旗鼓地出动，是不会出兵攻打我们的先头部队的，因为他们担心我们到了险要的地方遇到阻拦就会撤退。"于是韩信派出一万名士兵先出发，背靠河水排开阵势。赵军远远望见汉军的布阵都大笑不止。

清晨，太阳刚刚露出地平线，韩信军队大张旗鼓地从井陉口出来，赵军打开军营与汉军交战，战争持续了很久。之后韩信和张耳假装放弃了战鼓与军旗，向河边布阵的军队逃去。河边的军队打开阵营让韩信等人进去，之后迅速开始战斗。赵军果然全军出动争夺汉军的军旗和战鼓，又追赶韩信和张耳。韩信和张耳已经进入河边阵营当中，整个军队全都殊死交战，不能轻易被打败。韩信派出的两千奇兵都在等着赵军全军出动去追逐韩信，趁此机会迅速奔入赵军营地，把赵军旗帜全都拔了下来，插上两千面汉军旗帜。赵军抓不到韩信等人，想要返回军营，发现军营中全都是汉军的旗帜，大惊失色，都以为汉军已经将赵王的将领全部擒获，军队因此混乱，争相逃走，赵军将领虽然斩杀了许多逃兵，也无法阻止其余人逃走。于是汉军趁机两面夹击，将赵军打败，在泜水上斩杀成安君，抓住赵王歇。

各位将军向韩信献上自己砍下来的敌军首级和捉拿的俘虏，全都向韩信祝贺，并趁机问韩信："兵法中说：'排兵布阵要让右面和背面靠山，前面和左边临水。'如今将军您却让我们背靠水而布阵，还说'打败赵军再聚餐'，我们都不服气，但是竟然打了胜仗，这是什么战术？"韩信说："这也包含在兵法当中，只是你们没有发现罢了。兵法不是说'把自己放在必死的形势下再求生'吗？况且我韩信率领的不是平日里训练有素的队伍，这就是所谓的'驱赶着街市上的百姓去作战'，就是要让每个人都陷入必死的形势当中，让人人都自发地去战斗。如果给他们留有生机，他们就都逃走了，还能让他们去打仗吗？"各位将领全都服气，说："这个计策太好了，不是我们能比得上的。"

卷 三

垓下之战

原文

太祖高皇帝五年己亥，公元前二○二年

十二月，项王至垓下，兵少，食尽，与汉战不胜，入壁；汉军及诸侯兵围之数重。项王夜闻汉军四面皆楚歌，乃大惊曰："汉皆已得楚乎？是何楚人之多也？"则夜起，饮帐中，悲歌慷慨，泣数行下；左右皆泣，莫能仰视。于是项王乘其骏马名骓，麾下壮士骑从者八百余人，直夜，溃围南出驰走。平明，汉军乃觉之，令骑将灌婴以五千骑追之。项王渡淮，骑能属者才百余人。至阴陵，迷失道，问一田父，田父绐曰"左"。左，乃陷大泽中，以故汉追及之。

项王乃复引兵而东，至东城，乃有二十八骑。汉骑追者数千人，项王自度不得脱，谓其骑曰："吾起兵至今，八岁矣；身七十余战，未尝败北，遂霸有天下。然今卒困于此，此天之亡我，非战之罪也。今日固决死，愿为诸君快战，必溃围，斩将，刈旗，三胜之。令诸君知天亡我，非战之罪也。"乃分其骑以为四队，四乡。汉军围之数重。项王谓其骑曰："吾为公取彼一将。"令四面骑驰下，期山东为三处。于是项王大呼驰下，汉军皆披靡，遂斩汉一将。是时，郎中骑杨喜追项王，项王瞋目而叱之，喜人马俱惊，辟易数里。项王与其骑会为三处，汉军不知项王所在，乃分军为三，复围之。项王乃驰，复斩汉一都尉，杀数十百人。复聚其骑，亡其两骑耳。乃谓其骑曰："何如？"骑皆伏曰："如大王言！"

于是项王欲东渡乌江，乌江亭长舣船待，谓项王曰："江东虽小，地方千里，众数十万人，亦足王也。愿大王急渡！今独臣有船，汉

●项羽

军至，无以渡。"项王笑曰："天之亡我，我何渡为！且籍与江东子弟八千人渡江而西，今无一人还；纵江东父兄怜而王我，我何面目见之！纵彼不言，籍独不愧于心乎！"乃以所乘骓马赐亭长，令骑皆下马步行，持短兵接战。独籍所杀汉军数百人，身亦被十余创。顾见汉骑司马吕马童，曰："若非吾故人乎？"马童面之，指示中郎骑王翳曰："此项王也！"项王乃曰："吾闻汉购我头千金，邑万户，吾为若德。"乃刎而死。王翳取其头，余骑相蹂践争项王，相杀者数十人。最其后，杨喜、吕马童及郎中吕胜、杨武各得其一体；五人共会其体，皆是，故分其户，封五人皆为列侯。

楚地悉定，独鲁不下；汉王引天下兵欲屠之。至其城下，犹闻弦诵之声，为其守礼义之国，为主死节，乃持项王头以示鲁父兄，鲁乃降。汉王以鲁公礼葬项王于穀城，亲为发哀，哭之而去。诸项氏枝属皆不诛。封项伯等四人皆为列侯，赐姓刘氏；诸民略在楚者皆归之。

译 文

汉太祖高皇帝五年己亥（公元前202年）

十二月，项羽抵达垓下，只剩下很少的士兵，已经没有粮食，和汉军交战未能取胜，回到军营之中。这时汉军和诸侯的军队把楚军层层包围。项羽晚上听到汉军在自己的军营四面唱着楚地的歌谣，大惊失色道："难道汉军已经把楚地全部占领了吗？为什么有这么多楚人？"于是项羽在夜色中起身，在营帐中喝酒，唱着悲伤的歌，泪流而下。身边的人也纷纷哭泣，没有人敢抬起头来看看项羽。在这种情况下，项羽骑着自己的乌骓马，军营中的八百多名壮士也骑着马在旁边跟随，当晚突破了南边的包围迅速逃走。到了天亮时分，汉军才发觉项羽逃走，派骑兵将领灌婴率领五千名骑兵追赶。项羽渡过淮水，能跟上他的只剩下一百多人。到了阴陵一带，项羽迷路，向一个种田的老伯问路，老伯不耐烦地说"左边"。于是项羽向左逃走，却陷入大片湖沼当中，汉军因此追上了项羽。

项羽又带兵向东跑，跑到东城，身边就剩下二十八个人。几千名汉军骑兵在后面追赶，项羽知道自己跑不掉了，对他身边的骑兵说："我从最初起兵到今天，已经八年了；亲身经历了七十多场战争，从来没有战败过，这才能称霸天下。然而今天竟然困在了这里，这是上天让我死啊，不是我用兵的过错。今天一定要决一死战了，我愿意为你们痛快地战一场，一定要突破重围，斩杀汉军将领，砍断汉军旗帜，接连三次取胜。让你们知道是上天想让我死，不是我用兵的过错。"于是项羽把身边的骑兵分成四队，向四个方向突围。汉军对他们重重包围。项羽对他的骑兵们说："看我替你们杀死一个汉军将领。"于

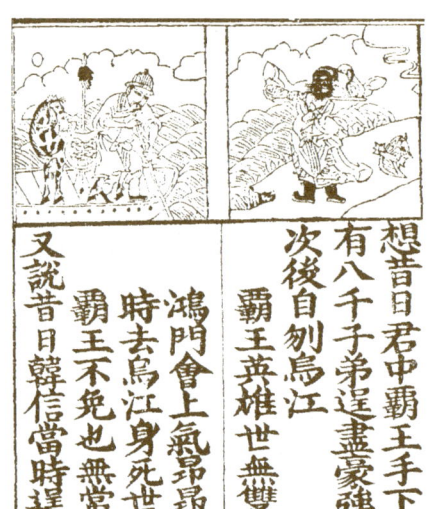

想昔日君中霸王手下

有八千子弟逞尽豪强

次後自刎乌江

霸王英雄世无双

鸿门会上气昂昂

时去乌江身死世

霸王不免也无常

又說昔日韓信當時運

● 楚霸王自刎乌江

是下令让骑兵朝四个方向迅速奔驰，约定在山的东边分三处会合。项羽大叫着骑马飞驰而下，汉军都被他冲散了，于是斩杀了一名汉军将领。当时，郎中骑杨喜追赶项羽，项羽瞪着眼睛大声呵斥他，杨喜和他的马都害怕了，躲开到几里地以外。项羽和他的骑兵分三处会合，汉军不知道项羽在哪一处，于是也把军队分成三队，再次把每一处都包围起来。项羽骑马狂奔，又斩杀了一名汉军都尉，杀死近百名汉军。之后又把他的骑兵聚集起来，发现只战死了两个人。项羽对他的骑兵说："怎么样？"骑兵们都佩服地说："果然像大王您说的那样。"

项羽想要向东渡过乌江，乌江亭长把船停靠在岸边等着，亭长对项羽说："江东虽然小，土地方圆只有千里，百姓只有几十万，但也足够大王您容身了。希望大王能快快渡江！如今只有我有船，汉军就算赶到也无法渡江。"项羽笑着说："上天要我死，我渡江干什么？况且我和江东八千名子弟一同向西出征，如今没有一个人能活着回来；纵然江东父老兄弟可怜我，让我称王，我又有什么脸面去见他们呢！即便他们不说什么，我难道心中没有愧疚吗？"于是项羽把自己的乌骓马送给亭长，让其余骑兵都下马步行，手拿短兵器迎战汉军。仅项羽自己就杀死几百名汉军，身上也受了十几处伤。他回头看见汉军骑兵司马吕马童，项羽说："这不是老朋友吗？"吕马童面对项羽，对中郎骑王翳说道："这就是项羽。"项羽说："我听说汉军用千金和有一万户百姓的城邑买我的人头，我就对你做件好事吧！"说完就自刎而死。王翳取了项羽的人头，其余的骑兵互相踩踏着争抢项羽的尸体，甚至有几十个人互相残杀。到最后，杨喜、吕马童和郎中吕胜、杨武分别得到了尸体的一部分，五个人把自己得到的部分拼在一起，才凑成一具完整的尸体。因此这五个人把万户的封赏瓜分掉，全部被封为列侯。

楚地已经平定，只有鲁地攻不下来；汉王率领全部人马想要屠城。队伍抵达城下，还能听到诵读和音乐声，因为鲁地是遵守礼义的地方，为自己君主守节，于是汉王拿着项羽的头给鲁地的父老乡亲看，鲁地这才投降。汉王用埋葬鲁公的礼仪把项羽埋葬在榖城，亲自替项羽发丧，哭了一场之后才离开。并且没有诛杀项氏族人，还封项伯等四个人做列侯，赐他们刘姓，将过去被楚军掳来的百姓还让他们统治。

陈平出计擒韩信

原　文

太祖高皇帝六年庚子，公元前二〇一年

冬，十月，人有上书告楚王信反者。帝以问诸将，皆曰："亟发兵，坑竖子耳！"帝默然。又问陈平。陈平曰："人上书言信反，信知之乎？"曰："不知。"陈平曰："陛下精兵孰与楚？"上曰："不能过。"平曰："陛下诸将，用兵有能过韩信者乎？"上曰："莫及也。"平曰："今兵不如楚精而将不能及，举兵攻之，是趣之战也，窃为陛下危之。"上曰："为之奈何？"平曰："古者天子有巡狩，会诸侯。陛下第出，伪游云梦，会诸侯于陈。陈，楚之西界；信闻天子以好出游，其势必无事而郊迎谒；谒而陛下因禽之，此特一力士之事耳。"帝以为然，乃发使告诸侯会陈，"吾将南游云梦。"上因随以行。

楚王信闻之，自疑惧，不知所为。或说信曰："斩钟离眜以谒上，上必喜，无患。"信从之。十二月，上会诸侯于陈，信持眜首谒上；上令武士缚信，载后车。信曰："果若人言：'狡兔死，走狗烹；高鸟尽，良弓藏；敌国破，谋臣亡。'天下已定，我固当烹！"上曰："人告公反。"遂械系信以归，因赦天下。

田肯贺上曰："陛下得韩信，又治秦中。秦，形胜之国也，带河阻山，地势便利；其以下兵于诸侯，譬犹居高屋之上建瓴水也。夫齐，东有琅邪、即墨之饶，南有泰山之固，西有浊河之限，北有勃海之利；地方二千里，持戟百万，此东西秦也，非亲子弟，莫可使王齐者。"上曰："善！"赐金五百斤。

上还，至洛阳，赦韩信，封为淮阴侯。信知汉王畏恶其能，多称病，不朝从；居常鞅鞅，羞与绛、灌等列。尝过樊将军哙，哙跪拜送迎，言称臣，曰："大王乃肯临臣！"信出门，笑曰："生乃与哙等为伍！"

上尝从容与信言诸将能将兵多少。上问曰："如我能将几何？"信曰："陛下不过能将十万。"上曰："于君何如？"曰："臣多多而益善耳。"上笑曰："多多益善，何为为我禽？"信曰："陛下不能将兵而善将将，此乃信之所以为陛下禽也。且陛下，所谓'天授非人力'也。"

甲申，始剖符封诸功臣为彻侯。萧何封酂侯，所食邑独多。功臣皆曰："臣等身被坚执锐，多者百余战，小者数十合。今萧何未尝有汗马之劳，徒持文墨议论，顾反居臣等上,何也?"帝曰:"诸君知猎乎?夫猎,追杀兽兔者,狗也;而发纵指示兽处者,人也。今诸君徒能得走兽耳,功狗也;至如萧何,发纵指示,功人也。"群臣皆不敢言。张良为谋臣,亦无战斗功;帝使自择齐三万户。良曰:"始,臣起下邳,与上会留,此天以臣授陛下。陛下用臣计,幸而时中。臣愿封留足矣,不敢当三万户。"乃封张良为留侯。封陈平为户牖侯。平辞曰:"此非臣之功也。"上曰:"吾用先生谋计,战胜克敌,非功而何?"平曰:"非魏无知,臣安得进?"上曰:"若子,可谓不背本矣!"乃复赏魏无知。

译文

汉太祖高皇帝六年庚子(公元前201年)

　　冬季,十月,有人上书告发楚王韩信谋反。太祖皇帝向各位将领询问这件事,将领们都说:"赶快发兵,活埋了韩信那个小子。"皇帝默不作声。又问陈平。陈平说:"有人上书说韩信谋反,韩信知道吗?"皇帝说:"不知道。"陈平说:"陛下您的精兵和楚王的兵相比怎么样?"皇帝说:"比不过楚兵。"陈平:"陛下手下的将领们,用兵的能力有能超过韩信的吗?"皇帝说:"都比不上韩信。"陈平说:"如今您的士兵不如楚兵精悍,将领又比不上韩信,发兵攻打他,是催促他起兵谋反,我个人觉得陛下您有危险。"皇帝说:"那怎么办?"陈平说:"古代的皇帝有视察疆土,与诸侯相会的惯例。陛下您按次序出巡,假意巡游云梦,在陈地与诸侯会面。陈地与楚地西面接壤,韩信听说天子出巡,一定会认为国家安稳无事便会去郊外迎接您。趁着韩信拜谒陛下的机会把他抓起来,只需要一个强壮有力的勇士就够了。"皇帝觉得有道理,于是派使者告诉各诸侯在陈地会面,说:"我将要向南出巡云梦。"皇帝于是依次出巡各地。

　　楚王韩信听说这件事,既疑虑又恐惧,不知如何是好。有人对韩信说:"杀了钟离眛去谒见皇上,皇上一定高兴,您就不会有灾祸了。"韩信听从了那人的建议。十二月,汉高祖皇帝在陈地会见诸侯,韩信带着钟离眛的首级谒见皇上。皇上让卫士把韩信捆绑起来,用侍从乘坐的车拉着他。韩信说:"果然像别人说的那样:'狡猾的兔子死尽了,猎

●陈平设计诛韩信

一一二

犬也就会拿来煮着吃了；天上的鸟被射尽了，再好的弓箭也要藏起来了；敌人的国家灭亡了，出谋划策的大臣也就该死了。'天下已经平定，我韩信也要被煮死了！"皇上说："有人告你谋反。"于是押解韩信回到咸阳城，并为此而大赦天下。

田肯向皇上恭贺道："陛下抓住了韩信，又在关中建都。秦地是地势优越的地方，靠山环河，地形十分便于守卫。从这里向诸侯发兵，就好像从高高的屋脊上把瓶子里的水倒下来那样势不可当。齐地，东边有琅邪、即墨的丰厚物产，南边有泰山作为屏障，西边有浊河作为天险，北边有渤海的物产，土地方圆两千里，有上百万甲士，简直就是坐落于东方的秦国，如果不是我们汉朝的亲属后辈，绝对不能称为齐王。"皇上说："好！"于是赏赐给田肯五百金。

皇上返还途中到达洛阳，放了韩信，封他做淮阴侯。韩信知道汉王畏惧自己带兵的能力，于是经常称病不上朝。韩信平时总是闷闷不乐，为和绛侯周伯、将军灌婴这样的人同朝为官感到羞耻。他曾经拜访樊哙将军，樊哙用跪拜大礼迎接他，在韩信面前自称是臣，还说："大王竟然肯临幸臣！"韩信出门后笑着说："活着就应该和樊哙这样的人来往。"

皇上曾经悠闲地和韩信谈论各位将领能统领多少兵马。皇上问："像我这样的人能统领多少兵马？"韩信说："陛下不过能统领十万兵马罢了。"皇上问："那你呢？"韩信说："我统领的兵马越多越好。"皇上笑着说："越多越好，那怎么还被我抓住了呢？"韩信说："陛下不善于统领兵马，却善于统御将领，这就是韩信被陛下捉住的原因。况且陛下您，是上天授予的权力，不是靠人力就能取得的啊。"

甲申，汉高祖皇帝终于开始分封各位功臣做彻侯。萧何被封为鄼侯，拥有最多的封地。功臣们都说："我们身披战甲手拿兵器，有人参与多达一百多场战争，即使参战次数较少的也有十几场。如今萧何没有任何战功，只靠写写文章说说话，地位却在我们之上，凭什么？"皇帝说："你们了解打猎吗？打猎的时候，去追杀野兽和兔子的，是猎狗；而对猎狗发号施令告诉猎狗野兽在哪里的，才是人。如今你们只不过能猎杀野兽而已，功劳如同猎狗罢了；至于萧何，是发号施令指挥调度的人，是有功的人。"群臣都不敢再说话。张良作为出谋划策的臣子，也没有战功，皇帝让他自己在齐地挑选有三万户人家的土地作为他的封地。张良说："最初，我从下邳起兵，和皇上在留地会面，是上天在那里把我送给陛下。陛下采用我的计策，幸好有时能获得成功。我获得留地就足够了，不敢拥有三万户人家的土地。"于是皇帝封张良为留侯。封陈平为户牖侯。陈平推辞道："我没有这么大的功劳啊。"皇上说："我用了先生您的计策，战胜了敌人，这不是功劳是什么呀？"陈平说："如果没有魏无知推荐，我怎么能被重用呢？"皇上说："像你这样的人，可以说是不忘本啊。"于是又重赏了魏无知。

卷 五

汉文帝即位

高皇后七年庚申，公元前一八一年

太后使使告代王，欲徙王赵。代王谢之，愿守代边。太后乃立兄子吕禄为赵王，追尊禄父建成康侯释之为赵昭王。

八年辛酉，公元前一八〇年

秋，七月，太后病甚，乃令赵王禄为上将军，居北军；吕王产居南军。太后诫产、禄曰："吕氏之王，大臣弗平。我即崩，帝年少，大臣恐为变。必据兵卫官，慎毋送丧，为人所制！"辛巳，太后崩，遗诏：大赦天下，以吕王产为相国，以吕禄女为帝后。高后已葬，以左丞相审食其为帝太傅。

吕禄、吕产欲作乱，内惮绛侯、朱虚等，外畏齐、楚兵，又恐灌婴畔之。欲待灌婴兵与齐合而发，犹豫未决。

九月

吕产不知吕禄已去北军，乃入未央宫，欲为乱。至殿门，弗得入，徘徊往来。平阳侯恐弗胜，驰语太尉。太尉尚恐不胜诸吕，未敢公言诛之，乃谓朱虚侯曰："急入宫卫帝！"朱虚侯请卒，太尉予卒千余人。入未央宫门，见产廷中。日铺时，遂击产；产走。天风大起，以故其从官乱，莫敢斗；逐产，杀之郎中府吏厕中。朱虚侯已杀产，帝命谒者持节劳朱虚侯。朱虚侯欲夺其节，谒者不肯。朱虚侯则从与载，因节信驰走，斩长乐卫尉吕更始。还，驰入北军报太尉，太尉起拜贺。朱虚侯曰："所患独吕产；今已诛，天下定矣！"遂遣人分部悉捕诸吕男女，无少长皆斩之。辛酉，捕斩吕禄而笞杀吕嬃，使人诛燕王吕通而废鲁王张偃。戊辰，徙济川王王梁。遣朱虚侯章以诛诸吕事告齐王，令罢兵。

诸大臣相与阴谋曰："少帝及梁、淮阳、恒山王，皆非真孝惠子也。吕后以计诈名他人子，杀其母养后宫，令孝惠子之，立以为后及诸王，以强吕氏。今皆已夷灭诸吕，而所立即长，用事，吾属无类矣。不如视诸王最贤者立之。"或言："齐王，高帝长孙，可立也。"大臣皆曰："吕氏以外家恶而几危宗庙，乱功臣。今齐王舅驷钧，虎而冠。即立齐王，复为吕氏矣。代王方今高帝见子最长，仁孝宽厚，太后家薄氏谨良。且立长固顺，况以仁孝闻天下乎！"乃相与共阴使人召代王。

　　代王问左右，郎中令张武等曰："汉大臣皆故高帝时大将，习兵，多谋诈。此其属意非止此也，特畏高帝、吕太后威耳。今已诛诸吕，新喋血京师，此以迎大王为名，实不可信。愿大王称疾毋往，以观其变。"中尉宋昌进曰："群臣之议皆非也。夫秦失其政，诸侯、豪杰并起，人人自以为得之者以万数，然卒践天子之位者，刘氏也，天下绝望，一矣。高帝封王子弟，地犬牙相制，此所谓磐石之宗也，天下服其强，二矣。汉兴，除秦苛政，约法令，施德惠，人人自安，难动摇，三矣。夫以吕太后之严，立诸吕为三王，擅权专制；然而太尉以一节入北军一呼，士皆左袒为刘氏，叛诸吕，卒以灭之。此乃天授，非人力也。今大臣虽欲变，百姓弗为使，其党宁能专一邪？方今内有朱虚、东牟之亲，外畏吴、楚、淮阳、琅邪、齐、代之强。方今高帝子，独淮南王与大王。大王又长，贤圣仁孝闻于天下，故大臣因天下之心而欲迎立大王。大王勿疑也。"代王报太后计之。犹豫未定，卜之，兆得大横。占曰："大横庚庚，余为天王，夏启以光。"代王曰："寡人固已为王矣，又何王？"卜人曰："所谓天王者，乃天子也。"于是代王遣太后弟薄昭往见绛侯，绛侯等具为昭言所以迎立王意。薄昭还报曰："信矣，毋可疑者。"代王乃笑谓宋昌曰："果如公言。"

　　乃命宋昌参乘，张武等六人乘传，从诣长安。至高陵，休止，而使宋昌先驰之长安观变。昌至渭桥，丞相以下皆迎。昌还报。代王驰至渭桥，群臣拜谒称臣，代王下车答拜。太尉勃进曰："愿请闲言。"宋昌曰："所言公，公言之；所言私，王者无私。"太尉乃跪上天子玺、符。代王谢曰："至代邸而议之。"

　　后九月，己酉晦，代王至长安，舍代邸，群臣从至邸。丞相陈平等皆再拜言曰："子弘等皆非孝惠子，不当奉宗庙。大王，高帝长子，宜为嗣。愿大王即天子位。"代王西乡让者三，南乡让者再，遂即天子位。群臣以礼次侍。

　　东牟侯兴居曰："诛吕氏，臣无功，请得除宫。"乃与太仆汝阴侯滕公入宫，前谓少帝曰："足下非刘氏子，不当立！"乃顾麾左右执戟者掊兵罢去；有数人不肯去兵，宦者令张释谕告，亦去兵。滕公乃召乘舆车载少帝出。少帝曰："欲将我安之乎？"滕公曰：

"出就舍。"舍少府。乃奉天子法驾迎代王于邸，报曰："宫谨除。"代王即夕入未央宫。有谒者十人持戟卫端门，曰："天子在也，足下何为者而入？"代王乃谓太尉。太尉往谕，谒者十人皆掊兵而去，代王遂入。夜，拜宋昌为卫将军，镇抚南北军；以张武为郎中令，行殿中。

有司分部诛灭梁、淮阳、恒山王及少帝于邸。文帝还坐前殿，夜，下诏书赦天下。

 译 文

汉高皇后七年庚申（公元前181年）

吕太后派使者告诉代王刘恒，想要让他迁去赵地做赵王。刘恒婉拒了，主动提出愿意守在代地边境。吕太后于是立自己哥哥的儿子吕禄做了赵王，追尊吕禄的父亲建成康侯吕释之为赵昭王。

汉高皇后八年辛酉（公元前180年）

秋季，七月，吕太后病重，于是任命赵王吕禄做上将军，统领北军；又下令让吕王吕产统领南军。吕太后告诫吕产和吕禄道："我们吕氏在汉朝称王，大臣们都不服。我就快死了，皇帝还小，恐怕大臣们会叛变。你们一定要派兵守卫皇宫，千万不要为我送丧，以免被别人控制。"辛巳，太后驾崩，留下遗诏：大赦天下，任命吕王吕产为相国，让吕禄的女儿做皇后。吕太后下葬后，任命左丞相审食其为皇帝的太傅。

吕太后死后，吕禄和吕产想要发起叛乱，但是却惧怕朝中的绛侯周勃和朱虚侯刘章等人，在外又惧怕齐王和楚王的军队，又担心灌婴会背叛他们，打算等灌婴的军队与齐王的军队交战之后再发起叛乱，因此一直犹豫着下不了决心。

九月

吕产不知道吕禄已经离开北军，于是进入未央宫，想要发起叛乱。他来到宫殿门口，没有进去，一直来回徘徊。平阳侯恐怕不能战胜吕产，快马加鞭赶去告诉太尉。太尉也怕不能战胜吕家人，不敢公然宣称要诛杀吕氏，于是对朱虚侯刘章说："赶快进宫保护皇帝。"刘章申请派给自己一些士兵，太尉给了他一千多名士兵。刘章进入未央宫门，看到吕产正在庭中，及时向吕产发动攻击，吕产逃走。突然狂风大作，吕产的随从官员因此而慌乱，不敢再战斗；刘章在后面追逐吕产，在郎中府的厕所中将他杀死。刘章杀死吕产之后，皇帝派谒者手持符节慰劳刘章。刘章想要夺取符节，谒者不肯给。刘章就和谒者同乘一辆车，凭着符节快速疾驰，斩杀长乐宫卫尉吕更始。之后刘章快马加鞭返回北军禀告太尉，太尉起身向刘章行礼祝贺。刘章说："最大的祸患就是吕产，如今已经把他杀死，天下可以平定了。"于是派人分头搜捕吕家所有人，无论老少全部杀死。辛酉，吕禄被抓住斩杀，吕媭被乱棒打死，又派人诛杀燕王吕通，废除鲁王张偃。戊辰，改封济川王刘太为梁王。又派朱虚侯刘章把诛灭吕氏一族的事情告诉齐王，让他罢兵。

各位大臣相互密谋："后少帝和梁王、淮阳王、衡山王，都不是孝惠皇帝的亲儿子。吕后用计谋骗来别人的孩子，杀死孩子的母亲，把这些孩子养在后宫里，让孝惠皇帝认他们做儿子，立他们做汉朝皇室的后裔，封他们为王，以此来强大吕氏一族的势力。如今吕氏一族已经被灭，但是吕氏所立的人很快就会长大，开始处理政事，到时候就没有我们的容身之地了。不如从各地诸侯王中挑选一个最贤能的人立他为皇帝。"有人说："齐王，是汉高帝的长孙，可以立为皇帝。"大臣们都说："吕氏这些外族作乱，几乎威胁到汉室的宗庙社稷，摧残功臣。如今齐王的舅舅驷钧，仿佛一只戴着人帽子的老虎。如果立齐王为皇帝，恐怕驷钧一族又会成为下一个吕氏。代王刘恒如今是太祖高皇帝留在世上的儿子中年龄最大的一位，性格仁慈孝顺又宽厚，他的母亲薄氏是一位谨慎善良的人。况且立长子做皇帝是顺理成章的事，更何况代王是凭借仁义孝顺而被天下人知晓的。"于是大臣们相互约定秘密派人去召代王刘恒进京。

刘恒问自己的亲信该怎么办，郎中令张武等人说："汉朝的大臣都是已故的高皇帝在世时的大将，都熟知兵法，阴谋诡计很多。他们的真正用意不会这么简单，只是畏惧高皇帝和吕太后的余威罢了。如今已经诛杀吕氏一族，刚刚让京城血流遍地，这次又以迎接大王您作为借口，实在是不能相信他们。希望大王您称病不要前往，观察一下会发生什么变故。"中尉宋昌进言道："群臣讨论出来的结果是不对的。当年秦朝失去政权，各诸侯和豪杰纷纷起义，数万人都以为能够得到天下，但是最终登上天子宝座的，是刘氏，天下人都因此而绝望，这是其一。高皇帝封刘氏子弟为各地的王，让各地相互牵制，这就是所谓的宗室封藩固如磐石，天下人都信服汉朝的强大，这是其二；汉朝兴盛，免除了秦朝的残酷政令，约束法令，施行德政，让人人都能过上安稳日子，不会对汉朝的统治产生动摇，这是其三。凭借吕太后当年的威严，立吕氏族人做三王，独掌大权专制朝廷，然而太尉只凭一个皇帝的符节进入北军一呼吁，士兵们就立刻祖臂拥护刘氏，背叛吕氏一族，最终将吕氏诛灭。这是上天的援助，不是仅凭人力就能做到的。如今大臣们虽然想要变乱，百姓也不会被他们所用，他们的党羽难道能统一吗？况且如今在内有朱虚侯刘章、东牟侯刘兴居这样的亲人，在外又有强大的吴王、楚王、淮阳王、琅琊王、齐王、代王，也令他们畏惧。如今高皇帝的儿子，只剩下淮南王与大王您。大王您又是年龄最大的，天下人都知道您是个贤圣仁孝之人，因此大臣们是迎合了天下人的心意想要迎大王您回京继承皇位。大王不要怀疑了。"刘恒把这件事告诉了母亲，与她一同商议，一直犹豫着下不了决心，于是就去占卜，卦象呈现出"大横"。占卜之词中说道："横线直贯多强壮，我做

天王，夏启的事业得到发扬光大。"刘恒说："我已经是代王了，还能做哪里的王？"算卦的人说："所谓天王，是天子啊。"于是刘恒派母亲薄氏的弟弟薄昭前去拜见绛侯，绛侯等人都对薄昭说明了想要迎刘恒回京即位的真实用意。薄昭回来禀报刘恒："可以相信他们，不用怀疑了。"代王刘恒于是笑着对宋昌说："果然和你说得一样。"

于是刘恒任命宋昌为参乘，张武等六个人乘坐驿站的马车，一起随同刘恒去往长安。抵达高陵时，一行人停了下来，只派宋昌先快马加鞭赶去长安观察事情有没有什么变化。宋昌来到渭桥，丞相以下的官员全部等在那里迎接。宋昌回来禀报刘恒，刘恒这才快马加鞭赶到渭桥，群臣都向刘恒跪拜自称臣子，刘恒下车向众人还礼。太尉周勃近前说："请求与您单独谈话。"宋昌说："如果是说公事，就公开说；如果是说私事，天子没有私事。"太尉这才跪下来献上天子玉玺、符节。刘恒谢道："去代王府邸议事吧。"

闰九月，己酉晦，代王刘恒抵达长安，住在代王府邸，群臣都跟随着来到府邸。丞相陈平等人向刘恒拜了又拜，说："子弘等人都不是孝惠皇帝的儿子，不应该享受宗庙供奉。大王您是高皇帝的长子，应该立为皇嗣。希望大王您能继承天子之位。"刘恒面向西推辞了三次，面向南又推辞了三次，这才继承天子之位。群臣以对待皇帝的礼节侍奉刘恒。

东牟侯刘兴居说："诛杀吕氏，我没有功劳，请让我去把现在的皇帝请出皇宫吧。"于是刘兴居和汝阴侯滕公一起入宫，上前对后少帝说："你不是刘氏子孙，不应该立为皇帝。"然后吩咐皇帝身边携带兵器的卫士放下兵器离开皇宫。有几个守卫皇帝的卫兵不愿意放下兵器，宦官令张释告诫他们，他们才放下兵器。滕公于是召来皇帝乘坐的车把后少帝拉出宫去。后少帝问："你们要带我去哪里？"滕公说："出去找个地方住。"于是把他安置在少府的官衙中。之后又派出天子乘坐的车驾到代王府邸迎接代王，并向代王禀报："皇宫已经清理完毕。"代王当天晚上就进入未央宫。有十名谒者手持兵戟守卫端门，说："这里是天子待的地方，你是谁、凭什么想进去？"代王于是告诉太尉。太尉前去告知，这十名谒者才放下兵器离开，代王于是进入未央宫。晚上，代王任命宋昌为卫将军，镇抚南北军，任命张武为郎中令，在宫中行走守卫。

有关机构分别派人在梁王、淮阳王、衡山王和后少帝的府邸中将他们杀死。汉文帝返回未央宫前殿就座，当夜颁布诏书大赦天下。

卷 六

张释之谏文帝

原文

太宗孝文皇帝前三年甲子，公元前一七七年

初，南阳张释之为骑郎，十年不得调，欲免归。袁盎知其贤而荐之，为谒者仆射。

释之从行，登虎圈，上问上林尉诸禽兽簿。十余问，尉左右视，尽不能对。虎圈啬夫从旁代尉对。上所问禽兽簿甚悉，欲以观其能；口对响应，无穷者。帝曰："吏不当若是邪！尉无赖！"乃诏释之拜啬夫为上林令。释之久之前，曰："陛下以绛侯周勃何如人也？"上曰："长者也。"又复问："东阳侯张相如何如人也？"上复曰："长者。"释之曰："夫绛侯、东阳侯称为长者，此两人言事曾不能出口，岂效此啬夫喋喋利口捷给哉！且秦以任刀笔之吏，争以亟疾苛察相高。其敝，徒文具而无实，不闻其过，陵迟至于土崩。今陛下以啬夫口辨而超迁之，臣恐天下随风而靡，争为口辨而无其实。夫下之化上，疾于景响，举错不可不审也。"帝曰："善！"乃不拜啬夫。上就车，诏释之参乘。徐行，问释之秦之敝，具以质言。至宫，上拜释之为公车令。

顷之，太子与梁王共车入朝，不下司马门。于是释之追止太子、梁王，无得入殿门，遂劾"不下公门，不敬"，奏之。薄太后闻之；帝免冠，谢教儿子不谨。薄太后乃使使承诏赦太子、梁王，然后得入。帝由是奇释之，拜为中大夫；顷之，至中郎将。

从行至霸陵，上谓群臣曰："嗟乎！以北山石为椁，用纻絮斫 ^{zhuó} 陈漆其间，岂可动哉！"左右皆曰："善！"释之曰："使其中有可欲者，

●不用利口

虽锢南山犹有隙；使其中无可欲者，虽无石椁，又何戚焉！"帝称善。

是岁，释之为廷尉。上行出中渭桥，有一人从桥下走，乘舆马惊。于是使骑捕之，属廷尉。释之奏当："此人犯跸，当罚金。"上怒曰："此人亲惊吾马，马赖和柔，令它马，固不败伤我乎！而廷尉乃当之罚金。"释之曰："法者，天下公共也。今法如是，更重之，是法不信于民也。且方其时，上使使诛之则已。今已下廷尉。廷尉，天下之平也，壹倾，天下用法皆为之轻重，民安所错其手足！唯陛下察之。"上良久曰："廷尉当是也。"

其后人有盗高庙坐前玉环，得；帝怒，下廷尉治。释之按"盗宗庙服御物者"为奏当弃市。上大怒曰："人无道，乃盗先帝器！吾属廷尉者，欲致之族；而君以法奏之，非吾所以共承宗庙意也。"释之免冠顿首谢曰："法如是，足也。且罪等，然以逆顺为差。今盗宗庙器而族之，有如万分一，假令愚民取长陵一抔土，陛下且何以加其法乎？"帝乃白太后许之。

译文

汉文帝前三年甲子（公元前177年）

当初，南阳人张释之做骑郎将，十年没有升迁，想要辞去官职还乡。袁盎知道张释之的贤能于是举荐了他，让他做了谒者仆射。

张释之跟随汉文帝出行，来到禁苑中养虎的虎圈，皇上向上林尉要禁苑中饲养的所有禽兽的登记簿。一连问了十几次，上林尉左右环顾，不敢和汉文帝对视。虎圈负责养虎的农夫在旁边替上林尉回答。皇上十分详细地询问与禽兽登记簿有关的事情，想要借此考察一下他的能力。农夫全都对答如流，没有词穷的时候。皇帝说："做官就要像这样。上林尉不可信赖。"于是召来张释之，让他任命这名农夫为上林令。张释之很久才上前，说："陛下觉得绛侯周勃是什么样的人？"皇上说："他是长者。"张释之又问："东阳侯张相如是什么样的人呢？"皇上又说："他也是长者。" 张释之说："绛侯和东阳侯都被称为长者，这两个人禀报事情的时候也有说不出话的时候，哪能像这个农夫这样能言善辩呢？况且秦朝喜欢重用以笔为刀的官吏，争相用敏捷苛察一较高低。其中的弊端就是只有文采却没有实际可用的内容，皇帝无法从他们那里听到自己治国的过错，导致国家土崩瓦解。如今陛下因为一个农夫能言善辩就破格提拔他，我怕天下人都效仿他的样子，争相学能言善辩却不说实际有用的内容。在下面的人受到上面人的影响，都会迅速地效仿起来，因此皇帝的一言一行不能不慎重啊。"汉文帝说："有道理。"于是没有让那个农夫升官。皇上坐上车，召来张释之让他在一旁骖乘。车驾缓慢地行走，汉

文帝问张释之秦朝治国的弊端，张释之句句都能说出其中的实质。抵达皇宫之后，汉文帝拜张释之为公车令。

不久之后，太子与梁王同乘一辆车上朝，在司马门不下车。于是张释之追上去阻止太子和梁王，不让他们进入宫殿大门，并且向汉文帝弹劾他们"到了司马门还不下车，是大不敬"。薄太后也听说了这件事，为此汉文帝摘下皇冠，因为自己教导儿子不严谨而向母亲谢罪。薄太后于是派使者奉圣旨赦免太子和梁王，这才让他们进殿。汉文帝因此更加认为张释之是奇才，任命他做中大夫。不久之后，又升他做中郎将。

张释之跟随汉文帝去霸陵，皇上对群臣说："唉！用北山上的石料为我做棺椁，把苎麻的麻絮砍碎填充在其中，再用漆把它们黏合在一起，这样就坚固得没有人能打开了吧？"随行的人都说："这样做最好。"张释之说："如果有人想要打开，就算像南山那样坚固也能找到缝隙；如果没人想要打开，即使没有石头做成的棺椁，又怕什么呢？"汉文帝认为张释之说得对。

当年，升张释之做廷尉。皇上出行到中渭桥，有一个人在桥下走，让替皇帝拉车的马受了惊。于是汉文帝派骑兵抓住那个人，把他交给廷尉治罪。张释之上奏："这个人冒犯皇帝的车驾，应该罚钱。"皇上愤怒地说："这个人惊动了我的马，多亏这匹马性格柔和，如果是别的马，一定就会让我受伤了。可廷尉却只是罚他一点钱？"张释之说："法律，是天下的公理。如今的法律是这样说的，如果判罚得太重，是让百姓不相信法律了。况且那个人冒犯皇帝车驾的时候，皇上派人杀了他就算了。如今已经把他交给了我这个廷尉，所谓廷尉，就是要让天下公平的官员，只要稍有倾斜，天下人用法就可轻可重了，百姓会不知所措的，希望陛下谨慎处理。"皇上思索了很久才说："做廷尉就应该这样。"

后来有人偷走了高祖皇帝皇座前的玉环，汉文帝大怒，让廷尉处理这件事。张释之按照"偷盗宗庙服饰车马用具的案犯，应在人众聚集的闹市处死"这一条罪来处理，并且请示皇帝的意见。皇上大怒道："这个人不行正道，才去偷盗先帝的器物。我让廷尉处理这件事，是想要诛灭他全族；而你却依照法律来向我请示，是违背我恭奉宗庙的本意。"张释之脱下官帽磕头谢罪道："法律就是这样定的，这样判罚已经足够了。况且同样的罪行，还要根据情节轻重在判罚时有不同的差异。如今因为他偷盗宗庙的器物就诛杀他全族，万一有愚昧无知的人，从高祖的长陵偷了一把土，陛下您该怎么判罚呢？"汉文帝于是向薄太后说明情况，准许了张释之的判罚。

卷 八

晁错削藩

原文

孝景皇帝前三年丁亥，公元前一五四年

初，孝文时，吴太子入见，得侍皇太子饮、博。吴太子博争道，不恭；皇太子引博局提吴太子，杀之。遣其丧归葬，至吴，吴王愠曰："天下同宗，死长安即葬长安，何必来葬为！"复遣丧之长安葬。吴王由此稍失藩臣之礼，称疾不朝。京师知其以子故，系治、验问吴使者；吴王恐，始有反谋。后使人为秋请，文帝复问之，使者对曰："王实不病；汉系治使者数辈，吴王恐，以故遂称病。夫'察见渊中鱼不祥'，唯上弃前过，与之更始。"于是文帝乃赦吴使者，归之，而赐吴王几杖，老，不朝。吴得释其罪，谋亦益解。然其居国，以铜、盐故，百姓无赋；卒践更，辄予平贾；岁时存问茂材，赏赐闾里；他郡国吏欲来捕亡人者，公共禁弗予。如此者四十余年。

晁错数上书言吴过，可削；文帝宽，不忍罚，以此吴日益横。及帝即位，错说上曰："昔高帝初定天下，昆弟少，诸子弱，大封同姓，齐七十余城，楚四十余城，吴五十余城；封三庶孽，分天下半。今吴王前有太子之郤，诈称病不朝，于古法当诛。文帝弗忍，因赐几杖，德至厚，当改过自新，反益骄溢，即山铸钱，煮海水为盐，诱天下亡人谋作乱。今削之亦反，不削亦反。削之，其反亟，祸小；不削，反迟，祸大。"上令公卿、列侯、宗室杂议，莫敢难；独窦婴争之，由此与错有郤。及楚王戊来朝，错因言："戊往年为薄太后服，私奸服舍，请诛之。"诏赦，削东海郡。及前年，赵王有罪，削其常山郡；胶西王卬以卖爵事有奸，削其六县。

廷臣方议削吴。吴王恐削地无已，因发谋举事。念诸侯无足与计者，闻胶西王勇，好兵，诸侯皆畏惮之，于是使中大夫应高口说胶西王曰："今者，主上任用邪臣，听信谗贼，侵削诸侯，诛罚良重，日以益甚。语有之曰：'猰穤及米。'吴与胶西，知名诸侯也，一时见察，不得安肆矣。吴王身有内疾，不能朝请二十余年，常患见疑，无以自白，胁肩累足，犹惧不见释。窃闻大王以爵事有过。所闻诸侯削地，罪不至此；此恐不止削地

资治通鉴

而已。"王曰："有之。子将奈何？"高曰："吴王自以为与大王同忧，愿因时循理，弃躯以除患于天下，意亦可乎？"胶西王瞿然骇曰："寡人何敢如是！主上虽急，固有死耳，安得不事！"高曰："御史大夫晁错，营惑天子，侵夺诸侯，朝廷疾怨，诸侯皆有背叛之意，人事极矣。彗星出，蝗虫起，此万世一时；而愁劳，圣人所以起也。吴王内以晁错为诛，外从大王后车，方洋天下，所向者降，所指者下，莫敢不服。大王诚幸而许之一言，则吴王率楚王略函谷关，守荥阳、敖仓之粟，距汉兵，治次舍，须大王。大王幸而临之，则天下可并，两主分割，不亦可乎！"王曰："善！"归，报吴王，吴王犹恐其不果，乃身自为使者，至胶西面约之。胶西群臣或闻王谋，谏曰："诸侯地不能当汉十二，为叛逆以忧太后，非计也。今承一帝，尚云不易；假令事成，两主分争，患乃益生。"王不听，遂发使约齐、菑川、胶东、济南，皆许诺。

及削吴会稽、豫章郡书至，吴王遂先起兵，诛汉吏二千石以下；胶西、胶东、菑川、济南、楚、赵亦皆反。楚相张尚、太傅赵夷吾谏王戊，戊杀尚、夷吾。赵相建德、内史王悍谏王遂，遂烧杀建德、悍。齐王后悔，背约城守。济北王城坏未完，其郎中令劫守，王不得发兵。胶西王、胶东王为渠率，与菑川、济南共攻齐，围临淄。赵王遂发兵住其西界，欲待吴、楚俱进，北使匈奴与连兵。

吴王悉其士卒，下令国中曰："寡人年六十二，身自将；少子年十四，亦为士卒先。诸年上与寡人同，下与少子等，皆发。"凡二十余万人。南使闽、东越，闽、东越亦发兵从。吴王起兵于广陵，西涉淮，因并楚兵，发使遗诸侯书，罪状晁错，欲合兵诛之。吴、楚共攻梁，破棘壁，杀数万人；乘胜而前，锐甚。梁孝王遣将军击之，又败梁两军，士卒皆还走。梁王城守睢阳。

初，晁错所更令三十章，诸侯谨哗。错父闻之，从颍川来，谓错曰："上初即位，公为政用事，侵削诸侯，疏人骨肉，口语多怨，公何为也？"错曰："固也。不如此，天子不尊，宗庙不安。"父曰："刘氏安矣而晁氏危，吾去公归矣！"遂饮药死，曰："吾不忍见祸逮身！"后十余日，吴、楚七国俱反，以诛错为名。

上与错议出军事，错欲令上自将兵而身居守；又言："徐、僮之旁吴所未下者，可以予吴。"错素与吴相袁盎不善，错所居坐，盎辄避；盎所居坐，错亦避；两人未尝同堂语。及错为御史大夫，使吏按盎受吴王财物，抵罪；诏赦以为庶人。吴、楚反，错谓丞、史曰："袁盎多受吴王金钱，专为蔽匿，言不反；今果反，欲请治盎，宜知其计谋。"丞、史曰："事未发，治之有绝；今兵西向，治之何益！且盎不宜有谋。"错犹与未决。人有告盎，盎恐，夜见窦婴，为言吴所以反，愿至前，口对状。婴入言，上乃召盎。盎入见，上方与错调兵食。上问盎："今吴、楚反，于公意何如？"对曰："不足忧也！"上曰："吴王即山铸钱，煮海为盐，诱天豪杰；白头举事、此其计不百全，岂发乎！何以言其无能为也？"对曰："吴铜盐之利则有之，安得豪杰而诱之！诚令吴得豪杰，亦且辅而为谊，不反矣。吴所诱皆亡赖子弟、亡命、铸钱奸人，故相诱以乱"错曰："盎策之善。"上曰："计安出？"盎对曰："愿屏左右。"上屏人，独错在。盎曰："臣所言，人臣不得知。"乃屏错。错趋避东厢，甚恨。上卒问盎，对曰："吴、楚相遗书，言高皇帝王子弟各有分地，今贼臣晁错擅适诸侯，削夺之地，以故反，欲西共诛错，复故地而罢。方今计独有斩错，发使赦吴、楚七国，复其故地，则兵可毋血刃而俱罢。"于是上默然良久，曰："顾诚何如？吾不爱一人以谢天下。"盎曰："愚计出此，唯上孰计之！"乃拜盎为太常，密装治行。后十余日，上令丞相青、中尉嘉、廷尉欧劾奏错："不称主上德信，欲疏群臣、百姓，又欲以城邑予吴，无臣子礼，大逆无道。错当要斩，父母、妻子、同产无少长皆弃市。"制曰："可。"错殊不知。壬子，上使中尉召错，绐载行市，错衣朝衣斩东市。上乃使袁盎与吴王弟子宗正德侯通使吴。

谒者仆射邓公为校尉，上书言军事，见上，上问曰："道军所来，闻晁错死，吴、楚罢不？"邓公曰："吴为反数十岁矣；发怒削地，以诛错为名，其意不在错也。且臣恐天下之士拑口不敢复言矣。"上曰："何哉？"邓公曰："夫晁错患诸侯强大不可制，故请削之以尊京师，万世之利也。计画始行，卒受大戮。内杜忠臣之口，外为诸侯报仇，臣窃为陛下不取也。"于是帝喟然长息曰："公言善，吾亦恨之！"

译 文

汉孝景帝前三年丁亥（公元前154年）

当初，孝文帝在世时，吴国太子入朝觐见，得到陪皇太子饮酒和下棋的机会。吴国太子下棋时和皇太子争棋路，十分不恭敬；皇太子拿起棋盘打吴国太子，把吴国太子打死。汉朝把吴国太子的尸体送回吴国安葬，到了吴国，吴王愤怒地说："我们同姓刘，死在长安就葬在长安，为什么还送回来安葬？"于是又让人把吴国太子的尸体送回长安下葬。吴王因此对汉朝稍稍失去了藩臣的礼节，称病不朝见。京城官员得知吴王这样做是因为儿子死了的缘故，就扣押吴国使者审问；吴王害怕，开始有谋反的打算。后来吴王派人入朝行秋季朝见之礼，汉文帝又问吴王到底怎么样了，使者答道："吴王确实没有病；汉朝拘留了几批吴国使者，吴王害怕，因此才称病。都说'察见深潭中的鱼不吉利'，希望皇上能原谅吴王之前的过失，让他从头改过。"于是汉文帝放了吴国使者，让他们回国，又赏赐坐几和手杖给吴王，照顾他年老，不用来朝见。吴王被免去惩罚，造反的念头也就松懈了。然而吴王的封国，盛产铜和盐，百姓不需缴纳赋税；百姓需要缴税时，吴王总是发给百姓代役金；每到过年过节，还派人慰问有贤才的人，赏赐平民百姓；别的郡县和封国的官吏要来吴国抓捕逃犯，吴国公然阻止，不交出逃犯。就这样过了四十多年。

晁错曾上书给汉文帝数落吴王的过错，认为应该削藩；汉文帝宽厚，不忍心责罚吴王，因此吴王越来越骄横。到了汉景帝即位，晁错劝说道："当初高祖皇帝刚刚平定天下，他的兄弟少，孩子又年幼，因此将同姓有功之人封王，把齐国七十多座城，楚国四十多座城，吴国五十多座城，封给这三个妃妾所生的儿子，这三国的封地加起来占全国的一半。如今吴王因为吴国太子的事情，假装称病不来朝见，按照古时法律应当处死。文帝不忍心，还赏赐给他坐几和手杖，恩德如此丰厚，吴王应该改过自新，可他却反而更加骄横，守着山中铜矿自己铸钱，用海水煮盐，引诱天下犯罪逃亡到那里的人去密谋作乱。如今削了他的王位他会造反，不削他的王位他也会造反。削了他的王位，他会急着造反，但是造成的祸患会很小；不削他的王位，他虽然不急着立刻造反，但是造成的祸患就大。"汉景帝下令公卿、列侯、宗室商议，没人敢反对，只有窦婴反对，因此晁错与窦婴之间出现矛盾。等到楚王刘戊前来朝见，晁错趁机对汉景帝说："刘戊去年为薄太后服丧期间，在服丧的居室里私下奸淫，我请求处死他。"汉景帝下诏免去刘戊死罪，把楚国封地东海郡削夺。在前一年，赵王犯罪，朝廷削夺了赵国的常山郡；胶西王刘印因为卖官的事情犯罪，被朝廷削去六个县。

朝中大臣正在商议削去吴国封地的事情。吴王担心削地这件事没有止境，于是举兵造反。正想着诸侯王中没有能值得和他商议事情的人，但听说胶西王勇猛，喜欢率兵打仗，各诸侯王都怕他，于是派中大夫应高对胶西王说："如今皇上任用奸臣，听信谗言，削除藩侯封地，惩罚太重，并且越来越重。俗话说：'开头吃糠，后来就会吃米。'吴国和胶西，是两个最出名的诸侯国，等朝廷注意到我们，我们就不能安生了。吴王身患疾病，二十多年不能入京朝见，时常担心被皇上怀疑，又没办法替自己辩白，缩着肩膀，不敢直立，却依然害怕不能被皇上原谅。我私下听说大王您因为卖官的事情犯了错，又听说许多诸侯王都被削除封地，虽然有罪也不该惩罚得这么重啊，恐怕皇上不只是想要削地吧？"胶西王说："确实有削地的事，你打算怎么办？"应高说："吴王和大王您都在忧愁同一件事，希望您能遵循时势，依照情理，牺牲生命来为天下人除去祸患，您觉得怎么样？"胶西王惊讶地说："我怎么敢这样？皇上虽然严苛，我只有一死了之，怎么敢造反？"应高说："御史大夫晁错，蛊惑天子，夺取诸侯的封地，朝廷中许多人怨恨他，诸侯王也都有背叛朝廷的想法，形势已经十分紧急了。天上出现彗星，田间蝗虫成灾，这是万年不遇的场景；如此愁劳困苦的时刻，正是出圣人的时候。吴王准备对朝内提出诛杀晁错的请求，在战场上跟随在大王您的身后，纵横天下，所向无敌，锋芒所向之处，没人敢不臣服。如果有幸能够得到大王您的一句许诺，那么吴王就会率领楚王攻略函谷关，据守荥阳、敖仓的粮库，抵御汉军，修建营地，恭候大王您的到来。如果有幸能等到大王您的来临，到时候天下就能统一，吴王和您平分天下，不好吗？"胶西王说："好。"应高回到吴国，禀告吴王，吴王还是担心胶西王不兑现承诺，于是亲自前去，当胶西王的面与其约定。胶西群臣有人听说吴王的计谋，劝阻胶西王："诸侯的封地占据汉室的土地不足十分之二，因为叛逆的事情让太后担忧，不是好计策。如今我们侍奉一个天子，还很不容易；如果造反成功，两个君主争夺一个国家，大祸就会降临。"胶西王不听劝阻，于是派出使者和齐、菑川、胶东、济南王约定造反的事情，这几个诸侯王都答应了。

等到削除吴国封地会稽郡、豫章郡的文书下达，吴王就率先起兵，杀死朝廷任命的俸禄两千石以下的官员；胶西、胶东、菑川、济南、楚、赵也跟着全部造反。楚相张尚、太傅赵夷吾劝阻楚王刘戊，刘戊把张尚和赵夷吾杀死。赵相建德、内史王悍劝阻赵王刘遂，刘遂把建德和王悍杀死。齐王后悔，背弃了造反的约定守城不出。济北王城墙损坏没有修好，郎中令劫持了济北王，让济北王没能发兵。胶西王、胶东王为渠帅，与菑川王、济南王共同发兵攻打齐国，包围临淄城。赵王于是向西面边界发兵，想要等吴国和楚国的军队到来后一同进发，向北又联合匈奴一同发兵。

吴王派出全部兵力，在吴国下令："我今年六十二岁，亲身担任统帅；我的小儿子才十四岁，也要冲在士卒的前面。你们年纪大的和我差不多，年纪小的和我的小儿子差不多，都要一同冲锋。"于是二十多万人一同进发。吴王又向南边的闽地、东越派去使者，闽地和东越也跟随吴国一同发兵。吴王在广陵起兵造反，向西渡过淮水，与楚军合并，派使者给诸侯王送去书信，列举晁错的罪状，想要联合起来诛杀晁错。吴军和楚军攻打梁国，攻破棘壁，杀死几万人；乘胜继续向前进发，锐不可当。梁孝王派兵攻击，又有两支梁国军队战败，士卒都逃了回来。梁王于是死守睢阳城。

当初，晁错更改了三十章的法令，诸侯纷纷议论表示反对。晁错的父亲知道后，从颍川归来，对晁错说："皇上刚刚即位，你当权处理政事，却要削除诸侯封地，离间汉室骨肉亲情，人家大多怨恨你，你为什么这样做？"晁错说："就应该这样做。不这样做，天子的地位就不尊贵，皇室宗庙就不安稳。"晁错父亲说："刘氏的人安稳了，晁氏的人就危险了，我要离开你回去了。"于是晁错的父亲服毒自尽，死前说："我不忍心看到大祸降临。"过了十几天，吴国、楚国等七国全部造反，都打着诛杀晁错的名号。

　　汉景帝与晁错商议用兵的事情，晁错想让汉景帝亲自率兵而他自己则留守长安；还说："徐县、僮县一带没有被吴国攻占的地方，可以送给吴国。"晁错向来与吴国丞相袁盎不和，晁错出现的地方，袁盎就会避开；袁盎出现的地方，晁错也会避开；这两人从来没有在一个房间里相处过。当晁错担任御史大夫，派官员审查袁盎接受吴王贿赂的事情，并处以刑罚；汉景帝下旨赦免袁盎死罪，贬为百姓。吴国、楚国造反，晁错对御史丞和侍御史说："袁盎从吴王那里接受了许多金钱，专门用来替吴王掩护，说吴王不会造反；如今吴王果然造反，我请求治袁盎的罪，可能会了解吴王的计谋。"　御史丞和侍御史说："在吴国没有造反之前，治袁盎的罪可能还会终止吴王叛乱；如今吴国军队已经向西朝着长安进发，治袁盎的罪还有什么用？况且袁盎不一定参与谋划。"晁错犹豫着下不了决心。有人把这件事告诉袁盎，袁盎害怕，趁夜去见窦婴，说出吴国造反的原因，还说愿意到汉景帝面前，亲口说明原委。窦婴进宫请示汉景帝，汉景帝正在和晁错调配军粮。汉景帝问袁盎："如今吴国、楚国造反，你是怎么想的？"袁盎答："不值得担心。"汉景帝说："吴王守着山中铜矿铸钱，从海水中煮盐，收买天下豪杰；头发都白了还要造反，如果他的计策不是万无一失，怎么会起兵造反？怎么还说他不能成事呢？"袁盎答："吴国的确有铜矿和海水的便利，但是却没有收买天下豪杰。如果吴国真的收买豪杰，应该让他们辅佐吴王治理吴国，就不会造反了。吴国招收的都是无赖子弟、逃亡在外的罪人、私自铸钱的奸人，所以才相互勾结而叛乱。"晁错说："袁盎分析得很好。"汉景帝问："那怎么办呢？"袁盎答道："请皇上让身边的人退下。"汉景帝让身边的人退下，只留下晁错。袁盎说："我说的话，别人都不能听。"汉景帝于是让晁错退下。晁错快步跑到东厢房躲避，对袁盎十分痛恨。汉景帝终于问袁盎想说什么，袁盎说："吴国、楚国相互通信，说高皇帝封刘氏子弟为王，各自给他们封地，如今贼臣晁错擅自贬谪诸侯王，削夺他们的土地，这才造反，想要向西发兵共同诛杀晁错，收复被削去的土地就罢兵。如今最好的办法只有杀死晁错，派使者赦免吴国、楚国七国造反之罪，恢复他们的封地，到时候不用交战也能让他们退兵了。"于是汉景帝沉默了许久，说："不这样做还有什么别的办法？我不会为了爱惜一个人而向天下谢罪的。"袁盎说："我只有这个愚蠢的计谋，希望皇上好好考虑。"于是汉景帝任命袁盎为太常，秘密打点行装，准备出使吴国。之后十几天，汉景帝下令丞相陶青、中尉嘉、廷尉张欧弹劾晁错："辜负皇上的恩德和信任，想要让群臣、百姓疏远，又想送给吴国城邑，毫无臣子的礼节，大逆不道。晁错应当处斩，父母、妻子儿女、兄弟无论老少全都在闹市斩首。"汉景帝下制书批复："可以。"晁错还

不知道。壬子，汉景帝派中尉召来晁错，骗他说坐车巡查街市，晁错穿着上朝的朝服在东市被斩首。汉景帝于是派袁盎与吴王的侄子、宗正德侯刘通出使吴国。

谒者仆射邓公担任校尉，上书讨论军事，面见汉景帝，汉景帝问："你从军中来，听说晁错已死，吴国、楚国有退兵的意思吗？"邓公说："吴国为了造反准备了几十年，他是因为朝廷削了他的封地而发怒，以诛杀晁错的名义，真正的用意并不在杀死晁错。况且我怕天下的人都闭口不敢再说真话了。"汉景帝问："为什么？"邓公说："晁错担心诸侯太强大不好统治，因此才请求削除封地让京城为尊，这是造福万代的事情。计划刚刚开始执行，就被处死。这是对内让忠臣闭嘴，对外替诸侯报仇了，我私下觉得陛下做得不对。"于是汉景帝长长地叹了口气说："你说得对，我也后悔杀了晁错。"

卷　九

汲黯直言进谏

世宗孝武皇帝建元六年丙午，公元前一三五年

东海太守濮阳汲黯为主爵都尉。始，黯为谒者，以严见惮。东越相攻，上使黯往视之；不至，至吴而还，报曰："越人相攻，固其俗然，不足以辱天子之使。"河内失火，延烧千余家，上使黯往视之；还，报曰："家人失火，屋比延烧，不足忧也。臣过河南，河南贫人伤水旱万余家，或父子相食，臣谨以便宜，持节发河南仓粟以振贫民。臣请归节，伏矫制之罪。"上贤而释之。其在东海，治官理民，好清静，择丞、史任之，责大指而已，不苛小。黯多病，卧闺阁内不出。岁余，东海大治，称之。上闻，召为主爵都尉，列于九卿。其治务在无为，引大体，不拘文法。

黯为人，性倨少礼，面折，不能容人之过。时天子方招文学儒者，上曰："吾欲云云。"黯对曰："陛下内多欲而外施仁义，奈何欲效唐、虞之治乎！"上默然，怒，变色而罢朝，公卿皆为黯惧。上退，谓左右曰："甚矣汲黯之戆也！"群臣或数黯，黯曰："天子置公卿辅弼之臣，宁令从谀承意，陷主于不义乎？且已在其位，纵爱身，奈辱朝廷何！"黯多病，病且满三月；上常赐告者数，终不愈。最后病，庄助为请告。上曰："汲黯何如

人哉？"助曰："使黯任职居官，无以逾人；然至其辅少主，守城深坚，招之不来，麾之不去，虽自谓贲、育，亦不能夺之矣。"上曰："然，古有社稷之臣，至如黯，近之矣。"

译 文

汉武帝建元六年丙午（公元前135年）

●汲黯

东海太守濮阳人汲黯做主爵都尉。当初，汲黯只是一名谒者，凭借威严被人敬畏。东越部族相互攻击，汉武帝派汲黯前去视察；汲黯没到东越，只到吴国就回来了，向汉武帝禀报："东越部族相互攻击，是他们的风俗，不值得辱没天子的使臣去视察。"河内失火，烧毁一千多户人家的房屋，汉武帝派汲黯去视察；汲黯回来后禀报："百姓不慎失火，因为房屋相连而烧毁，不足以为此担忧。我经过河南，发现河南贫苦百姓有一万多家遭受水灾和旱灾，有人甚至悲惨到父子相食的境地，我借出使的机会，手持皇上的符节让河南官府打开粮仓赈济灾民。现在我请求归还符节，承担假借君命行事的罪过。"汉武帝认为汲黯贤能，免了他的罪。汲黯在东海时，治理官员百姓，喜欢清净无为，谨慎地任命郡丞和官员，放手任用。他只关注大事，不苛责小事。汲黯经常生病，躺在房中不出去。他在任一年多，东海治理得非常好，百姓交口称赞。汉武帝听说后，召汲黯进京任命为主爵都尉，位列九卿。汲黯处理政务主张清净无为，只引导大的方向，不拘泥于法令条文。

汲黯这个人，为人正直不注重礼数，总是当面批评指责别人，不能容忍别人的过失。当时汉武帝正在广招天下文人学士，每当汉武帝说："我想要怎样怎样。"汲黯就会应声回答："陛下心中隐藏着许多欲望，表面上却做出施行仁义的行为，怎么能够效仿唐尧、虞舜那样治理国家呢？"汉武帝沉默了很久，大怒，变了脸色下朝，公卿等人都替汲黯担心。汉武帝退朝后，对身边服侍的人说："汲黯也太憨直了！"群臣中有人数落汲黯，汲黯说："天子设置公卿的职位来辅佐朝政，难道宁愿阿谀奉承顺从皇上的意愿，让皇上陷于不义之地吗？况且我已经在这个位置上，如果只想爱惜自己，那就会让朝廷蒙羞。"汲黯经常生病，眼看就满三个月的病假期限了；汉武帝几次派人延长他的病假，汲黯还是没有痊愈。最后一次生病，庄助替汲黯请病假。汉武帝说："汲黯是怎么样的人？"庄助说："让汲黯出任官职，没有什么超越别人的才能；但是他辅佐年少的皇帝，坚定不移地守护汉室基业，用利益引诱他也引诱不来，皇上严词驱赶他也赶不走，即使有人认为自己像孟贲、夏育那样勇猛，也无法改变汲黯的忠心。"汉武帝说："是这样啊，古时候有身负国家重任的大臣，至于汲黯，差不多也是这样的人啊。"

卷 十

飞将李广

原文

孝景皇帝六年丁酉，公元前一四四年

六月，匈奴入雁门，至武泉，入上郡，取苑马。吏卒战死者二千人。陇西李广为上郡太守，尝从百骑出，卒遇匈奴数千骑。见广，以为诱骑，皆惊，上山陈。广之百骑皆大恐，欲驰还走。广曰："吾去大军数十里，今如此以百骑走，匈奴追射我立尽。今我留，匈奴必以我为大军之诱，必不敢击我。"广令诸骑曰："前！"未到匈奴阵二里所，止，令曰："皆下马解鞍！"其骑曰："虏多且近，即有急，奈何？"广曰："彼虏以我为走；今皆解鞍以示不走，用坚其意。"于是胡骑遂不敢击。有白马将出，护其兵；李广上马，与十余骑奔，射杀白马将而复还，至其骑中解鞍，令士皆纵马卧。是时会暮，胡兵终怪之，不敢击。夜半时，胡兵亦以为汉有伏军于旁，欲夜取之，胡皆引兵而去。平旦，李广乃归其大军。

世宗孝武皇帝元光六年壬子，公元前一二九年

匈奴入上谷，杀略吏民。遣车骑将军卫青出上谷，骑将军公孙敖出代，轻车将军公孙贺出云中，骁骑将军李广出雁门，各万骑，击胡关市下。卫青至龙城，得胡首虏七百人；公孙贺无所得；公孙敖为胡所败，亡七千骑；李广亦为胡所败。胡生得广，置两马间，络而盛卧，行十余里；广伴死，暂腾而上胡儿马上，夺其弓，鞭马南驰，遂得脱归。汉下敖、广吏，当斩，赎为庶人；唯青赐爵关内侯。

元朔元年癸丑，公元前一二八年

秋，匈奴二万骑入汉，杀辽西太守，略二千余人，围韩安国壁；又入渔阳、雁门，

各杀略千余人。安国益东徙，屯北平；数月，病死。天子乃复召李广，拜为右北平太守。匈奴号曰"汉之飞将军"，避之，数岁不敢入右北平。

元狩四年壬戌，公元前一一九年

上与诸将议曰："翕侯赵信为单于画计，常以为汉兵不能度幕轻留，今大发士卒，其势必得所欲。"乃粟马十万，令大将军青、票骑将军去病各将五万骑，私负从马复四万匹，步兵转者踵军后又数十万人，而敢力战深入之士皆属票骑。票骑始为出定襄，当单于，捕虏言单于东，乃更令票骑出代郡，令大将军出定襄。郎中令李广数自请行，天子以为老，弗许；良久，乃许之，以为前将军。太仆公孙贺为左将军，主爵都尉赵食其为右将军，平阳侯曹襄为后将军，皆属大将军。赵信为单于谋曰："汉兵既度幕，人马罢，匈奴可坐收虏耳。"乃悉远北其辎重，以精兵待幕北。

大将军既出塞，捕虏知单于所居，乃自以精兵走之，而令前将军广并于右将军军，出东道。东道回远而水草少，广自请曰："臣部为前将军，今大将军乃徙令臣出东道。且臣结发而与匈奴战，今乃一得当单于，臣愿居前，先死单于。"大将军亦阴受上诫，以为"李广老，数奇，毋令当单于，恐不得所欲"。而公孙敖新失侯，大将军亦欲使敖与俱当单于，故徙前将军广。广知之，固自辞于大将军；大将军不听，广不谢而起行，意甚愠怒。

前将军广与右将军食其军无导，惑失道，后大将军，不及单于战。大将军引还，过幕南，乃遇二将军。大将军使长史责问广、食其失道状，急责广之幕府对簿。广曰："诸校尉无罪，乃我自失道，吾今自上簿至莫府。"广谓其麾下曰："广结发与匈奴大小七十余战，今幸从大将军出接单于兵，而大将军徙广部行回远，而又迷失道，岂非天哉！且广年六十余矣，终不能复对刀笔之吏！"遂引刀自刭。广为人廉，得赏赐辄分其麾下，饮食与士共之，为二千石四十余年，家无余财。猿臂，善射，度不中不发。将兵，乏绝之处见水，士卒不尽饮，广不近水，士卒不尽食，广不尝食。士以此爱乐为用。及死，一军皆哭。百姓闻之，知与不知，无老壮皆为垂涕。而右将军独下吏，当死，赎为庶人。

译　文

汉景帝六年丁酉（公元前144年）

六月，匈奴攻入雁门，到达武泉，攻入上郡，夺取官府马场的马匹。官兵战死两千多人。陇西人李广担任上郡太守，曾率领一百名骑兵出击，遇上几千名匈奴骑兵。匈奴人

一三一

见到李广，以为他是汉军派出的诱兵，都很吃惊，占据高山摆开阵势。李广的上百名骑兵全都十分害怕，想要策马跑回去。李广说："我们离开大部队几十里，现在就凭这一百多匹马逃走，匈奴追上来会把我们射杀光。现在我们要是留下，匈奴一定以为我们是大部队的诱军，一定不敢攻打我们。"李广对全部骑兵下令："前进！"距离匈奴列阵的地方还有二里，停止前进，李广下令："全都下马卸下马鞍。"骑兵说："匈奴人多，离我们这么近，如果有紧急情况怎么办？"李广说："那些匈奴以为我们会逃走，现在我们卸下马鞍来表示我们不会逃走，让他们坚信我们就是大部队派来的诱军。"于是匈奴骑兵不敢轻易出击。有一名骑白马的匈奴将领出来，监护匈奴军队；李广上马，带领十几名骑兵奔向前，射死那名骑白马的匈奴将领后归还，到达骑兵阵营之后又卸下马鞍，让士兵都放开战马躺在地上休息。当时天色将晚，匈奴人都觉得很奇怪，却不敢出击。到了半夜，匈奴将领以为汉军一定在旁边有埋伏，会趁夜攻打他们，于是率领匈奴军队离开。第二天早上，李广才回到大军阵营。

汉武帝元光六年壬子（公元前129年）

匈奴攻入上谷，杀害抢掠官民。汉朝派车骑将军卫青向上谷出兵，骑将军公孙敖从代国出兵，轻车将军公孙贺从云中出兵，骁骑将军李广从雁门出兵，各自率领上万骑兵，攻打在边关贸易市场屯兵的匈奴军队。卫青抵达龙城，斩首和俘虏匈奴七百多人；公孙贺没有战绩；公孙敖被匈奴打败，损伤七千多名骑兵；李广也被匈奴打败。匈奴活捉了李广，将他绑在两匹马中间，让他躺在用绳子结成的网中，奔行了十几里；李广假装死去，趁匈奴不防备，突然起身跃上匈奴的马背，夺下匈奴的弓箭，策马向南奔驰，终于逃脱。朝廷把公孙敖、李广交给官员治罪，按法应当斩首，后来出钱赎罪，两人被贬为平民；只有卫青被朝廷封赐为关内侯。

汉武帝元朔元年癸丑（公元前128年）

秋季，两万名匈奴骑兵攻入汉朝境内，杀死辽西太守，抢掠两千多人，包围韩安国的营垒；匈奴又攻入渔阳、雁门，各自杀死抢掠一千多人。韩安国率兵向东迁移，驻扎在北平；几个月后病死。汉武帝于是重新召回李广，任命他为右北平太守。匈奴都称李广为"汉朝飞将军"，纷纷躲避李广，几年不敢进入右北平郡。

汉武帝元狩四年壬戌（公元前119年）

汉武帝与各位将领商议说："翕侯赵信替匈奴单于出谋划策，常常认为汉军不能轻装穿越大漠，即便到达那里也不能久留。这次我们发动大军，一定要达到我们的目的。"于是挑选了十万匹用粟米喂养的战马，命令大将军卫青、骠骑将军霍去病各自率领五万名骑兵，从旁跟随驮运物资的马也有四万匹，跟在骑兵后面的步兵还有几十万人，敢于奋死

资治通鉴

拼搏深入敌军交战的都是骠骑将军的兵。骠骑将军起初从定襄出兵，抵抗单于军队，匈奴俘虏说单于在东边，于是朝廷才下令让骠骑将军从代郡出兵，让大将军卫青从定襄出兵。郎中令李广几次请求出战，汉武帝认为李广年老，没有准许；很久之后才准许，任命他为前将军。太仆公孙贺为左将军，主爵都尉赵食其为右将军，平阳侯曹襄为后将军，都归大将军卫青统领。赵信替匈奴单于出谋划策说："汉军已经穿过大漠，人马疲惫，我军可以坐等擒拿敌军。"于是匈奴将辎重运送到北方很遥远的地方，让精锐部队在沙漠以北等候汉军。

　　大将军卫青已经带兵出塞，从匈奴俘虏口中得知单于的住所，于是亲自率领精锐部队前往，又命令前将军李广与右将军的军队合并，从东边道路出击。东边道路曲折遥远并且水源和草地都很少，李广主动请命："我是前将军，如今大将军让我改为东路军。我自从少年就和匈奴交战，如今终于能和匈奴单于当面交战，我愿意在前面冲锋，先去和单于死战。"卫青在私下里受到汉武帝的告诫，认为"李广年老，运气又不好，不要让他去抵抗单于，恐怕不能实现我们的愿望"。而公孙敖刚被免去侯爵，卫青想让公孙敖率兵抵抗单于，因此才把李广的军队改成东路军。李广知道后，坚决向卫青请辞；卫青没有准许，李广没有告辞就擅自动身出发，心中十分恼怒。

　　前将军李广与右将军赵食其率领的军队没有向导，因此迷路，后来卫青没能与单于交战。卫青率兵回朝，穿过大漠以南，这才遇到这两位将军。卫青派长史责问李广、赵食其迷路的事情，责罚李广让他马上到幕府去等待处置。李广说："各位校尉没有罪，是我自己迷路，我现在就到大将军的幕府去受审。"李广对他的属下说："我李广从小就和匈奴交战，大小战役经历了七十多场，如今有幸跟随大将军与匈奴单于交战，而大将军却将我调到东路军，路途本就遥远，我又迷了路，难道不是天意吗？况且我李广已经六十多岁，终究还是对付不过那些以笔为刀的官员。"于是李广自刎而死。李广为人清廉，只要得到赏赐全都分给部下，与士兵同吃同住，四十多年都拿着两千石粮食的俸禄，家里没有多余的钱财。他的手臂像猿一样长，善于射箭，估计射不中目标就不发箭。率兵打仗，在水米断绝的情况下找到水源，士兵不全部喝足水，李广绝对不靠近水源，士兵没有全部吃饱，李广就一口不吃。将士们都愿意为李广效力。李广死后，整个军队都为他痛哭。百姓听说后，无论认不认识李广，不分老幼都为他哭泣。只有右将军赵食其自己去接受审讯，本应处死，后来被贬为平民。

卷十一

大将卫青

世宗孝武皇帝建元二年壬寅，公元前一三九年

上祓霸上，还，过上姊平阳公主，悦讴者卫子夫。子夫母卫媪，平阳公主家僮也。主因奉送子夫入宫，恩宠日隆。陈皇后闻之，恚，几死者数矣。上愈怒。

子夫同母弟卫青，其父郑季，本平阳县吏，给事侯家，与卫媪私通而生青，冒姓卫氏。青长，为侯家骑奴。大长公主执囚青，欲杀之。其友骑郎公孙敖与壮士篡取之。上闻，乃召青为建章监、侍中，赏赐数日间累千金。既而以子夫为夫人，青为太中大夫。

元光六年壬子，公元前一二九年

青虽出于奴虏，然善骑射，材力绝人；遇士大夫以礼，与士卒有恩，众乐为用，有将帅材，故每出辄有功。天下由此服上之知人。

元朔五年丁巳，公元前一二四年

匈奴右贤王数侵扰朔方。天子令车骑将军青将三万骑出高阙，卫尉苏建为游击将军，左内史李沮为高弩将军，太仆公孙贺为骑将军，代相李蔡为轻车将军，皆领属车骑将军，俱出朔方；大行李息、岸头侯张次公为将军，俱出右北平；凡十余万人，击匈奴。右贤王以为汉兵远，不能至，饮酒，醉。卫青等兵出塞六七百里，夜至，围右贤王。右贤王惊，夜逃，独与壮骑数百驰，溃围北去。得右贤神王十余人，众男女万五千余人，畜数十百万，于是引兵而还。

至塞，天子使使者持大将军印，即军中拜卫青为大将军，诸将皆属焉。夏，四月，乙未，复益封青八千七百户，封青三子伉、不疑、登皆为列侯。青固谢曰："臣幸得待罪行间，赖陛下神灵，军大捷，皆诸校尉力战之功也。陛下幸已益封臣青；臣青子在襁褓中，未有勤劳，上列地封为三侯，非臣待罪行间所以劝士力战之意也。"天子曰："我非忘诸校尉功也。"乃封护军都尉公孙敖为合骑侯，都尉韩说为龙领侯，公孙贺为南窌侯，李蔡为乐安侯，校尉李朔为涉轵侯，赵不虞为随成侯，公孙戎奴为从平侯，李沮、

李息及校尉豆如意皆赐爵关内侯。

于是青尊宠，于群臣无二，公卿以下皆卑奉之，独汲黯与亢礼。人或说黯曰："自天子欲群臣下大将军，大将军尊重，君不可以不拜。"黯曰："夫以大将军有揖客，反不重邪！"大将军闻，愈贤黯，数请问国家朝廷所疑，遇黯加于平日。大将军青虽贵，有时侍中，上踞厕而视之；丞相弘燕见，上或时不冠；至如汲黯见，上不冠不见也。上尝坐武帐中，黯前奏事，上不冠，望见黯，避帐中，使人可其奏。其见敬礼如此。

元朔六年戊午，公元前一二三年

夏，四月，卫青复将六将军出定襄，击匈奴，斩首虏万余人。右将军建、前将军信并军三千余骑独逢单于兵，与战一日余，汉兵且尽。信故胡小王，降汉，汉封为翕侯，及败，匈奴诱之，遂将其余骑可八百降匈奴。建尽亡其军，脱身亡，自归大将军。

议郎周霸曰："自大将军出，未尝斩裨将。今建弃军，可斩，以明将军之威。"军正闳、长史安曰："不然。《兵法》：'小敌之坚，大敌之禽也。'今建以数千当单于数万，力战一日余，士尽，不敢有二心，自归，而斩之，是示后无反意也，不当斩。"大将军曰："青幸得以肺腑待罪行间，不患无威，而霸说我以明威，甚失臣意。且使臣职虽当斩将，以臣之尊宠而不敢自擅诛于境外，而具归天子，天子自裁之，于以见为人臣不敢专权，不亦可乎？"军吏皆曰："善！"遂囚建诣行在所。

是岁，失两将军，亡翕侯，军功不多，故大将军不益封，止赐千金。右将军建至，天子不诛，赎为庶人。

元狩四年壬戌，公元前一一九年

乃益置大司马位，大将军、票骑将军皆为大司马，定令，令票骑将军秩禄与大将军等。自是之后，大将军青日退而票骑日益贵。大将军故人、门下士多去事票骑，辄得官爵，唯任安不肯。

●卫青

汉武帝建元二年壬寅（公元前139年）

汉武帝到霸上祈福，返归途中，去看望姐姐平阳公主，喜欢上公主的歌女卫子夫。卫子夫的母亲卫媪，是平阳公主家的奴仆。平阳公主于是把卫子夫献给汉武帝，卫子夫的恩宠越来越多。陈皇后听说后，心生恨意，好几次差点气死。汉武帝对陈皇后越发恼怒。

卫子夫同母所生的弟弟卫青，他的父亲是郑季，本来是平阳县的小官吏，去平阳侯家当差，和卫媪私通生下了卫青，让他冒充姓卫。卫青长大后，成为平阳侯家的骑马随从的仆人。大长公主曾经抓住卫青把他囚禁起来，想要杀了他。卫青的朋友骑郎公孙敖带着几名壮士把他抢了出来。汉武帝听说后，就召卫青进宫封他做建章监、侍中，几天之内给予卫青的赏赐加起来达到上千金。后来汉武帝封卫子夫为夫人，封卫青为太中大夫。

汉武帝元光六年壬子（公元前129年）

卫青虽然出身奴仆，但是善于骑射，才能超出常人；对官员以礼相待，对士卒广施恩德，众人都愿意为他效力，有将帅的才能，因此每次出战都能取得战功。天下人都因此佩服汉武帝知人善任。

汉武帝元朔五年丁巳（公元前124年）

匈奴右贤王屡次侵犯朔方郡。汉武帝命令车骑将军卫青率领三万骑兵从高阙发兵，任命卫尉苏建为游击将军，任命左内史李沮为高弩将军，任命太仆公孙贺为骑将军，任命代相李蔡为轻车将军，全部归卫青统领，同时向朔方郡出发；又任命大行李息、岸头侯张次公为将军，一起从右北平出兵，总共十几万人的军队，前去攻打匈奴。匈奴右贤王以为汉军距离匈奴遥远，不能到达，放心饮酒而醉。卫青等人率领军队出塞六七百里，连夜赶到，包围右贤王。右贤王大惊，连夜逃走，独自带领几百名精壮骑兵，突破重围向北逃走。汉军抓住右贤王手下首领十几人，匈奴男女部众五千多人，牲畜近百万头，之后才班师回朝。

军队到达边塞，天子派使者手持大将军印，到军中任命卫青为大将军，各将领全归卫青统领。夏季，四月，乙未，又加封卫青食邑八千七百户，加封卫青的三个儿子卫伉、卫不疑、卫登为列侯。卫青坚决推辞道："我有幸以戴罪之身在军中效力，仰赖陛下的神灵，才让军队大胜，这都是各位校尉奋力拼杀的功劳。我有幸已经得到陛下封赏；我的儿子还是婴儿，没有任何功劳，皇上却要划分土地封他们三个为列侯，这不是我在军中效力并鼓励将士奋力拼杀的本意。"汉武帝说："我没有忘记各位校尉的功劳。"于是封护军都尉公孙敖为合骑侯，封都尉韩说为龙额侯，封公孙贺为南窌侯，封李蔡为乐安侯，封校尉李朔为涉轵侯，封赵不虞为随成侯，封公孙戎奴为从平侯，封李沮、李息和校尉豆如意等人为关内侯。

卫青因此更加受到汉武帝的尊崇，地位和群臣相同，公卿以下的官员都对卫青卑身奉承，只有汲黯以同级的礼节对待卫青。有人劝汲黯："皇上想让群臣都在大将军卫青地位之下，大将军地位尊贵，你见到他不能不拜。"汲黯说："以大将军的身份而有长揖不拜的平等客人，大将军的地位就不尊贵了吗？"卫青听说后，越发觉得汲黯贤能，多次向汲黯请教朝廷大事，对汲黯比从前更好。卫青虽然地位尊贵，有时入宫，汉武帝就坐在床边接待他；丞相公孙弘在下朝后觐见，汉武帝有时候不戴皇冠；等到汲黯觐见，汉武帝不戴上皇冠决不见他。汉武帝曾经坐在置有兵器的帷帐中，汲黯上前禀报事情，汉武帝没有戴皇冠，远远望见汲黯，就躲进帷帐中，派人传话。足以见得汉武帝对汲黯的尊重。

汉武帝元朔六年戊午（公元前123年）

夏季，四月，卫青又统领六名将军率领的军队从定襄出兵，攻打匈奴，斩杀俘虏匈奴一万多人。右将军苏建、前将军赵信合并了三千多骑兵与匈奴单于的军队狭路相逢，交战了一天多，汉军几乎全部战死。赵信本是胡人的一名小的部落首领，归降朝廷，被朝廷封为翕侯，战败后，匈奴引诱赵信投降，于是赵信率领剩余的八百名骑兵投降匈奴。苏建的军队全部战死，自己逃脱，投奔卫青。

议郎周霸说："自从大将军出征，从来没有斩杀副将。如今苏建舍弃军队，应该斩杀，以此来树立大将军的威严。"军正闳、长史安说："不对。《兵法》说：'小的部队战斗力再强，也会被大部队击灭。'如今苏建凭借几千名骑兵抵挡匈奴单于几万人的军队，拼死交战一天多，士兵全部战死，苏建对朝廷不敢有二心，所以独自回来，我们却要杀死他，这等于告诉后面的人战败后不能返回，因此不能杀死苏建。"卫青说："我卫青有幸以皇上近亲的身份统领大军，不怕没有权威，而周霸却劝说我树立权威，这不符合为人臣子的本分。况且我的职位虽然有斩杀副将的权力，但凭借皇上对我的恩宠也不敢擅自在境外诛杀将领，这件事应该归皇上处理，让皇上亲自来裁决，以此来表示我作为臣子不敢专权，不好吗？"军官们都说："好。"于是卫青把苏建囚禁起来送到汉武帝所在的地方。

当年，卫青损失两名将军，翕侯赵信叛逃，军功不多，因此卫青没有得到再次加封，只获得千金的赏赐。右将军苏建被送回朝廷，汉武帝没有杀他，只把他贬为平民。

汉武帝元狩四年壬戌（公元前119年）

汉武帝又设置大司马的职位，大将军卫青、骠骑将军霍去病都担任大司马一职，还制定法令，让霍去病与卫青的俸禄相同。从此之后，卫青地位日渐衰落，霍去病的地位日渐尊贵。卫青以前的朋友、门客大多转去跟随霍去病，马上就得到了官职，只有任安不肯这样做。

霍去病封侯

元朔六年戊午，公元前一二三年

初，平阳县吏霍仲孺给事平阳侯家，与青姊卫少儿私通，生霍去病。去病年十八，为侍中，善骑射，再从大将军击匈奴，为票姚校尉，与轻骑勇八百，直弃大军数百里赴利，斩捕首虏过当。于是天子曰："票姚校尉去病，斩首虏二千余级，得相国、当户，斩单于大父行藉若侯产，生捕季父罗姑，比再冠军，封去病为冠军侯。上谷太守郝贤四从大将军，捕斩首虏二千余级，封贤为众利侯。"

元狩二年庚申，公元前一二一年

霍去病为票骑将军，将万骑出陇西，击匈奴，历五王国，转战六日，过焉支山千余里，杀折兰王，斩卢侯王，执浑邪王子及相国、都尉，获首虏八千九百余级，收休屠王祭天金人。诏益封去病二千户。

夏，去病复与合骑侯公孙敖将数万骑俱出北地，异道。卫尉张骞、郎中令李广俱出右北平，异道。广将四千骑先行，可数百里，骞将万骑在后。匈奴左贤王将四万骑围广，广军士皆恐；广乃使其子敢独与数十骑驰贯胡骑，出其左右而还，告广曰："胡虏易与耳！"军士乃安。广为圜陈，外向。胡急击之，矢下如雨。汉兵死者过半，汉矢且尽。广乃令士持满毋发，而广身自以大黄射其裨将，杀数人，胡虏益解。会日暮，吏士皆无人色，而广意气自如，益治军，军中皆服其勇。明日，复力战，死者过半，所杀亦过当。会博望侯军亦至，匈奴军乃解去。汉军罢，弗能追，罢归。汉法：博望侯留迟后期，当死，赎为庶人。广军功自如，无赏。而票骑将军去病深入二千余里，与合骑侯失，不相得。票骑将军逾居延，过小月氏，至祁连山，得单桓、酋涂王，及相国、都尉以众降者二千五百人，斩首虏三万二百级，获裨小王七十余人。天子益封去病五千户，封其裨将有功者鹰击司马赵破奴为从票侯，校尉高不识为宜冠侯，校尉仆多为辉渠侯。合骑侯敖坐行留不与票骑会，当斩，赎为庶人。

是时，诸宿将所将士、马、兵皆不如票骑，票骑所将常选，然亦敢深入，常与壮骑先其大军；军亦有天幸，未尝困绝也。而诸宿将常留落不偶，由此票骑日以亲贵，比大将军矣。

秋，匈奴浑邪王降。是时，单于怒浑邪王、休屠王居西方为汉所杀虏数万人，欲召诛之。浑邪王与休屠王恐，谋降汉，先遣使向边境要遮汉人，令报天子。是时，大行李息将城河上，得浑邪王使，驰传以闻。天子闻之，恐其以诈降而袭边，乃令票骑将军将兵往迎之。休屠王后悔，浑邪王杀之，并其众。票骑既渡河，与浑邪王众相望。浑邪王裨将见汉军，而多不欲降者，颇遁去。票骑乃驰入，得与浑邪王相见，斩其欲亡者八千人，遂独遣浑邪王乘传先诣行在所，尽将其众渡河。降者四万余人，号称十万。既至长

●霍去病
luò

安，天子所以赏赐者数十巨万；封浑邪王万户，为漯阴侯，封其裨王呼毒尼等四人皆为列侯。益封票骑千七百户。

元狩四年壬戌，公元前一一九年

票骑将军骑兵车重与大将军军等，而无裨将，悉以李敢等为大校，当裨将，出代、右北平二千余里，绝大幕，直左方兵，获屯头王、韩王等三人，将军、相国、当户、都尉八十三人，封狼居胥山，禅于姑衍，登临翰海，卤获七万四百四十三级。天子以五千八百户益封票骑将军；又封其所部右北平太守路博德等四人列侯，从票侯破奴等二人益封，校尉敢为关内侯，食邑；军吏卒为官、赏赐甚多。而大将军不得益封，军吏卒皆无封侯者。

译 文

汉武帝元朔六年戊午（公元前123年）

起初，平阳县官霍仲孺在平阳侯家做事，与卫青的姐姐卫少儿私通，生下霍去病。霍去病十八岁时，出任侍中，善于骑马射箭，第二次跟随大将军卫青抗击匈奴时，被封为骠姚校尉，率领八百名勇猛的轻骑兵，把大军甩在八百里外的身后去寻找战机，斩杀和俘虏匈奴的数量超过了汉军损失的人数。于是汉武帝说：“骠姚校尉霍去病，斩杀俘虏匈奴两千多人，生擒匈奴相国、当户，斩杀匈奴单于祖父辈的藉若侯栾提产，生擒单于叔父栾

提罗姑，战功再次位居全军之首，封霍去病为冠军侯。上谷太守郝贤四次跟随大将军出征，斩杀俘虏匈奴两千多人，封郝贤为众利侯。"

汉武帝元狩二年庚申（公元前121年）

霍去病作为骠骑将军，率领上万名骑兵从陇西出兵，攻打匈奴，经过五个国家，转战五六天，翻过焉支山一千多里外，斩杀匈奴折兰王、卢侯王，俘获浑邪王子和相国、都尉，斩杀俘虏匈奴八千九百人，夺取休屠王用来祭天的金人。汉武帝下旨加封霍去病两千户的食邑。

夏季，霍去病与合骑侯公孙敖率领几万骑兵兵分两路同时从北部边境出兵。卫尉张骞、郎中令李广兵分两路同时从右北平出兵。李广率领四千骑兵在前方开路，距离大部队几百里，张骞率领上万骑兵跟在后面。匈奴左贤王率领四万骑兵包围李广，李广军中将士都有些害怕；李广就让他的儿子李敢独自率领几十名轻骑兵直穿匈奴骑兵阵营，从敌营左右冲出后归来，告诉李广："匈奴兵很容易对付。"军中将士这才安心。李广布下环形战阵，所有人正面朝外。匈奴发动猛烈攻击，射出的箭如同下雨一样。汉军一半人战死，箭也快射光了。李广于是命令将士拉满弓不要射箭，而李广亲自手持特大号的黄色弓箭射死匈奴的一名副将，接连射杀几名匈奴兵，匈奴的攻势才缓解下来。到了傍晚，汉军将士全都面无人色，而李广却意气风发，越发加紧巡视营地，军中将士都佩服李广的勇猛。第二天，双方又拼死交战，汉军战死大半，杀死的敌军超过汉军战死人数。正好博望侯张骞的军队赶到，匈奴军队这才解除包围撤兵。汉军疲惫，无力追击，回归汉军大部队。根据汉朝法律：博望侯行动迟缓，贻误战机，应当处死，最后赎身贬为平民。李广功过相抵，没有封赏。而骠骑将军霍去病深入敌军两千多里，与合骑侯的军队失散，没能会师。骠骑将军率军跨越居延海，经过小月氏，抵达祁连山，生擒单桓、酋王、涂王，以及匈奴相国、都尉和投降的匈奴部众两千五百人，斩杀俘虏匈奴三万零二百人，捕获匈奴小首领七十多人。汉武帝加封霍去病食邑五千户，封霍去病手下有功的副将鹰击司马赵破奴为从骠侯，封校尉高不识为宜冠侯，封校尉仆多为辉渠侯。合骑侯公孙敖途中逗留没能与骠骑将军会合，理当斩首，赎身后贬为平民。

当时，那些久经战场的将领所率领的将士、兵马都不如霍去病，霍去病平时率领的都是经过选拔的精兵，都敢深入敌军，霍去病常常率领精壮骑兵走在大军前方，他的军队也有上天相助，从来没有陷入绝境。那些久经战场的将军却总是陷于穷困无助的境地，因此霍去病越来越受到汉武帝器重，甚至超过了大将军卫青。

秋季，匈奴浑邪王投降。当时，单于恼怒浑邪王、休屠王驻扎在西方却被汉军斩杀俘虏了几万人，想把他们召来杀掉。浑邪王与休屠王害怕，计划向汉朝投降，先派使者到边境拦住汉人，让他们向汉武帝禀报。当时，大行李息在城河上领兵，抓住浑邪王使者，快马加鞭将消息传送给汉武帝。汉武帝得知，担心匈奴是假装投降而真正想要偷袭边境，于是命令骠骑将军霍去病率兵去迎接他们。休屠王后悔，浑邪王杀了他，将休屠王的部下合并到自己的军队。霍去病渡过黄河，与浑邪王的军队遥遥相望。浑邪王的副将见到汉军，大多都不愿意投降，纷纷逃走。霍去病纵马驰入浑邪王大营，与浑邪王见面，斩杀了八千名想要逃跑的匈奴士兵，又让浑邪王独自乘坐驿站的马车，把他送到汉武帝所在的地方，之后霍去病率领浑邪王的部众渡过黄河。投降的人总共有四万多，号称十万。来到长安，汉武帝赏赐了几十万；封浑邪王食邑万户，为漯阴侯，封浑邪王的副将呼毒尼等四人为列侯。加封霍去病食邑一千七百户。

汉武帝元狩四年壬戌（公元前119年）

　　骠骑将军霍去病的骑兵所拥有的辎重与大将军卫青相同，却没有副将，将李敢等人全部任命为大校，充当副将，从代地、右北平出兵两千多里，穿过大漠，与匈奴左路部队相遇，捕获匈奴屯头王、韩王等三人，以及匈奴将军、相国、当户、都尉八十三人，在狼居胥山祭天神，在姑衍山祭地神，登上瀚海旁的山峰，俘虏匈奴七万零四百四十三人。汉武帝加封霍去病五千八百户食邑；又将他的部下右北平太守路博德等四人封为列侯，跟随霍去病击败匈奴的两个人又获得加封，校尉李敢被封为关内侯，拥有食邑；军中士兵全部封官，赏赐非常多。然而大将军卫青却没有得到加封，军中士兵也没有人被封侯。

卷十四

霍光辅政

原　文

　　世宗孝武皇帝后元元年癸巳，公元前八八年

　　时钩弋夫人之子弗陵，年数岁，形体壮大，多知，上奇爱之，心欲立焉；以其年稚，母少，犹与久之。欲以大臣辅之，察群臣，唯奉车都尉、光禄大夫霍光，忠厚可任大事，上乃使黄门画周公负成王朝诸侯以赐光。后数日，帝谴责钩弋夫人。夫人脱簪珥，叩头。帝曰："引持去，送掖庭狱！"夫人还顾，帝曰："趣行，汝不得活！"卒赐死。顷之，帝闲居，问左右曰："外人言云何？"左右对曰："人言'且立其子，何去其母乎？'"帝曰：

“然，是非儿曹愚人之所知也。往古国家所以乱，由主少、母壮也。女主独居骄蹇，淫乱自恣，莫能禁也。汝不闻吕后邪！故不得不先去之也。”

后元二年甲午，公元前八七年

上病笃，霍光涕泣问曰：“如有不讳，谁当嗣者？”上曰：“君未谕前画意邪？立少子，君行周公之事。”光顿首让曰：“臣不如金日磾。”日磾亦曰：“臣，外国人，不如光；且使匈奴轻汉矣！”乙丑，诏立弗陵为皇太子，时年八岁。丙寅，以光为大司马、大将军，日磾为车骑将军，太仆上官桀为左将军，受遗诏辅少主，又以搜粟都尉桑弘羊为御史大夫，皆拜卧内床下。光出入禁闼二十余年，出则奉车，入侍左右，小心谨慎，未尝有过。为人沈静详审，每出入、下殿门，止进有常处，郎、仆射窃识视之，不失尺寸。日磾在上左右，目不忤视者数十年；赐出宫女，不敢近；上欲内其女后宫，不肯；其笃慎如此，上尤奇异之。日磾长子为帝弄儿，帝甚爱之，其后弄儿壮大，不谨，自殿下与宫人戏；日磾适见之，恶其淫乱，遂杀弄儿。上闻之，大怒，日磾顿首谢，具言所以杀弄儿状。上甚哀，为之泣；已而心敬日磾。上官桀始以材力得幸，为未央厩令；上尝体不安，及愈，见马，马多瘦，上大怒曰：“令以我不复见马邪！”欲下吏。桀顿首曰：“臣闻圣体不安，日夜忧惧，意诚不在马。”言未卒，泣数行下。上以为爱己，由是亲近，为侍中，稍迁至太仆。三人皆上素所爱信者，故特举之，授以后事。丁卯，帝崩于五柞宫；入殡未央宫前殿。

戊辰，太子即皇帝位。帝姊鄂邑公主共养省中，霍光、金日磾、上官桀共领尚书事。光辅幼主，政自己出，天下想闻其风采。殿中尝有怪，一夜，群臣相惊，光召尚符玺郎，欲收取玺。郎不肯授，光欲夺之。郎按剑曰：“臣头可得，玺不可得也！”光甚谊之。明日，诏增此郎秩二等。众庶莫不多光。

译文

汉武帝后元元年癸巳（公元前88年）

此时钩弋夫人的儿子刘弗陵，虽然只有几岁，但身材粗壮，聪明好学，汉武帝对他极为疼爱；因为刘弗陵年纪小，母亲年少，因此汉武帝犹豫了许久没有立他为太子。汉武帝想让大臣辅佐刘弗陵，观察群臣，只有奉车都尉、光禄大夫霍光，为人忠厚可以担当大事，汉武帝派黄门官画了一幅周公背着周成王接受诸侯朝见的画赏赐给霍光。过了几天，汉武帝谴责钩弋夫人。钩弋夫人摘下簪子耳环等首饰，向汉武帝磕头。汉武帝说：“拉下

去，送入掖庭狱中。"钩弋夫人回头看汉武帝，汉武帝说："快走，你活不了了。"最终把钩弋夫人赐死。不久之后，汉武帝闲居宫中，问左右亲信："外人都是怎么说的？"亲信们说："人们都说：'想要立她的儿子为太子，为什么还要处死太子的母亲呢？'"汉武帝说："是啊，这就是你们这些愚蠢的人不懂的地方了。从古至今国家之所以变乱，都是因为皇帝年幼，皇帝的母亲却正值壮年的缘故。女主人一独居，就会骄横淫乱，没人能够禁止。你难道不知道吕后的事情吗？所以不得不先处死钩弋夫人啊。"

汉武帝后元二年甲午（公元前87年）

汉武帝病重，霍光哭着问："如果有什么不测，谁能继承君位？"汉武帝说："你不知道之前赐给你那幅画的含义吗？立年少的孩子为太子，你就要做画中周公做的事情。"霍光磕头推辞道："我比不上金日磾。"金日磾也说："我是外国人，比不上霍光；况且由我辅政，会让匈奴轻视朝廷。"乙丑，汉武帝下旨立刘弗陵为皇太子，刘弗陵当年只有八岁。丙寅，任命霍光为大司马、大将军，金日磾为车骑将军，太仆上官桀为左将军，奉遗诏辅佐年少的皇帝，又任命搜粟都尉桑弘羊为御史大夫，这些人都是汉武帝躺在床上任命的。霍光在朝廷中出入了二十多年，外出时就陪着汉武帝坐车，服侍在汉武帝身边，小心谨慎，从来没有犯过错。他为人沉静，安详慎重，每次出入宫廷、下殿门，停止和前进都有固定的地方，郎官、仆射们在暗中观察，发现霍光前进和停止的地方每次都尺寸不差。金日磾在汉武帝身边，几十年来从不看他不该看的东西；汉武帝赐给他宫女，他也不敢亲近；汉武帝想把他的女儿纳为后宫嫔妃，金日磾也不肯；他如此谨慎小心，汉武帝也觉得他是个奇人。金日磾的长子是供汉武帝狎弄的童子，汉武帝十分喜欢他，后来他渐渐长大，行为不谨慎，在宫殿之下调戏宫女；正好被金日磾看见，厌恶他的淫乱，就把他杀死。汉武帝听说后大怒，金日磾磕头谢罪，把自己杀死儿子的原因全都说了出来。汉武帝十分伤心，为他哭泣，但是心中却更加尊敬金日磾。上官桀最初凭借才能获得汉武帝宠幸，任命他为未央厩令；汉武帝曾经身体不舒服，刚刚痊愈时，看见宫中的马大多瘦弱，大怒道："未央厩令以为我再也看不到这些马了吗？"想要把上官桀交付给官员审问。上官桀磕头说："我听说皇上身体不舒服，日夜担心害怕，心思都没放在马上。"话没说完，几行眼泪流了下来。汉武帝认为上官桀很爱自己，因此对他更加亲近，任命他为侍中，后来又升做太仆。霍光、金日磾、上官桀这三人都是汉武帝平时十分信任喜爱的人，因此特意推举他们，把身后事交代给他们。丁卯，汉武帝在五柞宫驾崩，在未央宫前殿入殡。

戊辰，太子继承皇位。他的姐姐鄂邑公主一同住在深宫中抚养他，霍光、金日磾、上官桀共同主管尚书事。霍光辅佐年幼的皇帝，所有政令都是由他下达的，天下人都想见见他的风采。皇宫中曾经出现怪物，一天晚上，群臣都被怪物惊扰，霍光召来执掌符玺的郎官，想要把玉玺收起来。这位符玺郎不肯把玉玺给霍光，霍光想要上前抢夺。符玺郎官手按着剑说："我的头可以给你，玉玺不能给你。"霍光十分欣赏他。第二天，下旨将这名执掌符玺的郎官职位提升了两级。众人对霍光更加尊敬。

卷十五

苏武牧羊

原　文

世宗孝武皇帝天汉元年辛巳，公元前一○○年

上嘉匈奴单于之义，遣中郎将苏武送匈奴使留在汉者，因厚赂单于，答其善意。武与副中郎将张胜与假吏常惠等俱。既至匈奴，置币遗单于。单于益骄，非汉所望也。

会缑王与长水虞常等及卫律所将降者，阴相与谋劫单于母阏氏归汉。卫律者，父故长水胡人，律善协律都尉李延年，延年荐言律使于匈奴，使还，闻延年家收，遂亡降匈奴。单于爱之，与谋国事，立为丁灵王。虞常在汉时素与副张胜相知，私候胜曰："闻汉天子甚怨卫律，常能为汉伏弩射杀之。吾母、弟在汉，幸蒙其赏赐。"张胜许之，以货物与常。后月余，单于出猎，独阏氏、子弟在，虞常等七十余人欲发，其一人夜亡告之。单于子弟发兵与战，缑王等皆死，虞常生得。

单于使卫律治其事。张胜闻之，恐前语发，以状语武。武曰："事如此，此必及我，见犯乃死，重负国。"欲自杀。胜、惠共止之。虞常果引张胜。单于怒，召诸贵人议，欲杀汉使者。左伊秩訾曰："即谋单于，何以复加！宜皆降之。"单于使卫律召武受辞。武谓惠等："屈节辱命，虽生，何面目以归汉！"引佩刀自刺。卫律惊，自抱持武，驰召医，凿地为坎，置煴火，覆武其上，蹈其背以出血。武气绝，半日复息。惠等哭，舆归营。单于壮其节，朝夕遣人候问武，而收系张胜。

武益愈，单于使使晓武，欲降之，会论虞常，欲因此时降武；剑斩虞常已，律曰："汉使张胜谋杀单于近臣，当死，单于募降者赦罪。"举剑欲击之，胜请降。律谓武曰："副有罪，当相坐。"武曰："本无谋，又非亲属，何谓相坐！"复举剑拟之，武不动。律曰：

"苏君，律前负汉归匈奴，幸蒙大恩赐号称王，拥众数万，马畜弥山，富贵如此！苏君今日降，明日复然；空以身膏草野，谁复知之！"武不应。律曰："君因我降，与君为兄弟；今不听吾计，后虽欲复见我，尚可得乎！"武骂律曰："汝为人臣子，不顾恩义，畔主背亲，为降虏于蛮夷，何以汝为见！且单于信汝，使决人死生，不平心持正，反欲斗两主，观祸败。南越杀汉使者，屠为九郡；宛王杀汉使者，头悬北阙；朝鲜杀汉使者，即时诛灭；独匈奴未耳。若知我不降明，欲令两国相攻，匈奴之祸从我始矣。"律知武终不可胁，白单于，单于愈益欲降之。乃幽武置大窖中，绝不饮食；天雨雪，武卧，啮雪与旃（zhān）毛并咽之，数日不死。匈奴以为神，乃徙武北海上无人处，使牧羝（dī），曰："羝乳乃得归。"别其官属常惠等，各置他所。

孝昭皇帝始元六年庚子，公元前八一年

初，苏武既徙北海上，廪食不至，掘野鼠去草实而食之。杖汉节牧羊，卧起操持，节旄尽落。武在汉，与李陵俱为侍中；陵降匈奴，不敢求武。久之，单于使陵至海上，为武置酒设乐，因谓武曰："单于闻陵与子卿素厚，故使陵来说足下，虚心欲相待，终不得归汉，空自苦；亡人之地，信义安所见乎！足下兄弟二人，前皆坐事自杀；来时，太夫人已不幸；子卿妇年少，闻已更嫁矣；独有女弟二人、两女、一男，今复十余年，存亡不可知。人生如朝露，何久自苦如此！陵始降时，忽忽如狂，自痛负汉，加以老母系保宫。子卿不欲降，何以过陵！且陛下春秋高，法令无常，大臣无罪夷灭者数十家。安危不可知，子卿尚复谁为乎！"武曰："武父子无功德，皆为陛下所成就，位列将，爵通侯，兄弟亲近，常愿肝脑涂地。今得杀身自效，虽斧钺、汤镬，诚甘乐之！臣事君，犹子事父也。子为父死，无所恨。愿勿复再言！"陵与武饮数日，复曰："子卿壹听陵言！"武曰："自分已死久矣，王必欲降武，请毕今日之欢，效死于前！"陵见其至诚，喟然叹曰："嗟乎，义士！陵与卫律之罪上通于天！"因泣下沾衿，与武决去。赐武牛羊数十头。

后陵复至北海上，语武以武帝崩。武南乡号哭欧血，且夕临，数月。及壶衍鞮单于立，母阏氏不正，国内乖离，常恐汉兵袭之，于是卫律为单于谋，与汉和亲。汉使至，求苏武等，匈奴诡言武死。后汉使复至匈奴，常惠私见汉使，教使者谓单于，言："天子射上林中，得雁，足有系帛书，言武等在某泽中。"使者大喜，如惠语以让单于。单于视左右而惊，谢汉使曰："武等实在。"乃归武及马宏等。马宏者，前副光禄大夫王忠使西国，为匈奴所遮；忠战死，马宏生得，亦不肯降。故匈奴归此二人，欲以通善意。于是李陵置酒贺武曰："今足下还归，扬名于匈奴，功显于汉室，虽古竹帛所载，丹青所画，何以过子卿！陵虽驽怯，令汉贳陵罪，全其老母，使得奋大辱之积志，庶几乎曹柯之盟，此陵宿昔之所不忘也。收族陵家，为世大戮，陵尚复何顾乎！已矣，令子卿知吾心耳！"陵泣下数行，因与武决。

单于召会武官属，前已降及物故，凡随武还者九人。既至京师，诏武奉一太牢谒武帝园庙，拜为典属国，秩中二千石，赐钱二百万，公田二顷，宅一区。武留匈奴凡十九岁，始以强壮出，及还，须发尽白。

译 文

汉武帝天汉元年辛巳（公元前100年）

汉武帝嘉奖匈奴的道义，派中郎将苏武将留在汉朝的匈奴使者送回，并且丰厚赏赐匈奴单于，答谢他的善意。苏武与副中郎将张胜以及暂时担任使团官吏的常惠等人一同前往。到达匈奴后，将礼品送给单于。单于越发骄横，已经不是汉朝期望的那样。

正逢缑王与长水人虞常等人以及卫律率领的投降匈奴的汉朝人，相互密谋将单于的母亲阏氏劫持回汉朝。卫律的父亲是过去长水的胡人，卫律与协律都尉李延年关系好，李延年举荐卫律出使匈奴，出使回来后，听说李延年被抄家，于是卫律逃往匈奴投降。单于喜爱卫律，与他商议国事，立他为丁灵王。虞常在汉朝时与副中郎将张胜相识，私下里对张胜说："听说汉朝天子十分怨恨卫律，我能替汉朝埋伏弓弩手将卫律杀死。我的母亲、弟弟在汉朝，希望他们有幸得到汉朝赏赐。"张胜答应了，并送给他一些礼物。后来一个多月，单于外出打猎，只有阏氏和宗室子弟留了下来，虞常等七十多人打算起事，其中一个人连夜逃亡将计划告密。单于的子弟发兵与虞常交战，缑王等人全部战死，虞常被捉。

单于派卫律审问这件事。张胜听说后，恐怕之前说的话会被告发，把实情都告诉苏武。苏武说："事已至此，一定会连累我，如果被羞辱后再去死，更对不起国家。"于是苏武打算自杀。张胜、常惠一起制止了他。虞常果然招出张胜。单于大怒，召集贵族商议，想要杀死汉朝使者。左伊秩訾说："如果谋害单于，又该如何加重处罚呢？应该招降他们。"单于派卫律召来苏武等人受审。苏武对常惠等人说："失去尊严辱没使命，虽然能活，又有什么脸回到朝廷？"于是拿起佩刀刺向自己。卫律大惊失色，亲自抱住苏武，派人立刻召来医生，在地上凿出一个洞，在洞里点上微微的火焰，把苏武放在洞上面，用脚踩苏武的后背，让瘀血流出来。苏武断气了半天才恢复了呼吸。常惠等人哭着将苏武抬回营地。单于欣赏苏武的气节，每天早晚两次派人问候苏武，却将张胜下狱。

苏武渐渐康复，单于派人告诉苏武，想要招降他。正赶上虞常被定为死罪，打算趁这个机会招降苏武；虞常被斩首后，卫律说："汉朝使臣张胜密谋杀死单于近臣，应当处死，投降单于的人赦免死罪。"之后举剑砍向张胜，张胜请求归降。卫律对苏武说："副使有罪，你也应当连罪。"苏武说："我本来就没参与谋杀，又不是他的亲属，为什么连罪？"卫律又举剑假装砍向苏武，苏武不动。卫律说："苏先生，我之前背弃汉朝归降匈奴，有幸承蒙单于大恩赐给我丁灵王的称号，手下有几万人，牛马牲畜漫山遍野，如此富贵。苏先生今天归降，明天就会像我一样；白白地葬身荒野，谁会知道呢？"苏武不回应。卫律说："你通过我的关系归降，我和你就是兄弟；如果今天不听我的计划，日后即使想要再见我，怎么可能？"苏武骂卫律："你为人臣子，不顾恩情道义，背叛主君和亲人，只为投降蛮夷胡人，我为什么还要见你？况且单于相信你，让你来决定别人的生死，你不抱持公平心，反而想要让两国君主开战，你坐观成败。南越杀死汉朝使者，被消灭后变成九郡；宛王杀死汉朝使者，他的头被挂在北城楼上；朝鲜杀死汉朝使者，立刻就被消灭；只有匈奴没这样做。如果明知我不投降，想要让两国交战，匈奴的灾难就是从我而起的。"卫律知道苏武无法被威胁，将实情告诉单于，单于越发想要招降苏武。于是将苏武幽禁在大地牢中，断绝苏武的饮食；当时天降雨雪，苏武卧在地上，啃一口雪吃一口毡子毛，再一起咽下去，几天都没有死。匈奴认为苏武是神，于是将他迁往北海上无人居住的地方，让他放牧公羊，说："公羊产奶就放了你。"常惠等其他官员，分别安置了住所。

汉昭帝始元六年庚子（公元前81年）

当初，苏武被迁往北海，匈奴不及时给予食物，苏武就挖野鼠、吃草籽。手持汉朝的符节，无论睡觉还是醒着都带着符节，符节上的缨毛全部脱落了。苏武在汉朝时，与李陵同为侍中；李陵投降匈奴，不敢求见苏武。时间久了，单于派李陵到北海，替苏武置办酒席奏乐，趁机对苏武说："单于听说我和你关系好，所以派我来劝说你，单于想要对你虚心相待，不会让你回汉朝的，不要白白苦了自己；在这个流放犯人的地方，你的信义节操谁能看到呢？你有兄弟两人，之前都因为犯事被杀；你来这里的时候，太夫人也不幸去世；你的妻子年轻，听说已经改嫁了；只剩下两个妹妹、两个女儿、一个儿子了，如今已经过了十年，他们的生死也不知道。人生就像清晨的露水，何苦这样长久地苦了自己呢？我刚投降时，也神情恍惚如同发疯，痛恨自己辜负了汉朝，连累年老的母亲被捕入狱。你不愿投降的心情，怎么会超过我？况且陛下如今年岁已高，法令变化无常，没有罪的大臣都有几十个被灭门。安危无法预料，你又是为了谁呢？"苏武说："我苏武父子没有公德，都是被陛下成就，才位列将职，封为通侯爵位，我们兄弟得以亲近皇上，常常希望能为皇上肝脑涂地。如今得到了以身家性命报效朝廷的机会，即便是被斧子砍，被烹煮，都是我心甘情愿的快乐。我侍奉皇上，就像儿子侍奉父亲。儿子为父亲死，没有怨恨。请你别再说了。"李陵与苏武喝了几天的酒，又说："你应该听听我的话。"苏武说："我料想自己会死已经很久了，单于一定要招降我，就结束今日的欢饮吧，让我死在你面前。"李陵见到苏武的诚心，感叹着说："唉，苏武是义士啊！我李陵与卫律的罪过上通于天。"于是泪湿衣襟，与苏武诀别。赏赐给苏武几十头牛羊。

后来李陵再次来到北海，告诉苏武汉武帝驾崩。苏武面向南边大声恸哭到吐血，每天早晚两次面对着南边恸哭，持续了几个月。当壶衍鞮单于即位后，他的母亲阏氏行为不正，匈奴人背离单于，因此单于常担心汉兵会来袭击匈奴，于是卫律替单于谋划，与汉朝和亲。汉朝使者来到，要求见苏武等人，匈奴谎称苏武已死。后来汉朝使者再次来到匈奴，常惠私下里求见汉朝使者，教使者对单于说："天子在林中射猎，射到一只大雁，大雁的脚上系着一封写在绢帛上的信，说苏武等人就在某处水边。"汉朝使者十分高兴，按照常惠的话说了并责备单于。单于看到身边的人都很惊慌，只好向汉朝使者谢罪道："苏武等人的确还活着。"于是放了苏武和马宏等人。马宏，是光禄大夫王忠出使西域的副使，被匈奴扣下；王忠战死，马宏生还，也不肯投降。因此匈奴放了这两个人，想要向汉朝示好。于是李陵设宴祝贺苏武，说："如今你能回汉朝，在匈奴中扬名，功劳在汉朝显扬，即使那些记载在古书当中，画在丹青之上的贤者，谁又能比过你呢？我李陵虽然怯懦，假如汉朝当年赦免了我的罪过，保全我的老母，我一定会忍辱负重，因为春秋时代曹刿劫持齐桓公于柯盟的壮举正是我念念不忘的志向，然而汉朝却将我家满门抄斩，这是当时最残酷的刑法，我还有什么可顾念的？已经这样了，只是希望你了解我的心意吧。"李陵泪流满面，之后与苏武诀别。

单于召集当年随苏武出使匈奴的官员，除去之前已经投降的和死去的，跟随苏武而来的一共回去九人。抵达京城后，汉昭帝下诏令苏武用牛、羊、猪各一头去祭拜汉武帝的宗庙，封苏武为典属国，俸禄达到两千石，赏赐二百万钱，良田两顷，宅邸一套。苏武留在匈奴十九年，离开汉朝时还是壮年，当返回时，胡须和头发都白了。

卷二十三

飞燕合德谗言后宫

原 文

孝成皇帝鸿嘉三年癸卯，公元前一八年

初，许皇后与班婕妤皆有宠于上。上尝游后庭，欲与婕妤同辇载，婕妤辞曰："观古图画，贤圣之君皆有名臣在侧，三代末主乃有嬖妾。今欲同辇，得无近似之乎！"上善其言而止。太后闻之，喜曰："古有樊姬，今有班婕妤！"班婕妤进侍者李平得幸，亦为婕妤，赐姓曰卫。

其后，上微行过阳阿主家，悦歌舞者赵飞燕，召入宫，大幸；有女弟，复召入，姿性尤醲粹，左右见之，皆啧啧嗟赏。有宣帝时披香博士淖方成在帝后，唾曰："此祸水也，灭火必矣！"姊、弟俱为婕妤，贵倾后宫。许皇后、班婕妤皆失宠。于是赵飞燕谮告许皇后、班婕妤挟媚道，祝诅后宫，詈及主上。冬，十一月，甲寅，许后废处昭台宫，后姊谒等皆诛死，亲属归故郡。考问班婕妤，婕妤对曰："妾闻'死生有命，富贵在天。'修正尚未蒙福，为邪欲以何望！使鬼神有知，不受不臣之诉；如其无知，诉之何益！故不为也。"上善其对，赦之，赐黄金百斤。赵氏姊、弟骄妒，婕妤恐久见危，乃求共养太后于长信宫。上许焉。

永始元年乙巳，公元前十六年

上欲立赵婕妤为皇后，皇太后嫌其所出微甚，难之。太后姊子淳于长为侍中，数往来通语东宫；岁余，乃得太后指，许之。夏，四月，乙亥，上先封婕妤父临为成阳侯。谏大夫河间刘辅上书，言："昔武王、周公，承顺天地以飨鱼、鸟之瑞，然犹君臣祗惧，动色相戒。况于季世，不蒙继嗣之福，屡受威怒之异者乎！虽夙夜自责，改过易行，畏天命，念祖业，妙选有德之世，考卜窈窕之女，以承宗庙，顺神祗心，塞天下望，子孙之祥犹恐晚暮！今乃触情纵欲，倾于卑贱之女，欲以母天下，不畏于天，不愧于人，惑莫大焉！里语曰：'腐木不可以为柱；人婢不可以为主。'天人之所不予，必有祸而无福，市道皆共知之，朝廷莫肯壹言。臣窃伤心，不敢不尽死！"书奏，上使侍御史收缚辅，系掖庭秘狱，群臣莫知其故。于是左将军辛庆忌、右将军廉褒、光禄勋琅邪师丹、太中大夫谷永俱上书曰："窃见刘辅前以县令求见，擢为谏大夫，此其言必有卓诡切至当圣心者，故得拔至于此；旬月之间，收下秘狱。臣等愚以为辅幸得托公族之亲，在谏臣之列，新从下土来，未知朝廷体，独触忌讳，不足深过。小罪宜隐忍而已，如有大恶，宜暴治理官，与众共之。今天心未豫，灾异屡降，水旱迭臻，方当隆宽广问，褒直尽下之时也，而行惨急之诛于谏争之臣，震惊群下，失忠直心。假令辅不坐直言，所坐不著，天下不可户晓。同姓近臣，本以言显，其于治亲养忠之义，诚不宜幽囚于掖庭狱。公卿以下，见陛下进用辅<ruby>亟<rt>ruǎn</rt></ruby>而折伤之暴，人有惧心，精锐销亟，莫敢尽节正言，非所以昭有虞之听，广德美之风！臣等窃深伤之，惟陛下留神省察！"上乃徙系辅共工狱，减死罪一等，论为鬼薪。

六月，丙寅，立皇后赵氏，大赦天下。

皇后既立，宠少衰。而其女弟绝幸，为昭仪，居昭阳舍，其中庭彤朱而殿上<ruby>髹<rt>xiū</rt></ruby>漆；切皆铜沓，黄金涂；白玉阶；壁带往往为黄金釭，函蓝田璧、明珠、翠羽饰之。自后宫未尝有焉。赵后居别馆，多通侍郎、宫奴多子者。昭仪尝谓帝曰："妾姊性刚，有如为人构陷，则赵氏无种矣！"因泣下悽恻。帝信之，有白后奸状者，帝辄杀之。由是后公为淫恣，无敢言者，然卒无子。

译文

汉成帝鸿嘉三年癸卯（公元前18年）

当初，许皇后与班婕妤都受汉成帝宠爱。汉成帝曾经在后庭游玩，想要与班婕妤一同乘坐辇车，班婕妤推辞道："我看古时的画，贤圣的君主身边都有著名的大臣，三个朝代的末代君王身边都有爱妾。如今皇上打算与我一同乘坐辇车，不是与那些末代君主相似了吗？"汉成帝欣赏班婕妤的话，因此没有与她一同乘坐辇车。太后听说后，高兴地说："古时有樊姬，如今有班婕妤。"班婕妤把自己的侍者李平进献给汉成帝，李平得到宠幸，也成为婕妤，被赐姓卫。

后来，汉成帝微服出巡经过阳阿公主家，喜欢上了公主家的歌舞女赵飞燕，将其召入后宫，十分宠幸；赵飞燕有一个妹妹，也被召入后宫，姿容特别酰艳娟洁，汉成帝身边的人见到她们，都啧啧称赞。汉宣帝时期的披香博士淖方成站在汉成帝身后，唾弃道："这是祸水啊，一定会扑灭汉朝兴盛的火焰。"赵飞燕姐妹都被封为婕妤，尊贵压倒后宫。许皇后、班婕妤都失宠了。于是赵飞燕诬告许皇后、班婕妤利用巫蛊妖媚之术诅咒后宫嫔妃，责骂皇帝。冬季，十一月，甲寅日，许皇后被废，安置到昭台宫，皇后的姐姐

许谒等人全部被处死，皇后的亲属被遣送回家乡。又拷问班婕妤，班婕妤答道："我听说'生死有命，富贵在天'。修行正道尚且还没有获得福报，为什么还要走邪路呢？如果鬼神有知，不会听取这些不臣之人的诬告；如果鬼神无知，就算倾诉了又有什么用？所以我不会做那些巫蛊诅咒之事的。"汉成帝欣赏班婕妤的回答，将她赦免，赏赐黄金百斤。赵飞燕姐妹嫉妒班婕妤，班婕妤担心时间久了会有更大的危险，于是请求去长信宫侍奉太后，汉成帝准许了。

汉成帝永始元年乙巳（公元前16年）

汉成帝打算立赵飞燕为皇后，皇太后嫌弃赵飞燕出身低微，责难汉成帝。太后姐姐的儿子淳于长担任侍中，多次往来于东宫，替汉成帝传话；一年多以后，才得到太后的旨意，允许立赵飞燕为皇后。夏季，四月，乙亥日，汉成帝先册封赵飞燕的父亲赵临为成阳侯。谏大夫河间人刘辅上疏说："当年周武王、周公，顺承天地，才有了白鱼入王舟、火焰变乌鸦的祥瑞，但是君臣还是心怀敬畏和恐惧，脸上带着感动的表情相互劝诫。更何况现在正是末世，没有皇位继承人降生的福气，又屡次遭受上天威怒的异象呢！即便我们日夜自责，改过自新，敬畏天命，感念祖业，挑选品德出众的家族，从中精选窈窕淑女，来继承宗庙祭祀，顺应神的旨意来使其安心，满足天下人的期望，但是想要拥有子孙的福气，恐怕都太晚了呢！如今陛下反而任性妄为，倾心于卑贱的女子，想让她母仪天下，不敬畏上天，不愧于百姓，陛下所受的迷惑，没有比这更大的了。民间俗语说：'腐朽的木头不能作为梁柱；卑贱的婢女不能成为主子。'上天和百姓都不准许做的事情，一定会召来祸患而不是福气，这是乡里百姓都知道的道理，朝廷中却没人敢说一句话。我私下里为此伤心，不敢不尽言之后再死。"奏疏呈上去后，汉成帝派侍御史将刘辅收押，打入掖庭中秘密的监狱里，群臣都不知道缘故。于是左将军辛庆忌、右将军廉褒、光禄勋琅琊人师丹、太中大夫谷永一同上疏写道："我们看到刘辅之前以县令的身份求见陛下，之后被提升为谏大夫，这说明他的话里一定有卓越的见识，能够迎合陛下的心意，因此才能被提拔到现在的地位；然而一个月之间，却被打入秘密监狱。我们愚昧地认为，刘辅有幸能成为皇亲，位列谏臣，他是刚刚从小地方来的，不知道朝廷的规矩，因此触犯了陛下的忌讳，不足以过于责怪他。如果是小罪，陛下就容忍他一下，如果是大罪，应该交给官员严惩，公开揭露他的罪行。如今上天不悦，频繁降下灾祸，水灾旱灾接二连三地发生，陛下应当宽容施恩，广开言论，褒奖直言不讳的人，使臣子能够尽言，然而陛下却对敢于谏言的大臣施行惨痛严酷的惩罚，使群臣震惊，失去臣子的忠直之心。假设刘辅不是因为直言获罪，罪名又不公开，天下人就不能家喻户晓。刘辅本是与陛下同姓的近臣，本来就是因为直言而获得晋升，从管理亲族培养忠良之臣的名义上来说，实在不应该把他囚禁在掖庭的

监狱。公卿以下的官员，看到陛下如此快速地提升刘辅的官职，又迅速地把他打入监狱，人人都会有恐惧之心，精气锐气同时消减，不敢再尽忠守节发表正直的言论，这就无法彰显陛下有虞舜听取直言的气度，也无法推广美德与良好的风气。我们私下里为此深深伤心，只希望陛下能留意检查一下。"汉成帝这才将刘辅迁到公共狱，减免死罪，判处做三年苦工的"鬼薪"刑罚。

六月，丙寅日，册封赵飞燕为皇后，大赦天下。

赵飞燕成为皇后以后，宠幸日渐减少。然而她妹妹的宠幸却空前绝后，成为昭仪，居住在昭阳舍，她的宫殿中庭涂着朱红色的漆，宫殿上方涂着红黑色的漆；台阶都是用铜包裹，再镀上黄金；还有白玉制成的阶梯；墙壁中露出来的横木大多装饰着黄金环，镶着蓝田璧玉、夜明珠、翠羽作为装饰。有史以来后宫从未有过这样的装饰。赵皇后居住在别馆，与侍郎和多子的宫奴多次私通。昭仪曾经对汉成帝说："我的姐姐性情刚烈，如果被人诬陷，那我们赵氏就要绝种了。"因此哭得十分凄惨。汉成帝相信她的话，只要有人告皇后通奸，汉成帝就将其处死。从此之后皇宫更加公开淫乱，没有人敢说，但是最终还是没有子嗣。

卷三十二

刘秀建东汉

原　文

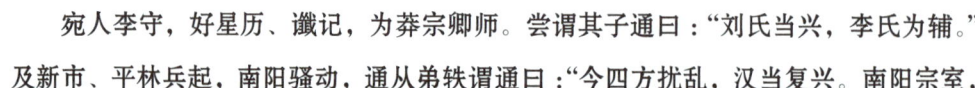

王莽地皇三年壬午，公元二二年

初，长沙定王发生舂陵节侯买，节侯少子外为郁林太守，外生巨鹿都尉回，回生南顿令钦。钦娶湖阳樊重女，生三男：縯、仲、秀，兄弟早孤，养于叔父良。縯性刚毅，慷慨有大节，自莽篡汉，常愤愤，怀复社稷之虑，不事家人居业，倾身破产，交结天下雄俊。秀隆准日角，性勤稼穑。縯常非笑之，比于高祖兄仲。秀姊元为新野邓晨妻，秀尝与晨俱过穰人蔡少公，少公颇学图谶，言"刘秀当为天子"。或曰："是国师公刘秀乎？"秀戏曰："何用知非仆邪？"坐者皆大笑，晨心独喜。

宛人李守，好星历、谶记，为莽宗卿师。尝谓其子通曰："刘氏当兴，李氏为辅。"及新市、平林兵起，南阳骚动，通从弟轶谓通曰："今四方扰乱，汉当复兴。南阳宗室，独刘伯升兄弟泛爱容众，可与谋大事。”通笑曰："吾意也！"会秀卖谷于宛，通遣轶往迎秀，与相见，因具言谶文事，与相约结，定计议。通欲以立秋材官都试骑士日，劫前队大夫甄阜及属正梁丘赐，因以号令大众，使轶与秀归舂陵举兵以相应。于是缤召诸豪桀计议曰："王莽暴虐，百姓分崩。今枯旱连年，兵革并起，此亦天亡之时，复高祖之业，定万世之秋也！"众皆然之。于是分遣亲客于诸县起兵，缤自发舂陵子弟。诸家子弟恐惧，皆亡匿，曰："伯升杀我！"及见秀绛衣大冠，皆惊曰："谨厚者亦复为之！"乃稍自安。凡得子弟七八千人，部署宾客，自称"柱天都部"。秀时年二十八。李通未发，事觉，亡走；父守及家属坐死者六十四人。

缤使族人嘉招说新市、平林兵，与其帅王凤、陈牧西击长聚；进屠唐子乡，又杀湖阳尉。军中分财物不均，众恚恨，欲反攻诸刘。秀敛宗人所得物，悉以与之，众乃悦。进拔棘阳，李轶、邓晨皆将宾客来会。

淮阳王更始元年癸未，公元二三年

三月，王凤与太常偏将军刘秀等徇昆阳、定陵、郾，皆下之。

新市、平林诸将以刘缤兄弟威名益盛，阴劝更始除之。秀谓缤曰："事欲不善。"缤笑曰："常如是耳。"更始大会诸将，取缤宝剑视之。绣衣御史申徒建随献玉玦，更始不敢发。缤舅樊宏谓缤曰："建得无有范增之意乎？"缤不应。李轶初与缤兄弟善，后更谄事新贵。秀戒缤曰："此人不可复信。"缤不从。缤部将刘稷，勇冠三军，闻更始立，怒曰："本起兵图大事者，伯升兄弟也。今更始何为者邪！"更始以稷为抗威将军，稷不肯拜。更始乃与诸将陈兵数千人，先收稷，将诛之，缤固争。李轶、朱鲔因劝更始并执缤，即日杀之。以族兄光禄勋赐为大司徒。秀闻之，自父城驰诣宛谢。司徒官属迎吊秀，秀不与交私语，惟深引过而已，未尝自伐昆阳之功；又不敢为缤服丧，饮食言笑如平常。更始以是惭，拜秀为破虏大将军，封武信侯。

更始将都洛阳，以刘秀行司隶校尉，使前整修官府。秀乃致僚属，作文移，从事司察，一如旧章。时三辅吏士东迎更始，见诸将过，皆冠帻而服妇人衣，莫不笑之。及见司隶僚属，皆欢喜不自胜，老吏或垂涕曰："不图今日复见汉官威仪！"由是识者皆属心焉。

更始欲令亲近大将徇河北，大司徒赐言："诸家子独有文叔可用。"朱鲔等以为不可，更始狐疑，赐深劝之。更始乃以刘秀行大司马事，持节北渡河，镇慰州郡。

大司马秀至河北，所过郡县，考察官吏，黜陟能否，平遣囚徒，除王莽苛政，复汉官名。吏民喜悦，争持牛酒迎劳，秀皆不受。

秀自兄縯之死，每独居辄不御酒肉，枕席有涕泣处，主簿冯异独叩头宽譬，秀止之曰："卿勿妄言！"异因进说曰："更始政乱，百姓无所依戴。夫人久饥渴，易为充饱。今公专命方面，宜分遣官属徇行郡县，宣布惠泽。"秀纳之。

更始二年甲申，公元二四年

王郎移檄购秀十万户，秀令功曹令史颍川王霸至市中募人击王郎，市人皆大笑，举手邪揄之，霸惭愧而反。秀将南归，耿弇曰："今兵从南方来，不可南行。渔阳太守彭宠，公之邑人；上谷太守，即弇父也。发此两郡控弦万骑，邯郸不足虑也。"秀官属腹心皆不肯，曰："死尚南首，奈何北行入囊中！"秀指弇曰："是我北道主人也。"

会故广阳王子接起兵蓟中以应郎，城内扰乱，言邯郸使者方到，二千石以下皆出迎。于是秀趣驾而出，至南城门，门已闭。攻之，得出。遂晨夜南驰，不敢入城邑，舍食道傍。至芜蒌亭，时天寒烈，冯异上豆粥。至饶阳，官属皆乏食。秀乃自称邯郸使者，入传舍，传吏方进食，从者饥，争夺之。传吏疑其伪，乃椎鼓数十通，绐言"邯郸将军至"，官属皆失色。秀升车欲驰，既而惧不免，徐还坐，曰："请邯郸将军入。"久，乃驾去。晨夜兼行，蒙犯霜雪，面皆破裂。

蓟中之乱，耿弇与刘秀相失，北走昌平，就其父况，因说况击邯郸。时王郎遣将徇渔阳、上谷，急发其兵。北州疑惑，多欲从之。上谷功曹寇恂、门下掾闵业说况曰："邯郸拔起，难可信向。大司马，刘伯升母弟，尊贤下士，可以归之。"况曰："邯郸方盛，力不能独拒，如何？"对曰："今上谷完实，控弦万骑，可以详择去就。恂请东约渔阳，齐心合众，邯郸不足图也！"况然之，遣恂东约彭宠，欲各发突骑二千匹、步兵千人诣大司马秀。

更始遣尚书令谢躬率六将军讨王郎，不能下。秀至，与之合军，东围巨鹿，月余未下。王郎遣将攻信都，大姓马宠等开城内之。更始遣兵攻破信都，秀使李忠还，行太守事。王郎遣将倪宏、刘奉率数万人救巨鹿，秀逆战于南䜌，不利。景丹等纵突骑击之，宏等大败。秀曰："吾闻突骑天下精兵，今见其战，乐可言邪？"

luán

耿纯言于秀曰："久守巨鹿，士众疲弊；不如及大兵精锐，进攻邯郸。若王郎已诛，巨鹿不战自服矣。"秀从之。夏，四月，留将军邓满守巨鹿。进军邯郸，连战，破之。

郎乃使其谏大夫杜威请降。威雅称郎实成帝遗体，秀曰："设使成帝复生，天下不可得，况诈子舆者乎！"威请求万户侯，秀曰："顾得全身可矣！"威怒而去。秀急攻之，二十余日。五月，甲辰，郎少傅李立开门内汉兵，遂拔邯郸。郎夜亡走，王霸追斩之。秀收郎文书，得吏民与郎交关谤毁者数千章。秀不省，会诸将军烧之，曰："令反侧子自安！"

萧王居邯郸宫，昼卧温明殿，耿弇入，造床下请间，因说曰："吏士死伤者多，请归上谷益兵。"萧王曰："王郎已破，河北略平，复用兵何为？"弇曰："王郎虽破，天下兵革乃始耳。今使者从西方来，欲罢兵，不可听也。铜马、赤眉之属数十辈，辈数十百万人，所向无前，圣公不能办也，败必不久。"萧王起坐曰："卿失言，我斩卿！"弇曰："大王哀厚弇如父子，故敢披赤心。"萧王曰："我戏卿耳，何以言之？"弇曰："百姓患苦王莽，复思刘氏，闻汉兵起，莫不欢喜，如去虎口得归慈母。今更始为天子，而诸将擅命于山东，贵戚纵横于都内，虏掠自恣，元元叩心，更思莽朝，是以知其必败也。公功名已著，以义征伐，天下可传檄而定也。天下至重，公可自取，毋令他姓得之。"萧王乃辞以河北未平，不就征，始贰于更始。

秋，萧王击铜马于鄡^{qiáo}，吴汉将突骑来会清阳，士马甚盛，汉悉上兵簿于莫府，请所付与，不敢自私，王益重之。王以偏将军沛国朱浮为大将军、幽州牧，使治蓟城。铜马食尽，夜遁，萧王追击于馆陶，大破之。受降未尽，而高湖、重连从东南来，与铜马余众合。萧王复与大战于蒲阳，悉破降之，封其渠帅为列侯。诸将未能信贼，降者亦不自安。王知其意，敕令降者各归营勒兵，自乘轻骑按行部陈。降者更相语曰："萧王推赤心置人腹中，安得不投死乎！"由是皆服。悉以降人分配诸将，众遂数十万。赤眉别帅与青犊、上江、大彤、铁胫、五幡十余万众在射犬，萧王引兵进击，大破之。南徇河内，河内太守韩歆降。

世祖光武皇帝建武元年乙酉，公元二五年

行至鄗，召冯异诣鄗，问四方动静。异曰："更始必败，宗庙之忧在于大王，宜从众议！"会儒生强华自关中奉《赤伏符》来诣王曰："刘秀发兵捕不道，四夷云集龙斗野，四七之际火为主。"群臣因复奏请。六月，己未，王即皇帝位于鄗南；改元，大赦。

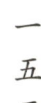

资治通鉴

王莽地皇三年壬午（公元22年）

当初，长沙定王刘发，生了舂陵节侯刘买，刘买最小的儿子刘外担任郁林太守，刘外生了巨鹿都尉刘回，刘回生了南顿令刘钦。刘钦娶了湖阳人樊重的女儿，生了三个男孩：刘縯、刘仲、刘秀，兄弟三人从小成为孤儿，收养在叔叔刘良家里。刘縯生性刚毅，为人慷慨，节操高尚，自从王莽篡夺汉朝，刘縯常常愤愤不平，心怀收复社稷的志向，他不经营家产，反而贩卖家族产业，结交天下英豪。刘秀鼻梁很高，额骨中央隆起，生性勤于种田。刘縯常常讥笑刘秀，把他们兄弟二人与汉高祖刘

●刘秀

邦的兄弟相比较。刘秀的姐姐刘元嫁给新野人邓晨为妻，刘秀曾经与邓晨一同拜访穰县蔡少公，蔡少公对占卜很有研究，说："刘秀应当成为天子。"有人说："你说的是国师公刘秀吧？"刘秀戏言道："你怎么知道说的不是我呢？"在座的人都大笑，只有邓晨心中欢喜。

宛县人李守，喜欢研究天文历法以及记录预言应验的书籍，担任王莽的宗卿师。他曾经对自己的儿子李通说："刘氏应当兴旺，李氏将成为辅臣。"当新市兵、平林兵起义的时候，南阳也骚动起来，李通的堂弟李轶对李通说："如今天下混乱，汉室应当复兴。南阳的汉朝宗室，只有刘伯升兄弟博爱，心胸宽广，能与各种人交往，可以和他们谋划大事。"李通笑着说："正合我意。"正赶上刘秀在宛县卖粮食，李通派李轶前去迎接刘秀，带他和自己见面，趁机把预言的事情详细告诉刘秀，与刘秀相互订立盟约，确定了谋略计划。李通打算在立秋那天，趁着骑兵武士大检阅的时候，劫持前队大夫甄阜以及属正梁丘赐，趁机号令众人，让李轶与刘秀返回舂陵举兵响应。于是刘縯召集各路英雄豪杰商议："王莽残暴，百姓离散。如今连年旱灾，战争并起，这是上天要灭亡王莽的时候，此时应该收复高祖基业，平定万世千秋。"众人都同意。于是分别派遣亲近的门客到各县起兵造反，刘縯亲自发动舂陵的子弟。各家子弟都十分恐惧，全都藏了起来，说："刘伯生这是让我死啊。"等他们看见刘秀穿戴着大红色的衣帽，都惊叹道："连刘秀这么谨慎厚道的人都造反了？"于是众人稍稍安心。刘縯总共召集了七八千名刘氏子弟，对门客进行部署，自称"柱天都部"。刘秀当时二十八岁。李通没来得及造反，事情就泄露了，只好

一五六

逃亡。李通的父亲和家属因此被牵连而死的有六十四人。

刘縯派族人刘嘉说服新市兵、平林兵，与他们的统帅王凤、陈牧向西攻打长聚，之后又进攻唐子乡，又杀死湖阳尉。军中财物分配不均，众人心生怨恨，想要反过来攻打刘氏军队。刘秀把族人所得的财物收集起来，全部分给新市兵和平林兵，众人这才高兴。之后攻克棘阳，李秩、邓晨都率领门客来会合。

淮阳王更始元年癸未（公元23年）

三月，王凤与太常偏将军刘秀等人攻打昆阳、定陵、郾城，全部攻打下来。

新市兵与平林兵的将领们觉得刘縯兄弟的威名日益强盛，暗中劝更始帝除掉他们。刘秀对刘縯说："事情不妙。"刘縯笑着说："经常这样。"更始帝召集将领们，取来刘縯的宝剑观看。绣衣御史申徒建随后献上玉玦，暗示可以行动，更始帝却不敢行动。刘縯的舅舅樊宏对刘縯说："申徒建莫非有范增的意图？"刘縯没有回应。李秩当初与刘縯兄弟关系很好，后来改为向新贵谄媚。刘秀告诫刘縯："这个人不能再相信了。"刘縯不听。刘縯的部将刘稷，勇猛位居三军之首，听说更始帝登基，愤怒地说："本来起兵图谋大业的，是刘縯兄弟。如今更始帝为什么登基？"更始帝任命刘稷为抗威将军，刘稷不肯就职。更始帝于是与将领们部署几千名士兵，先将刘稷收押，打算杀死他，刘縯执意争论不同意。李秩、朱鲔趁机劝更始帝将刘縯一同抓起来，当天就杀了他。之后任命族人兄长光禄勋刘赐为大司徒。刘秀听说后，从父城驰马赶到宛县谢罪。司徒官员们迎接刘秀，向他表示哀悼，刘秀不与他们谈话，只怕引来更深的罪责，不敢自夸昆阳之战的功劳；又不敢为刘縯服丧，吃喝谈笑都如同平常一样。更始帝因此惭愧，任命刘秀为破虏大将军，封武信侯。

更始帝打算将洛阳作为都城，任命刘秀代理司隶校尉，派他先去修整宫殿。刘秀于是任命下属官员，行公文统治地方官署，处理政务完全按照旧时的规章。当时的三辅官员们出城向东迎接更始帝，看到将领们经过，都用布包着头，穿着女人的衣服，全都嘲笑他们。当见到司隶校尉的属下官员，更加控制不住地高兴，老官员们有人流着泪说："没有想到今天还能见到汉朝官员的威仪。"因此见识过刘秀的人全都对他心悦诚服。

更始帝想让亲近的大臣攻打黄河以北，大司徒刘赐说："各家子弟中只有刘秀可以用。"朱鲔等人认为不可以，更始帝疑惑，刘赐更加深入地劝说他。更始帝于是任命刘秀为代理大司马，手持符节向北渡过黄河，镇抚慰问各州郡。

大司马刘秀抵达黄河以北，在沿途经过的郡县考察官吏，根据能力罢免和提升官员，平反释放一些没有罪的囚徒，废除王莽制定的苛政，恢复汉朝官员的头衔。官员和百姓十分喜悦，争相带着牛肉与美酒迎接犒劳，刘秀全都没有接受。

刘秀自从哥哥刘縯死后，每当独自一人居住的时候就不碰酒肉，枕头上有哭泣的泪痕，主簿冯异独自磕头劝慰，刘秀阻止他说："你不要乱说！"冯异进一步劝说道："更始帝的政务混乱，百姓都不爱戴他。人如果饥渴久了，很容易就会吃饱。如今您不奉更始帝的命令自由行事，只管理自己的行政区域，其实应该分别派遣属下官员巡行各郡县，广泛散布您的恩泽。"刘秀采纳了。

淮阳王更始二年甲申（公元24年）

王郎发布檄文以十万户的封邑悬赏刘秀人头，刘秀命令功曹令史颍川人王霸到街市中招募能袭击王郎的人，街市上的人都发声大笑，举起手来挖苦他，王霸羞惭地返回。刘秀即将回到南方，耿弇说："如今兵力从南方而来，我们不能往南走。渔阳太守彭宠，是你的同乡；上谷太守，是我的父亲。从这两个郡发出弓骑兵，邯郸就不值得忧虑了。"刘秀的心腹手下都不同意，说："就是死了，头也要朝着南方，怎么能向北自投罗网呢？"刘秀指着耿弇说："这是我北路的主人。"

正巧旧时广阳王的儿子刘接从蓟中起兵响应王郎，城内混乱，据说邯郸的使者刚到，两千石俸禄以下的官员全部出城迎接。于是刘秀迅速骑马出城，到达南城门，门已经关闭，攻打城门之后才得以出城。于是日夜向南驰马，不敢进入任何城池，吃饭睡觉都在路边。抵达芜萎亭时，天气严寒，冯异送来豆粥。抵达饶阳时，官员们都没有食物。刘秀于是自称是邯郸来的使者，进入客馆，客馆的官吏正在吃饭，刘秀的随从们饥饿难忍，与客馆官吏抢食物吃。客馆官吏怀疑他们是假冒的使者，于是敲响几十通鼓，谎称"邯郸将军到了"，跟随刘秀的官员们大惊失色，刘秀坐上马车打算赶快驱车逃走，不一会儿又担心还是逃不掉，于是不紧不慢地返回客馆坐下，说："请邯郸的将军来吧。"坐了很久之后，才驾车离去。昼夜兼行，不顾霜雪，脸上的皮肤都冻裂了。

蓟中之乱时，耿弇与刘秀走散，向北逃往昌平，回到父亲耿况那里，趁机劝说耿况攻打邯郸。当时王郎派将领攻打渔阳、上谷，紧急调动部队。北方州县疑惑，但多数人都打算跟从。上谷功曹寇恂、门下椽闵业劝说耿况："邯郸仓促崛起，前途难以预料。大司马，是刘縯的亲弟弟，礼贤下士，可以去投奔他。"耿况说："邯郸气焰正盛，我们的力量不足以单独抵抗，该怎么办？"寇恂答："如今上谷殷实富足，有上万名弓骑兵，可以谨慎选择去向。我请求向东与渔阳结盟，齐心合力，邯郸不值得放在心上。"耿况同意了，派寇恂向东去往渔阳与彭宠结盟，想要派出骑兵突击队两千人、步兵一千人去支援大司马刘秀。

更始帝派尚书令谢躬率领六名将军讨伐王郎，没能攻下。刘秀赶到，与更始帝的军队会合，向东包围巨鹿，一个多月都没能攻下。王郎派将领攻打信都，城中大姓马宠等人打开城门让刘秀入城。更始帝派兵攻破信都，刘秀派李忠返回，代理太守职务。王郎派将领倪宏、刘奉率领几万人援救巨鹿，刘秀在南繿迎战，没能战胜。景丹等人派出骑兵突击队攻打，倪宏等人大败。刘秀说："我听说骑兵突击队是天下最精锐的部队，今天看到你们交战，高兴得无法用言语表达。"

　　耿纯对刘秀说："长时间攻守巨鹿，士卒都十分疲乏；不如派出精锐大部队，进攻邯郸。如果王郎被杀，巨鹿就不战自败了。"刘秀同意了。夏季，四月，留下将军邓满镇守巨鹿，其余部队进攻邯郸，接连交战，终于攻破邯郸。王郎于是派谏议大夫杜威来请求投降。杜威美称王郎的确是汉成帝的亲生骨肉，刘秀说："即使汉成帝复活，也不能再得到天下了，更何况冒充汉成帝儿子的人。"杜威请求封王郎为万户侯，刘秀说："能让他活命就不错了。"杜威愤怒离去。刘秀迅速攻打，一连攻打了二十多天。五月，甲辰日，王郎的少傅李立打开城门让汉兵入城，于是邯郸被刘秀攻占。王郎连夜逃亡，王霸追上去将王郎斩杀。刘秀整理王郎的文书，发现有自己的官吏和百姓的几千封奏章，有想要效忠王郎的，也有毁谤刘秀的。刘秀不想看，他将全体将领集合起来，当着他们的面把这些文书烧掉，说："这是让背叛我的人安心。"

　　萧王刘秀居住在邯郸的宫殿里，白天在温明殿小憩，耿弇入宫，来到床边请求单独谈话，趁机对刘秀说："将士死伤很多，请求返回上谷增兵。"刘秀说："王郎已经被打败，黄河以北略略平定，还用兵干什么？"耿弇说："王郎虽然战败，天下的战争才刚刚开始啊。如今有朝廷使者从西方来，想要让我们罢兵，不能听从啊。铜马军、赤眉军等几十支军队，每支军队都有几十万上百万人马，他们勇往直前，连更始帝都没有能力对付，一定不久后就会战败。"刘秀起身坐起来说："你说错话了，我应该杀了你。"耿弇说："大王您厚待我如同父亲对待儿子一样，因此我才敢袒露我的忠心。"刘秀说："我逗你呢，怎么说这些话？"耿弇说："百姓苦于王莽的压迫，思念刘氏王朝，听说汉兵起兵，没人不高兴，如同逃离虎口回到母亲那里。如今更始帝作为天子，而将领们却在崤山以东擅自发号施令，皇亲贵戚在朝内纵横跋扈，恣意

●耿纯

掳掠，百姓们痛心疾首，反而思念王莽的统治，因此得知更始帝一定会失败的。您的功名已经卓著，凭借道义征讨他，天下很快就能平定了。天下是最重要的，您应该自己夺取天下，不要让别的姓氏的人得到。"刘秀于是以黄河以北尚未平定来推辞，不接受朝廷的征召，开始与更始帝生出二心。

秋季，萧王刘秀在鄡县攻打铜马军，吴汉率领骑兵突击队来到清阳会师，兵马众多，吴汉把全部官兵名册呈给幕府，请求幕府调拨，不敢擅自指挥，刘秀更加看重吴汉。刘秀任命偏将军沛国人朱浮为大将军、幽州牧，派他治理蓟城。铜马军粮食吃光，连夜逃走，刘秀追击到馆陶，大败铜马军。刘秀接受铜马军降兵尚未完毕，高湖军、重连军从东南方向赶来，与铜马军的余众会合，刘秀再次与他们在蒲阳大战，将其全部战败收降，封其渠帅为列侯。将领们不相信这些贼军，投降的人也心中不安。刘秀知道他们的心意，下令投降的人各自回到军营练兵，自己骑马巡视部署。投降的人相互说道："萧王刘秀推心置腹，我们怎么不誓死效忠呢？"从此全都对刘秀心悦诚服。刘秀把全部降兵都分配给将领们，军队增加到几十万人。赤眉军分支部队的首领与青犊、上江、大彤、铁胫、五幡的十多万人在射犬集结，刘秀率兵进攻，将其打败。向南攻打河内，河内太守韩歆投降。

汉光武帝建武元年乙酉（公元25年）

刘秀来到鄗县，让冯异询问四方动静。冯异说："更始帝一定会失败，宗庙的忧虑在于大王您，应该赶快遵从众人的建议。"正巧儒生强华从关中捧着《赤伏符》来拜见刘秀，说："刘秀发兵惩奸贼，四方云集龙斗野，四七之际当登基。"群臣于是再次请求刘秀登基。六月，己未日，刘秀在鄗南即皇帝位；更改年号，大赦天下。

卷五十

黄巾起义

原　文

孝灵皇帝光和六年癸亥，公元一八三年

初，巨鹿张角奉事黄、老，以妖术教授，号"太平道"。咒符水以疗病，令病者跪拜首过，或时病愈，众共神而信之。角分遣弟子周行四方，转相诳诱，十余年间，徒众数十万，自青、徐、幽、冀、荆、扬、兖、豫八州之人，莫不毕应。或弃卖财产、流移奔赴，填塞道路，未至病死者亦以万数。郡县不解其意，反言角以善道教化，为民所归。

太尉杨赐时为司徒，上书言："角诳曜^{yào}百姓，遭赦不悔，稍益滋蔓。今若下州郡捕讨，恐更骚扰，速成其患。宜切敕刺史、二千石，简别流民，各护归本郡，以孤弱其党，然后诛其渠帅，可不劳而定。"会赐去位，事遂留中。司徒掾刘陶复上疏申赐前议，言："角等阴谋益甚，四方私言，云角等窃入京师，觇视朝政。鸟声兽心，私共鸣呼。州郡忌讳，不欲闻之，但更相告语，莫肯公文。宜下明诏，重募角等，赏以国土，有敢回避，与之同罪。"帝殊不为意，方诏陶次第春秋条例。

角遂置三十六方，方犹将军也。大方万余人，小方六七千，各立渠帅。讹言："苍天已死，黄天当立，岁在甲子，天下大吉。"以白土书京城寺门及州郡官府，皆作"甲子"字。大方马元义等先收荆、扬数万人，期会发于邺。元义数往来京师，以中常侍封谞、徐奉等为内应，约以三月五日内外俱起。

中平元年甲子，公元一八四年

春，角弟子济南唐周上书告之。于是收马元义，车裂于雒^{luò}阳。诏三公、司隶案验官省直卫及百姓有事角道者，诛杀千余人；下冀州逐捕角等。角等知事已露，晨夜驰敕诸方，一时俱起，皆著黄巾以为标帜，故时人谓之"黄巾贼"。二月，角自称天公将军，角弟宝称地公将军，宝弟梁称人公将军，所在燔烧官府，劫略聚邑，州郡失据，长吏多逃亡；旬月之间，天下响应，京师震动。安平、甘陵人各执其王应贼。

帝召群臣会议。北地太守皇甫嵩以为宜解党禁，益出中藏钱、西园厩马以班军士。嵩，规之兄子也。上问计于中常侍吕强，对曰："党锢久积，人情怨愤，若不赦宥，轻与张角合谋，为变滋大，悔之无救。今请先诛左右贪浊者，大赦党人，料简刺史、二千石能否，则盗无不平矣。"帝惧而从之。壬子，赦天下党人，还诸徙者；唯张角不赦。发天下精兵，遣北中郎将卢植讨张角，左中郎将皇甫嵩、右中郎将朱俊讨颍川黄巾。

庚子，南阳黄巾张曼成攻杀太守褚贡。

四月，汝南黄巾败太守赵谦于邵陵。广阳黄巾杀幽州刺史郭勋及太守刘卫。

波才围皇甫嵩于长社。嵩兵少，军中皆恐。贼依草结营，会大风，嵩约敕军士皆束苣乘城，使锐士间出围外，纵火大呼，城上举燎应之，嵩从城中鼓噪而出，奔击贼陈，贼惊，乱走。会骑都尉沛国曹操将兵适至，五月，嵩、操与朱俊合军，更与贼战，大破之，斩首数万级。

汉纪

一六一

张曼成屯宛下百余日。六月，南阳太守秦颉击曼成，斩之。

皇甫嵩、朱俊乘胜进讨汝南、陈国黄巾，追波才于阳翟，击彭脱于西华，并破之，余贼降散，三郡悉平。嵩乃上言其状，以功归俊，于是进封俊西乡侯，迁镇贼中郎将。诏嵩讨东郡，俊讨南阳。

北中郎将卢植连战破张角，斩获万余人，角等走保广宗。植筑围凿堑，造作云梯，垂当拔之。帝遣小黄门左丰视军，或劝植以赂送丰，植不肯。丰还，言于帝曰："广宗贼易破耳，卢中郎固垒息军，以待天诛。"帝怒，槛车征植，减死一等；遣东中郎将陇西董卓代之。

八月，皇甫嵩与黄巾战于苍亭，获其帅卜已。董卓攻张角无功，抵罪。乙巳，诏嵩讨角。

冬，十月，皇甫嵩与张角弟梁战于广宗，梁众精勇，嵩不能克。明日，乃闭营休士以观其变，知贼意稍懈，乃潜夜勒兵，鸡鸣，驰赴其陈，战至晡时，大破之，斩梁，获首三万级，赴河死者五万许人。角先已病死，剖棺戮尸，传首京师。十一月，嵩复攻角弟宝于下曲阳，斩之，斩获十余万人。即拜嵩为左车骑将军领冀州牧，封槐里侯。

译文

汉灵帝光和六年癸亥（公元183年）

当初，巨鹿人张角信奉黄老学说，用妖术教授众人，号称"太平道"。用符咒和符水来治病，让生病的人跪拜说出自己所犯的错误，有时的确能治好一些人，于是人们公认为他是神而信奉他。张角分别派出弟子云游四方，诳骗引诱更多人，十几年间，信徒多达几十万，青州、徐州、幽州、冀州、荆州、扬州、兖州、豫州这八个州的人，没有不响应他的。有人变卖了家产，追随张角，投奔张角的信徒多得堵塞了道路，还没有赶到张角身边就病死的也有上万人。郡县都不了解张角的真正意图，反而说他用善道教化百姓，是民心所向。

太尉杨赐当时担任司徒，他上书说道："张角炫耀诳骗百姓，虽然被赦免刑罚却依然不悔改，反而更加蔓延扩张。现在如果命令州郡抓捕他，恐怕带来更多骚扰，让他更快地成为祸患。应该命令刺史、两千石俸禄的官员，甄别流民，护送他们返回本郡，以此来削弱张角的党羽，然后再诛杀他的首领们，这样就可以不劳师动众而将其平定。"正逢杨赐卸任，这件事就搁置了。司徒掾刘陶再次上书重申杨赐之前的建议，说："张角等人阴谋日益严重，四面八方都在私下议论，说张角等人偷偷来到京城，偷偷观察朝政。言辞动听

却心怀阴毒，私下图谋四方一同造反。州郡官员忌讳这件事，不想上奏朝廷，但是却彼此相互告谕，不肯公开发布。陛下应该公开下诏，重金悬赏捉拿张角等人，用国土作为奖励，如果有人敢回避，就与张角同罪。"汉灵帝根本不在意，反而下诏让刘陶整理春秋条例。

张角于是设置了三十六方，方，就如同将军。大方有一万多人，小方有六七千人，各自任命首领。还散布流言："苍天已死，黄天当立，岁在甲子，天下大吉。"用白土在京城寺庙门上以及各州郡官府门前，全都写上"甲子"二字。大方的马元义等人率先在荆州、扬州聚集了几万人，约定同时在邺县起义。马元义几次来往京城，将中常侍封谞、徐奉等人作为内应，约定三月五日皇宫内外一同起义。

汉灵帝中平元年甲子（公元184年）

春季，张角的弟子济南人唐周上书告发张角。于是朝廷将马元义逮捕，在洛阳将他以车裂之刑处死。汉灵帝诏令三公、司隶调查信奉张角的太平道的朝廷官员及百姓，杀死一千多人；又派兵下冀州追捕张角等人。张角知道事情败露，日夜驰马告知各地，一时间各地同时起义，全都头戴黄巾作为标志，当时的人称他们为"黄巾贼"。二月，张角自称天公将军，张角的弟弟张宝号称地公将军，张宝的弟弟张梁号称人公将军，他们所在的地方，烧毁官府，劫掠城镇，许多州郡失守，当地的官员大多逃亡；一个月之间，整个天下都响应黄巾军，京城也为之震动。安平、甘陵两地的百姓将当地的亲王抓起来，以此响应黄巾军。

汉灵帝召集群臣商议此事。北地太守皇甫嵩认为应该解除禁止党人做官的禁令，拿出朝廷私藏的钱，以及西园中的良马赏赐给出征的将士。皇甫嵩，是皇甫规哥哥的儿子。汉灵帝向中常侍吕强询问对策，吕强答道："禁止朋党参政的情况已经很久了，人们心中都有怨恨，如果不宽赦，最轻的情况就是这些人会和张角合谋，谋反的势力就会更大，后悔也没用了。现在我请求先诛杀朝廷中的贪官，大赦党人，考察各地刺史、两千石俸禄的官员的能力，到时候盗贼不会不被镇压的。"汉灵帝因为害怕而听从了吕强的建议。壬子日，大赦天下党人，让流放的人返乡；只有张角没有被赦免。朝廷发动天下精兵，派北中郎将卢植率兵讨伐张角，左中郎将皇甫嵩、右中郎将朱俊讨伐颍川黄巾军。

庚子日，南阳黄巾军张曼成杀死太守褚贡。

四月，汝南黄巾军击败邵陵太守赵谦。广阳黄巾军杀死幽州刺史郭勋和太守刘卫。

波才将皇甫嵩包围在长社。皇甫嵩的兵力很少，军中全都惊恐。黄巾军在荒草丛生的地方扎营，正值大风天，皇甫嵩命令将士们每个人都手拿一束草登上城墙，派精锐士兵抄小路跑到包围圈外面，放火大喊，城墙上的人也举着火把响应，皇甫嵩从城中大张旗鼓地冲出来，突袭黄巾军阵营，黄巾军惊恐，慌乱窜逃。正巧骑都尉沛国人曹操率兵赶到，五月，皇甫嵩、曹操与朱俊合军，再次与黄巾军交战，大败黄巾军，斩杀数万人。

张曼成驻扎在宛下一百多天。六月，南阳太守秦颉袭击张曼成，将其杀死。

皇甫嵩、朱俊乘胜进攻讨伐汝南、陈国的黄巾军，将波才追赶到阳翟，在西华攻打彭脱，将两支黄巾军打败，其余黄巾军有的投降，有的跑散，这三个郡都被平定。皇甫嵩将情况禀告给汉灵帝，将功劳归给朱俊，于是朱俊被晋封为西乡侯，升任镇贼中郎将。命令皇甫嵩讨伐东郡，朱俊讨伐南阳。

北中郎将卢植连续攻打张角并将其击败，斩杀捕获一万多人，张角等人退保广宗城。卢植修筑围墙挖掘壕沟将张角包围，又制造云梯，很快就要攻下广宗城了。汉灵帝派小黄门左丰视察军队，有人劝卢植贿赂左丰，卢植不肯。左丰返回朝廷，对汉灵帝说："广宗城的黄巾贼军容易击败，卢植加固营垒休憩军队，是在等待上天诛杀张角。"汉灵帝大怒，用囚车把卢植拉回来，减免死罪；派东中郎将陇西人董卓取代卢植。

八月，皇甫嵩与黄巾军在苍亭交战，抓获黄巾军元帅卜已。董卓攻打张角无功而返，减免罪责。己巳日，汉灵帝命令皇甫嵩讨伐张角。

冬季，十月，皇甫嵩与张角的弟弟张梁在广宗城交战，张梁的军队精锐勇猛，皇甫嵩无法攻克。第二天，皇甫嵩关闭营门让将士们休息，观察对方的动向，当发现黄巾军稍稍懈怠，就趁着夜晚秘密部署军队，鸡叫时分，迅速奔赴黄巾军阵营，战斗到下午，将黄巾军打败，斩杀张梁，斩得三万个首级，想要渡河逃跑的黄巾军淹死了五万多人。张角之前已经病死，皇甫嵩剖开棺木鞭打张角的尸体，将张角的头送往京城。十一月，皇甫嵩在下曲阳再次攻打张角的弟弟张宝，将张宝斩杀，杀死十多万黄巾军。朝廷立刻任命皇甫嵩为左车骑将军领冀州牧，册封为槐里侯。

卷五十五

官渡之战

原文

孝献皇帝建安五年庚辰，公元二〇〇年

曹操还军官渡，绍乃议攻许，田丰曰："曹操既破刘备，则许下非复空虚。且操善用兵，变化无方，众虽少，未可轻也，今不如以久持之。将军据山河之固，拥四州之众，外结英雄，内修农战，然后简其精锐，分为奇兵，乘虚迭出以扰河南，救右则击其左，救左则击其右，使敌疲于奔命，民不得安业，我未劳而彼已困，不及三年，可坐克也。今释庙胜之策而决成败于一战，若不如志，悔无及也。"绍不从。丰强谏忤绍，绍以为沮众，械系之。于是移檄州郡，数操罪恶。二月，进军黎阳。

袁绍遣其将颜良攻东郡太守刘延于白马，沮授曰："良性促狭，虽骁勇，不可独任。"绍不听。夏，四月，曹操北救刘延。荀攸曰："今兵少不敌，必分其势乃可。公到延津，若将渡兵向其后者，绍必西应之，然后轻兵袭白马，掩其不备，颜良可禽也。"操从之，绍闻兵渡，即分兵西邀之。操乃引军兼行趣白马，未至十余里，良大惊，来逆战。操使张辽、关羽先登击之。羽望见良麾盖，策马刺良于万众之中，斩其首而还，绍军莫能当者。遂解白马之围，徙其民，循河而西。

绍渡河追之，沮授谏曰："胜负变化，不可不详。今宜留屯延津；分兵官渡，若其克获，还迎不晚，设其有难，众弗可还。"绍弗从。授临济叹曰："上盈其志，下务其功，悠悠黄河，吾其济乎！"遂以疾辞。绍不许而意恨之，复省其所部并属郭图。

绍军至延津南，操勒兵驻营南阪下，使登垒望之，曰："可五六百骑。"有顷，复白："骑稍多，步兵不可胜数。"操曰："勿复白。"令骑解鞍放马。是时，白马辎重就道，诸将以为敌骑多，不如还保营。荀攸曰："此所以饵敌，如何去之！"操顾攸而笑。绍骑将文丑与刘备将五六千骑前后至。诸将复白："可上马。"操曰："未也。"有顷，骑至稍多，或分趣辎重。操曰："可矣！"乃皆上马。时骑不满六百，遂纵兵击，大破之，斩丑。丑与颜良，皆绍名将也，再战，悉禽之，绍军夺气。

袁绍军阳武，沮授说绍曰："北兵虽众而劲果不及南，南军谷少而资储不如北；南幸于急战，北利在缓师。宜徐持久，旷以日月。"绍不从。八月，绍进营稍前，依沙堆为屯，东西数十里。操亦分营与相当。

曹操出兵与袁绍战，不胜，复还，坚壁。绍为高橹，起土山，射营中，营中皆蒙楯而行。操乃为霹雳车，发石以击绍楼，皆破，绍复为地道攻操，操辄于内为长堑以拒之。操众少粮尽，士卒疲乏，百姓困于征赋，多叛归绍者，操患之，与荀彧书，议欲还许，以致绍师。彧报曰："绍悉众聚官渡，欲与公决胜败。公以至弱当至强，若不能制，必为所乘，是天下之大机也。且绍，布衣之雄耳，能聚人而不能用。以公之神武明哲而辅以大顺，何向而不济！今谷食虽少，未若楚、汉在荥阳、成皋间也。是

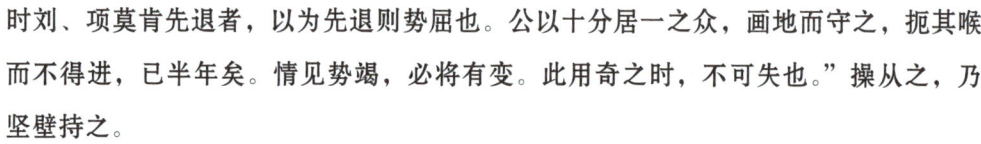

时刘、项莫肯先退者，以为先退则势屈也。公以十分居一之众，画地而守之，扼其喉而不得进，已半年矣。情见势竭，必将有变。此用奇之时，不可失也。"操从之，乃坚壁持之。

操见运者，抚之曰："却十五日为汝破绍，不复劳汝矣。"绍运谷车数千乘至官渡。荀攸言于操曰："绍运车旦暮至，其将韩猛锐而轻敌。击，可破也！"操曰："谁可使者？"攸曰："徐晃可。"乃遣偏将军河东徐晃与史涣邀击猛，破走之，烧其辎重。

冬，十月，绍复遣车运谷，使其将淳于琼等将兵万余人送之，宿绍营北四十里。沮授说绍："可遣蒋奇别为支军于表，以绝曹操之钞。"绍不从。

许攸曰："曹操兵少而悉师拒我，许下余守，势必空弱。若分遣轻军，星行掩袭，许可拔也。许拔，则奉迎天子以讨操，操成禽矣。如其未溃，可令首尾奔命，破之必也。"绍不从，曰："吾要当先取操。"会攸家犯法，审配收系之，攸怒，遂奔操。

操闻攸来，跣出迎之，抚掌笑曰："子卿远来，吾事济矣！"既入坐，谓操曰："袁氏军盛，何以待之？今有几粮乎？"操曰："尚可支一岁。"攸曰："无是，更言之！"又曰："可支半岁。"攸曰："足下不欲破袁氏邪！何言之不实也！"操曰："向言戏之耳。其实可一月，为之奈何？"攸曰："公孤军独守，外无救援而粮谷已尽，此危急之日也。袁氏辎重万余乘，在故市、乌巢，屯军无严备，若以轻兵袭之，不意而至，燔其积聚，不过三日，袁氏自败也。"

操大喜，乃留曹洪、荀攸守营，自将步骑五千人，皆用袁军旗帜，衔枚缚马口，夜从间道出，人抱束薪，所历道有问者，语之曰："袁公恐曹操钞略后军，遣军以益备。"闻者信以为然，皆自若。既至，围屯，大放火，营中惊乱。会明，琼等望见操兵少，出陈门外，操急击之，琼退保营，操遂攻之。

绍闻操击琼，谓其子谭曰："就操破琼，吾拔其营，彼固无所归矣！"乃使其将高览、张郃等攻操营。郃曰："曹公精兵往，必破琼等，琼等破，则事去矣，请先往救之。"郭图固请攻操营。郃曰："曹公营固，攻之必不拔。若琼等见禽，吾属尽为虏矣。"绍但遣轻骑救琼，而以重兵攻操营，不能下。

绍骑至乌巢，操左右或言："贼骑稍近，请分兵拒之。"操怒曰："贼在背后，乃白！"士卒皆殊死战，遂大破之，斩琼等，尽燔其粮谷，杀士卒千余人，皆取其鼻，牛马割唇舌，以示绍军，绍军将士皆恟惧。郭图惭其计之失，复谮张郃于绍曰："郃快军败。"郃

忿惧，遂与高览焚攻具，诣操营降。曹洪疑，不敢受，荀攸曰："郃计画不用，怒而来奔，君有何疑！"乃受之。

于是绍军惊扰，大溃，绍及谭等幅巾乘马，与八百骑渡河。操追之不及，尽收其辎重、图书、珍宝。余众降者，操尽坑之，前后所杀七万余人。

译文

汉献帝建安五年庚辰（公元200年）

曹操率军队返回官渡，袁绍这才开始计划攻打许昌，田丰说："曹操已经打败了刘备，那么许昌就已经不再空虚。况且曹操善于用兵，变化多端，他的军队人数虽少，但不能轻视，如今不如与他相持。将军您占据险要地形，拥有四个州的民众，对外结交英雄，对内修整农业与战争储备，之后再挑选精锐部队，从大军中分出来作为奇兵，趁曹操军队空虚，连续出击侵扰黄河以南，如果他们援救右边，我们就攻击他们的左边，如果他们援救左边，我们就攻击右边，让敌军疲于奔命，百姓无法安居乐业，我们没有劳师动众，他们就已经疲惫不堪，不到三年，就能坐等许昌被攻克。如今想要舍弃这克敌制胜的谋略，反而一定要决一死战，如果不能如愿，后悔也来不及了。"袁绍不听。田丰竭力阻止袁绍，袁绍认为他扰乱军心，为他戴上刑具关押起来。之后袁绍向各州郡发布檄文，细数曹操的罪恶。二月，袁绍大军向黎阳进发。

袁绍派遣手下将领颜良去白马攻打东郡太守刘延，沮授说："颜良个性狭隘，虽然骁勇善战，也不能独当大任。"袁绍不听。夏季，四月，曹操向北救援刘延。荀攸说："如今我们寡不敌众，一定要把敌人的势力分散才行。您到延津，如果做出率兵渡河攻打敌军后方的举动，袁绍一定会向西支援，然后我们再派轻兵袭击白马，趁其不备，可以把颜良擒住。"曹操采纳荀攸的建议，袁绍听说曹操的军队打算渡河，立刻分出部分兵力向西攻打。曹操于是率军队日夜兼行袭击白马，距离白马还有十几里的时候，颜良大惊，出城迎战。曹操派张辽、关羽做先锋。关羽远远望见颜良的旌旗伞盖，快马赶上前将颜良在众目睽睽之下刺杀，斩下颜良的首级返回，袁绍的军队没人能阻止关羽。于是白马之围被解，曹操将白马全城百姓迁徙，沿着黄河向西前行。

袁绍渡过黄河追赶，沮授阻止道："胜负有变，不可不详细计划。如今最好在延津驻扎下来；分出一部分兵力攻打官渡，如果能够战胜，再回来迎接大军也不晚，如果他们失利，大家就没有退路了。"袁绍不听。沮授站在岸边叹息道："主上狂妄自大，下属只会贪功，悠悠黄河，我们能成功吗？"于是沮授称病辞官。袁绍不同意，并且心生恨意，把沮授率领的所有部下都交给郭图指挥。

袁绍的军队抵达延津以南，曹操在南阪下扎营操练军队，派士兵登上营垒眺望，士兵说："大概有五六百骑兵。"不一会儿，又汇报："骑兵逐渐增多，步兵数不胜数。"曹操说："不要再来汇报了。"之后命令军队解下马鞍放马吃草。当时，白马的粮食物资还在路上，将领们认为敌军骑兵多，不如退还保守营寨。荀攸说："我们就是要引诱敌人上钩，怎么能走呢？"曹操看着荀攸笑。袁绍的骑兵将领文丑与刘备率领五六千名骑兵先后赶到。将领们又来汇报："可以上马备战了。"曹操说："还不是时候。"不一会儿，更多的敌军骑兵赶到，有的已经开始分头攻击曹操的辎重部队。曹操说："可以出战了。"于是将士们上马出战。当时曹操的骑兵不足六百，曹操指挥军队猛攻，大败袁绍军队，斩杀文丑。文丑与颜良，都是袁绍的名将，两场战争下来，颜良与文丑都被杀，袁绍军队的士气大衰。

　　袁绍军队在阳武驻扎，沮授劝说袁绍："我们北方的士兵人数虽多，但不如曹操的南方士兵刚毅果敢，南方军队粮食少而物资储备不如北方军队；速战速决对南方军队有利，延迟出兵对我们的军队有利。最好打持久战，长时间地相持下去。"袁绍不听。八月，袁绍把军营稍稍向前挪动，依靠在沙堆旁边扎营，营寨东西绵延几十里。曹操也把军队分开驻扎，营寨面积与袁绍的差不多。

　　曹操出兵与袁绍交战，没能战胜，返回军营，坚固营垒。袁绍修建瞭望高台，堆起土山，向曹操营中射箭，曹操军营中的将士都把盾牌挡在头上来回行走。曹操于是制造霹雳车，用霹雳车向袁绍的瞭望台投射石头，将瞭望台击毁，袁绍又挖地道攻打曹操，曹操则在营内挖了一条长长的壕沟来抵挡袁绍。曹操的军队粮食吃光，士卒疲乏，百姓受赋税困扰，许多人都背叛曹操归降袁绍，曹操很担心，写信给荀彧，商议想要返回许昌，以此引诱袁绍的军队。荀彧回信说："袁绍将全部兵力都聚在官渡，想要与你一决胜负。你用最弱的军队抵挡最强的军队，如果不能制胜，就会被袁绍所制，这是夺取天下的关键时刻。况且袁绍，只是平民中的英雄罢了，能聚拢人却不懂得用人。凭借你的神明威武，再加上辅佐天子名正言顺，有谁能阻拦你？如今粮食虽少，但还不至于达到楚、汉的军队在荥阳、成皋时那样的地步。当时刘邦、项羽谁都不肯先撤退，认为先撤退的人就会处于劣势。你的兵力只有袁绍的十分之一，但是据地为守，如同扼住袁绍的喉咙使他无法前进，已经半年了。形势显现，已经快到尽头，一定会有变化的。这正是用奇谋的时刻，不要错失良机。"曹操听从了荀彧的话，于是坚守营垒对峙。

　　曹操见到运输粮食的人，安抚他们说："等十五天后我击败袁绍，就不再劳动你们了。"袁绍军队的几千辆运粮车抵达官渡。荀攸对曹操说："袁绍的运粮车很快就到了，他们的将领韩猛勇猛而轻敌。攻打他，可以将他打败。"曹操说："可以派谁去？"荀攸说："徐晃可以。"于是派偏将军河东人徐晃与史涣在半路截击韩猛，韩猛战败逃走，曹军烧毁袁军辎重。

冬季，十月，袁绍再次派车运送粮食，派他手下将领淳于琼等人率领一万多名士兵护送，驻扎在距离袁绍军营以北四十里的地方。沮授劝说袁绍："可以派遣蒋奇率领一支军队，在运粮大军的营地外围巡防，以防曹操来劫营。"袁绍不听。

许攸说："曹操的兵少并且发动全部兵力来对抗我军，许昌由剩下的人守卫，一定空虚羸弱。如果分派一支轻兵，星夜偷袭，许昌可以攻克。许昌攻克后，我们就奉迎天子来讨伐曹操，曹操就会被抓。如果他的军队没有溃散，也可让他们首尾无法兼顾，疲于奔命，一定会战败。"袁绍不听，说："我一定要先抓到曹操。"正巧许攸家人犯法，审配将他的家人全部抓起来，许攸大怒，于是投奔曹操。

曹操听说许攸前来，光着脚出去迎接，拍着手笑着说："你远道而来投奔，我的事情一定能成了。"许攸入座之后，对曹操说："袁绍的兵多，你打算怎么应对？现在还有军粮吗？"曹操说："还能支撑一年。"许攸说："不是这样，你再说。"曹操又说："可以支撑半年。"许攸说："你不打算击败袁绍了吗？怎么不对我说实话呢？"曹操说："之前都是开玩笑。其实只能支撑一个月了，怎么办？"许攸说："你孤军独守，外面没有救援，营中军粮已尽，正是危急关头。袁绍有一万多辆运粮车，在故市、乌巢驻扎，驻军没有严密的防备，如果你派轻兵偷袭，出其不意，烧毁他们的军粮，不过三天，袁绍自然就败了。"

曹操大喜过望，于是留下曹洪、荀攸镇守营地，亲自率领五千名步兵，全部举着袁绍军队的旗帜，口中衔着木棍以免出声，又把马嘴捆上，连夜从小路出营，每个人都抱着一捆柴，沿途有人问，一律回答："袁公担心曹操侵略军队后方，派军队增强守卫。"听到的人都相信了，依然如故。当到达辎重所在的军营后，曹操率领军队将其包围，放火，营中惊乱。当天亮之后，淳于琼等人远远望见曹操的兵力少，于是出营列阵，曹操迅速攻打，淳于琼退守营寨，曹操于是将营寨攻克。

袁绍听说曹操袭击淳于琼，对儿子袁谭说："就算曹操攻破淳于琼的营寨，我们去攻破他的营寨，他就没有退路了。"于是派将领高览、张郃等人攻打曹营。张郃说："曹操率领精兵前往，一定会攻破淳于琼储存军粮的营寨，到那时就大势已去了，恳请先去救援淳于琼。"郭图执意请求攻打曹营。张郃说："曹营坚固，一定无法攻克。如果淳于琼等人被抓，我们就都成为俘虏了。"袁绍只派轻骑兵救援淳于琼，而用重兵攻打曹营，没能攻下。

袁绍的骑兵来到乌巢，曹操身边的人说："贼人的骑兵越来越近了，请求分出一部

分兵力抵抗。"曹操大怒道："贼人到了背后再告诉我。"士卒们全都殊死交战，将淳于琼打败，斩杀淳于琼等人，将他们的军粮烧光，杀死一千多名士卒，将他们的鼻子全部割下来，将牛马的唇舌割下来，展示给袁绍的军队看，袁绍军队的将士全都十分恐惧。郭图惭愧自己失算，于是在袁绍面前诋毁张郃说："张郃的军队就快战败了。"张郃既愤怒又恐惧，于是与高览焚烧了全部攻营的兵器，投降曹营。曹洪怀疑，不敢接受投降，荀攸说："张郃的计划没有被袁绍采用，他是因为愤怒才来投奔的，有什么可怀疑的。"于是曹洪接受张郃投降。

于是袁绍的军队大惊失色，极大地溃败，袁绍和袁谭等人用布包着头骑马，率领八百名骑兵渡过黄河。曹操没来得及追上，将他们的物资、图书、珍宝全部没收。袁绍军队剩余的人中投降的人，全被曹操活埋，前后杀死七万多人。

卷五十七

卧龙出山

原　文

孝献皇帝建安十二年丁亥，公元二○七年

刘备在荆州，访士于襄阳司马徽。徽曰："儒生俗士，岂识时务，识时务者在乎俊杰。此间自有伏龙、凤雏。"备问为谁，曰："诸葛孔明、庞士元也。"徐庶见备于新野，备器之。庶谓备曰："诸葛孔明，卧龙也，将军岂愿见之乎？"备曰："君与俱来。"庶曰："此人可就见，不可屈致也，将军宜枉驾顾之。"

备由是诣亮，凡三往，乃见。因屏人曰："汉室倾颓，奸臣窃命，孤不度德量力，欲信大义于天下，而智术浅短，遂用猖蹶，至于今日。然志犹未已，君谓计将安出？"亮曰："今曹操已拥百万之众，挟天子而令诸侯，此诚不可与争锋。孙权据有江东，已历三世，国险而民附，贤能为之用，此可与为援而不可图也。荆州北据汉、沔，利尽南海，东连吴会，西通巴、蜀，此用武之国，而其主不能守，此殆天所以资将军也。益州险塞，沃野千里，天府之土；刘璋暗弱，张鲁在北，民殷国富而不知存恤，智能之士思得明君。将军既帝室之胄，信义著于四海，若跨有荆、益，保其岩阻，抚和戎、越，结好孙权，内修政治，外观时变，则霸业可成，汉室可兴矣。"备曰："善！"于是与亮情好日密。关羽、张飞不悦，备解之曰："孤之有孔明，犹鱼之有水也。愿诸君勿复言。"羽、飞乃止。

译文

汉献帝建安十二年丁亥（公元207年）

刘备在荆州，拜访襄阳人司马徽。司马徽说："庸俗的儒生，怎么能认清形势，能够认清形势的都是才智杰出的人。这些人中最优秀的，要数卧龙与凤雏。"刘备问这两个人分别是谁，司马徽说："是诸葛孔明和庞士元。"徐庶在新野与刘备见面，刘备十分器重他。徐庶对刘备说："诸葛孔明，是卧龙，将军您愿意见他吗？"刘备说："你带他来吧。"徐庶说："这个人只能您亲自去拜访，不能召唤他来，将军您应该屈尊去拜访他。"

刘备于是前去拜访诸葛亮，一连去了三次，才见到诸葛亮。于是刘备屏退众人说："朝廷衰亡，奸臣篡夺国家权柄，我自不量力，想要在天下发扬大义，但是才智与计谋浅陋，因此挫败，以至于到如今的地步。但是我的志向没有停止，您觉得该如何谋划？"诸葛亮说："如今曹操已经拥有百万大军，挟天子以令诸侯，实在是不能和他正面冲突。孙权占据江东，已经三代了，那里地势险要，百姓归心，重用贤能之人，因此可以请求他们作为援助，却不能将他们作为对手。荆州同时有汉水和沔水作为屏障，南方直通南海，东方连接吴郡与会稽，西方通往巴郡与蜀郡，正是用武之地，但是荆州的主人却不能守住这里，也许这是上天对将军您的馈赠吧。益州道路艰险阻塞，有上千里肥沃的土地，

●诸葛亮

是天府之国；刘璋昏庸懦弱，张鲁在北方，百姓殷实、国家富足却不知道珍惜，有智慧与能力的人都渴望得到明君。将军您既是皇室后裔，信义在四海知名，如果同时占据荆州、益州，据守险要之地，抚恤戎、越等族，与孙权结交，对内修习政治，对外观察时势变化，那么就可成就霸业，汉室可以复兴了。"刘备说："好！"于是与诸葛亮的关系越发亲密。关羽、张飞因此不高兴，刘备劝解他们说："我有了孔明，就像鱼有了水。希望你们不要再多说了。"关羽、张飞这才停止不满。

魏　纪

卷　一

辛毗直谏

原文

世祖文皇帝黄初元年庚子，公元二二〇年

帝欲改正朔，侍中辛毗曰："魏氏遵舜、禹之统，应天顺民；至于汤、武，以战伐定天下，乃改正朔。孔子曰：'行夏之时，'《左氏传》曰：'夏数为得天正，'何必期于相反！"帝善而从之。时群臣并颂魏德，多抑损前朝；散骑常侍卫臻独明禅授之义，称扬汉美。帝数目臻曰："天下之珍，当与山阳共之。"帝欲追封太后父、母，尚书陈群奏曰："陛下以圣德应运受命，创业革制，当永为后式。按典籍之文，无妇人分土命爵之制。在礼典，妇因夫爵。秦违古法，汉氏因之，非先王之令典也。"帝曰："此议是也，其勿施行。"仍著定制，藏之台阁。

帝欲徙冀州士卒家十万户实河南，时天旱蝗，民饥，群司以为不可，而帝意甚盛。侍中辛毗与朝臣俱求见，帝知其欲谏，作色以待之，皆莫敢言。毗曰："陛下欲徙士家，其计安出？"帝曰："卿谓我徙之非邪？"毗曰："诚以为非也。"帝曰："吾不与卿议也。"毗曰："陛下不以臣不肖，置之左右，厕之谋议之官，安能不与臣议邪！臣所言非私也，乃社稷之虑也，安得怒臣！"帝不答，起入内。毗随而引其裾，帝遂奋衣不还，良久乃出，曰："佐治，卿持我何太急邪！"毗曰："今徙，既失民心，又无以食也，故臣不敢不力争。"帝乃徙其半。帝尝出射雉，顾群臣曰："射雉乐哉！"毗对曰："于陛下甚乐，于群下甚苦。"帝默然，后遂为之稀出。

译 文

魏文帝黄初元年庚子（公元220年）

魏文帝想要重新颁布历法，侍中辛毗说："魏氏继承虞舜、夏禹的传统，顺应天命，合乎民心；至于商汤、周武王，是通过战争平定天下的，因此才更改历法。孔子说：'要实行夏朝的历法'，《左氏传》说：'夏朝的历法最符合天地运行的规律'，我们为什么要和他们相反呢？"魏文帝觉得有道理，听从辛毗的劝告。当时群臣一起夸赞魏朝的恩德，很多人贬低前朝；只有散骑常侍卫臻明白前朝皇帝禅让皇位的大义之举，赞扬汉朝的优点。魏文帝瞪了卫臻几眼说："天下的珍宝，都应该与山阳公共享。"魏文帝想要追封太后的父母，尚书陈群上奏道："陛下凭借圣明的品德，顺应天命，创立大业，革除旧制，应该永远成为后代的典范。根据典籍中记载，没有女子获得封地和爵位的先例。在记载礼仪的典籍中，女子随同丈夫的爵位。秦朝违背古时制度，汉朝又沿用秦朝制度，这都不符合古代君王的法令典籍。"魏文帝说："你说得对，不要施行了。"于是记录下来，确定为制度，收藏在保存档案的台阁中。

魏文帝想要将冀州的十万户士卒人家迁到河南，充实河南郡，当时天气干旱，闹蝗灾，百姓饥饿，朝廷各部门官员都认为这样做不行，然而魏文帝的态度很坚决。侍中辛毗和朝中大臣一同觐见，魏文帝知道他们想劝阻自己，板着脸等着，大家都不敢说话。辛毗说："陛下想要迁移士卒人家，是怎么想到的主意？"魏文帝说："你是觉得我做得不对吗？"辛毗说："我真的觉得不对。"魏文帝说："我不和你商量了。"辛毗说："陛下不认为我才能不够，把我安置在您的左右作为亲信，任命我做咨询的官员，怎么能不和我商量呢？我说的话不是为了私利，而是为了国家考虑，怎么能生我的气呢？"魏文帝不回答，起身进入内宫。辛毗随后赶上拉住魏文帝的衣襟，魏文帝突然用力拉回衣襟，头也不回地走进去，过了很久才出来，说："辛毗，你那么急着拉我做什么？"辛毗说："如今让百姓迁徙，既会失去民心，又让他们没有饭吃，所以我不敢不奋力争取。"魏文帝于是只让一半人家迁徙。魏文帝曾经外出猎野鸡，回头对群臣说："猎野鸡很有趣啊。"辛毗说："对陛下来说十分高兴，对我们来说十分痛苦。"魏文帝沉默，后来就很少外出打猎了。

吴王信诸葛

世祖文皇帝黄初二年辛丑，公元二二一年

秋，七月，汉主自率诸军击孙权，权遣使求和于汉。南郡太守诸葛瑾遗汉主笺曰：

"陛下以关羽之亲，何如先帝？荆州大小，孰与海内？俱应仇疾，谁当先后？若审此数，易于反掌矣。"汉主不听。时或言瑾别遣亲人与汉主相闻者，权曰："孤与子瑜，有死生不易之誓，子瑜之不负孤，犹孤之不负子瑜也。"然谤言流闻于外，陆逊表明瑾必无此，宜有以散其意。权报曰："子瑜与孤从事积年，恩如骨肉，深相明究。其为人，非道不行，非义不言。玄德昔遣孔明至吴，孤尝语子瑜曰：'卿与孔明同产，且弟随兄，于义为顺，何以不留孔明？孔明若留从卿者，孤当以书解玄德，意自随人耳。'子瑜答孤言：'弟亮已失身于人。委质定分，义无二心。弟之不留，犹瑾之不往也。'其言足贯神明，今岂当有此乎！前得妄语文疏，即封示子瑜，并手笔与之。孤与子瑜可谓神交，非外言所间，知卿意至，辄封来表以示子瑜，使知卿意。"

译文

魏文帝黄初二年辛丑（公元221年）

　　秋季，七月，汉王亲自率军攻打孙权，孙权派使者向汉王求和。南郡太守诸葛瑾在给汉王的书信中写道："陛下和关羽的亲情与先帝比怎么样？荆州的大小与全国比怎么样？都是仇敌，哪个在先哪个在后？如果仔细考虑这些，该怎么办就很容易知道了。"汉王不听。当时有人说诸葛瑾派亲信和汉王互通消息，孙权说："我和诸葛瑾，有生死不变的誓言，诸葛瑾不会辜负我，就像我不会辜负他一样。"然而诽谤诸葛瑾的言论流传在外，陆逊上表说诸葛瑾绝对没有背叛，但是应该有所表示，消除他心中的疑虑。孙权回复道："诸葛瑾和我共事多年，恩情如同骨肉至亲，相互了解很深。他的为人，没有道义的事不会做，没有道义的话不会说。刘备当年派诸葛亮来吴国，我曾经对诸葛瑾说：'你和诸葛亮是亲兄弟，弟弟顺从哥哥，才符合道义，为什么不把诸葛亮留下来？诸葛亮如果跟随你，我就写信告诉刘备，他会同意的。'诸葛瑾回答道：'我弟弟诸葛亮为刘备效劳已经失算了，他们双方有了君臣身份，彼此又没有二心。诸葛亮不会留下，就像我不会跟随他投靠刘备一样。'他的话足以上达神明，现在又怎么会背叛我呢？之前收到的那些诽谤他的文书和言论，都封起来给他看，并且亲笔写上批语。我和诸葛瑾是心腹之交，不会被外面的流言离间，我明白你的想法，立刻就把你的奏表封起来给诸葛瑾看，让他知道你的想法。"

孙权称臣

译文

世祖文皇帝黄初二年辛丑，公元二二一年

八月，孙权遣使称臣，卑辞奉章，并送于禁等还。朝臣皆贺，刘晔独曰："权无故求降，必内有急。权前袭杀关羽，刘备必大兴师伐之。外有强寇，众心不安，又恐中国往乘其衅，故委地求降，一以却中国之兵，二假中国之援，以强其众而疑敌人耳。天下三分，中国十有其八。吴、蜀各保一州，阻山依水，有急相救，此小国之利也。今还自相攻，天亡之也，宜大兴师，径渡江袭之。蜀攻其外，我袭其内，吴之亡不出旬月矣。吴亡则蜀孤，若割吴之半以与蜀，蜀固不能久存，况蜀得其外，我得其内乎！"帝曰："人称臣降而伐之，疑天下欲来者心，不若且受吴降而袭蜀之后也。"对曰："蜀远吴近，又闻中国伐之，便还军，不能止也。今备已怒，兴兵击吴，闻我伐吴，知吴必亡，将喜而进与我争割吴地，必不改计抑怒救吴也。"帝不听，遂受吴降。

丁巳，遣太常邢贞奉策即拜孙权为吴王，加九锡。刘晔曰："不可。先帝征伐天下，十兼其八，威震海内；陛下受禅即真，德合天地，声暨四远。权虽有雄才，故汉票骑将军、南昌侯耳，官轻势卑。士民有畏中国心，不可强迫与成所谋也。不得已受其降，可进其将军号，封十万户侯，不可即以为王也。夫王位去天子一阶耳，其礼秩服御相乱也。彼直为侯，江南士民未有君臣之分。我信其伪降，就封殖之，崇其位号，定其君臣，是为虎傅翼也。权既受王位，却蜀兵之后，外尽礼以事中国，使其国内皆闻，内为无礼以怒陛下；陛下赫然发怒，兴兵讨之，乃徐告其民曰：'我委身事中国，不爱珍货重宝，随时贡献，不敢失臣礼，而无故伐我，必欲残我国家，俘我人民以为仆妾。'吴民无缘不信其言也。信其言而感怒，上下同心，战加十倍矣。"又不听。诸将以吴内附，意皆纵缓，独征南大将军夏侯尚益修攻守之备。山阳曹伟，素有才名，闻吴称藩，以白衣与吴王交书求赂，欲以交结京师，帝闻而诛之。

译文

魏文帝黄初二年辛丑（公元221年）

八月，孙权派使者对魏国称臣，奏章言辞谦卑，还将于禁等人送还。魏朝臣子全都为此庆贺，只有刘晔说："孙权无缘无故投降，吴国内部一定发生了危机。孙权之前偷袭杀死关羽，刘备一定会出动大军讨伐他。吴国在外有强大的敌人，国中众人心中不安稳，又担心我国趁机进攻，因此才献上土地投降，一来能让我国不要发兵，二来能假装有我国的援助，让自己显得强大来迷惑敌人。天下分成魏、蜀、吴三国，我国占据十分之八的土地。吴国和蜀国各自保守着一个州，有山水作为天险，有危难时相互救援，这才对小国有利。如今他们竟然还相互攻打，是上天要他们灭亡啊，我们应该发动大军，直接渡过长江攻打吴国。蜀国攻打外围，我们突袭内部，用不了一个月吴国就会灭亡了。吴国灭亡后蜀国就势单力孤，即便把吴国的一半土地割让给蜀国，蜀国也不会存在太久了，更何况蜀国只是得到吴国边远地区，我们得到的才是吴国的核心地带。"魏文帝说："吴国对我们称臣我们却要出兵攻打他，是让天下想要投奔我们的人产生疑心啊，不如暂且接受吴国的投降之后再袭击蜀国的后路。"刘晔说："蜀国远吴国近，如果蜀国听说我们要攻打他，一定会率领军队回国，我们就没办法断了蜀军的后路了。如今刘备已经发怒，发动大军攻打吴国，如果听说我们攻打吴国，就会认为吴国一定会灭亡，会高兴地向吴国进军，以此来和我国争夺吴国的土地，一定不会改变攻打吴国的计划，更不会抑制自己的怒火去救援吴国。"魏文帝不听劝告，接受了吴国的投降。

丁巳，派太常邢贞手捧魏文帝策命，封孙权为吴王，赏赐九种礼器。刘晔说："不行。先帝征伐天下，已经统一了十分之八的土地，威震天下；陛下您接受禅让做了真正的皇帝，德行符合天帝，声名远扬四方。孙权虽然有出众的才能，却只不过是过去汉朝的骠骑将军、南昌侯罢了，官阶小势力微弱。将士百姓们对我国有畏惧之心，很难和他们合谋共事。如果不得已一定要接受吴国的投降，可以封孙权将军的称号，封他为十万户侯，不可以立刻封王。王位距离天子之位只差一级，使用的礼乐、车马、服饰也很混乱。孙权如果仅仅被封为侯，江南的军民百姓和他就没有君臣的名分。我们轻信他的假意投降，就封他为王，尊崇他的地位和封号，使江南军民确立与他的君臣关系，等于是为老虎插上翅膀。孙权接受王位，打退蜀军之后，对外尽守礼节表示向我国的臣服，让天下人都知道他的本分，但是对内却对陛下您十分无礼，以此惹怒陛下；陛下一旦发怒，发兵攻打他们，他就会不紧不慢地告诉江南百姓：'我们委身投降朝廷，不爱那些奇珍异宝，经常向朝廷朝贡，不敢失去君臣的礼节，朝廷却无缘无故攻打我们，一定要消灭我们的国家，俘虏我的百姓来做他们的奴隶。'吴国百姓没有理由不相信他的话。相信他的话就会对朝廷有怒火，吴国上下同心，战斗力会增加十倍。"魏文帝又不听劝告。各位将领认为吴国归降朝廷，对吴国的防备也松懈了，只有征南大将军夏侯尚进一步加强防备。山阳人曹伟，向来凭借才学而出名，听说吴国投降，以平民的身份给孙权写了一封信，要求孙权交给他一些财物，让他用来贿赂京城官员，魏文帝知道这件事后杀了曹伟。

孙权醉酒

原文

世祖文皇帝黄初二年辛丑,公元二二一年

吴王于武昌临钓台饮酒,大醉,使人以水洒群臣曰:"今日酣饮,惟醉堕台中,乃当止耳!"张昭正色不言,出外,车中坐。王遣人呼昭还入,谓曰:"为共作乐耳,公何为怒乎?"昭对曰:"昔纣为糟丘酒池,长夜之饮,当时亦以为乐,不以为恶也。"王默然惭,遂罢酒。

吴王与群臣饮,自起行酒,虞翻伏地,阳醉不持;王去,翻起坐。王大怒,手剑欲击之,侍坐者莫不惶遽。惟大司农刘基起抱王,谏曰:"大王以三爵之后,手杀善士,虽翻有罪,天下孰知之!且大王以能容贤蓄众,故海内望风;今一朝弃之,可乎!"王曰:"曹孟德尚杀孔文举,孤于虞翻何有哉!"基曰:"孟德轻害士人,天下非之。大王躬行德义,欲与尧、舜比隆,何得自喻于彼乎?"翻由是得免。王因敕左右:"自今酒后言杀,皆不得杀。"基,繇之子。

译文

魏文帝黄初二年辛丑(公元221年)

吴王孙权在武昌登临钓台喝酒,大醉,让人用水浇在群臣身上,还说:"今天畅饮,如果不醉倒在钓台上,我们就不停。"张昭表情严肃一声不吭,走到外面,坐到车上。孙权派人喊张昭回去,说:"我们要一同快乐,你有什么生气的?"张昭回答说:"当年商纣王建了糟丘和酒池,整夜饮酒,当时觉得这是荣耀,不觉得是坏事。"孙权沉默,表情惭愧,于是结束了酒宴。

吴王和群臣喝酒,亲自起身敬酒,虞翻趴在地上,假装醉了而不端酒杯;孙权离开之后,虞翻一下子坐起来。孙权大怒,想用手里的剑砍他,身边陪坐的人全都十分害怕。只有大司农刘基起身抱住孙权,劝阻道:"大王喝了三杯酒,就要杀死有德之士,虽然虞翻有错,但是天下人谁知道啊?况且大王能容纳贤臣与百姓,天下人因此都瞻仰您,如今一下子把美德全都舍弃了,怎么能行?"孙权说:"曹孟德还能杀孔文举,我杀虞翻又算得了什么?"刘基说:"曹孟德轻易杀害贤臣,天下人都因此谴责他。大王您推行德行礼仪,想要和尧帝、舜帝比高下,怎么能和曹孟德相比呢?"虞翻因此被赦免。孙权趁机对身边亲信下令:"从今以后我喝酒之后要杀的人,都不能杀。"刘基是刘繇的儿子。

夷陵之战

原　文

世祖文皇帝黄初三年壬寅，公元二二二年

汉主自秭归将进击吴，治中从事黄权谏曰："吴人悍战，而水军沿流，进易退难。臣请为先驱以当寇，陛下宜为后镇。"汉主不从，以权为镇北将军，使督江北诸军；自率诸将，自江南缘山截岭，军于夷道猇亭。吴将皆欲迎击之。陆逊曰："备举军东下，锐气始盛；且乘高守险，难可卒攻。攻之纵下，犹难尽克，若有不利，损我大势，非小故也。今但且奖厉将士，广施方略，以观其变。若此间是平原旷野，当恐有颠沛交逐之忧；今缘山行军，势不得展，自当罢于木石之间，徐制其敝耳。"诸将不解，以为逊畏之，各怀愤恨。

汉人自佷山通武陵，使侍中襄阳马良以金锦赐五谿诸蛮夷，授以官爵。

汉人自巫峡建平连营至夷陵界，立数十屯，以冯习为大督，张南为前部督，自正月与吴相拒，至六月不决。汉主遣吴班将数千人于平地立营，吴将帅皆欲击之，陆逊曰："此必有谲，且观之。"汉主知其计不行，乃引伏兵八千从谷中出。逊曰："所以不听诸君击班者，揣之必有巧故也。"逊上疏于吴王曰："夷陵要害，国之关限，虽为易得，亦复易失。失之，非徒损一郡之地，荆州可忧，今日争之，当令必谐。备干天常，不守窟穴而敢自送，臣虽不材，凭奉威灵，以顺讨逆，破坏在近，无可忧者。臣初嫌之水陆俱进，今反舍船就步，处处结营，察其布置，必无他变。伏愿至尊高枕，不以为念也。"

闰月，逊将进攻汉军，诸将并曰："攻备当在初，今乃令入五六百里，相守经七八月，其诸要害皆已固守，击之必无利矣。"逊曰："备是猾虏，更尝事多，其军始集，思虑精专，未可干也。今住已久，不得我便，兵疲意沮，计不复生。掎角此寇，正在今日。"乃先攻一营，不利，诸将皆曰："空杀兵耳！"逊曰："吾已晓破之之术。"乃敕各持一把茅，以火攻，拔之；一尔势成，通率诸军，同时俱攻，斩张南、冯习及胡王沙摩柯等首，破其四十余营。汉将杜路、刘宁等穷逼请降。

汉主升马鞍山，陈兵自绕，逊督促诸军，四面蹙之，土崩瓦解，死者万数。汉主夜遁，驿人自担烧铙铠断后，仅得入白帝城，其舟船、器械，水、步军资，一时略尽，尸骸塞江而下。汉主大惭恚曰："吾乃为陆逊所折辱，岂非天耶！"将军义阳傅彤为后殿，

兵众尽死，彤气益烈。吴人谕之使降，彤骂曰："吴狗，安有汉将军而降者！"遂死之。从事祭酒程畿溯江而退，众曰："后追将至，宜解舫轻行。"畿曰："吾在军，未习为敌之走也。"亦死之。

初，诸葛亮与尚书令法正好尚不同，而以公义相取，亮每奇正智术。及汉主伐吴而败，时正已卒，亮叹曰："孝直若在，必能制主上东行。就使东行，必不倾危矣。"汉主在白帝，徐盛、潘璋、宋谦等各竞表言"备必可禽，乞复攻之"。吴王以问陆逊。逊与朱然、骆统上言曰："曹丕大合士众，外托助国讨备，内实有奸心，谨决计辄还。"

初，帝闻汉兵树栅连营七百余里，谓群臣曰："备不晓兵，岂有七百里营可以拒敌者乎！'苞原隰险阻而为军者为敌所禽'，此兵忌也。孙权上事今至矣。"后七日，吴破汉书到。

译　文

魏文帝黄初三年壬寅（公元222年）

汉王刘备从秭归出兵攻打吴国，治中从事黄权劝阻道："吴国人强悍善战，水军世代沿袭流传，我们进攻容易，撤退却难。我请求作为先锋抗击敌人，陛下您在后方镇守。"刘备不听劝阻，任命黄权为镇北将军，让他监督江北各军队；又亲自率领各将领，从长江南岸翻山越岭，来到夷道县的猇亭驻扎下来。吴国将领都想对汉军迎头痛击。陆逊说："刘备发动大军东下，锐气正盛；况且他们居高临下守住天险，我们很难进攻。即使攻打下来，也不能将他们全部击败，如果攻击不利，将会损伤我军主力，不是小事。现在我们暂且鼓舞军中士气，多想想策略，观察对方的变动。如果这里是平原旷野，我们还要担心彼此相互追逐的困扰；如今在山中行军，我们的兵力无法施展，反而会被困在树木与石头之间，导致自己渐渐筋疲力尽。"各位将领都不理解，认为陆逊害怕了，心中都愤愤不平。

汉人从很山与武陵联络，派侍中襄阳人马良用金子和锦帛赏赐给五溪一带的蛮夷部落，并授给部落首领官爵。

汉人从巫峡建平开始扎营，一直将军营连接到夷陵地界，设立起几十座军营，任命冯习为大督，张南为前部督，从正月开始和吴国对峙，直到六月也没有交战。汉王刘备派吴班率领几千人在平地上扎营，吴国将帅打算攻打他们，陆逊说："其中一定有诈，先观察一下。"刘备知道计谋没有奏效，于是率领八千名伏兵从山谷中出来。陆逊说："之所以没听你们的话去攻打吴班，就是猜到其中一定有阴谋。"陆逊上疏给吴王孙权说："夷陵是要害之地，是吴国的关隘，虽然容易得到，也容易失去。一旦失去夷陵，就不只是损失一个郡那么简单，荆州都有危险了，如今争夺夷陵，一定要彻底取得胜利。刘备违背常理，不守住自己的老家却敢送上前来，我虽然没有大的才能，但是希望仰仗大王您的威势，讨伐逆贼，敌军就在眼前，没什么可担忧的。我当初担心刘备会水军和陆军齐头并进，如今他们舍弃了船只采用步行，到处扎营，我观察他们的营地布局，一定不会再有变化了。希望大王能高枕无忧，不要再挂念这件事了。"

闰六月，陆逊率军攻打汉军，各位将领都说："早就应该攻打刘备，现在敌军已经深入我国境内五六百里，双方对峙了七八个月，他们的要害之地已经加强守卫了，现在攻打一定无利可图。"陆逊说："刘备狡猾，经历的战争很多，他们的军队刚开始集结的时候，他思虑周详，我们不适合在此时攻打。现在汉军已经驻扎了很久，没有从我们这里占到便宜，士兵都很疲惫，心情沮丧，再也无计可施。现在正是前后夹击他们的时候。"于是吴军先朝着汉军的一个营地进攻，没有攻下来，各位将领都说："白白损兵折将。"陆逊说："我已经知道打败他们的方法了。"于是命令每个士兵都拿着一把茅草，用火攻汉军营地，攻了下来。这样一来，趁势率领全军人马出击，同时进攻，斩杀了张南、冯习以及胡王沙摩柯等首领，攻占四十多座汉军营。汉军将领杜路、刘宁等走投无路，只能向吴国投降。

汉王刘备登上马鞍山，环绕自己布置的阵营，陆逊催促各路军队，从四面围攻，汉军彻底被击垮，上万人战死。刘备趁夜逃走，驿站官员亲自挑着兵器铠甲在险要路口焚烧，抵挡吴军的追击，刘备这才得以逃入白帝城，汉军的船、兵器、水、陆军物资，全都损失殆尽，战死的将士尸体堵塞了长江下游。刘备既惭愧又愤怒地说道："我被陆逊羞辱，难道不是天意吗？"将军义阳人傅肜率兵殿后，士兵全都战死，傅肜的士气却越发勇猛。吴国人让他投降，傅肜骂道："吴狗，哪有汉将军投降的？"于是战死。从事祭酒程畿顺江而下退兵，众人说："后面的追兵就要赶到，我们把连接的船只拆开，轻舟快行吧。"程畿说："我在军队里，从来还没学过怎么逃走。"于是也战死。

当初，诸葛亮与尚书令法正的爱好和崇尚的观点都不同，却都以公事为重，诸葛亮经常称赞法正的智谋。到了汉王刘备攻打吴国战败时，法正已经死了，诸葛亮叹息道："法正要是还在世，一定能够制止主公向东攻打吴国。即使攻打吴国，也不会像现在这样大败。"刘备在白帝城，吴将徐盛、潘璋、宋谦等人争相上表说"刘备一定能抓住，请求再次进攻"。吴王孙权问陆逊。陆逊和朱然、骆统上书道："曹丕集合大军，在吴国外围以帮助吴国讨伐刘备为借口，其实有奸谋，请您立刻下令撤军。"

当初，魏文帝听说汉军竖立木栅扎营七百多里，对群臣说："刘备不懂兵法，哪有七百里的营地可以抵抗敌军的？'在杂草丛生、地势平坦、潮湿低洼、艰险阻塞等处扎营的军队，一定会被敌军打败'，这是用兵大忌。孙权的捷报很快就会送来了。"七天后，吴国打败蜀汉的捷报果然送来了。

卷 二

刘备托孤

原文

世祖文皇帝黄初四年癸卯，公元二二三年

汉主病笃，命丞相亮辅太子，以尚书令李严为副。汉主谓亮曰："君才十倍曹丕，必能安国，终定大事。若嗣子可辅，辅之；如其不才，君可自取。"亮涕泣曰："臣敢不竭股肱之力，效忠贞之节，继之以死！"汉主又为诏敕太子曰："人五十不称夭，吾年已六十有余，何所复恨，但以卿兄弟为念耳。勉之，勉之！勿以恶小而为之，勿以善小而不为！惟贤惟德，可以服人。汝父德薄，不足效也。汝与丞相从事，事之如父。"夏，四月，癸巳，汉主殂于永安，谥曰昭烈。

译文

魏文帝黄初四年癸卯（公元223年）

汉王刘备病重，命令丞相诸葛亮辅佐太子，任命尚书令李严为副丞相。刘备对诸葛亮说："你的才能比曹丕高十倍，一定能够安定蜀国，最终统一天下，成就大业。如果我的儿子值得辅佐，就辅佐他；如果他没有才能，你可以自立为王。"诸葛亮哭着说："我怎敢不竭尽全力辅佐太子，忠贞不贰为国效命，至死不渝。"刘备又召来太子命令道："人活到五十岁就不算年轻了，我今年已经六十多岁，还有什么遗憾，只是挂念你们兄弟罢了。你们要努力，再努力啊。不要因为坏事小就去做，不要因为好事小就不去做。只有贤能和品德才能让人佩服。你的父亲德行不够，不要学我。你和丞相共事，要像对待父亲那样对待他。"夏季，四月，癸巳，汉王刘备死于永安，谥号昭烈。

蜀吴结盟

原文

世祖文皇帝黄初四年癸卯，公元二二三年

汉尚书义阳邓芝言于诸葛亮曰："今主上幼弱，初即尊位，宜遣大使重申吴好。"亮曰："吾思之久矣，未得其人耳，今日始得之。"芝问："其人为谁？"亮曰："即使君也。"乃遣芝以中郎将修好于吴。冬，十月，芝至吴。时吴王犹未与魏绝，狐疑，不时见芝。

芝乃自表请见曰："臣今来，亦欲为吴，非但为蜀也。"吴王见之，曰："孤诚愿与蜀和亲，然恐蜀主幼弱，国小势逼，为魏所乘，不自保全耳。"芝对曰："吴、蜀二国，四州之地。大王命世之英，诸葛亮亦一时之杰也；蜀有重险之固，吴有三江之阻。合此二长，共为唇齿，进可并兼天下，退可鼎足而立，此理之自然也。大王今若委质于魏，魏必上望大王之入朝，下求太子之内侍，若不从命，则奉辞伐叛，蜀亦顺流见可而进。如此，江南之地非复大王之有也。"吴王默然良久曰："君言是也。"遂绝魏，专与汉连和。

译文

魏文帝黄初四年癸卯（公元223年）

　　蜀汉尚书义阳人邓芝对诸葛亮说："如今主公年幼，刚刚登基，应该派重要使臣去与吴国商量和好的事情。"诸葛亮说："我也考虑了很久了，只是没有合适的人，今天终于有了。"邓芝问："那个人是谁？"诸葛亮说："就是你啊。"于是派邓芝以中郎将的身份去吴国商谈和好的事情。冬季，十月，邓芝抵达吴国。当时吴王孙权还没有和魏国断交，犹豫不决，没有立刻见邓芝。邓芝于是主动上表求见："我这次来，也是为吴国打算，不光是为蜀国打算。"孙权召见邓芝，说："我真的很想和蜀国联姻，但是担心蜀国君主年纪太小，国家小势力弱，给魏国可乘之机，没有办法自保。"邓芝回答道："吴、蜀两国，一共占据四个州的土地。大王您是当世的英雄，诸葛亮也是当世的豪杰；蜀国地势险要，吴国有三条大江的阻隔。将这两个优势合并在一起，唇齿相依，进可以兼并天下，退可以各据一方，这是很自然的道理。大王您现在如果继续向魏国臣服，魏国一定会对上逼您入朝，对下挟持太子做人质，如果吴国不遵命，就给了魏国借口，以讨伐叛乱的名义攻打吴国，蜀国也会顺流东下求取利益。如果这样，江南的土地都不再归大王您所有了。"孙权沉默了很久说："你说得有道理。"于是和魏国断绝关系，只与蜀国联合。

张温连罪

原文

世祖文皇帝黄初五年甲辰，公元二二四年

　　吴张温少以俊才有盛名，顾雍以为当今无辈，诸葛亮亦重之。温荐引同郡暨艳为选部尚书。艳好为清议，弹射百僚，覈奏三署，率皆贬高就下，降损数等，其守故者，十未能一；其居位贪鄙，志节污卑者，皆以为军吏，置营府以处之；多扬人闇昧之失以显其谪。同郡陆逊、逊弟瑁及侍御史朱据皆谏止之。瑁与艳书曰："夫圣人嘉善矜愚，忘

过记功,以成美化。如今王业始建,将一大统,此乃汉高弃瑕录用之时也。若令善恶异流,贵汝、颍月旦之评,诚可以厉俗明教,然恐未易行也。宜远模仲尼之泛爱,近则郭泰之容济,庶有益于大道也。"据谓艳曰:"天下未定,举清厉浊,足以沮劝;若一时贬黜,惧有后咎。"艳皆不听。于是怨愤盈路,争言艳及选曹郎徐彪专用私情,憎爱不由公理。艳、彪皆坐自杀。温素与艳、彪同意,亦坐斥还本郡以给厮吏,卒于家。始,温方盛用事,余姚虞俊叹曰:"张惠恕才多智少,华而不实,怨之所聚,有覆家之祸。吾见其兆矣。"无几何而败。

译文

魏文帝黄初五年甲辰(公元224年)

　　吴国张温年少时就凭借青年才俊成名,顾雍认为当世没人能和张温匹敌,诸葛亮也十分看重张温。张温引荐自己的同郡老乡暨艳做选部尚书。暨艳喜欢议论时事,弹劾朝廷百官,对三署的官员审查尤为严格,官员们大多都被暨艳降职、降级,能守住自己的官职的,十个人中也没有一个;那些贪赃枉法、没有志向和节操的官员,都被张温发配充军,安插在军队各府营当中;暨艳还经常揭发别人的隐私,来炫耀他处罚得正确。与暨艳同郡的陆逊、陆逊的弟弟陆瑁和侍御史朱据都劝阻他。陆瑁写信给暨艳说:"圣人赞扬善行,体谅别人的愚昧,忘记别人的过失,只记住别人的功劳,以此形成美好的风化。如今帝王大业刚刚成就,天下即将统一,正是需要像汉高祖那样不计较别人的瑕疵广泛录用人才的时候。如果把善恶区分得太明显,只重视当初汝南人许劭创办的每月初一对人物进行品评褒贬,的确可以改变风俗,申明教化,但是恐怕真正实施起来不容易啊。我们应该向远处学习孔子的宽厚仁爱,向近处学习郭泰的宽厚容人,这才有益于正常的道理。"朱据也对暨艳说:"天下尚未平定,如果只举荐那些完全清白的人,容不得别人的一丝缺点,的确能够劝人向善;但是官员们一下子都被免职,恐怕会带来祸患。"暨艳还是不听。于是官员们怨恨的声音充满道路,争相说暨艳和选曹郎徐彪专用私情,喜爱和憎恶都不按照公理来参照。暨艳、徐彪全都被治罪自杀了。张温向来和暨艳、徐彪意见一致,也被牵连治罪,驱逐回故乡做官府杂役,最终死在家中。起初,张温刚刚出来做官,余姚人虞俊感叹道:"张温才能多但智慧少,外表华丽却不充实,会把怨恨都聚拢在自己身上,有倾家之祸。我已经能看到征兆了。"没过多久张温就被治罪还乡了。

七擒孟获

原 文

世祖文皇帝黄初四年癸卯，公元二二三年

初，益州郡耆帅雍闿杀太守正昂，因士燮以求附于吴，又执太守成都张裔以与吴，吴以闿为永昌太守。永昌功曹吕凯、府丞王伉率吏士闭境拒守，闿不能进，使郡人孟获诱扇诸夷，诸夷皆从之。牂柯太守朱褒、越巂夷王高定皆叛应闿。诸葛亮以新遭大丧，皆抚而不讨，务农殖谷，闭关息民，民安食足而后用之。

黄初六年乙巳，公元二二五年

汉诸葛亮至南中，所在战捷，亮由越巂入，斩雍闿及高定。使庲降督益州李恢由益州入，门下督巴西马忠由牂柯入，击破诸县，复与亮合。孟获收闿余众以拒亮。获素为夷、汉所服，亮募生致之，既得，使观于营陈之间，问曰："此军何如？"获曰："向者不知虚实，故败。今蒙赐观营陈，若只如此，即定易胜耳。"亮笑，纵使更战。七纵七禽而亮犹遣获，获止不去，曰："公，天威也，南人不复反矣！"亮遂至滇池。

益州、永昌、牂柯、越巂四郡皆平，亮即其渠率而用之。或以谏亮，亮曰："若留外人，则当留兵，兵留则无所食，一不易也；加夷新伤破，父兄死丧，留外人而无兵者，必成祸患，二不易也；又，夷累有废杀之罪，自嫌衅重，若留外人，终不相信，三不易也。今吾欲使不留兵，不运粮，而纲纪粗定，夷、汉粗安故耳。"亮于是悉收其俊杰孟获等以为官属，出其金、银、丹、漆、耕牛、战马以给军国之用。自是终亮之世，夷不复反。

译 文

魏文帝黄初四年癸卯（公元223年）

当初，益州郡地方豪族雍闿杀死太守正昂，通过吴国交趾太守士燮表示想要归附吴国，又抓住益州新任太守成都人张裔献给吴国，吴国任命雍闿为永昌太守。永昌功曹吕凯、府丞王伉率领官兵封锁边界，坚守城池，雍闿无法进入，于是派同郡人孟获煽动各蛮夷部落叛乱，各蛮夷部落都跟随孟获叛乱。牂柯太守朱褒、越巂夷族酋长高定都起兵响应雍闿。诸葛亮因为刚刚遭遇刘备去世，只安抚不讨伐，专心发展农业，坚守关隘，让百姓休养生息，让百姓安居乐业之后再使用民力。

魏文帝黄初六年乙巳（公元225年）

诸葛亮抵达南中，所到之处全部战胜，诸葛亮从越巂部落进入益州，斩杀雍闿和高定。诸葛亮又派庲降督益州人李恢从益州进兵，派门下督巴西人马忠从牂柯进兵，攻破各县之后，两路大军又和诸葛亮会合。孟获收集了雍闿的散兵来抵抗诸葛亮。孟获深得当地夷人、汉人的信赖，诸葛亮将孟获生擒，让他参观蜀军阵营，问道："这支军队怎么样？"孟获说："以前不知道你们的虚实，所以才败给你。现在承蒙赏赐让我看到你们的军营，如果就像现在这样，我一定能战胜你。"诸葛亮笑了笑，放了孟获，让他再战。将孟获生擒七次又放了七次，最后一次抓住孟获，诸葛亮又想放了他，孟获终于不打算离开了，说道："你有天威，南方人不会再叛乱了。"诸葛亮于是抵达滇池。

益州、永昌、牂柯、越巂四郡全都被平定，诸葛亮仍然任用当地原来的首领为四郡的官员。有人劝阻诸葛亮，诸葛亮说："如果留下外人治理郡县，就应该留下我们自己的兵，如果留下士兵却没有粮食，这是第一个难题；夷人刚刚遭受战争之苦，父亲兄长战死，心中怨气未消，如果让外人来治理，一定会带来隐患，这是第二个难题；还有，夷人屡次杀死和废掉当地官员，自知有罪，如果留下外人来治理，他们还是不会相信外人，这是第三个难题。现在我想不留下军队，不运来粮食，只粗略制定法纪，夷人、汉人略略感到安稳就行了。"诸葛亮于是把孟获等英雄豪杰都任命为官员，让他们贡献金、银、丹、漆、耕牛、战马供军队使用。从此以后诸葛亮在世期间，夷人没有再叛乱。

心胸狭隘的曹丕

原　文

世祖文皇帝黄初七年丙午，公元二二六年

帝之为太子也，郭夫人弟有罪，魏郡西部都尉鲍勋治之；太子请，不能得，由是恨勋。及即位，勋数直谏，帝益忿之。帝伐吴还，屯陈留界。勋为治书执法，太守孙邕见出，过勋。时营垒未成，但立标埒，邕邪行，不从正道，军营令史刘曜欲推之，勋以堑垒未成，解止不举。帝闻之，诏曰："勋指鹿作马，收付廷尉。"廷尉法议，"正刑五岁"，三官驳，"依律，罚金二斤"，帝大怒曰："勋无活分，而汝等欲纵之！收三官已下付刺奸，当令十鼠同穴！"钟繇、华歆、陈群、辛毗、高柔、卫臻等并表勋父信有功于太祖，求请勋罪，帝不许。高柔固执不从诏命，帝怒甚，召柔诣台，遣使者承指至廷尉诛勋。勋死，乃遣柔还寺。

骠骑将军都阳侯曹洪，家富而性吝啬，帝在东宫，尝从洪贷绢百匹，不称意，恨之。遂以舍客犯法，下狱当死，群臣并救，莫能得。卞太后责怒帝曰："梁、沛之间，非子廉无有今日！"又谓郭后曰："令曹洪今日死，吾明日敕帝废后矣！"于是郭后泣涕屡请，乃得免官，削爵土。

译 文

魏文帝黄初七年丙午（公元226年）

魏文帝曹丕起初做太子时，他的妻子郭夫人的弟弟犯了罪，魏郡西部都尉鲍勋负责审理；曹丕请求鲍勋手下留情，鲍勋没有同意，曹丕因此记恨鲍勋。等到曹丕即位，鲍勋屡次直言劝谏，魏文帝越来越气愤。魏文帝攻打吴国归来，在陈留地界驻扎。鲍勋任治书执法的官员，太守孙邕拜见魏文帝出来，从鲍勋身边经过。当时营垒还没有建好，只立起了土墙作为标记，孙邕从中穿行，没从正路走，军营令史刘曜想要追究孙邕的责任，鲍勋以营垒没有修好为由制止了。魏文帝听说这件事，下旨说："鲍勋指鹿为马，交给廷尉审理。"廷尉根据法律定刑，"依法囚禁五年"，廷尉正、廷尉监、廷尉平三位官员一同驳斥了这个判决，"依法应该罚金两斤"，魏文帝大怒道："鲍勋应该处死，你们却要放了他。把廷尉正、廷尉监、廷尉平三名官员下狱，让他们这些老鼠待在一个洞穴里。"钟繇、华歆、陈群、辛毗、高柔、卫臻等人联名上表说鲍勋的父亲鲍信对太祖皇帝有功，请求赦免鲍勋死罪，魏文帝不答应。高柔坚决不服从诏命，魏文帝更加愤怒，将高柔召到尚书台，派使者带着圣旨到廷尉那里让他处死鲍勋。鲍勋死后，魏文帝才把高柔放了出来。

骠骑将军都阳侯曹洪，家中富有却个性吝啬，魏文帝做太子时，曾经向曹洪借一百匹绢，没有借到，对曹洪心生恨意。曹洪的门客犯法，曹洪也被捕入狱判处死刑，群臣合力请求，也没能让魏文帝赦免曹洪。卞太后愤怒地斥责魏文帝："当年梁地、沛地之间大战时，如果没有曹洪我们活不到今天。"又对郭皇后说："如果曹洪今天被处死，我明天就命令皇帝废了你这个皇后。"于是郭皇后在魏文帝面前痛哭求情，这才让曹洪只被免去官职，削去爵位和封地。

前出师表

原 文

烈祖明皇帝太和元年丁未，公元二二七年

三月，蜀丞相亮率诸军北驻汉中，使长史张裔、参军蒋琬统留府事。临发，上疏曰：

先帝创业未半而中道崩殂。今天下三分，益州疲敝，此诚危急存亡之秋也。然侍卫之臣不懈于内，忠志之士忘身于外者，盖追先帝之殊遇，欲报之于陛下也。诚宜开张圣听，以光先帝遗德，恢弘志士之气；不宜妄自菲薄，引喻失义，以塞忠谏之路也。

宫中、府中，俱为一体，陟罚臧否，不宜异同。若有作奸犯科及为忠善者，宜付有司论其刑赏，以昭陛下平明之理，不宜偏私，使内外异法也。

侍中、侍郎郭攸之、费祎、董允等，此皆良实，志虑忠纯，是以先帝简拔以遗陛下。愚以为宫中之事，事无大小，悉以咨之，然后施行，必能裨补阙漏，有所广益。将军向宠，性行淑均，晓畅军事，试用于昔日，先帝称之曰能，是以众议举宠为督。愚以为营中之事，悉以咨之，必能使行陈和睦，优劣得所。

亲贤臣，远小人，此先汉所以兴隆也；亲小人，远贤臣，此后汉所以倾颓也。先帝在时，每与臣论此事，未尝不叹息痛恨于桓、灵也。侍中、尚书、长史、参军，此悉端良、死节之臣，愿陛下亲之，信之，则汉室之隆，可计日而待也。

臣本布衣，躬耕南阳，苟全性命于乱世，不求闻达于诸侯。先帝不以臣卑鄙，猥自枉屈，三顾臣于草庐之中，咨臣以当世之事；由是感激，遂许先帝以驱驰。后值倾覆，受任于败军之际，奉命于危难之间，尔来二十有一年矣。先帝知臣谨慎，故临崩寄臣以大事也。

受命以来，夙夜忧叹，恐托付不效，以伤先帝之明。故五月渡泸，深入不毛。今南方已定，甲兵已足，当奖率三军，北定中原，庶竭驽钝，攘除奸凶，兴复汉室，还于旧都，此臣所以报先帝，而忠陛下之职分也。至于斟酌损益，进尽忠言，则攸之、祎、允之任也。愿陛下托臣以讨贼兴复之效，不效，则治臣之罪以告先帝之灵，责攸之、祎、允等之慢以彰其咎。陛下亦宜自谋，以谘诹善道，察纳雅言，深追先帝遗诏，臣不胜受恩感激。今当远离，临表涕零，不知所言。"遂行，屯于沔北阳平石马。

译　文

魏明帝太和元年丁未（公元227年）

三月，蜀国丞相诸葛亮率军向北出发驻扎在汉中，派长史张裔、参军蒋琬留下处理丞相府的事务。临出发前，诸葛亮向刘禅上疏写道："先帝创业还没到一半，就中途去世了。如今天下分成魏、蜀、吴三国，益州蜀国最贫穷困乏，如今已经到了生死存亡的危急时刻了。然而朝中近臣在内不敢懈怠，忠勇将士在外奋力拼杀，都是因为追念先帝的知遇

之恩。陛下应该虚心听取各方意见，把先帝留下来的品德发扬光大，鼓舞将士的士气；不要轻视自己，说出不该说的话，以此来堵塞忠臣谏言的道路。

"宫中、府中，应该成为一体，奖赏褒贬，不应该有什么区别。即使忠心善良的人如有触犯法令的，也应该交给相关部门来判断赏罚，以此来显示陛下公正严明的治理方式，不要偏袒任何人，从而导致朝廷内外法度不同。

"侍中、侍郎郭攸之、费祎、董允等人，都是善良老实的人，思想忠诚纯朴，因此先帝挑选提拔他们来辅佐陛下。我认为宫中的事情，无论大小事，都可以咨询他们，然后再实施，一定能弥补缺漏、不足之处，收到更多的成效。将军向宠，个性品行善良忠正，通晓军事，从前先帝试着任用他，说他能担大任，因此众官员才通过议论决定提升向宠为都督。我认为军中的事情，全都可以咨询他，一定能让军队和睦团结，好的差的各得其所。

"亲近贤臣，远离小人，这是先汉之所以兴隆的原因；亲近小人，远离贤臣，这是后汉之所以颓败的原因。先帝在时，每当和我说到这些，没有一次不对汉桓帝和汉灵帝的腐朽统治叹息痛恨的。侍中、尚书、长史、参军，这些人都是正直贤能、能为保全节操而献身的臣子，希望陛下亲近他们，信任他们，那么汉室的兴隆，就指日可待了。

"我本是一名普通百姓，在南阳耕田为生，在乱世中苟且偷生，不奢求通达显贵，闻名于天下。先帝不认为我身份低微粗鄙，三次屈尊拜访我居住的草庐，向我咨询当时的局势；我因此十分感激先帝，于是为先帝奔走效命。后来遇到挫折，在战败之时接受任命，在危难时刻承担使命，从那时起有二十一年了。先帝知道我谨慎，因此去世之前把国家大事托付给我。

"自从接受使命以来，我日夜忧心感叹，担心先帝没有托付给靠得住的人，而损伤先帝的英明。因此才在五月渡过泸水，深入不毛之地。如今南方已经平定，军力充足，陛下应该奖赏三军，向北出发平定中原，尽自己平庸的才能，除掉那些奸诈凶恶的人，复兴汉室，回到旧时的都城，这是我对先帝的报答，也是对陛下您效忠的本分。至于考虑政事的利弊，进纳忠言，则是郭攸之、费祎、董允等人的责任了。希望陛下把讨伐国贼、兴复大汉的责任托付给我，如果没有成效，就治我的罪来告慰先帝的神灵，斥责郭攸之、费祎、董允等人怠慢来揭发他们的过失。陛下也要自己慎重考虑，询问治国的好方法，识别、采纳正确的言论，遵循先帝的遗训。这样我就受恩不浅，感激不尽了，如今我即将远征，写这份奏表时痛哭流涕，不知道该说些什么。"于是诸葛亮率军出发，驻扎在沔水北岸的阳平石马。

卷 三

诸葛亮挥泪斩马谡

原文

烈祖明皇帝太和二年戊申，公元二二八年

初，越巂太守马谡，才器过人，好论军计，诸葛亮深加器异。汉昭烈临终，谓亮曰："马谡言过其实，不可大用，君其察之！"亮犹谓不然，以谡为参军，每引见谈论，自昼达夜。及出军祁山，亮不用旧将魏延、吴懿等为先锋，而以谡督诸军在前，与张郃战于街亭。

谡违亮节度，举措烦扰，舍水上山，不下据城。张郃绝其汲道，击，大破之，士卒离散。亮进无所据，乃拔西县千余家还汉中。收谡下狱，杀之。亮自临祭，为之流涕，抚其遗孤，恩若平生。蒋琬谓亮曰："昔楚杀得臣，文公喜可知也。天下未定而戮智计之士，岂不惜乎！"亮流涕曰："孙武所以能制胜于天下者，用法明也；是以扬干乱法，魏绛戮其仆。四海分裂，兵交方始，若复废法，何用讨贼邪！"

谡之未败也，神将军巴西王平连规谏谡，谡不能用；及败，众尽星散，惟平所领千人鸣鼓自守，张郃疑其有伏兵，不往逼也，于是平徐徐收合诸营遗迸，率将士而还。亮既诛马谡及将军李盛，夺将军黄袭等兵，平特见崇显，加拜参军，统五部兼当营事，进位讨寇将军，封亭侯。亮上疏请自贬三等，汉主以亮为右将军，行丞相事。

●诸葛亮挥泪斩马谡

译文

魏明帝太和二年戊申（公元228年）

当初，越巂太守马谡才能和抱负超过常人，喜欢讨论用兵计谋，诸葛亮也十分看重他。汉昭烈王刘备临终前对诸葛亮说："马谡语言浮夸，超过实际才能，不能重用，你要仔细察看他。"诸葛亮还觉得不是这样，任命马谡为参军，经常接见他，与他从白天到黑夜地谈论。到了从祁山出兵的时候，诸葛亮没有让旧时的将领魏延、吴懿等人做先锋，而是让马谡在前面统领各路人马，与魏将张郃在街亭交战。

马谡违背了诸葛亮的智慧，军事行动十分混乱，舍弃水源上山，不在山下扎寨驻守。张郃阻断了马谡取水的通道，之后发动攻击，大败马谡，汉军将士全都逃散。诸葛亮向前没有据点，于是带领西县一千多户百姓返回汉中。把马谡打入监狱，斩杀。诸葛亮亲自吊丧，为马谡痛哭流涕，抚慰马谡的孩子，就像平时一样恩待他们。蒋琬对诸葛亮说："当年楚国杀了领兵的得臣，晋文公喜形于色。天下还没平定就杀死智谋之士，难道不可惜吗？"诸葛亮流泪说道："孙武之所以能取胜于天下，是因为用法严明；因此晋悼公的弟弟扬干犯法，魏绛就杀了他的仆人。现在天下分裂，刚刚开始交战，如果再废弃了法律，用什么来讨伐贼人啊？"

马谡没有战败的时候，副将军巴西人王平一再规劝马谡，马谡不采纳他的意见；等到战败，汉军部众逃散，只有王平率领的一千人擂响战鼓把守营地，张郃怀疑那里有汉军埋伏，不敢上前，于是王平慢慢收拢了各营的散兵，率领将士还朝。诸葛亮杀死谡和将军李盛之后，又夺走了将军黄袭等人的兵权，王平的名声地位就特别凸显了出来，提升为参军，统帅五部又兼管屯营之事，官位晋升到讨寇将军，封为亭侯。诸葛亮上疏请求为自己贬官三级，汉王任命诸葛亮为右将军，处理丞相事务。

卷 四

张昭封门

原 文

烈祖明皇帝青龙元年癸丑，公元二三三年

公孙渊遣校尉宿舒、郎中令孙综奉表称臣于吴；吴主大悦，为之大赦。三月，吴主遣太常张弥、执金吾许晏、将军贺达将兵万人，金宝珍货，九锡备物，乘海授渊，封渊为燕王。举朝大臣自顾雍以下皆谏，以为："渊未可信而宠待太厚，但可遣吏兵护送舒、综而已。"吴主不听。张昭曰："渊背魏惧讨，远来求援，非本志也。若渊改图，欲自明于魏，两使不反，不亦取笑于天下乎！"吴主反复难昭，昭意弥切。吴主不能堪，

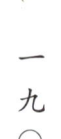

按刀而怒曰："吴国士人入宫则拜孤，出宫则拜君，孤之敬君亦为至矣，而数于众中折孤，孤常恐失计！"昭熟视吴主曰："臣虽知言不用，每竭愚忠者，诚以太后临崩，呼老臣于床下，遗诏顾命之言故在耳。"因涕泣横流。吴主掷刀于地，与之对泣。然卒遣弥、晏往。昭忿言之不用，称疾不朝。吴主恨之，土塞其门，昭又于内以土封之。

吴主数遣人慰谢张昭，昭固不起。吴主因出，过其门呼昭，昭辞疾笃。吴主烧其门，欲以恐之，昭亦不出。吴主使人灭火，住门良久。昭诸子共扶昭起，吴主载以还宫，深自克责。昭不得已，然后朝会。

译 文

魏明帝青龙元年癸丑（公元233年）

公孙渊派遣校尉宿舒、郎中令孙综手捧奏表去吴国称臣；吴王非常高兴，为此大赦天下。三月，吴王派遣太常张弥、执金吾许晏、将军贺达率领一万名士兵，金银珠宝奇珍异货，九种礼器准备齐备，乘船渡海赏赐公孙渊，封公孙渊为燕王。朝中从顾雍以下的大臣全都劝阻，认为："公孙渊不值得信任，而陛下给予他的恩宠待遇太丰厚了，应该只派官兵护送宿舒和孙综回去就可以了。"吴王不听劝告。张昭说："公孙渊背叛魏国害怕遭到讨伐，特意远来向我们求援，投降并不是他的本意。如果公孙渊改变主意，想要向魏国表明心意，我们的两位使节就无法返回，岂不是被天下人耻笑吗？"吴王反复责难张昭，张昭的心意却越发坚定。吴王没办法，手按着刀愤怒地说："吴国士人进宫就要向我下拜，出宫就要向你下拜，我对你的尊敬也到了极限了，你却屡次当众折损我的面子，我常常唯恐自己做出不愿意做的事情。"张昭注目细看吴王说道："我虽然知道自己的话不被采纳，但是却常常竭尽我的忠心，实在是因为太后临死前，把我召唤到床边，留给我的遗言还在耳边啊。"于是张昭痛哭流涕。吴王把刀扔在地上，和他相对哭泣。但是最终吴王还是派遣张弥、许晏等人前往。张昭因为自己的建议没有被采纳而气愤，称病不上朝。吴王痛恨张昭，用土把张昭的家门封上，张昭又在屋内用土将门封死。

吴王几次派人慰问张昭以致歉，张昭还是不起来。吴王于是出宫，到张昭门前召唤他，张昭还是坚决称病不出。吴王把张昭的门烧毁，想要以此吓唬他，张昭还是不出来。吴王让人把火扑灭，在门前站了很久。张昭的几个儿子一起把他扶起，吴王用车把张昭拉回宫，深深地表示自责。张昭不得已，才继续参加朝会。

诸葛亮对峙司马懿

原 文

烈祖明皇帝青龙二年甲寅，公元二三四年

春，二月，亮悉大众十万由斜谷入寇，遣使约吴同时大举。

诸葛亮至郿，军于渭水之南。司马懿引军渡渭，背水为垒拒之，谓诸将曰："亮若出武功，依山而东，诚为可忧；若西上五丈原，诸将无事矣。"亮果屯五丈原。

雍州刺史郭淮言于懿曰："亮必争北原，宜先据之。"议者多谓不然，淮曰："若亮跨渭登原，连兵北山，隔绝陇道，摇荡民夷，此非国之利也。"懿乃使淮屯北原。堑垒未成，汉兵大至，淮逆击却之。

司马懿与诸葛亮相守百余日，亮数挑战，懿不出。亮乃遗懿巾帼妇人之服。懿怒，上表请战，帝使卫尉辛毗杖节为军师以制之。护军姜维谓亮曰："辛佐治杖节而到，贼不复出矣。"亮曰："彼本无战情，所以固请战者，以示武于其众耳。将在军，君命有所不受，苟能制吾，岂千里而请战邪！"

亮遣使者至懿军，懿问其寝食及事之烦简，不问戎事。使者对曰："诸葛公夙兴夜寐，罚二十已上，皆亲览焉；所啖食不至数升。"懿告人曰："诸葛孔明食少事烦，其能久乎！"

亮病笃，汉主使尚书仆射李福省侍，因谘以国家大计。福至，与亮语已，别去，数日复还。亮曰："孤知君还意，近日言语虽弥日，有所不尽，更来求决耳。公所问者，公琰其宜也。"福谢："前实失不咨请，如公百年后谁可任大事者，故辄还耳。乞复请蒋琬之后，谁可任者？"亮曰："文伟可以继之。"又问其次，亮不答。

是月，亮卒于军中。长史杨仪整军而出。百姓奔告司马懿，懿追之。姜维令仪反旗鸣鼓，若将向懿者，懿敛军退，不敢逼。于是仪结陈而去，入谷然后发丧。百姓为之谚曰："死诸葛走生仲达。"懿闻之，笑曰："吾能料生，不能料死故也。"懿按行亮之营垒处所，叹曰："天下奇才也！"追至赤岸，不及而还。

初，汉前军师魏延，勇猛过人，善养士卒。每随亮出，辄欲请兵万人，与亮异道会于潼关，如韩信故事，亮制而不许。延常谓亮为怯，叹恨己才用之不尽。杨仪为人干敏，亮每出军，仪常规画分部，筹度粮谷，不稽思虑，斯须便了，军戎节度，取办于仪。延性矜高，当时皆避下之，唯仪不假借延，延以为至忿，有如水火。亮深惜二人之才，不忍有所偏废也。

亮病困，与仪及司马费祎等作身殁之后退军节度，令延断后，姜维次之；若延或不从命，军便自发。亮卒，仪秘不发丧，令祎往揣延意指。延曰："丞相虽亡，吾自见在。府亲官属，便可将丧还葬，吾当自率诸军击贼；云何以一人死废天下之事邪！且魏延何人，当为杨仪之所部勒，作断后将乎！"自与祎共作行留部分，令祎手书与己连名，告下诸将。祎绐延曰："当为君还解杨长史。长史文吏，稀更军事，必不违命也。"祎出门，奔马而去。延寻悔之，已不及矣。

●司马懿

延使人觇仪等，欲按亮成规，诸营相次引军还，延大怒，搀仪未发，率所领径先南归，所过烧绝阁道。延、仪各相表叛逆，一日之中，羽檄交至。汉主以问侍中董允、留府长史蒋琬，琬、允咸保仪而疑延。仪等令槎山通道，昼夜兼行，亦继延后。延先至，据南谷口，遣兵逆击仪等，仪等令将军何平于前御延。平叱先登曰："公亡，身尚未寒，汝辈何敢乃尔！"延士众知曲在延，莫为用命，皆散。延独与其子数人逃亡，奔汉中，仪遣将马岱追斩之，遂夷延三族。蒋琬率宿卫诸营北行赴难，行数十里，延死问至，乃还。始，延欲杀仪等，冀时论以己代诸葛辅政，故不降魏而南还击仪，实无反意也。

诸军还成都，大赦，谥诸葛亮曰忠武侯。初，亮表于汉主曰："成都有桑八百株，薄田十五顷，子弟衣食，自有余饶，臣不别治生以长尺寸。若臣死之日，不使内有余帛，外有赢财，以负陛下。"卒如其所言。

丞相长史张裔常称亮曰："公赏不遗远，罚不阿近，爵不可以无功取，刑不可以贵势免，此贤愚之所以佥忘其身者也！"

魏明帝青龙二年甲寅（公元234年）

春季，二月，诸葛亮率领全部十万大军从斜谷出兵，同时派出使者约吴国同时向魏国发兵。

诸葛亮军队来到郿县，驻扎在渭水南岸。司马懿率军渡过渭水，背临渭水筑营抵挡，对各将领说："诸葛亮如果从武功出兵，依山而往东，就的确值得担心；如果向西登上五丈原，那各位将领就没事了。"诸葛亮果然驻扎在五丈原。

雍州刺史郭淮对司马懿说："诸葛亮一定会争夺北原，我们应该先占领那里。"参与议论的人都说不对，郭淮说："如果诸葛亮跨过渭水登上五丈原，与北山的军队连接起来，断绝长安通往陇西的道路，煽动百姓和少数民族的部众，对我国不利啊。"司马懿于是派郭淮到北原驻军。营垒还没有修好，汉军大军果然赶到，郭淮将汉军击退。

司马懿与诸葛亮相互对峙了一百多天，诸葛亮几次挑战，司马懿都不出兵。诸葛亮于是派人把女人的衣服送给司马懿。司马懿大怒，上奏表请求出战，魏明帝派卫尉辛毗手持符节以军师的身份前来制止。护军姜维对诸葛亮说："辛毗手持符节赶到，敌军不会出战了。"诸葛亮说："他们本来就没有出战的打算，之所以向他们的皇帝请求出战，就是给下面的武将们看的。将领在军中，皇帝的命令都可以不听，如果他真能战胜我军，怎么会不远千里向他们的皇帝申请出战呢？"

诸葛亮派使者到司马懿军营，司马懿向使者询问诸葛亮的寝食以及政务情况，不问军事。使者回答说："诸葛先生早起晚睡，凡是二十军棍以上的惩罚，都要亲自过问；每天所吃的饭还不到几升。"司马懿告诉手下："诸葛孔明吃得少，操心的事情多，还能活得久吗？"

诸葛亮病重，汉王派尚书仆射李福前来问候，顺便咨询一下国家大事。李福来到后，与诸葛亮交谈完毕，离开，几天后又回来。诸葛亮说："我知道你回来的意思，最近虽然整天都在谈话，但是还有没交代的事情，你又来听取决定了。你想问的事情，蒋琬可以胜任。"李福谢道："之前的确忘记咨询，如果您百年之后，谁能担任丞相的职位，因此特意回来问。我请求再问一下，蒋琬之后，谁能担任丞相？"诸葛亮说："费祎可以继任。"再问后面的人，诸葛亮就不回答了。

当月，诸葛亮在军中去世。长史杨仪负责军队退兵。百姓急忙告诉司马懿，司马懿率军在后面追赶。姜维命令杨仪调转战旗方向，擂响战鼓，好像要向司马懿的方向冲锋，司马懿赶紧收兵撤退，不敢继续逼近。于是杨仪率军列队离开，进入斜谷才发丧。百姓为这件事编了一句谚语："死诸葛亮吓走活司马懿。"司马懿听说后，笑着说："我能料到诸葛亮活着的事情，不能料到诸葛亮死后的事情。"司马懿巡视诸葛亮曾经的军营，感叹道："诸葛亮真是天下奇才啊。"追到赤岸，没有追上蜀军这才返回。

　　当初，汉军前军师魏延，勇猛超过常人，善待士兵。每次随诸葛亮出征，总是请求带兵一万人，与诸葛亮兵分两路出发在潼关会合，就像韩信从前做的那样，诸葛亮制止他不许这样做。魏延常认为诸葛亮胆怯，感叹痛恨自己的才能无法施展。杨仪为人干练敏捷，诸葛亮每次出征，杨仪都会规划调遣军队，筹备粮草，不假思索，很快就会办完，军队用粮，全都由杨仪来筹备操办。魏延个性高傲自大，当时众将都避让他，只有杨仪对他不加忍让，魏延为此十分气愤，与杨仪水火不容。诸葛亮十分珍惜这两人的才能，不忍心有一点偏心。

　　诸葛亮病重时，与杨仪和司马费祎等人商量他死之后退兵的调度，让魏延断后，姜维在魏延之前；如果魏延不听从命令，军队就自行出发。诸葛亮死后，杨仪秘不发丧，让费祎去魏延那里揣度一下他的想法。魏延说："丞相虽死，还有我在。丞相府的亲信和主要官员的属吏，可以送遗体归葬，我自己率领各路军队攻打敌军；怎么能因为一个人死了就荒废天下的大事呢？况且我魏延是什么人，怎么能被杨仪约束，替他做断后将军呢？"魏延私自和费祎共同做出撤退和留下的安排，让费祎亲笔写下，两人一同签名，下发给各位将领。费祎欺骗魏延说："我替你回去跟杨仪解释。杨仪是文官，不懂军事，一定不会抗命。"费祎出门，骑马奔驰离去。魏延很快后悔，已经来不及了。

　　魏延派人偷偷查看杨仪等人，发现他们想按诸葛亮的办法行事，各军营按顺序率军返回，魏延大怒，抢在杨仪没有发兵之前，率领自己的军队率先返回南方，又把经过的栈道全部烧毁。魏延、杨仪各自争相上表说对方叛变，一天之内，紧急军事文书相继送到。汉王问侍中董允、留府长史蒋琬这件事怎么办，蒋琬、董允全都相信杨仪怀疑魏延。杨仪等人劈山开路疏通栈道，日夜不停赶路，还是落在了魏延的后面。魏延先到，占据南谷口，派兵攻打杨仪等人，杨仪等人命令将军何平在前方抵御魏延。何平叱责先登上南谷口的士兵："诸葛先生去世，尸骨未寒，你们怎么这样？"魏延的将士都知道错在魏延，不该听魏延的命令，都散开了。魏延独自带领自己的儿子等几个人逃亡，奔往汉中，杨仪派将军马岱追击杀死魏延，又诛灭魏延三族。蒋琬率领宿卫各军向北拯救危难，行军几十里，魏延的死讯送到，于是率军返回。起初，魏延想要杀死杨仪等人，希望借助舆论让自己代替诸葛亮辅政，因此不向北投降魏国而是向南攻打杨仪，其实并没有谋反的想法。

　　各路军队返回成都，汉王大赦天下，封诸葛亮谥号忠武侯。起初，诸葛亮上表对汉王说："我在成都有桑树八百棵，薄田十五顷，后代子孙的衣食足够富余，我没有别的收入增加家产。直到我死那天，一定不让家中有多余的绢帛，不要让外面有多余的钱财，而辜负陛下。"最终确定像他说的那样。

丞相长史张仪常称赞诸葛亮："诸葛先生行赏也不忘疏远的人，惩罚也不偏袒亲近的人，没有功劳的人不可以封爵，有权有势的人犯法也不能赦免，这就是贤能的人和愚笨的人都能忘身报国的原因。"

卷 九

司马昭之心

原文

元皇帝景元元年庚辰，公元二六〇年

夏，四月，诏有司率遵前命，复进大将军昭位相国，封晋公，加九锡。

帝见威权日去，不胜其忿。五月，己丑，召侍中王沈、尚书王经、散骑常侍王业，谓曰："司马昭之心，路人所知也。吾不能坐受废辱，今日当与卿自出讨之。"王经曰："昔鲁昭公不忍季氏，败走失国，为天下笑。今权在其门，为日久矣。朝廷四方皆为之致死，不顾逆顺之理，非一日也。且宿卫空阙，兵甲寡弱，陛下何所资用；而一旦如此，无乃欲除疾而更深之邪！祸殆不测，宜见重详。"帝乃出怀中黄素诏投地曰："行之决矣！正使死何惧，况不必死邪！"于是入白太后。沈、业奔走告昭，呼经欲与俱，经不从。帝遂拔剑升辇，率殿中宿卫苍头官僮鼓噪而出。昭弟屯骑校尉伷遇帝于东止车门，左右呵之，伷众奔走。中护军贾充自外入，逆与帝战于南阙下，帝自用剑。众欲退，骑督成倅弟太子舍人济问充曰："事急矣，当云何？"充曰："司马公畜养汝等，正为今日。今日之事，无所问也！"济即抽戈前刺帝，殒于车下。昭闻之，大惊，自投于地。太傅孚奔往，枕帝股而哭，甚哀，曰："杀陛下者，臣之罪也！"

昭入殿中，召群臣会议。尚书左仆射陈泰不至，昭使其舅尚书荀颙召之，泰曰："世之论者以泰方于舅，今舅不如泰也。"子弟内外咸共逼之，乃入，见昭，悲恸。昭亦对之泣曰："玄伯，卿何以处我？"泰曰："独有斩贾充，少可以谢天下耳。"昭久之曰："卿更思其次。"泰曰："泰言惟有进于此，不知其次。"昭乃不复更言。颙，彧之子也。

太后下令，罪状高贵乡公，废为庶人，葬以民礼。收王经及其家属付廷尉。经谢其母，母颜色不变，笑而应曰：“人谁不死，正恐不得其所；以此并命，何恨之有！”及就诛，故吏向雄哭之，哀动一市。王沈以功封安平侯。庚寅，太傅孚等上言，请以王礼葬高贵乡公，太后许之。

使中护军司马炎迎燕王宇之子常道乡公璜于邺，以为明帝嗣。炎，昭之子也。

魏元帝景元元年庚辰（公元260年）

　　夏季，四月，魏帝高贵乡公下旨令有关部门都遵照之前的命令，再次升大将军司马昭为相国，封晋公，加封九种礼器赏赐。

　　高贵乡公眼看自己的权势越来越小，十分生气。五月，己丑，高贵乡公召侍中王沈、尚书王经、散骑常侍王业入宫，对他们说：“司马昭的心思，路上的行人都知道。我不能坐等着受他的羞辱被他废掉，今天就和你们一起亲自讨伐他。”王经说：“当年鲁昭公不能忍受季氏专权，讨伐失败而出走，失去自己的国家，被天下人耻笑。如今权力在司马昭手上已经很久了。朝廷上下都是愿意为他效命的人，不会考虑顺逆的道理，这种情况已经不止一天了。况且宫中没有守卫，缺少武器，陛下靠什么来讨伐他；一旦开始讨伐司马昭，如果不能将他彻底铲除，就会让他权力更大。恐怕祸患难以预测，还需要慎重详细地好好考虑。”高贵乡公于是拿出怀中用黄绢写的诏书，扔在地上说：“我决定了。纵使死了有什么可怕，更何况不一定会死。”于是进入后宫禀告太后。王沈、王业赶快跑去告诉司马昭，叫王经和他们一起去，王经不去。高贵乡公于是拔剑登上辇车，率领守卫皇宫的奴仆，让他们头上裹着青色的头巾，大声呼喊着冲出去。司马昭的弟弟屯骑校尉司马伷在东止车门遇到高贵乡公，高贵乡公的左右亲信大声呵斥他们，司马伷的手下都逃走了。中护军贾充从宫外进入，于是在南阙之下与高贵乡公的守卫们交战，高贵乡公亲自持剑抵抗。众人打算退下，骑督成倅的弟弟、太子舍人成济问贾充：“事情紧急，该怎么办？”贾充说：“司马公培养你们，就是为了今天。今天的事情，没什么好问的。”成济于是抽出戈上前刺杀魏明帝，高贵乡公死在车下。司马昭听说后大惊，自己跪在地上。太傅司马孚跑过去，枕在高贵乡公的大腿上恸哭，十分悲伤，说：“陛下被杀，是我的罪过。”

　　司马昭进入宫殿，召集群臣开会商议。尚书左仆射陈泰没来，司马昭派陈泰的舅舅尚书荀颛去召唤他，陈泰说：“人们都评论说陈泰可以和舅舅相比，如今看来舅舅不如陈泰。”家中子弟全都逼着陈泰进宫，陈泰这才进宫，拜见司马昭，十分悲恸。司马昭也对着陈泰哭泣道：“玄伯，你怎么看待我？”陈泰说：“只有杀死贾充，才可以稍稍向天下谢罪。”司马昭过了很久才说：“你再想想别的办法。”陈泰说：“我陈泰的话只有这些，没有其他的。”司马昭于是不再说话。荀颛是荀彧的儿子。

太后下令，列举高贵乡公的罪状，废去皇帝头衔贬为百姓，用百姓的葬礼为他下葬。把王经和他的家人抓起来交给廷尉处理。王经向母亲谢罪，母亲脸色不变，笑着答道："人谁能不死，我正怕不能死得其所。因为这件事和你一起死，有什么可痛恨的？"到了即将行刑的时候，王经曾经的手下向雄恸哭不止，悲哀之情感动了整个街市的人。王沈凭借功劳被封为安平侯。庚寅，太傅司马孚等人上奏，请求以王公的礼节安葬高贵乡公，太后答应了。

派中护军司马炎迎接燕王曹宇的儿子、常道乡公曹璜来到邺城，让他做魏明帝的继承人。司马炎，是司马昭的儿子。

卷 十

邓艾灭蜀

元皇帝景元三年壬午，公元二六二年

昭欲大举伐汉，朝臣多以为不可，独司隶校尉钟会劝之。昭谕众曰："自定寿春已来，息役六年，治兵缮甲以拟二虏。今吴地广大而下湿，攻之用功差难，不如先定巴蜀，三年之后，因顺流之势，水陆并进，此灭虢取虞之势也。计蜀战士九万，居守成都及备他境不下四万，然则余众不过五万。今绊姜维于沓中，使不得东顾，直指骆谷，出其空虚之地以袭汉中，以刘禅之暗，而边城外破，士女内震，其亡可知也。"乃以钟会为镇西将军，都督关中。征西将军邓艾以为蜀未有衅，屡陈异议；昭使主簿师纂为艾司马以谕之，艾乃奉命。

景元四年癸未，公元二六三年

诏诸军大举伐汉，遣征西将军邓艾督三万余人自狄道趣甘松、沓中，以连缀姜维；雍州刺史诸葛绪督三万余人自祁山趣武街桥头，绝维归路；钟会统十余万众分从斜谷、骆谷、子午谷趣汉中。以廷尉卫瓘持节监艾、会军事，行镇西军司。瓘，觊之子也。

会过幽州刺史王雄之孙戎，问："计将安出？"戎曰："道家有言，'为而不恃。'非

成功难，保之难也。"或以问参相国军事平原刘寔曰："钟、邓其平蜀乎？"寔曰："破蜀必矣，而皆不还。"客问其故，寔笑而不答。

邓艾遣天水太守王颀直攻姜维营，陇西太守牵弘邀其前，金城太守杨欣趣甘松。维闻钟会诸军已入汉中，引兵还。欣等追蹑于强川口，大战，维败走。闻诸葛绪已塞道屯桥头，乃从孔函谷入北道，欲出绪后；绪闻之，却还三十里。维入北道三十余里，闻绪军却，寻还，从桥头还，绪趣截维，较一日不及。维遂还至阴平，合集士众，欲赴关城；未到，闻其已破，退趣白水，遇廖化、张翼、董厥等，合兵守剑阁以拒会。

邓艾进至阴平，简选精锐，欲与诸葛绪自江油趣成都。绪以本受节度邀姜维，西行非本诏，遂引军向白水，与钟会合。会欲专军势，密白绪畏懦不进，槛车征还，军悉属会。

姜维列营守险，会攻之不能克；粮道险远，军食乏，欲引还。邓艾上言："贼已摧折，宜遂乘之。若从阴平由邪径经汉德阳亭趣涪，出剑阁西百里，去成都三百余里，奇兵冲其腹心，出其不意，剑阁之守必还赴涪，则会方轨而进，剑阁之军不还，则应涪之兵寡矣。"遂自阴平行无人之地七百余里，凿山通道，造作桥阁。山高谷深，至为艰险，又粮运将匮，濒于危殆。艾以毡自裹，推转而下。将士皆攀木缘崖，鱼贯而进。先登至江油，蜀守将马邈降。诸葛瞻督诸军拒艾，至涪，停住不进。尚书郎黄崇，权之子也，屡劝瞻宜速行据险，无令敌得入平地，瞻犹豫未纳；崇再三言之，至于流涕，瞻不能从。艾遂长驱而前，击破瞻前锋，瞻退往绵竹。艾以书诱瞻曰："若降者，必表为琅邪王。"瞻怒，斩艾使，列阵以待艾。艾遣子惠唐亭侯忠等出其右，司马师纂等出其左。忠、纂战不利，并引还，曰："贼未可击！"艾怒曰："存亡之分，在此一举，何不可之有！"叱忠、纂等，将斩之。忠、纂驰还更战，大破，斩瞻及黄崇。瞻子尚叹曰："父子荷国重恩，不早斩黄皓，使败国殄民，用生何为！"策马冒阵而死。

汉人不意魏兵卒至，不为城守调度；闻艾已入平土，百姓扰扰，皆迸山泽，不可禁制。汉主使群臣会议，或以为蜀之与吴，本为与国，宜可奔吴；或以为南中七郡，阻险斗绝，易以自守，宜可奔南。光禄大夫谯周以为："自古以来，无寄他国为天子者，今若入吴国，亦当臣服。且治政不殊，则大能吞小，此数之自然也。由此言之，则魏能并吴，吴不能并魏明矣。等为称臣，为小孰与为大！再辱之耻何与一辱！且若欲奔南，则当早为之计，然后可果。今大敌已近，祸败将及，群小之心，无一可保，恐发足之日，其变不测，何至南之有乎！”或曰：“今艾已不远，恐不受降，如之何？”周曰：“方今东吴未宾，事势不得不受，受之不得不礼。若陛下降魏，魏不裂土以封陛下者，周请身诣京都，以古义争之。”众人皆从周议。汉主犹欲入南，狐疑未决。周上疏曰：“南方远夷之地，平常无所供为，犹数反叛，自丞相亮以兵威逼之，穷乃率从。今若至南，外当拒敌，内供服御，费用张广，他无所取，耗损诸夷，其叛必矣！”汉主乃遣侍中张绍等奉玺绶以降于艾。北地王谌怒曰：“若理穷力屈，祸败将及，便当父子君臣背城一战，同死社稷，以见先帝可也，奈何降乎！”汉主不听。是日，谌哭于昭烈之庙，先杀妻子，而后自杀。

张绍等见邓艾于雒（luò），艾大喜，报书褒纳。汉主遣太仆蒋显别敕姜维使降钟会，又遣尚书郎李虎送士民簿于艾，户二十八万，口九十四万，甲士十万二千，吏四万人。艾至成都城北，汉主率太子诸王及群臣六十余人，面缚舆榇诣军门。艾持节解缚焚榇，延请相见；检御将士，无得虏略，绥纳降附，使复旧业；辄依邓禹故事，承制拜汉主禅行骠骑将军，太子奉车、诸王驸马都尉，汉群司各随高下拜为王官，或领艾官属；以师纂领益州刺史，陇西太守牵弘等领蜀中诸郡。艾闻黄皓奸险，收闭，将杀之，皓赂艾左右，卒以得免。

姜维等闻诸葛瞻败，未知汉主所向，乃引军东入于巴。钟会进军至涪，遣胡烈等追维。维至郪（qī），得汉主敕命，乃令兵悉放仗，送节传于胡烈，自从东道与廖化、张翼、董厥等同诣会降。将士咸怒，拔刀斫石。于是诸郡县围守皆被汉主敕罢兵降。钟会厚待姜维等，皆权还其印绶节盖。

译 文

魏元帝景元三年壬午（公元262年）

司马昭想要大举进攻蜀汉，朝中官员大多认为不可以，只有司隶校尉钟会劝进。司马昭告诉众人：“自从平定寿春以来，六年没有发动战争，一直在做军事准备，打算攻打两个敌国。如今吴国土地广大地势低湿，攻打他们比较困难，不如先平定巴蜀，三年之后，顺流而下，水陆并进，就像春秋时代晋献公先灭虢国再趁势灭掉虞国的形势一样。估计蜀汉有九万名战士，驻扎在成都以防其他地方遭遇不测的士兵不少于四万，剩下的兵力不超过五万。如今我们把姜维牵制在沓中，让他顾不上东边，我们直接向骆谷发兵，通过他们的空虚之地直接攻打汉中，凭借刘禅的昏庸，又加上外面的城市被攻破，蜀国男女老

幼就会内心不安，蜀国的灭亡就可以预料了。”于是任命钟会为镇西将军，都督关中。征西将军邓艾认为蜀国没有可乘之机，几次表达异议；司马昭让主簿师纂作为邓艾的司马去给他讲明道理，邓艾这才接受命令。

魏元帝景元四年癸未（公元263年）

司马昭下令各路军队大举攻打蜀汉，派遣征西将军邓艾统领三万多人从狄道迅速赶往甘松、沓中，以此牵制姜维；雍州刺史诸葛绪统领三万多人从祁山迅速赶往武街桥头，断了姜维返回蜀国的道路；钟会统领十多万大军分别从斜谷、骆谷、子午谷奔赴汉中。让廷尉卫瓘手持符节监督邓艾、钟会用兵，行使镇西军司的职务。卫瓘是卫觊的儿子。

钟会去拜访幽州刺史王雄的孙子王戎，问“我该怎么做？”王戎说：“道家有句话说，‘有所施为，但不强求’。成功并不难，想要保持成功才难。”有人问参相国军事、平原人刘寔说：“钟会、邓艾能消灭蜀国吗？”刘寔说：“消灭蜀国是必然的，但是他们都回不来。”有人问其中的缘故，刘寔笑而不答。

邓艾派遣天水太守王颀直接攻打姜维营寨，陇西太守牵弘在前面截击，金城太守杨欣奔赴甘松。姜维听说钟会的各路军队已经进入汉中，于是率军返回。杨欣等人追踪到强川口，与姜维军队展开大战，姜维战败逃走。听说诸葛绪已经堵塞道路占据桥头，于是从孔函谷进入北道，想要绕到诸葛绪的身后；诸葛绪听说后，退军三十里。姜维进入北道三十多里，听说诸葛绪退军，迅速往回走，从桥头返回，诸葛绪火速前去截住姜维，但是晚了一天没有赶上。姜维于是回到阴平，集合将士部众，打算赶赴关城；还没有赶到的时候，关城就已经被攻占，于是火速退兵到白水，遇到廖化、张翼、董厥等人的军队，将军队合并起来守卫剑阁，以此抗击钟会。

邓艾前进到阴平，挑选精锐部队，打算与诸葛绪从江油奔赴成都。诸葛绪因为本来接受的命令是阻截姜维，向西攻打成都不是他原本接受的诏命，于是率军去往白水，与钟会会合。钟会想要独掌军权，密告诸葛绪畏惧懦弱不敢进攻，诸葛绪被囚车押送回去，军队全部归钟会统领。

姜维排兵布阵据守险关，钟会进攻，没能攻克；粮道艰险遥远，军粮匮乏，想要率军返回。邓艾上书说：“敌军已经遭受重创，应该乘胜追击。如果从阴平抄近路经过汉德阳亭奔赴涪县，从剑阁往西一百里，距离成都三百多里，奇兵攻击他们的中心地区，出其不意，据守剑阁的军队一定会返回赶往涪县，那么钟会的军队就能两车并行沿着平坦大路前进，如果据守剑阁的军队不返回，那么接应涪县的兵力就很少了。”于是从阴平的无人之地走了七百多里，遇山开路，遇水搭桥。道路山高谷深，十分艰险，军粮又匮乏，濒临危亡边缘。邓艾用毡子裹住自己，翻转着滚下山。将士们都沿着树木攀爬悬崖峭壁，接二连三地进入。先头部队抵达江油，蜀国守将马邈投降。诸葛瞻监督各路军队抵御邓艾，到达涪县，停住不再前进。尚书郎黄崇，是黄权的儿子，他屡次劝说诸葛瞻应该快速行军占据天险，不要让敌军进入平地，诸葛瞻犹豫着没有采纳；黄崇再三劝说，以至于痛哭流涕，诸葛瞻还是没有听劝。邓艾于是长驱直入，击破诸葛瞻前锋部队，诸葛瞻退兵去往绵竹。邓艾用书信引诱诸葛瞻："如果投降，我一定上表请求封你为琅邪王。"诸葛瞻大怒，杀死邓艾的使者，列阵等待邓艾。邓艾派他的儿子惠唐亭侯邓忠等人攻打右翼，司马师纂等人攻打左翼。邓忠、司马师纂没有战胜，一同率军返回，说："敌军无法打败。"邓艾大怒道："生死存亡，在此一举，有什么不能战胜的？"于是叱责邓忠、司马师纂等人，想要处死他们。邓忠、司马师纂赶紧奔赴跑回去再战，大败蜀军，斩杀诸葛瞻和黄崇。诸葛瞻的儿子诸葛尚叹息道："我们父子背负着蜀国的重恩，没有早一点斩杀黄皓，导致给蜀国人民带来灾害，我还活着干什么？"于是策马闯入敌军阵营战死。

　　汉人没有想到魏国士兵赶到，没做守城的准备；听说邓艾已经进入平土，百姓纷乱，全都四散逃亡山野，无法禁止。汉王让群臣开会商议，有人认为蜀国和吴国原本是盟国，应该逃往吴国；有人认为南中七郡，陡峭险峻，容易守住，应该逃往南边。光禄大夫谯周认为："自古以来，没有寄生在别的国家的天子，如今如果去往吴国，就应该称臣。况且治国之道没有什么不同，大国能吞并小国，这是自然的道理。由此看来，魏国能吞并吴国，吴国不能吞并魏国是很明显的。同样是称臣，对小国称臣不如对大国称臣。被羞辱两次不如只被羞辱一次。况且如果逃往南中，应该早做打算，然后才能有效果。现在大敌已经近在眼前，大祸即将降临，众小人的心，没有一个能保证不会变，恐怕启程逃难那一天，会有不测之变，怎么能够到达南中呢？"有人说："现在邓艾离我们已经不远，恐怕不会接受我们投降，到时候怎么办？"谯周说："现在东吴没有向魏国臣服，局势逼迫他们不得不接受我们投降，接受我们投降就不得不以礼相待。如果陛下投降魏国，魏国不划分土地封陛下为王，我谯周请求亲自前往魏国都城，用古代的道理去争取。"众人都听从谯周的建议。汉王还是打算逃往南中，犹豫着下不了决心。谯周上书说："南方是遥远的蛮夷之地，平时对我们都没有朝贡，还有许多部落背叛我们，自从丞相诸葛亮用兵威胁住他们，他们无路可走才归降我们。如今如果逃往南中，对外应该抵抗敌军，对内要供给车马器用的支出，费用很大，这些费用无处去寻找，只能耗损各夷人部落，他们一定会背叛我们的。"汉王于是派侍中张绍等人手捧玉玺向邓艾投降。北地王刘谌愤怒地说："如果是计策和力量都用完了，大难将至，就应该让父子君臣背靠城池一战，与国家一同战死，才有脸见先帝，怎么能投降呢？"汉王不听。当天，刘谌在昭烈皇帝的太庙前恸哭，先杀死自己的妻子儿女，之后自杀。

张绍等人在雒县拜见邓艾，邓艾十分高兴，上报魏王奖赏褒纳他们。汉王派太仆蒋显去命令姜维向钟会投降，又派尚书郎李虎把官员百姓的登记簿册送给邓艾，共有二十八万户，九十四万口人，十万两千名士兵，四万名官吏。邓艾到达成都城北，汉王率领太子、各王以及群臣等六十多人，把手绑在身后，拉着棺材走到军营门前。邓艾手持符节解开绳子，烧掉棺材，设宴席接见；并约束将士，不要掠夺百姓，安抚接纳投降的人，让他们重操旧业；之后又按照东汉年间邓禹的旧事，奉魏王旨意封汉王刘禅为骠骑将军，太子为奉车、各位王公为驸马都尉，蜀汉群臣分别根据官职高低封为王官，或归邓艾属下；任命司马师纂任益州刺史，陇西太守牵弘等人管理蜀中各郡。邓艾听说黄皓奸险，把他收押，打算处死，黄皓贿赂邓艾的亲信，最终得以赦免。

　　姜维等人听说诸葛瞻战败，不知道汉王的意向，于是率军进入巴蜀。钟会进军到涪县，派胡烈等人追击姜维。姜维来到郪县，得知汉王投降，于是让士兵全都放下兵器，把符节送给胡烈，从东道与廖化、张翼、董厥等人一同投降。将士们全都愤怒，拔刀砍石头泄愤。就这样各郡县守军都接到汉王的命令投降。钟会厚待姜维等人，把印绶、符节、车盖都暂时归还他们。

晋 纪

卷 二

羊祜堕泪碑

世祖武皇帝咸宁三年丁酉，公元二七七年

徙封巨平侯羊祜为南城郡侯，祜固辞不受。祜每拜官爵，常多避让，至心素著，故特见申于分列之外。祜历事二世，职典枢要，凡谋议损益，皆焚其草，世莫得闻，所进达之人皆不知所由。常曰："拜官公朝，谢恩私门，吾所不敢也。"

冬，十二月，吴夏口督孙慎入江夏、汝南，略千余家而去。诏遣侍臣诘羊祜不追讨之意，并欲移荆州。祜曰："江夏去襄阳八百里，比知贼问，贼已去经日，步军安能追之！劳师以免责，非臣志也。昔魏武帝置都督，类皆与州相近，以兵势好合恶离故也。疆场之间，一彼一此，慎守而已。若辄徙州，贼出无常，亦未知州之所宜据也。"

咸宁四年戊戌，公元二七八年

羊祜以病求入朝，既至，帝命乘辇入殿，不拜而坐。祜面陈伐吴之计，帝善之。以祜病，不宜数入，更遣张华就问筹策。祜曰："孙皓暴虐已甚，于今可不战而克。若皓不幸而没，吴人更立令主，虽有百万之众，长江未可窥也，将为后患矣！"华深然之。祜曰："成吾志者，子也。"帝欲使祜卧护诸将，祜曰："取吴不必臣行，但既平之后，当劳圣虑耳。功名之际，臣不敢居。若事了，当有所付授，愿审择其人也。"

羊祜疾笃，举杜预自代。辛卯，以预为镇南大将军、都督荆州诸军事。祜卒，帝哭之甚哀。是日，大寒，涕泪沾须鬓皆为冰。祜遗令不得以南城侯印入柩。帝曰："祜固让历年，身没让存，今听复本封，以彰高美。"南州民闻祜卒，为之罢市，巷哭声相接。吴守边将士亦为之泣。祜好游岘山，襄阳人建碑立庙于其地，岁时祭祀，望其碑者无不流涕，因谓之堕泪碑。

译文

晋武帝咸宁三年丁酉（公元277年）

将巨平侯羊祜改封为南城郡侯，羊祜坚决拒绝不接受。羊祜每次受封官爵，经常会推辞谦让，一贯有至诚之心，因此被特别准许不接受所封的官爵。羊祜经历两代帝王，一直掌管重要部门，凡是他参与谋划利弊的事情，事后都会把草稿焚烧掉，让别人无法知道。他举荐的人都不知道自己为什么会被他举荐。他常说："在公共的朝廷里授予官职，别人在私下里向你谢恩，这样的事我不敢做。"

冬季，十二月，吴夏口都督孙慎进入江夏、汝南，抢掠一千多户百姓之后离开。晋武帝下诏谴责侍臣羊祜没有追击讨伐的举动，并且打算迁徙荆州。羊祜说："江夏距离襄阳八百里，等知道了贼人的消息，贼人已经离开一整天了，步军怎能追得上？让军队劳累来免去我的罪责，不是我的意愿。当年魏武帝设置都督，大抵都与州相接近，就是因为喜欢兵力集中、讨厌兵力分散的原因。战场之上，一时这样，一时那样，只是要谨慎防守而已。如果总是迁州，贼人出没无常，也不知道要把州设在哪里才容易据守。"

晋武帝咸宁四年戊戌（公元278年）

羊祜因病请求入朝，来到宫门口，晋武帝命令他乘坐辇车进入皇宫，不用行拜礼坐下。羊祜当着晋武帝的面陈述攻打吴国的计策，晋武帝觉得很好。因为羊祜生病，不宜经常入宫，就改派张华去羊祜家里询问策略筹划的事情。羊祜说："孙皓已经十分暴虐，现在不交战就能战胜他。如果孙皓不幸死了，吴国人会更换国君，虽然我们有百万军队，也不能窥伺长江沿岸了，吴国也将成为我们的后患。"张华觉得很有道理。羊祜说："能够成全我志向的人，就是你了。"晋武帝打算让羊祜躺在车上统领各路将领，羊祜说："攻打吴国不用我去，但是平定吴国之后，就要劳累您圣明的思虑了。我不敢贪图功绩和名声，等到战事完毕，应当委派官员去镇抚的时候，希望您慎重地选择合适的人选。"

羊祜病重，举荐杜预代替自己。辛卯，任命杜预为镇南大将军、都督荆州所有军事。羊祜去世，晋武帝哭得十分哀伤。当天，十分寒冷，眼泪和鼻涕沾在胡子上都被冻成了冰。羊祜留下遗言不能把南城侯的印信放入灵柩。晋武帝说："羊祜坚持谦让已经很多年了，死后依然保持着谦让的精神，如今就按照他的意思办，以此来表彰他高尚的美德。"南州百姓听说羊祜去世，全都为他停止市场交易，街头巷尾哭声相连。吴国守边的将士也为羊祜哭泣。羊祜喜欢游览岘山，襄阳人在那里为他建碑修庙，每年都按时祭祀，看到羊祜的碑的人没有不哭泣的，因此这座碑被称为堕泪碑。

卷 三

晋武帝灭吴

原 文

世祖武皇帝太康元年庚子，公元二八〇年

杜预向江陵，王浑出横江，攻吴镇、戍，所向皆克。二月，戊午，王濬、唐彬击破丹杨监盛纪。吴人于江碛要害之处，并以铁锁横截之；又作铁锥，长丈余，暗置江中，以逆拒舟舰。濬作大筏数十，方百余步，缚草为人，被甲持仗，令善水者以筏先行，遇铁锥，锥辄著筏而去。又作大炬，长十余丈，大数十围，灌以麻油，在船前，遇锁，然炬烧之，须臾，融液断绝，于是船无所碍。庚申，濬克西陵，杀吴都督留宪等。壬戌，克荆门、夷道二城，杀夷道监陆晏。杜预遣牙门周旨等帅奇兵八百泛舟夜渡江，袭乐乡，多张旗帜，起火巴山。吴都督孙歆惧，与江陵督伍延书曰："北来诸军，乃飞渡江也。"旨等伏兵乐乡城外，歆遣军出拒王濬，大败而还。旨等发伏兵随歆军而入，歆不觉，直至帐下，虏歆而还。乙丑，王濬击杀吴水军都督陆景。杜预进攻江陵，甲戌，克之，斩伍延。于是沅、湘以南，接于交、广，州郡皆望风送印绶。预杖节称诏而绥抚之。凡所斩获吴都督、监军十四，牙门、郡守百二十余人。胡奋克江安。

吴主闻王浑南下，使丞相张悌督丹杨太守沈莹、护军孙震、副军师诸葛靓帅众三万渡江逆战。至牛渚，沈莹曰："晋治水军于蜀久矣，上流诸军，素无戒备，名将皆死，幼少当任，恐不能御也。晋之水军必至于此，宜畜众力以待其来，与之一战，若幸而胜之，江西自清。今渡江与晋大军战，不幸而败，则大事去矣！"悌曰："吴之将亡，贤愚所知，非今日也。吾恐蜀兵至此，众心骇惧，不可复整。及今渡江，犹可决战。若其败丧，同死社稷，无所复恨。若其克捷，北敌奔走，兵势万倍，便当乘胜南上，逆之中道，不忧不破也。若如子计，恐士众散尽，坐待敌到，君臣俱降，无复一人死难者，不亦辱乎！"

三月，悌等济江，围浑部将城阳都尉张乔于杨荷。乔众才七千，闭栅请降。诸葛靓欲屠之，悌曰：“强敌在前，不宜先事其小，且杀降不祥。”靓曰：“此属以救兵未至，少力不敌，故且伪降以缓我，非真伏也。若舍之而前，必为后患。”悌不从，抚之而进。悌与扬州刺史汝南周浚，结陈相对，沈莹帅丹阳锐卒、刀楯五千，三冲晋兵，不动。莹引退，其众乱；将军薛胜、蒋班因其乱而乘之，吴兵以次奔溃，将帅不能止，张乔自后击之，大败吴兵于版桥。诸葛靓帅数百人遁去，使过迎张悌，悌不肯去，靓自往牵之曰：“存亡自有大数，非卿一人所支，奈何故自取死！”悌垂涕曰：“仲思，今日是我死日也！且我为儿童时，便为卿家丞相所识拔，常恐不得其死，负名贤知顾。今以身徇社稷，复何道邪！”靓再牵之，不动，乃流泪放去，行百余步，顾之，已为晋兵所杀，并斩孙震、沈莹等七千八百级，吴人大震。

吴主之嬖臣岑昏，以倾险谀佞，致位九列，好兴功役，为众患苦。及晋兵将至，殿中亲近数百人叩头请于吴主曰：“北军日近而兵不举刃，陛下将如之何？”吴主曰：“何故？”对曰：“正坐岑昏耳。”吴主独言：“若尔，当以奴谢百姓！”众因曰：“唯！”遂并起收昏。吴主骆驿追止，已屠之矣。

陶浚将讨郭马，至武昌，闻晋兵大入，引兵东还。至建业，吴主引见，问水军消息，对曰：“蜀船皆小，今得二万兵，乘大船以战，自足破之。”于是合众，授浚节钺。明日当发，其夜，众悉逃溃。

时王浑、王濬及琅邪王伷皆临近境，吴司徒何植、建威将军孙晏悉送印节诣浑降。吴主用光禄勋薛莹、中书令胡冲等计，分遣使者奉书于浑、濬、伷以请降。又遗其群臣书，深自咎责，且曰：“今大晋平治四海，是英俊展节之秋，勿以移朝改朔，用损厥志。”使者先送玺绶于琅邪王伷。壬寅，王濬舟师过三山，王浑遣信要濬暂过论事；濬举帆直指建业，报曰：“风利，不得泊也。”是日，濬戎卒八万，方舟百里，鼓噪入于石头，吴主皓面缚舆榇，诣军门降。濬解缚焚榇，延请相见。收其图籍，克州四，郡四十三，户五十二万三千，兵二十三万。

译文

晋武帝太康元年庚子（公元280年）

杜预向江陵出兵，王浑从横江出兵，攻打吴国军事重地、边防营垒，所指向的地方全部攻克。二月，戊午，王濬、唐彬攻破丹杨监盛纪的防守。吴国人把江边的要害之地都用连接起来的铁索横着截断；又制作一丈多长的铁锥，悄悄放置在江中，用来抵抗敌军战船。王濬做了几十艘大木筏，大小有一百多步见方，又做了许多草人，让草人穿上铠甲手拿兵器，让水性好的人乘坐木筏走在队伍前面，遇到铁锥，铁锥就扎到木筏上被带走了。又制作了巨大的火把，长十几丈，要几十人合抱那么粗，里面灌上麻油，放在船前，遇到铁锁，就点燃火炬烧它，很快，就能把铁锁烧化断开，于是战船再也没有阻碍。庚申，王濬攻克西陵，杀死吴国都督留宪等人。壬戌，攻克荆门、夷道两座城，杀死夷道监陆晏。杜预派牙门周旨等人率领八百名奇兵划船连夜渡江，偷袭乐乡，竖立起许多旗帜，又在巴山点火。吴军都督孙歆害怕，写信对江陵都督伍延说："北边来的军队，是飞过江的。"周旨等人在乐乡城外埋伏士兵，孙歆派军队出城抵抗王濬，大败而归。周旨等人派伏兵跟随孙歆的军队入城，孙歆没有察觉，一直来到军帐下，伏兵把孙歆俘虏归队。乙丑，王濬杀死吴国水军都督陆景。杜预进攻江陵，甲戌，攻克，斩杀伍延。于是，沅水、湘水以南，以及地界相接的交、广等州、郡全都闻声把官印送来。杜预手持符节奉诏一一安抚。被斩杀抓获的吴军都督、监军有十四人，牙门、郡守有一百二十多人。胡奋又攻克了江安。

　　吴王听说王浑南下，派丞相张悌监督丹杨太守沈莹、护军孙震、副军师诸葛靓率领三千名部众渡江迎战。军队抵达牛渚，沈莹说："晋军在蜀地训练水军已经很久了，上流的各路军队，全都没有戒备，名将战死，年轻的将领担当重任，恐怕不能很好地抵御。晋国的水军一定会来到这，我们应该养精蓄锐等待他们到来，和他们交战，如果侥幸能够战胜，江西就清净了。现在如果渡江与晋国大军交战，不幸战败，大事就完了。"张悌说："吴国即将灭亡，聪明人和糊涂人都知道，不是今天一天导致灭亡的。我怕蜀兵来到这里，军队人人都会心存害怕，无法再整治了。如果现在渡江，还可以决战。如果战败，与国家同死，没什么遗憾。如果战胜，敌军逃走，我军士气会增长万倍，就应该乘胜向南追击，在半路上阻击敌人，不用担心不会战胜。如果按照你的计划，恐怕将士们都会散尽了，坐在这里等着敌军来，君臣一起投降，没有一个人战死，难道不是耻辱吗？"

　　三月，张悌等人渡过长江，在杨荷包围王浑的部将、城阳都尉张乔。张乔的军队只有七千人，关闭了栅栏请求投降。诸葛靓想把他们杀了，张悌说："强敌在前，不应该先做小事，况且杀死降军是不吉祥的。"诸葛靓说："这些人因为救兵没有来，兵力薄弱打不过我们，所以假装投降来拖延我们，不是真的投降。如果把他们放在这里不管，我们继续前进，他们一定会成为我们的后患。"张悌不听，安抚降军之后继续前进。张悌与扬州刺史、汝南人周浚，两军摆开阵型对峙，沈莹率领丹阳军队精锐士卒、刀斧手五千人，三次向晋军冲击，没有将敌军撼动。沈莹率军撤退，军队众人混乱起来；将军薛胜、蒋班趁乱攻打，吴军接二连三地奔走溃逃，将帅都不能制止，张乔从后方攻击，在版桥大败吴军。诸葛靓率领几百人逃走，派人去接张悌，张悌不肯离去，诸葛靓亲自去拉他，说："存亡都是天命，不是你一个人能够支撑的，为何要自寻死路呢？"张悌哭着说："仲思，今天就是我的死期了。我小时候，就被你家丞相提拔，常常担心死不得其所，辜负了贤明之人的知遇之恩。如今能够以身殉国，还有什么可说的？"诸葛靓再三拉他，张悌都不动，于是诸葛靓流泪放开张悌离去，走了一百多步，回头看张悌，已经被晋兵杀死，同时被杀死的还有孙震、沈莹等七千八百人，吴国人遭受巨大的震动。

吴王宠幸的近臣岑昏，凭借邪僻险恶、奉承献媚，位列九卿，他喜欢大兴土木工程，百姓深受困苦与祸患。当晋兵即将到来的时候，宫中与吴王亲近的几百人都磕头向吴王请求："敌军越来越近而我们的军队却不拿起武器抵抗，陛下想怎么办啊？"吴王说："是什么原因？"群臣答道："正是由于岑昏的缘故。"吴王只说了一句："要是这样，就拿这个奴才去向百姓谢罪吧。"众人趁机说："好。"于是一起将岑昏收押。吴王后悔，接连不断地派人去追回来，岑昏已经被杀了。

陶濬将要去征讨郭马，抵达武昌，听说晋兵大举进攻，就带兵向东返回。抵达建业，吴王召见陶濬，问他水军的消息，陶濬回答："蜀军的船都很小，如今给我两万士兵，乘坐大船交战，就足够攻破敌军。"于是集合两万人的军队，授给陶濬符节和斧钺加大他的权力。原定第二天出发，当天夜里，陶濬召集的士兵就跑光了。

正赶上当时王浑、王濬和琅琊王司马伷都兵临吴国边境，吴国司徒何植、建威将军孙晏全部送来印信符节向王浑投降。吴王采用光禄勋薛莹、中书令胡冲等人的计策，分别派使者向王浑、王濬、司马伷送去请求投降的书信。又写了一封信给自己的大臣们，深深地谴责了自己的罪过，还说："如今大晋平治四海，正是英雄豪杰一展抱负的时候，不要因为改朝换代，就丧失了志向。"使者先把玉玺送给琅琊王司马伷。壬寅，王濬的军队乘船渡过三山，王浑写信让王濬暂

●王濬计取石头城

时过来讨论事情；王濬率领船队直接来到建业，禀报："风太大，船无法停泊。"当天，王濬率领八万士卒，船只方圆覆盖百里，大张旗鼓进入石头城，吴王孙皓把手绑在身后拉着棺材来到军营投降。王濬解开绳子烧毁棺材，设宴接见。收下吴国的地图户籍，总共攻克吴国四座州，四十三座郡，百姓五十二万三千户，士兵二十三万。

石崇斗富

原 文

世祖武皇帝太康三年壬寅，公元二八二年

琇，景献皇后之从父弟也；后将军王恺，文明皇后之弟也；散骑常侍、侍中石崇，苞之子也。三人皆富于财，竞以奢侈相高。恺以饴澳釜，崇以蜡代薪；恺作紫丝步障四十里，崇作锦步障五十里；崇涂屋以椒，恺用赤石脂。帝每助恺，尝以珊瑚树赐之，高二尺许，恺以示崇，崇便以铁如意碎之；恺怒，以为疾己之宝。崇曰："不足多恨，今还卿！"乃命左右悉取其家珊瑚树，高三、四尺者六、七株，如恺比者甚众；恺恍然自失。

译 文

晋武帝太康三年壬寅（公元282年）

羊琇，是景献皇后的堂弟；后将军王恺，是文明皇后的亲弟弟；散骑常侍、侍中石崇，是石苞的儿子。三个人都很有钱，相互攀比奢侈的程度。王恺用糖膏刷锅，石崇就用蜡代替柴来做饭；王恺用紫色的蚕丝作道路两旁的屏障四十里，石崇就用锦作屏障五十里；石崇用花椒和泥涂墙，王恺就用赤石蜡涂墙。晋武帝经常资助王恺，曾经赏赐给他一株二尺高的珊瑚树，王恺拿去给石崇看，石崇就用铁如意把珊瑚树敲碎了；王恺大怒，认为他嫉妒自己的宝物。石崇说："不用生气，今天就还给你。"于是让左右手下把家里的珊瑚树都拿出来，高达三四尺的就有六七株，和王恺的珊瑚树一样高的有很多，王恺恍然不知所措。

卷 八

王与马 共天下

原文

孝怀皇帝永嘉元年丁卯，公元三〇七年

九月，戊申，琅邪王睿至建业。睿以安东司马王导为谋主，推心亲信，每事咨焉。睿名论素轻，吴人不附，居久之，士大夫莫有至者，导患之。会睿出观禊，导使睿乘肩舆，具威仪，导与诸名胜皆骑从，纪瞻、顾荣等见之惊异，相帅拜于道左。导因说睿曰："顾荣、贺循，此土之望，宜引之以结人心。二子既至，则无不来矣。"睿乃使导躬造循、荣，二人皆应命而至。以循为吴国内史；荣为军司，加散骑常侍，凡军府政事，皆与之谋议。又以纪瞻为军祭酒，卞壶为从事中郎，周玘为仓曹属，琅邪刘超为舍人，张闿及鲁国孔衍为参军。壶，粹之子；闿，昭之曾孙也。王导说睿："谦以接士，俭以足用，用清静为政，抚绥新旧。"故江东归心焉。睿初至，颇以酒废事；导以为言。睿命酌，引觞覆之，于此遂绝。

译文

晋怀帝永嘉元年丁卯（公元307年）

九月，戊申日，琅琊王司马睿抵达建业。司马睿任命安东司马王导为主要谋士，与他推心置腹，每当有事就会向他咨询计策。司马睿名誉声望向来很轻，吴地人都不服从他，在这里待了很久，士大夫都没有登门拜访的，王导为此感到忧虑。正赶上司马睿外出观看祭礼，王导让司马睿乘坐轿子，准备威严的仪仗，王导和名士们都骑马跟随，纪瞻、顾荣等人见到都很惊讶诧异，一个跟一个地在道路左边下拜。王导趁机对司马睿说："顾荣、贺循，是本地的望族，应该聘任他们来笼络人心。这两人如果投奔您，就没有不来投奔您的名士了。"司马睿于是让王导亲自拜访贺循、顾荣，这两人都接受任命而来。任命贺循为吴国内史；任命顾荣为司军，加任散骑常侍，凡是军中府库的政事，都与他们商议。又任命纪瞻为军祭酒，卞壶为从事中郎，周玘为仓曹属，琅琊人刘超为门客，张闿和鲁国人孔衍为参军。卞壶，是卞粹的儿子；张闿，是张昭的曾孙。王导劝说司马睿："要谦逊地对待士人，通过节俭来保证充足的用度，以清净无为的原则处理政务，安抚旧的部下和新结交的士人。"于是江东地区都对司马睿信任。司马睿刚刚来到这里时，常因喝酒误事；王导为此劝说，司马睿命人斟酒，接过酒杯之后把酒倒掉，从此再也不喝酒。

卷　十

祖逖北伐

原　文

孝愍皇帝建兴元年癸酉，公元三一三年

初，范阳祖逖，少有大志，与刘琨俱为司州主簿。同寝，中夜闻鸡鸣，蹴琨觉曰："此非恶声也！"因起舞。及渡江，左丞相睿以为军咨祭酒。逖居京口，纠合骁健，言于睿曰："晋室之乱，非上无道而下怨叛也，由宗室争权，自相鱼肉，遂使戎狄乘隙，毒流中土。今遗民既遭残贼，人思自奋，大王诚能命将出师，使如逖者统之以复中原，郡国豪杰，必有望风响应者矣！"睿素无北伐之志，以逖为奋威将军、豫州刺史，给千人廪，布三千匹，不给铠仗，使自召募。逖将其部曲百余家渡江，中流，击楫而誓曰："祖逖不能清中原而复济者，有如大江！"遂屯淮阴，起冶铸兵，募得二千余人而后进。

译　文

晋愍帝建兴元年癸酉（公元313年）

当初，范阳人祖逖，年少时就胸怀大志，与刘琨共同担任司州主簿。两人在一间房中睡觉，半夜听到鸡叫，祖逖踢醒刘琨说："这不是不好的声音。"于是起床练剑。渡江以后，左丞相司马睿任命祖逖为军咨祭酒。祖逖居住在京口，集合了许多骁勇战将，对司马睿说："晋朝皇室的纷乱，不是因为皇上无道而使下面的人怨恨反叛，而是因为皇族之间争夺权力，自相残害，才让北狄和西戎部落有了可乘之机，祸害中原。如今晋朝的遗民已经遭受贼人的残害，他们人人都想自强奋发，大王如果能派出军队，让像我祖逖一样的人来统领，以此收复中原，那各地的豪杰，一定会听见消息来响应。"司马睿向来没有北伐的志向，任命祖逖为奋威将军、豫州刺史，拨给他一千人的口粮，布三千匹，没有给甲胄和兵器，让他自己去筹备。祖逖率领自己的私家军队共一百多户渡过长江，在长江中游，击打船桨盟誓："祖逖如果不能光复中原，就像大江一样有去无回！"于是在淮阴驻

资治通鉴

扎，开始冶炼金属铸造兵器，招募了两千多名士兵之后继续出发。

卷十三

奴隶皇帝石勒

孝惠皇帝永兴二年乙丑，公元三〇五年

初，上党武乡羯人石勒，有胆力，善骑射。并州大饥，建威将军阎粹说东嬴公腾执诸胡于山东，卖充军实。勒亦被掠，卖为荏平人师懽奴，懽奇其状貌而免之。懽家邻于马牧，勒乃与牧帅汲桑结壮士为群盗。及公师藩起，桑与勒帅数百骑赴之。桑始命勒以石为姓，勒为名。

中宗元皇帝大兴二年己卯，公元三一九年

石勒遣左长史王修献捷于汉，汉主曜遣兼司徒郭汜授勒太宰、领大将军，进爵赵王，加殊礼，出警入跸，如曹公辅汉故事；拜王修及其副刘茂皆为将军，封列侯。修舍人曹平乐从修至粟邑，因留仕汉，言于曜曰："大司马遣修等来，外表至诚，内觇大驾强弱，俟其复命，将袭乘舆。"时汉兵实疲弊，曜信之。乃追汜还，斩修于市。三月，勒还至襄国。刘茂逃归，言修死状。勒大怒曰："孤事刘氏，于人臣之职有加矣。彼之基业，皆孤所为，今既得志，还欲相图。赵王、赵帝，孤自为之，何待于彼邪！"乃诛曹平乐三族。

冬，石勒左、右长史张敬、张宾，左、右司马张屈六、程遐等，劝勒称尊号，勒不许。十一月，将佐等复请勒称大将军、大单于、领冀州牧、赵王，依汉昭烈在蜀、魏武在邺故事，以河内等二十四郡为赵国，太守皆为内史，准《禹贡》，复冀州之境，以大单于镇抚百蛮，罢并、朔、司三州，通置部司以监之；勒许之。戊寅，即赵王位，大赦，依春秋时列国称元年。

初，勒以世乱，律令烦多，命法曹令史贯志，采集其要，作《辛亥制》五千文；施行十余年，乃用律令。以理曹参军上党续咸为律学祭酒；咸用法详平，国人称之。以中垒将军支雄、游击将军王阳领门臣祭酒，专主胡人辞讼，重禁胡人，不得陵侮衣冠华族，号胡为国人。遣使循行州郡，劝课农桑。朝会始用天子礼乐、衣冠、仪物，从容可观矣。加张宾大执法，专总朝政；以石虎为单于元辅、都督禁卫诸军事，寻加票骑将军、侍中、开府，赐爵中山公；自余群臣，授位进爵各有差。

晋惠帝永兴二年乙丑（公元305年）

当初，上党五乡羯族人石勒，有胆有力，善于骑射。并州遭遇大饥荒，建威将军阎粹劝说东嬴公司马腾，让他把各部落胡人都抓到崤山以东，把他们卖掉来换军资。石勒也被抓走，卖给茌平人师懽做奴隶，师懽因为对石勒强壮的外形感到欣赏而将他赦免。师懽家旁边就是放马的牧场，石勒于是和牧场的首领汲桑召集了许多壮士成为强盗团伙。等到公师藩起义，汲桑与石勒率领几百人马投奔。汲桑让石勒把石作为姓，把勒作为名。

晋元帝大兴二年己卯（公元319年）

石勒派左长史王修把捷报献给汉王，汉王刘曜派兼司徒郭汜授予石勒太宰、领大将军的头衔，又封他为赵王，给予特殊礼遇，出行时警戒清道，禁止行人，就如同曹公辅佐汉朝时的旧事一样；将王修和他的副将刘茂都任命为将军，封列侯。王修的门客曹平乐跟随王修来到粟邑，趁机留下来作为汉朝官员，对刘曜说："大司马派遣王修等人来，表面上十分诚心，其实是要偷偷察看您的实力强弱，等待回去复命，很快就会向您发动袭击。"当时汉军的确疲劳不堪，刘曜相信曹平乐的话。于是把郭汜追回来，在闹市把王修斩首。三月，石勒回到襄国。刘茂逃回来，把王修已死的情况说了。石勒大怒道："我侍奉刘氏，比臣子应尽的职责做得还多。他的国家，都是我打下来的，如今得志，反而想来算计我。是做赵王还是赵国皇帝，都是我说了算，还等他来任命吗？"于是诛杀曹平乐三族。

冬季，石勒的左、右长史张敬、张宾，左、右司马张屈六、程遐等人，劝石勒称帝，石勒不同意。十一月，这些高级军官又再次请求石勒称大将军、大单于，统领冀州政务，称赵王，效仿汉朝昭烈皇帝在蜀国、魏武帝在邺城的旧事，将河内等二十四郡划分为赵国，太守都改称内史，根据《禹贡》，恢复冀州的行政区域，以大单于的身份镇抚各部落，撤销并州、朔州、司州三州，统一设置部司一职来监管；石勒答应。戊寅日，石勒称赵王，大赦天下，按照春秋时代各诸侯国的惯例将这一年称作元年。

当初，石勒因为世事纷乱，法律法规烦琐冗杂，命令法曹令史贯志，挑选其中重要的部分，创作出五千字的《辛亥制》；施行了十几年，才用律令。任命理曹参军上党人续咸为律学祭酒；续咸用法公平，赵国人都称赞他。任命中垒将军支雄、游击将军王阳出任门臣祭酒，专门主管胡人的诉讼，严格禁止胡人，不能欺辱有较高文化的汉人，把胡人称作国人。派遣使者巡视各郡县，督促农业生产。朝会时开始使用天子规格的礼乐、衣服帽子、礼仪器物，都充足可观。加升张宾为大执法，专门负责总领朝政；任命石虎为单于元辅、都督禁卫一切军事，不久又加封他为骠骑将军、侍中，设立官府，赐封中山公的爵位。其余群臣，都根据不同级别加官晋爵。

卷二十七

淝水之战

晋纪

原　文

烈宗孝武皇帝太元八年癸未，公元三八三年

秦王坚下诏大举入寇，民每十丁遣一兵；其良家子年二十已下，有材勇者，皆拜羽林郎。又曰："其以司马昌明为尚书左仆射，谢安为吏部尚书，桓冲为侍中；势还不远，可先为起第。"良家子至者三万余骑，拜秦州主簿，金城赵盛之为少年都统。是时，朝臣皆不欲坚行，独慕容垂、姚苌及良家子劝之。阳平公融言于坚曰："鲜卑、羌虏，我之仇雠，常思风尘之变以逞其志，所陈策画，何可从也！良家少年皆富饶子弟，不闲军旅，苟为谄谀之言以会陛下之意耳。今陛下信而用之，轻举大事，臣恐功既不成，仍有后患，悔无及也！"坚不听。

八月，戊午，坚遣阳平公融督张蚝、慕容垂等步骑二十五万为前锋；以兖州刺史姚苌为龙骧将军，督益、梁州诸军事。坚谓苌曰："昔朕以龙骧建业，未尝轻以授人，卿其勉之！"

●苻坚伐晋

左将军窦冲曰："王者无戏言，此不祥之征也！"坚默然。

慕容楷、慕容绍言于慕容垂曰："主上骄矜已甚，叔父建中兴之业，在此行也！"垂曰："然。非汝，谁与成之！"

甲子，坚发长安，戎卒六十余万，骑二十七万，旗鼓相望，前后千里。九月，坚至项城，凉州之兵始达咸阳，蜀、汉之兵方顺流而下，幽、冀之兵至于彭城，东西万里，水陆齐进，运漕万艘。阳平公融等兵三十万，先至颍口。

诏以尚书仆射谢石为征虏将军、征讨大都督，以徐、兖二州刺史谢玄为前锋都督，与辅国将军谢琰、西中郎将桓伊等众共八万拒之；使龙骧将军胡彬以水军五千援寿阳。琰，安之子也。

是时，秦兵既盛，都下震恐。谢玄入，问计于谢安，安夷然，答曰："已别有旨。"既而寂然。玄不敢复言，乃令张玄重请。安遂命驾出游山墅，亲朋毕集，与玄围棋赌墅。安棋常劣于玄，是日，玄惧，便为敌手而又不胜。安遂游陟，至夜乃还。桓冲深以根本为忧，遣精锐三千入卫京师。谢安固却之，曰："朝廷处分已定，兵甲无阙，西藩宜留以为防。"冲对佐吏叹曰："谢安石有庙堂之量，不闲将略。今大敌垂至，方游谈不暇，遣诸不经事少年拒之，众又寡弱，天下事已可知，吾其左衽矣！"

冬，十月，秦阳平公融等攻寿阳；癸酉，克之，执平虏将军徐元喜等。融以其参军河南郭褒为淮南太守。慕容垂拔郧城。胡彬闻寿阳陷，退保硖石，融进攻之。秦卫将军梁成等帅众五万屯于洛涧，栅淮以遏东兵。谢石、谢玄等去洛涧二十五里而军，惮成，不敢进。胡彬粮尽，潜遣使告石等曰："今贼盛，粮尽，恐不复见大军！"秦人获之，送于阳平公融。融驰使白秦王坚曰："贼少易擒，但恐逃去，宜速赴之！"坚乃留大军于项城，引轻骑八千，兼道就融于寿阳。遣尚书朱序来说谢石等以为"强弱异势，不如速降。"序私谓石等曰："若秦百万之众尽至，诚难与为敌。今乘诸军未集，宜速击之；若败其前锋，则彼已夺气，可遂破也。"

石闻坚在寿阳，甚惧，欲不战以老秦师。谢琰劝石从序言。十一月，谢玄遣广陵相刘牢之帅精兵五千人趣洛涧，未至十里，梁成阻涧为陈以待之。牢之直前渡水，击成，大破之，斩成及弋阳太守王咏，又分兵断其归津，秦步骑崩溃，争赴淮水，士卒死者万五千人。执秦扬州刺史王显等，尽收其器械军实。于是谢石等诸军水陆继进。秦王坚与阳平公融登寿阳城望之。见晋兵部阵严整，又望八公山上草木，皆以为晋兵，顾谓融曰：“此亦劲敌，何谓弱也！”怃然始有惧色。

秦兵逼肥水而陈，晋兵不得渡。谢玄遣使谓阳平公融曰：“君悬军深入，而置陈逼水，此乃持久之计，非欲速战者也。若移陈少却，使晋兵得渡，以决胜负，不亦善乎！”秦诸将皆曰：“我众彼寡，不如遏之，使不得上，可以万全。”坚曰：“但引兵少却，使之半渡，我以铁骑蹴而杀之，蔑不胜矣！”融亦以为然，遂麾兵使却。秦兵遂退，不可复止，谢玄、谢琰、桓伊等引兵渡水击之。融驰骑略陈，欲以帅退者，马倒，为晋兵所杀，秦兵遂溃。玄等乘胜追击，至于青冈。秦兵大败，自相蹈藉而死者，蔽野塞川。其走者闻风声鹤唳，皆以为晋兵且至，昼夜不敢息，草行露宿，重以饥冻，死者什七、八。初，秦兵小却，朱序在陈后呼曰：“秦兵败矣！”众遂大奔。序因与张天锡、徐元喜皆来奔。获秦王坚所乘云母车及仪服、器械、军资、珍宝、畜产不可胜计，复取寿阳，执其淮南太守郭褒。

坚中流矢，单骑走至淮北，饥甚，民有进壶飧、豚髀者，坚食之，赐帛十匹，绵十斤。辞曰：“陛下厌苦安乐，自取危困。臣为陛下子，陛下为臣父，安有子饲其父而求报乎？”弗顾而去。坚谓张夫人曰：“吾今复何面目治天下乎！”潸然流涕。

是时，诸军皆溃，惟慕容垂所将三万人独全，坚以千余骑赴之。世子宝言于垂曰：“家国倾覆，天命人心皆归至尊，但时运未至，故晦迹自藏耳。今秦主兵败，委身于我，是天借之便以复燕祚，此时不可失也，愿不以意气微恩忘社稷之重！”垂曰：“汝言是也。然彼以赤心投命于我，若之何害之！天苟弃之，不患不亡？不若保护其危以报德，徐俟其衅而图之！既不负宿心，且可以义取天下。”奋威将军慕容德曰：“秦强而并燕，秦弱而图之，此为报仇雪耻，非负宿心也；兄奈何得而不取，释数万之众以授人乎？”

垂曰：“吾昔为太傅所不容，置身无所，逃死于秦，秦主以国士遇我，恩礼备至。后复为王猛所卖，无以自明。秦主独能明之，此恩何可忘也！若氐运必穷，吾当怀集关东，以复先业耳，关西会非吾有也。”冠军行参军赵秋曰：“明公当绍复燕祚，著于图谶。今天时已至，尚复何待！若杀秦主，据邺都鼓行而西，三秦亦非苻氏之有也！”垂亲党多劝垂杀坚，垂皆不从，悉以兵授坚。平南将军慕容暐屯郧城，闻坚败，弃其众遁去；至荥阳，慕容德复说暐起兵以复燕祚，暐不从

谢安得驿书，知秦兵已败，时方与客围棋，摄书置床上，了无喜色，围棋如故。客

问之，徐答曰："小儿辈遂已破贼。"既罢，还内，过户限，不觉屐齿之折。

晋孝武帝太元八年癸未（公元383年）

秦王苻坚下诏令大举入侵东晋，百姓中每十个人就要派一人当兵；世家子弟中年龄在二十岁以下，有才能和勇气的，都被任命为羽林郎。又说："任命司马昌明为上书左仆射，谢安为吏部尚书，桓冲为侍中；以此形势来看，胜利的日子不远，可以先为他们建造府第。"世家子弟一共来了三万多人马，任命秦州主簿金城人赵盛之为少年都统。当时，朝中臣子都不想让苻坚出征，只有慕容垂、姚苌和世家子弟劝他出征。阳平公苻融对苻坚说："鲜卑、羌虏等部落，是我们的仇人，他们常惦记着通过战乱来施展自己的志向，他们想出的方案，怎么能用呢？世家少年都是富饶人家的子弟，不精通军队作战，随便说些谄媚阿谀的话来迎合陛下您的心意罢了。如今陛下相信任用他们，轻易发动大事，我怕不仅不能成功，还会有后患，后悔也来不及。"苻坚不听。

八月，戊午日，苻坚派阳平公苻融监督张蚝、慕容垂等人率领的步兵骑兵二十五万作为前锋；任命兖州刺史姚苌为龙骧将军，监督益州、梁州的所有军事。苻坚对姚苌说："当年我从龙骧建立功业，从来不轻易把这里交给别人，你一定要勤勉啊。"左将军窦冲说："君王没有戏言，这话是不祥的征兆。"苻坚沉默。

慕容楷、慕容绍对慕容垂说："主公太骄傲自负，叔叔你建立中兴大业，就在此行了。"慕容垂说："是啊。如果没有你们，谁能助我成功啊？"

甲子日，苻坚向长安发兵，率领士卒六十多万，骑兵二十七万，队伍列成长队，前后绵延千里。九月，苻坚抵达项城，凉州的兵刚刚到达咸阳，蜀、汉的兵刚刚顺江而下，幽州、冀州的兵刚到彭城，东西覆盖万里，水军陆军齐头并进，战船上万艘。阳平公苻融等人率兵三十万，先到颍口。

东晋下诏令任命尚书仆射谢石为征虏将军、征讨大都督，任命徐州、兖州两州的刺史谢玄为前锋都督，与辅国将军谢琰、西中郎将桓伊等人率领八万部众共同抵挡；派龙骧将军胡彬带领水军五千支援寿阳。谢琰，是谢安的儿子。

当时，秦兵强大，东晋京城中的人都十分惊恐。谢玄入朝，向谢安询问计策，谢安十分平静自若，答道："已经另有打算了。"说完就不再说话。谢玄不敢再说，于是让张玄再次请示。谢安于是命令车驾出游山中别墅，亲朋好友聚集，与谢玄在别墅玩围棋赌博。谢安下棋常常输给谢玄，当天，谢玄害怕，在有利的形势下却没能赢棋。谢安于是外出散步，到了夜晚才回来。桓冲十分忧虑国家根本，派遣三千精锐部队进入京城支援。谢

安执意让他们退兵，说："朝廷的处理办法已经决定了，士兵武器都不缺乏，他们应该留在西藩防守。"桓冲对佐吏感叹道："谢安有身居朝廷的气量，但不熟悉带兵打仗的方法。如今大敌当前，还尽情游玩，高谈阔论，派那些少不更事的人去抵挡敌军，人又少，力量又薄弱，天下大事已经可以知道结果了，我们都要归外族统治了。"

冬季，十月，秦阳平公苻融等人攻打寿阳；癸酉日，攻克，抓捕平虏将军徐元喜等人。苻融任命他的参军、河南人郭褒为淮南太守。慕容垂攻占郧城。胡彬听说寿阳沦陷，退兵保卫硖石，苻融向硖石展开攻击。秦卫将军梁成等人率领五万大军驻扎在洛涧，沿淮河布防以抵抗东边的军队。谢石、谢玄等人在距离洛涧二十五里的地方驻扎，忌惮梁成，不敢进攻。胡彬的军粮吃光了，派使者告诉谢石等人："如今敌军士气强盛，我军粮食吃光，恐怕不能再与大军相见了。"秦国人抓住胡彬，把他送到阳平公苻融那里。苻融派人快马加鞭赶去向秦王苻坚汇报："敌军人少容易捉拿，只是担心他们逃走，应该快速进攻。"苻坚于是把大军留在项城，率领八千轻骑兵，加倍速度赶路在寿阳与苻融会合。秦军派尚书朱序以"两军强弱分明，不如快些投降"为理由劝说谢石等人。朱序私下对谢石等人说："如果秦军百万大军全都赶到这里，你们实在很难和秦军较量。现在趁着各路人马没有集齐，应该迅速攻击；如果能打败秦军前锋，就能夺得对方的士气，从而迅速攻破敌军。"

谢石听说苻坚在寿阳，十分害怕，想用不出战的方法拖垮秦军。谢琰劝谢石听从朱序的建议。十一月，谢玄派广陵相刘牢之率领精兵五千人火速奔赴洛涧，在距离洛涧十里的地方，梁成守着洛涧严阵以待。刘牢之直接向前渡过涧水，攻打梁成，将梁成打败，将梁成和弋阳太守王咏斩杀，又分派部队阻断他们归途的渡口，秦军步兵骑兵崩溃，争相逃往淮水，一万五千名士兵战死。秦国扬州刺史王显等人被抓，兵器、军资全被没收。谢石等各路军队水路陆路并进，秦王苻坚与阳平公苻融登上寿阳城观望，苻坚看到晋军队列整齐，阵形严密，又望见八公山上的草木，以为都是晋国士兵，回头对苻融说："东晋是强敌，怎么能说他们弱呢？"说完脸上露出怅然若失又恐惧的神色。

秦军紧逼淝水布阵，晋军无法渡过淝水。谢玄派使者对阳平公苻融说："你孤军深入，紧逼淝水布阵，这是打持久战的计策，不是打算速战速决。如果能把阵形稍稍后撤，让晋军渡过淝水，一决胜负，不好吗？"秦国各将领都说："我军人多晋军人少，不如遏制他们，让他们不能上岸，可以万无一失。"苻坚说："我们就率兵稍稍退后一些，让他们一半人渡过淝水，我们派铁骑部队迅速攻杀，没有不胜的道理。"苻融觉得很有道理，于是率兵后退。秦兵一撤退就无法阻止，谢玄、谢琰、桓伊等人率军渡过淝水攻打他们。苻融骑马驰奔巡视阵营，想要率领退却的秦兵，可是马摔倒了，苻融被晋兵杀死，秦兵因此四处溃逃。谢玄等人乘胜追击，追到青冈。秦兵大败，相互踩踏而死的人，遮蔽了山野、堵塞了山川。逃走的人听到风声和鹤的叫声，都以为是晋兵追上来了，日夜不敢停歇，走在野草里，睡在露天下，加上饥饿寒冷，十个人中死了七八个人。当初，秦兵稍稍撤退时，朱序在阵后大喊："秦兵战败了。"于是众人迅速奔跑撤退。朱序趁机与张天锡、徐元喜都来投奔东晋。东晋缴获秦王苻坚所乘坐的云母车以及礼服、器械、军资、珍宝、牲畜等不计其数，又攻占寿阳，抓获淮南太守郭褒。

苻坚被流箭射中，单人匹马跑到淮北，十分饥饿，百姓中有人用壶盛着汤饭、猪骨进献给苻坚，苻坚吃后，赏赐帛十匹，绵十斤。百姓推辞道："陛下不愿受苦，贪图安乐，自取危难。我是陛下的子民，陛下是我的主父，哪有子民给主父食物却求报答的？"他们看都没看那些赏赐的东西就离开了。苻坚对张夫人说："我如今还有什么脸面去统治天下？"说完潸然泪下。

当时，秦军各路部队全都溃败，只有慕容垂率领的三万人得以保全，苻坚率领一千多人马赶去投奔，世子慕容宝对慕容垂说："国家倾颓颠覆，天命和人心都归顺尊贵的帝王，只是时运还没有到，因此应该掩藏形迹躲起来。如今秦王兵败，投靠我们，是上天借这个机会让我们复兴燕国，这个机会不能错过啊，希望您不要意气用事，不要因为他的小恩小惠就忘记国家重任。"慕容垂说："你说得很对。但是苻坚诚心投靠我，我为什么要杀害他？上天如果放弃他，还怕他不会死吗？不如在他危难的时候保护他来回报他的恩德，之后再计划背叛他的事情。这样既不辜负本来的心意，又能凭借道义赢取天下。"奋威将军慕容德说："秦国强大因而吞并燕国，趁着秦国衰弱的时候算计他，这是报仇雪耻，不是辜负本来的心意；哥哥你怎么不在这个时候去占取，而舍弃几万人的军队来给他呢？"

慕容垂说："我当年被太傅容不下，没有安身之地，冒死逃到秦国，秦王以国士的礼节对待我，恩遇礼义十分周全。后来我被王猛出卖，无法证明自己清白。只有秦王相信我清白，这样的恩情怎么能忘？如果氐族人的运势确定走到尽头，我就应该招纳关东的民众，光复秦国先前的基业，关西之地一定不会归我所有。"冠军行参军赵秋说："明公您应该继承光复燕国的国统，预言中已经显示出这一点了。如今天时已经到了，还等待什么？如果杀了秦王，占据邺都，大张旗鼓向西进军，三秦之地都不再归苻氏所有了。"慕容垂的亲信党羽大多劝慕容垂杀死苻坚，慕容垂都不听，把全部兵马都给了苻坚。平南将军慕容暐驻扎在郧城，听说苻坚战败，舍弃部众逃走；到达荥阳，慕容德又劝说慕容暐起兵光复燕国，慕容暐不听。

谢安收到驿站送来的书信，知道秦兵已经战败，当时正在与客人下围棋，就把信扔在床上，表情没有一丝高兴的神色，依然像之前一样下棋。客人问他，他缓缓答道："孩子们已经攻破敌军了。"下完棋后，回到内室，迈过门槛时，谢安高兴得连屐齿折断都没发觉。

卷三十二

拓跋珪称帝

原　文

安皇帝隆安二年戊戌，公元三九八年

春，正月，庚子，魏王珪自中山南巡至高邑，得王永之子宪，喜曰："王景略之孙也。"以为本州中正，领选曹事，兼掌门下。至邺，置行台，以龙骧将军日南公和跋为尚书，与左丞贾彝帅吏兵五千人镇邺。

珪自邺还中山，将北归，发卒万人治直道，自望都凿恒岭至代五百余里。珪恐已既去，山东有变，复置行台于中山，命卫王仪镇之；以抚军大将军略阳公遵为尚书左仆射，镇勃海之合口。

右将军尹国督租于冀州，闻珪将北还，谋袭信都；安南将军长孙嵩执国，斩之。

辛酉，魏王珪发中山，徙山东六州吏民杂夷十余万口以实代。博陵、勃海、章武群盗并起，略阳公遵等讨平之。

魏王珪召王仪入辅，以略阳公遵代镇中山。夏，四月，壬戌，以征虏将军穆崇为太尉，安南将军长孙嵩为司徒。

六月，丙子，魏王珪命群臣议国号。皆曰："周、秦以前，皆自诸侯升为天子，因以其国为天下号。汉氏以来，皆无尺土之资。我国家百世相承，开基代北，遂抚有方夏，今宜以代为号。"黄门侍郎崔宏曰："昔商人不常厥居，故两称殷、商；代虽旧邦，其命惟新，登国之妆，已更曰魏。夫魏者，大名，神州之上国也，宜称魏如故。"珪从之。

魏王珪迁都平城，始营宫室，建宗庙，立社稷。宗庙岁五祭，用分、至及腊。

八月，魏王珪命有司正封畿，标道里，平权衡，审度量；遣使循行郡国，举奏守宰不法者，亲考察黜陟之。

十一月，辛亥，魏王珪命尚书吏部郎邓渊立官制，协音律，仪曹郎清河董谧制礼仪，三公郎王德定律令，太史令晁崇考天象，吏部尚书崔宏总而裁之，以为永式。

十二月，己丑，魏王珪即皇帝位，大赦，改元天兴。命朝野皆束发加帽；追尊远祖毛以下二十七人皆为皇帝；谥六世祖力微曰神元皇帝，庙号始祖；祖什翼犍曰昭成皇帝；庙号高祖；父寔曰献明皇帝。魏之旧俗，孟夏祀天及东庙，季夏帅众却霜于阴山，孟秋祀天于西郊。至是，始依仿古制，定郊庙朝飨礼乐，然惟孟夏祀天亲行，其余多有司摄事。又用崔宏议，自谓黄帝之后，以土德王。徙六州二十二郡守宰、豪杰二千家于代都，东至代郡，西及善无，南极阴馆，北尽参合，皆为畿内，其外四方、四维置八部师以监之。

译文

春季，正月，庚子日，魏王拓跋珪从中山向南巡视到高邑，获得王永的儿子王宪，高兴地说："这是王景略的孙子。"于是任命他为本州中正，兼选曹事，掌管门下事务。拓跋珪抵达邺城，设置行台，任命龙骧将军日南公和跋为尚书，与左丞贾彝率领官兵五千人镇守邺城。

拓跋珪从邺城返回中山，即将向北返回，派兵一万人修建一条笔直的道路，从望都凿开恒岭直到代城，共有五百多里。拓跋珪怕自己离开后，崤山以东会出现变化，又在中山设置行台，命令卫王拓跋仪镇守；任命抚军大将军略阳公为尚书左仆射，镇守渤海的合口。

右将军尹国在冀州监管收租一事，听说拓跋珪即将返回，准备袭击信都；安南将军长孙嵩抓住尹国，将他杀死。

辛酉日，魏王拓跋珪向中山出发，迁徙崤山以东六州的官员、百姓、少数民族等十多万人来充实代城。博陵、渤海、章武一代的盗贼团伙纷纷崛起，略阳公拓跋尊等人将这些团伙剿平。

魏王拓跋珪召卫王拓跋仪入朝辅政，任命略阳公拓跋遵代替王仪镇守中山。夏季，四月，壬戌日，任命征虏将军穆崇为太尉，安南将军长孙嵩为司徒。

六月，丙子日，魏王拓跋珪命令群臣商议国号。群臣都说："周朝、秦朝之前，都是从诸侯王升为天子，把他们自己的封国的国号作为天下的国号。汉朝以来，天下人都没有一尺土地作为资本。我们国家百世相继承袭，在代城北方开创基业，于是夺取了中国大片土地，如今应该把代作为国号。"黄门侍郎崔宏说："当年商的政权不常在同一个地方，因此分别被称为殷朝、商朝；代郡虽然是旧地，但是我们却是最近才接受上天使命建立国家，登国初年，已经把国名更为魏国。魏，是个伟大的名称，是这片辽阔土地上一个强大的国家，因此依旧称魏国比较好。"拓跋珪听从崔宏的建议。

魏王拓跋珪迁都平城，开始修建宫室，建造宗庙，创立国家。宗庙每年祭祀五次，时间分别为春分、夏至、秋分、冬至及腊日。

八月，魏王拓跋珪命令有关部门划定京城的范围，标明道路名称和里程，统一衡器标准，审定长度的计量；派使者巡视各郡县，检举违反法纪的官员，由拓跋珪亲自考察定罪。

十一月，辛亥日，魏王拓跋珪命令尚书吏部郎邓渊订立官员制度，协调皇室音乐，命令仪曹郎、清河人董谧制定礼仪，命令三公郎王德制定法律法规，命令太史令晁崇考察天象，命令吏部尚书崔宏总管一切事宜，作为永久的制度。

十二月，己丑日，魏王拓跋珪即位称帝，大赦天下，改换年号为天兴。命令朝野上下都要扎起头发戴上帽子；把远祖拓跋毛以下二十七人都追尊为皇帝；封六世祖拓跋力微的谥号为神元皇帝，庙号为始祖；封祖父拓跋什翼犍为昭成皇帝，庙号为高祖；封父亲拓跋寔为献明皇帝。按照北魏的旧俗，每年夏初祭祀上天和东庙，夏末率领众人去阴山做退霜的祈祷，秋初在西郊祭祀上天。由此，开始依照古代制度，制定了在郊庙、朝会使用的礼乐，皇帝只有夏初祭天时亲自前往，其余大多由有关部门主管。又采纳崔宏的建议，自称是黄帝后代，以土德做君王。把六州二十二郡的官员和豪族大户共两千多家迁到代都，东边到达代郡，西边到达善无，南边到达阴馆，北边到达参合，都是京城范围，京城外面四方、四维设置八部军队来监督京城安全。

宋　纪

卷　一

刘裕建宋

原文

高祖武皇帝永初元年庚申，公元四二〇年

宋王欲受禅而难于发言，乃集朝臣宴饮，从容言曰："桓玄篡位，鼎命已移。我首唱大义，兴复帝室，南征北伐，平定四海，功成业著，遂荷九锡。今年将衰暮，崇极如此，物忌盛满，非可久安；今欲奉还爵位，归老京师。"群臣惟盛称功德，莫谕其意。日晚，坐散。中书令傅亮还外，乃悟，而宫门已闭，亮叩扉请见，王即开门见之。亮入，但曰："臣暂宜还都。"王解其意，无复他言，直云："须几人自送？"亮曰："数十人可也。"即时奉辞。亮出，已夜，见长星竟天，拊髀叹曰："我常不信天文，今姑验矣。"亮至建康，夏，四月，征王入辅。王留子义康为都督豫、司、雍、并四州诸军事、豫州刺史，镇寿阳。义康尚幼，以相国参军南阳刘湛为长史，决府、州事。湛自弱年即有宰物之情，常自比管、葛，博涉书史，不为文章，不喜谈议，王甚重之。

六月，壬戌，王至建康。傅亮讽晋恭帝禅

●刘裕

晋室舟飖王风潇识
胡刁无君运傅天位

南朝宋武帝

位于宋，具诏草呈帝，使书之。帝欣然操笔，谓左右曰："桓玄之时，晋氏已无天下，重为刘公所延，将二十载；今日之事，本所甘心。"遂书赤纸为诏。

丁卯，王为坛于南郊，即皇帝位。礼毕，自石头备法驾入建康宫。徐广又悲感流涕，侍中谢晦谓之曰："徐公得无小过！"广曰："君为宋朝佐命，身是晋室遗老，悲观之事，固不可同。"

帝临太极殿，大赦，改元。其犯乡论清议，一皆荡涤，与之更始。

奉晋恭帝为零陵王，优崇之礼，皆仿晋初故事，即官于故秣陵县，使冠军将军刘遵考将兵防卫。降褚后为王妃。

追尊皇考为孝穆皇帝，皇妣赵氏为孝穆皇后；尊王太后萧氏为皇太后。上事萧太后素谨，及即位，春秋已高，每旦入朝太后，未尝失时刻。

诏晋氏封爵，当随运改，独置始兴、庐陵、始安、长沙、康乐五公，降爵为县公及县侯，以奉王导、谢安、温峤、陶侃、谢玄之祀，其宣力义熙、豫同艰难者，一仍本秩。

庚午，以司空道怜为太尉，封长沙王。追封司徒道规为临川王，以道怜子义庆袭其爵。其余功臣徐羡之等，增位进爵各有差。

追封刘穆之为南康郡公，王镇恶为龙阳县侯。上每叹念穆之，曰："穆之不死，当助我治天下。可谓'人之云亡，邦国殄瘁'！"又曰："穆之死，人轻易我。"

立皇子桂阳公义真为庐陵王，彭城公义隆为宜都王，义康为彭城王。

译 文

<u>刘宋武帝永初元年庚申（公元420年）</u>

宋王刘裕打算接受禅让登基，却不好说出口，于是召集群臣设宴饮酒，假装漫不经心地说："当年桓玄篡位，晋朝大权旁落，是我首先提倡大义，复兴皇帝宗师，又南征北战，平定天下，创立了显著的功业，被赏赐九锡荣耀。如今我人近晚年，有如此尊崇的地位，但凡事最怕太满，一旦如此就无法长久安宁；如今我要把爵位奉还给皇上，辞官在京城养老了。"群臣都称赞刘裕的功德，不懂他话背后的含义。到了晚上，宴席散去。中书令傅亮走出宫外，这才醒悟过来，然而宫门已经关闭，傅亮叩响门扉请求觐见，宋王准许打开门见他。傅亮入宫，只说："我应该暂且返回京师。"宋王明白了他的意思，没再说什么，直接说："需要几个人护送？"傅亮说："几十个人就够了。"说完就告辞了。傅亮出来后，已经是深夜，看见彗星划过天空，手拍着大腿激动地说："我总是不相信天象，今天竟然应验了。"傅亮抵达建康，夏季，四月，晋恭帝邀请傅亮入宫辅政。宋王

刘裕让自己的儿子刘义康督管豫州、司州、雍州、并州这四个州的所有军事，兼任豫州刺史，镇守寿阳。刘义康还年轻，任命相国参军南阳人刘湛为长史，帮助决策府衙和州衙的政事。刘湛在年轻时就有从政治民、主宰万物的志向，常常自比为管仲和诸葛亮，博学诗书与史集，却不喜欢写文章，不喜欢空发议论，宋王十分器重他。

六月，壬戌日，宋王抵达建康。傅亮委婉暗示晋恭帝禅位给宋王，把写好的诏书草稿呈送给晋恭帝，让他亲笔书写禅位诏书。晋恭帝非常愉快地拿起笔，对左右亲信说："桓玄之乱的时候，晋朝已经失去了天下，之后重新被刘裕扶植起来，这才延续了二十年的统治；今天的禅位给他，是我心甘情愿的。"于是在红纸上写下禅位诏书。

丁卯日，宋王在南郊设立祭坛，即位称帝。登基典礼完毕后，乘坐皇帝的车驾从石头城进入建康皇宫。徐广悲痛哭泣，侍中谢晦对他说："徐公你这样犯的不是小错啊。"徐广说："你是宋朝的佐命大臣，我是晋朝遗老，悲欢之情，自然是不同的。"

刘宋武帝刘裕登临太极殿，大赦天下，改换年号。宣布凡是行为不道德，受过舆论抨击的人，一律免除罪名，使其改过自新。

尊奉晋恭帝为零陵王，对他优待尊崇的礼节，都效仿晋朝初年优待魏室的旧例，又在故秣陵县为零陵王修建宫室，派冠军将军刘遵考率兵保卫。把晋恭帝的褚皇后降为王妃。

刘宋武帝追尊父亲为孝穆皇帝，追尊母亲赵氏为孝穆皇后，尊继母萧氏为皇太后，刘宋武帝侍奉皇太后十分恭谨，当他即位的时候，皇太后年岁已高，刘宋武帝每天清晨都要去给太后请安，从未错过时刻。

又下诏说晋室宗亲，应该随着改朝换代而有所改变，只设置了始兴、庐陵、始安、长沙、康乐五个公侯位，将原本的爵位降为县公和县侯，以使王导、谢安、温峤、陶侃、谢玄的香火得到延续。凡是当年与刘裕一起同甘共苦抗击桓玄之乱的人，保持其爵位和俸禄不变。

庚午日，任命司空刘道怜为太尉，封为长沙王，追封司徒刘道规为临川王，任命刘道怜的儿子刘义庆承袭刘道怜的爵位，其余功臣像徐羡之等人，爵位升降各有不同。

追封刘穆之为南康郡公，王镇恶为龙阳县侯。刘宋武帝时常感叹怀念刘穆之，说："如果刘穆之没有死，就会帮助我治理天下。可谓是'贤人死去，国家危殆'啊！"又说："刘穆之死了，别人就很容易对付我了。"

立皇子贵阳公刘义真为庐陵王，彭城公刘义隆为宜都王，刘义康为彭城王。

卷 五

自毁长城

原文

太祖文皇帝元嘉十三年丙子，公元四三六年

司空、江州刺史、永修公檀道济，立功前朝，威名甚重，左右腹心并经百战，诸子又有才气，朝廷疑畏之。帝久疾不愈，刘湛说司徒义康，以为："宫车一日晏驾，道济不复可制。"会帝疾笃，义康言于帝，召道济入朝。其妻向氏谓道济曰："高世之勋，自古所忌。今无事相召，祸其至矣。"既至，留之累月。帝稍间，将遣还，已下渚，未发；会帝疾动，义康矫诏召道济入祖道，因执之。三月，己未，下诏称："道济潜散金货，招诱剽猾，因朕寝疾，规肆祸心。"收付廷尉，并其子给事黄门侍郎植等十一人诛之，唯宥其孙孺。又杀司空参军薛彤、高进之。二人皆道济腹心，有勇力，时人比之关、张。

道济见收，愤怒，目光如炬，脱帻投地曰："乃坏汝万里长城！"魏人闻之，喜曰："道济死，吴子辈不足复惮！"

译文

刘宋文帝元嘉十三年丙子（公元436年）

司空、江州刺史、永修公檀道济，在前朝创立战功，威名远扬，他身边的亲信也跟随他身经百战，每个人都有才华，朝廷对这些人既怀疑又惧怕。刘宋文帝久病不愈，刘湛劝说司徒刘义康，认为："皇上一旦驾崩，檀道济将不可控制。"正巧刘宋文帝病情加重，刘义康建议刘宋文帝，召檀道济入京。檀道济的妻子对他说："高于俗世的功勋大臣，自古以来都被猜忌。现在皇帝没有事却召你入京，大祸就要到了啊。"檀道济来到京城，被扣留了几个月。刘宋文帝稍稍康复，打算放檀道济回去，檀道济的船已经下到码头，尚未出发，正巧刘宋文帝的病情突然加重，刘义康伪造圣旨召檀道济到祭祀路神的地方，并以此为借口将他抓起来。三月，己未日，刘宋文帝下诏："檀道济暗中发散财物，招募地痞无赖，趁我病重，图谋不轨。"将檀道济交给廷尉审问，连同他的儿子、给事黄门侍郎檀植等十一人一起处死，只特赦了他的孙子檀孺。又杀死了司空参军薛彤、高进之。这两个人都是檀道济的心腹，十分勇猛，当世人将他们比为关羽、张飞。

檀道济被捕时，十分愤怒，两道目光如同火炬一般，摘下头巾扔在地上说："你们这是在自毁长城啊！"北魏人听说檀道济被杀，高兴地说："檀道济死了，东吴那些小子就没有值得我们忌惮的了！"

卷六

古弼抗旨

原文

太祖文皇帝元嘉二十一年甲申，公元四四四年

古弼为人，忠慎质直。尝以上谷苑囿太广，乞减太半以赐贫民，入见魏主，欲奏其事。帝方与给事中刘树围棋，志不在弼。弼侍坐良久，不获陈闻。忽起，捽树头，掣下床，搏其耳，殴其背，曰："朝廷不治，实尔之罪！"帝失容，舍棋曰："不听奏事，朕之过也，树何罪！置之！"弼具以状闻，帝皆可其奏。弼曰："为人臣无礼至此，其罪大矣！"出诣公车，免冠徒跣请罪。帝召入，谓曰："吾闻筑社之役，蹇蹶而筑之，端冕而事之，神降之福。然则卿有何罪！其冠履就职。苟有可以利社稷、便百姓者，竭力为之，勿顾虑也。"

八月，乙丑，魏主畋于河西，尚书令古弼留守。诏以肥马给猎骑，弼悉以弱者给之。帝大怒曰："笔头奴敢裁量朕！朕还台，先斩此奴！"弼头锐，故帝常以笔目之。弼官属惶怖，恐并坐诛。弼曰："吾为人臣，不使人主盘于游畋，其罪小；不备不虞，乏军国之用，其罪大。今蠕蠕方强，南寇未灭，吾以肥马供军，弱马供猎，为国远虑，虽死何伤！且吾自为之，非诸君之忧也。"帝闻之，叹曰："有臣如此，国之宝也！"赐衣一袭，马二匹，鹿十头。

它日，魏主复畋于山北，获麋鹿数千头。诏尚书发车五百乘以运之。诏使已去，魏主谓左右曰："笔公必不与我，汝辈不如以马运之。"遂还。行百余里，得弼表曰："今秋谷悬黄，麻菽布野，猪鹿窃食；鸟雁侵费，风雨所耗，朝夕三倍。乞赐矜缓，使得收载。"帝曰："果如吾言，笔公可谓社稷之臣矣！"

刘宋文帝元嘉二十一年甲申（公元444年）

古弼为人忠厚谨慎，善良正直。曾经因为上谷的皇家苑囿占地太广，请求将其面积缩减大半来赏赐给贫苦百姓耕种，古弼入朝见北魏王，想要禀奏这件事。北魏皇帝正在与给事中刘树下围棋，心思没在古弼身上。古弼在一边坐了很久，还是没被召见。古弼突然站起来，揪住刘树的头，把他拉下床，揪着他的耳朵，打他的背，说："朝廷没有治理好，就是你们这些人的罪过。"皇帝变了脸色，扔下棋说："不听你的禀奏，是我的错，刘树有什么罪？放开他！"古弼把实际情况陈述出来，北魏皇帝准许了他的全部禀奏。古弼说："作为臣子如此无礼，我的罪过很大。"说完出宫来到公车官署，摘下帽子，脱下鞋子请求处罚。北魏皇帝召古弼入宫，对他说："我听说建造社坛的工事，都是一瘸一拐地干活，活干完后，要衣冠端正地去祭祀，神灵就会降福给他。可是你有什么罪过呢？戴上你的帽子穿上你的鞋去做事吧。如果是对国家有利，让百姓方便的事情，就要全力去做，不要有顾虑。"

八月，乙丑日，北魏王在河西狩猎，尚书令古弼在宫中留守。北魏王下诏让古弼挑选一些膘肥体壮的马给打猎的人骑，古弼给他们的却全都是老弱的马匹。北魏王大怒道："古弼这个笔头奴竟然敢把我的诏令缩减分量！等我回去，先杀了这个奴才。"古弼的头很尖，因此北魏皇帝常常把他的头比作笔尖。古弼的下属们十分恐惧，担心自己被牵连处死。古弼说："我作为臣子，不让君主沉迷于游玩狩猎之中，这个罪过小；如果不为国家提前做好防备以防不测，让国家和军队缺乏用度，这个罪才大。如今柔然部族正强盛，南边宋朝的敌人也没有消灭，我把肥马供应给军队，把瘦马供应给狩猎，这是为国家长远考虑，就算被处死又有什么可怕？况且到时候我自己获罪，你们不用害怕被牵连。"北魏皇帝听说后，感叹道："有这样的臣子，是国家的宝贝啊！"于是赏赐给古弼一套礼服，两匹马，十头鹿。

有一天，北魏王又去山北狩猎，猎到几千头麋鹿。下诏让尚书古弼派来五百辆车把麋鹿运回去。下诏的使者离开后，北魏王对身边的人说："古弼一定不会给我派车，你们还不如用骑来的马运回去。"于是一行人在返回的路上，走了一百多里，便收到了古弼的奏表："现在正值秋季，谷穗金黄下垂，田野里遍布桑麻和大豆，如果不及时收割，野猪和野鹿会来偷吃，鸟儿和大雁也会来糟蹋，加上风吹雨打的损耗，早晚所收粮食差三倍。恳请皇上准许延缓运送麋鹿，让百姓能够秋收。"北魏王说："果然像我说的那样，古弼可以称为国家重臣啊！"

齐 纪

卷 一

张敬儿信梦

原 文

世祖武皇帝永明元年癸亥，公元四八三年

车骑将军张敬儿好信梦。初为南阳太守，其妻尚氏梦一手热如火；及为雍州，梦一胠热；为开府，梦半身热。敬儿意欲无限，常谓所亲曰："吾妻复梦举体热矣。"又自言梦旧村社树高至天，上闻而恶之。垣崇祖死，敬儿内自疑，会有人告敬儿遣人至蛮中货易，上疑其有异志。会上于华林园设八关斋，朝臣皆预，于坐收敬儿。敬儿脱冠貂投地曰："此物误我！"丁酉，杀敬儿，并其四子。

敬儿弟恭儿，常虑为兄祸所及，居于冠军，未常出襄阳，村落深阻，墙垣重复。敬儿每遣信，辄上马属鞬，然后见之。敬儿败问至，席卷入蛮；后自出，上恕之。

敬儿女为征北咨议参军谢超宗子妇，超宗谓丹阳尹李安民曰："'往年杀韩信，今年杀彭越。'尹欲何计！"安民具启之。上素恶超宗轻慢，使兼御史中丞袁彖奏弹超宗，丁巳，收付廷尉，徙越巂，于道赐死。以彖语不刻切，又使左丞王逡之奏弹彖轻文略奏，挠法容非，彖坐免官，禁锢十年。

译 文

南齐武帝永明元年癸亥（公元483年）

车骑将军张敬儿喜欢信梦。当初他做南阳太守时，他的妻子尚氏梦见一只手像着了

火一样热；当他做雍州刺史的时候，梦见一个肩膀发热；当他做开封府仪同三司的时候，梦见半个身子发热。张敬儿做官的欲望没有止境，对他亲信的人说："我的妻子又梦见全身发热了。"又说自己梦见家乡社庙旁边的树长得和天一样高。南齐武帝听说后十分厌恶张敬儿。垣崇祖死后，张敬儿认为他已经遭到怀疑，正巧有人告发张敬儿派人到蛮人中间进行交易，南齐武帝怀疑他有叛变的心。正巧南齐武帝在华林园设八关斋，朝中官员都去参加斋会，南齐武帝在座位上把张敬儿抓起来。张敬儿摘下朝冠上的貂尾扔在地上说："都是这个东西耽误了我啊！"丁酉日，张敬儿和四个儿子一起被处死。

张敬儿的弟弟张恭儿，常担心被哥哥的祸患牵连。他住在冠军县，从来没有去过襄阳，居住的村子路途偏远险阻，房子院墙重重。张敬儿每次送来信，张恭儿都要骑上马，佩戴好放箭的容器，然后再去见送信的人。张敬儿被处死的消息传来后，张恭儿收拾起全部家当逃入蛮夷部落；后来自己主动出来请罪，南齐武帝宽恕了他。

张敬儿的女儿嫁给了征北咨议参军谢超宗的儿子，谢超宗对丹阳府尹李安民说："'当年杀韩信，今年杀彭越。'您打算怎么办？"李安民把谢超宗的话告诉齐武帝，南齐武帝向来讨厌谢超宗对自己轻视怠慢，于是派兼御史中丞袁彖弹劾谢超宗。丁巳日，将谢超宗交付给廷尉处治，将他流放到越巂，在途中将他赐死。认为袁彖弹劾谢超宗的话不够深刻，又让左丞王逡之弹劾袁彖避重就轻，败坏法度，包容罪犯，袁彖因此被牵连免去官职，软禁十年。

视珠宝如瓦砾

原　文

世祖武皇帝永明元年癸亥，公元四八三年

冬，十月，丙寅，遣骁骑将军刘缵聘于魏，魏主客令李安世主之。魏人出内藏之宝，使贾人鬻之于市。缵曰："魏金玉大贱，当由山川所出。"安世曰："圣朝不贵金玉，故贱同瓦砾。"缵初欲多市，闻其言，内惭而止。

译　文

南齐武帝永明元年癸亥（公元483年）

冬季，十月，丙寅日，南齐武帝派遣骁骑将军刘缵出使北魏，北魏掌管来客者指派李安世接待了他。北魏人拿出内宫收藏的珍宝，派商人在集市上贩卖。刘缵说："北魏的金银玉器价格很低，应该是北魏当地出产的。"李安世说："我朝并不看重金银玉器，因此就像瓦片一样便宜。"刘缵起初还打算多买一些，听到这句话，心中感到惭愧，就没有买。

立威不杀人

世祖武皇帝永明元年癸亥，公元四八三年

齐州刺史韩麒麟，为政尚宽，从事刘普庆说麒麟曰："公杖节方夏，而无所诛斩，何以示威！"麒麟曰："刑罚所以止恶，仁者不得已而用之。今民不犯法，又何诛乎？若必断斩然后可以立威，当以卿应之！"普庆惭惧而起。

译 文

南齐武帝永明元年癸亥（公元483年）

齐州刺史韩麒麟，处理政务崇尚宽容，从事刘普庆劝韩麒麟："您镇守朝廷一方，却从来不处死任何人，怎么树立威信啊？"韩麒麟说："刑法是用来阻止罪恶的，仁慈的人在不得已的时候才会使用。现在百姓没有犯法，又处死谁呢？如果一定要杀人才能立威，那就杀了你吧。"刘普庆又惭愧又害怕地起身离开。

卷 二

范缜反佛辩论

原 文

世祖武皇帝永明二年甲子，公元四八四年

子良笃好释氏，招致名僧，讲论佛法。道俗之盛，江左未有。或亲为众僧赋食、行水，世颇以为失宰相体。

范缜盛称无佛。子良曰："君不信因果，何得有富贵、贫贱？"缜曰："人生如树花同发，随风而散：或拂帘幌坠茵席之上，或关篱墙落粪溷之中。坠茵席者，殿下是也；落粪溷者，下官是也。贵贱虽复殊途，因果竟在何处！"子良无以难。缜又著《神灭论》，以为："形者神之质，神者形之用也。神之于形，犹利之于刀；未闻刀没而利存，岂容形亡而神在哉！"此论出，朝野喧哗，难之终不能屈。太原王琰著论讥缜曰："呜呼范子！曾不知其先祖神灵所在！"欲以杜缜后对。缜对曰："呜呼王子！知其先祖神灵所在而

不能杀身以从之！"子良使王融谓之曰："以卿才美，何患不至中书郎；而故乖剌为此论，甚可惜也！宜急毁弃之。"缜大笑曰："使范缜卖论取官，已至令、仆矣，何但中书郎邪！"

译 文

南齐武帝永明二年甲子（公元484年）

　　宰相萧子良笃信佛教，请来许多高僧，为他讲论佛法。佛教如此盛行，在江左一带从来没有过。萧子良在京城亲自为高僧们端饭送水，世人都认为他有失宰相体统。

　　范缜大谈世上没有佛。萧子良说："你不信因果报应，那么世上怎么会有富贵和贫贱的分别呢？"范缜说："人生如同树上的花朵一样，同时生长，又随风飘散：有的花掠过竹帘帷幕落到床席上，有的花越过篱笆围墙落在了粪坑里。落在床席上的，是殿下您；落在粪坑里的，是下官我。富贵贫贱虽然途径不同，但是因果又体现在哪里呢？"萧子良无言以对。范缜又撰写了《神灭论》，认为："形体是精神的本质，精神是形体的表现。精神对于形体，就像锋利的刀刃对于刀；没听过刀没了，锋利的刀刃却还在的道理，那么身体消亡了，精神怎么还会存在呢？"这个言论一说出来，朝廷与民间都为此震动，有人因此非难范缜，范缜也不屈服。太原人王琰写文章讥讽范缜："可怜的范缜！竟然不知道他先祖的神灵在什么地方！"他想用这句话断了范缜以后的言论。范缜回复道："可怜王琰！知道自己祖先的神灵在什么地方，却不能杀了自己去追随他们！"萧子良让王融对范缜说："以你的才能，还愁什么当不上中书郎？还偏要违逆常规说出这样的言论，实在是可惜！你应该赶快抛弃这些言论。"范缜大笑着说："如果我范缜靠出卖言论去换取官职，现在早就做到尚书令、仆射了，怎么可能只做到中书郎呢？"

卷　四

奢侈太子萧长懋

原 文

世祖武皇帝永明十一年癸酉，公元四九三年

　　太子性奢靡，治堂殿、园囿过于上宫，费以千万计，恐上望见之，乃傍门列修竹；凡诸服玩，率多僭侈。启于东田起小苑，使东宫将吏更番筑役，营城包巷，弥亘华远。

上性虽严，多布耳目，太子所为，人莫敢以闻。上尝过太子东田，见其壮丽，大怒，收监作主帅；太子皆藏之，由是大被诮责。

又使嬖人徐文景造辇及乘舆御物；上尝幸东宫，匆匆不暇藏辇，文景乃以佛像内辇中，故上不疑。文景父陶仁谓文景曰："我正当扫墓待丧耳！"仍移家避之。后文景竟赐死，陶仁遂不哭。

及太子卒，上履行东宫，见其服玩，大怒，敕有司随事毁除。以竟陵王子良与太子善，而不启闻，并责之。

太子素恶西昌侯鸾，尝谓子良曰："我意中殊不喜此人，不解其故，当由其福薄故也。"子良为之救解。及鸾得政，太子子孙无遗焉。

译文

南齐武帝永明十一年癸酉（公元493年）

太子萧长懋个性奢靡，修建的殿堂、花园比皇宫还要奢靡，耗费的钱财要用千万来计算，他担心皇上望见，就在门旁边种植了一排很高大的竹子以遮挡别人视线；凡是他的衣服与玩物，都十分奢侈。他请求南齐武帝准许他在东田建造一座养禽畜的小园子，让东宫的将士们轮番充当修园林的劳工，营造城墙，包住街巷，绵延了很远的距离。南齐武帝虽然性情严厉，到处都有耳目，但是太子萧长懋的所作所为，却没有人敢告诉他。南齐武帝曾经经过太子的东田，见到了这座华丽的园林，大怒，下令抓捕负责建筑园林的主持人；太子萧长懋把他们都藏了起来，因此被南齐武帝严厉斥责了一番。

萧长懋又让自己的宠臣徐文景制造辇车和车上专用的物件；南齐武帝曾经临幸东宫，萧长懋匆忙间来不及把辇车藏起来，徐文景于是把佛像放在辇车里，伪装成供奉佛像的地方，南齐武帝这才没有怀疑萧长懋。徐文景的父亲徐陶仁对徐文景说："我应该打扫墓地等待丧事降临了！"于是搬家避祸。后来徐文景被赐死，徐陶仁都没有哭。

太子萧长懋死后，南齐武帝步行到了东宫，见到萧长懋留下的衣服和玩物，大怒，下令有关部门随即全部毁掉。因为竟陵王萧子良与太子关系好，却并没有把这些事情汇报给皇上，对萧子良斥责了一番。

太子萧长懋向来讨厌西昌侯萧鸾，曾经对萧子良说："我最不喜欢这个人，不知道什么原因，可能是缘分浅吧。"萧子良替萧鸾辩解。当萧鸾夺取政权后，太子萧长懋的子孙无一幸免。

王融自视过高

原文

世祖武皇帝永明十一年癸酉，公元四九三年

中书郎王融，自恃人地，三十内望为公辅。尝夜直省中，抚案叹曰："为尔寂寂，邓禹笑人！"行逢朱雀桁开，喧湫不得进，捶车壁叹曰："车前无八驺，何得称丈夫！"竟陵王子良爱其文学，特亲厚之。

融见上有北伐之志，数上书奖劝，因大习骑射。及魏将入寇，子良于东府募兵，版融宁朔将军，使典其事。融倾意招纳，得江西伧楚数百人，并有干用。

会上不豫，诏子良甲仗入延昌殿侍医药；子良以萧衍、范云等皆为帐内军主。戊辰，遣江州刺史陈显达镇樊城。上虑朝野忧遑，力疾召木府奏正声伎。子良日夜在内，太孙间日参承。

戊寅，上疾亟，暂绝；太孙未入，内外惶惧，百僚皆已变服。王融欲矫诏立子良，诏草已立。萧衍谓范云曰："道路籍籍，皆云将有非常之举。王元长非济世才，视其败也。"云曰："忧国家者，唯有王中书耳。"衍曰："忧国，欲为周、召邪，欲为竖刁邪？"云不敢答。及太孙来，王融戎服绛衫，于中书省阁口断东宫仗不得进。顷之，上复苏，问太孙所在，因召东官器甲皆入，以朝事委尚书左仆射西昌侯鸾。俄而上殂，融处分以子良兵禁诸门。鸾闻之，急驰至云龙门，不得进，鸾曰："有敕召我！"排之而入，奉太孙登殿，命左右扶出子良；指麾部署，音响如钟，殿中无不从命。融知不遂，释服还省，叹曰："公误我！"由是郁林王深怨之。

帝少养于子良妃袁氏，慈爱甚著。及王融有谋，遂深忌子良。大行出太极殿，子良居中书省，帝使虎贲中郎将潘敞领二百人仗屯太极西阶以防之。既成服，诸王皆出，子良乞停至山陵，不许。

即位十余日，即收王融下廷尉，使中丞孔稚珪奏融险躁轻狡，招纳不逞，诽谤朝政。融求援于竟陵王子良，子良忧惧，不敢救。遂于狱赐死，时年二十七。

译文

南齐武帝永明十一年癸酉（公元493年）

中书郎王融，自认为品学门第很高，希望在三十岁之前成为宰相。他曾经在宫中值夜班，拍着桌子叹气道："竟然如此孤寂，真是被邓禹耻笑。"一次路过朱雀桥，正赶上朱雀桥打开浮桥，行人车马不能前进，十分喧闹拥挤，王融捶打车厢板叹息道："车前面没有八个骑兵开道，怎么能称得上大丈夫！"竟陵王萧子良喜爱王融的文学，对他十分亲近厚待。

王融看出南齐武帝有北伐的志向，几次上书劝进，还为此努力学习骑马射箭。当北魏即将前来进犯的时候，萧子良在东府招募士兵，任命王融为宁朔将军，让他主理这件事。王融尽心尽力去招收人马，招来了几百名长江以西楚国地区的武人，每个人都十分有才干，值得重用。

赶上南齐武帝生病，下诏让萧子良全副武装进入延昌殿侍奉医药；萧子良任命萧衍、范云等人都担任帐内军主。戊辰日，派江州刺史陈显达镇守樊城。南齐武帝担心自己的病情会引起朝中和民间担忧惶恐，因此硬撑着召皇家乐队进宫演奏正统音乐。萧子良日夜在宫中，皇太孙萧昭业每隔一天都要来侍奉。

戊寅日，南齐武帝病重，暂时昏迷；皇太孙没有入宫探视，朝廷内外都惶恐担忧，百官都已经换上了丧服。王融打算伪造圣旨立萧子良为太子，诏书草稿已经写好。萧衍对范云说："民间议论纷纷，都说将会有不一般的变化发生。王融不是救世的人才，他眼看着就要出事了。"范云说："为国家担忧的人，只有王融了。"萧衍说："为国担忧，是想要当周公和召公，还是想要做竖刁那样的奸臣呢？"范云不敢回答。等皇太孙来到，王融穿着红色战服，在中书省门口阻断东宫的仪仗队，让他们无法进宫。不一会儿，南齐武帝醒来，问皇太孙在哪里，于是让东宫的卫队全部入宫，将朝中大事委托给尚书左仆射、西昌侯萧鸾。没过多久南齐武帝驾崩，王融紧急命令萧子良的卫兵紧闭宫中各城门。萧鸾听说后，急忙骑马赶到云龙门，没能进入，萧鸾说："皇上有旨召我进宫。"之后推开守门的人闯进去，拥戴皇太孙萧昭业登基，命令左右心腹把萧子良搀扶出宫殿，萧鸾指挥安排宫中守卫，声音如同洪钟般响亮，宫中没有人不听从他的指挥。王融知道自己的计划无法得逞，只好脱下战服返回中书省，感叹道："萧子良耽误了我。"从此，萧昭业对王融心生怨恨。

萧昭业从小被萧子良的妃子袁氏养大，对他十分疼爱。当王融阴谋立萧子良为皇帝之后，对萧子良十分忌惮。南齐武帝的棺椁被迁移到太极殿的时候，萧子良在中书省任职，萧昭业派虎贲中郎将潘敞率领二百人驻守在太极殿西阶来防备。丧礼结束之后，各位亲王都出宫，萧子良乞求允许他等到下葬之后再离开，萧昭业不准许。

萧昭业登基十几天后，下令逮捕王融，交予廷尉审讯，命令中丞孔稚珪控告王融阴险狡诈，轻率浮躁，招降也没有成功，又诽谤朝政。王融忙向竟陵王萧子良求援，萧子良恐惧，不敢搭救。于是，王融被赐死狱中，时年二十七岁。

梁 纪

卷 一

子代父死

原 文

高祖武皇帝天监二年癸未，公元五〇三年

冯翊吉 xǔ 翂父为原乡令，为奸吏所诬，逮诣廷尉，罪当死。翂年十五，枹（guō）登闻鼓，乞代父命。上以其幼，疑人教之，使廷尉卿蔡法度严加诱胁，取其款实。法度盛陈拷讯之具，诘翂曰："尔求代父，敕已相许，审能死不？且尔童騃（dāi），若为人所教，亦听悔异。"翂曰："囚虽愚幼，岂不知死之可惮！顾不忍见父极刑，故求代之。此非细故，奈何受人教邪！明诏听代，不异登仙，岂有回贰！"法度乃更和颜诱之曰："主上知尊侯无罪，行当得释，观君足为佳童，今若转辞，幸可父子同济。"翂曰："父挂深劾，必正刑书；囚瞑目引领，唯听大戮，无言复对。"时翂备加桎械，法度愍之，命更著小者。翂弗听，曰："死罪之囚，唯宜益械，岂可减乎？"竟不脱。法度具以闻，上乃宥其父罪。

丹阳尹王志求其在廷尉事，并问乡里，欲于岁首举充纯孝。翂曰："异哉王尹，何量翂之薄乎！父辱子死，道固当然；若翂当此举乃是因父取名，何辱如之！"固拒而止。

译 文

南梁武帝天监二年癸未（公元503年）

冯翊人吉翂的父亲为原乡县县令，被奸人诬陷，抓起来下发给廷尉处治，按罪应该处死。吉翂当时十五岁，他敲响了立在公堂外面的登闻鼓，乞求替父亲死。梁武帝因为吉玠年幼，怀疑是有人教他这样做，派廷尉卿蔡法度对他严加引诱威胁，让他说出实情。法度把严刑拷打的刑讯工具都摆了出来，诘问吉玠："你请求替父亲死，皇上已经准许了，现在就看你是否真的愿意去死了？况且你年幼无知，如果是被人教的，现在反悔也可以。"吉玠说："我虽然愚笨年幼，难道不知道死是可怕的吗？只是不忍心看到我父亲遭受极为残酷的刑罚，因此请求代替他。这不是小事，怎么能受别人教唆呢？圣旨准许我替父亲死，与让我成仙没有分别，怎么会后悔？"法度于是和颜悦色引诱他："皇上知道你父亲没有罪，本应释放，看你是好孩子，如果现在就改变口供，你们父子都能被释放。"吉玠说："父亲的案子非常重，一定会依法论处；我只能闭目伸头，等待受死，没有话可说。"当时吉玠已经披上镣铐，法度怜悯他，让人为他换上一些小的刑具。吉玠不听，说："我是死囚犯，只能增加刑具，怎么能减呢？"竟然不摘下刑具。法度把一切情况禀奏梁武帝，梁武帝这才释放了他们父子。

丹阳府尹王志了解了吉玠在廷尉那里接受审讯的经过，又询问了吉玠的同乡和邻居，想要在年初凭借吉玠的纯孝而举荐他。吉玠说："奇怪啊王府尹，为什么要把我吉玠看得如此薄呢？父亲受辱儿子替他去死，理当如此；如果吉玠因此被举荐，就是凭借父亲的事情博取名声，还有什么耻辱能比得上这件事？"吉玠执意拒绝，王志只好作罢。

卷 二

钟离之战

原 文

高祖武皇帝天监四年乙酉，公元五〇五年

冬，十月，丙午，上大举伐魏。

天监五年丙戌，公元五〇六年

临川王宏以帝弟将兵，器械精新，军容甚盛，北人以为百数十年所未之有。军次洛口，前军克梁城，诸将欲乘胜深入，宏性懦怯，部分乖方。魏诏邢峦引兵渡淮，与中山王英合攻梁城。宏闻之，惧，召诸将议旋师。吕僧珍曰："知难而退，不亦善乎！"宏曰："我亦以为然。"柳惔曰："自我大众所临，何城不服，何谓难乎！"裴邃曰："是行也，固敌是求，何难之避！"马仙琕曰："王安得亡国之言！天子扫境内以属王，有前死一尺，无却生一寸！"昌义之怒，须发尽磔，曰："吕僧珍可斩也！岂有百万之师出未逢敌，望风遽退！何面目得见圣主乎！"朱僧勇、胡辛生拔剑而退，曰："欲退自退，下官当前向取死。"议者罢出，僧珍谢诸将曰："殿下昨来风动，意不在军，深恐大致沮丧，故欲全师而返耳。"宏不敢遽违群议，停军不前。魏人知其不武，遗以巾帼，且歌之曰："不畏萧娘与吕姥，但畏合肥有韦虎。"虎，谓韦睿也。僧珍叹曰："使始兴、吴平为帅而佐之，岂有为敌人所侮如是乎！"欲遣裴邃分军取寿阳，大众停洛口，宏固执不听，令军中曰："人马有前行者斩！"于是将士人怀愤怒。魏奚康生驰遣杨大眼谓中山王英曰："梁人自克梁城已后，久不进军，其势可见，必畏我也。王若进据洛水，彼自奔败。"英曰："萧临川虽骏，其下有良将韦、裴之属，未可轻也。宜且观形势，勿与交锋。"

张惠绍号令严明，所至独克，军于下邳，下邳人多欲降者，惠绍谕之曰："我若得城，诸卿皆是国人，若不能克，徒使诸卿失乡里，非朝廷吊民之意也。今且安堵复业，勿妄自辛苦。"降人咸悦。

己丑，夜，洛口暴风雨，军中惊，临川王宏与数骑逃去。将士求宏不得，皆散归，弃甲投戈，填满水陆，捐弃病者及赢老，死者近五万人。宏乘小船济江，夜至白石垒，叩城门求入。临汝侯渊猷登城谓曰："百万之师，一朝鸟散，国之存亡，未可知也。恐奸人乘间为变，城不可夜开。"宏无以对，乃缒食馈之。渊猷，渊藻之弟。时昌义之军梁城，闻洛口败，与张惠绍皆引兵退。

魏主诏中山王英乘胜平荡东南，遂北至马头，攻拔之，城中粮储，魏悉迁之归北。议者咸曰："魏运米北归，当不复南向。"上曰："不然，此必欲进兵，为诈计耳。"乃命修钟离城，敕昌义之为战守之备。

冬，十月，英进围钟离，魏主诏邢峦引兵会之。峦上表，以为："南军虽野战非敌，而城守有余，今尽锐攻钟离，得之则所利无几，不得则亏损甚大。且介在淮外，借使束手归顺，犹恐无粮难守，况杀士卒以攻之乎！又，征南士卒从戎二时，疲弊死伤，不问可知。虽有乘胜之资，惧无可用之力。若臣愚见，谓宜修复旧戍，抚循诸州，以俟后举，江东之衅，不患其无。"诏曰："济淮掎角，事如前敕，何容犹尔盘桓，方有此请！可速进军！"峦又表，以为："今中山进军钟离，实所未解。若为得失之计，不顾万全，直袭广陵，出其不备，或未可知。若正欲以八十日粮取钟离城者，臣未之前闻也。彼坚城自守，不与人战，城堑水深，非可填塞，空坐至春，士卒自弊。若遣臣赴彼，从何致粮！

夏来之兵，不赍冬服，脱遇冰雪，何方取济！臣宁荷怯懦不进之责，不受败损空行之罪。钟离天险，朝贵所具，若有内应，则所不知；如其无也，必无克状。若信臣言，愿赐臣停，若谓臣惮行求还，臣所领兵，乞尽付中山，任其处分，臣止以单骑随之东西。臣屡更为将，颇知可否，臣既谓难，何容强遣！"乃召峦还，更命镇东将军萧宝寅与英同围钟离。

十一月，乙丑，大赦。诏右卫将军曹景宗都督诸军二十万救钟离。上敕景宗顿道人洲，俟众军齐集俱进。景宗固启求先据邵阳洲尾，上不许。景宗欲专其功，违诏而进，值暴风猝起，颇有溺者，复还守先顿。上闻之，曰："景宗不进，盖天意也。若孤军独往，城不时立，必致狼狈。今破贼必矣。"

天监六年丁亥，公元五〇七年

魏中山王英与平东将军杨大眼等众数十万攻钟离。钟离城北阻淮水，魏人于邵阳洲两岸为桥，树栅数百步，跨淮通道。英据南岸攻城，大眼据北岸立城，以通粮运。城中众才三千人，昌义之督帅将士，随方抗御。魏人以车载土填堑，使其众负土随之，严骑蹙其后。人有未及回者，因以土迮之。俄而堑满，冲车所撞，城土辄颓，义之用泥补之，冲车虽入而不能坏。魏人昼夜苦攻，分番相代，坠而复升，莫有退者。一日战数十合，前后杀伤万计，魏人死者与城平。

二月，魏主召英使还，英表称："臣志殄逋寇，而月初已来，霖雨不止，若三月晴霁，城必可克，愿少赐宽假。"魏主复赐诏曰："彼土蒸湿，无宜久淹。势虽必取，乃将军之深计，兵久力殚，亦朝廷之所忧也。"英犹表称必克，魏主遣步兵校尉范绍诣英议攻取形势。绍见钟离城坚，劝英引还，英不从。

上命豫州刺史韦睿将兵救钟离，受曹景宗节度。睿自合肥取直道，由阴陵大泽行，值涧谷，辄飞桥以济师。人畏魏兵盛，多劝睿缓行。睿曰："钟离今凿穴而处，负户而汲，车驰卒奔，犹恐其后，而况缓乎！魏人已堕吾腹中，卿曹勿忧也。"旬日至邵阳。上豫敕曹景宗曰："韦睿，卿之乡望，宜善敬之！"景宗见睿，礼甚谨。上闻之，曰："二将和，师必济矣。"

景宗与睿进顿邵阳洲，睿于景宗营前二十里夜掘长堑，树鹿角，截洲为城，去魏城百余步。南梁太守冯道根，能走马步地，计马足以赋功，比晓而营立。魏中山王英大惊，以杖击地曰："是何神也！"景宗等器甲精新，军容甚盛，魏人望之夺气。景宗虑城中危惧，募军士言文达等潜行水底，赍敕入城，城中始知有外援，勇气百倍。

杨大眼勇冠军中，将万余骑来战，所向皆靡。睿结车为陈，大眼聚骑围之，睿以强弩二千一时俱发，洞甲穿中，杀伤甚众。矢贯大眼右臂，大眼退走。明旦，英自帅众来战，睿乘素木舆，执白角如意以麾军。一日数合，英乃退。魏师复夜来攻城，飞矢雨集。睿子黯请下城以避箭，睿不许。军中惊，睿于城上厉声呵之，乃定。牧人过淮北伐刍藁者，皆为杨大眼所略，曹景宗募勇敢士千余人，于大眼城南数里筑垒，大眼来攻，景宗击却之。垒成，使别将赵草守之，有抄掠者，皆为草所获，是后始得纵刍牧。

上命景宗等豫装高舰，使与魏桥等，为火攻之计。令景宗与睿各攻一桥：睿攻其南，景宗攻其北。三月，淮水瀑涨六七尺。睿使冯道根与庐江太守裴邃、秦郡太守李文钊等乘斗舰竞发，击魏洲上军尽殪。别以小船载草，灌之以膏，从而焚其桥。风怒火盛，烟尘晦冥，敢死之士，拔栅斫桥，水又漂疾，倏忽之间，桥栅俱尽。道根等皆身自搏战，军人奋勇，呼声动天地，无不一当百，魏军大溃。英见桥绝，脱身弃城走，大眼亦烧营去，诸垒相次土崩，悉弃其器甲争投水，死者十余万，斩首亦如之。睿遣报昌义之，义之悲喜，不暇答语，但叫曰："更生！更生！"诸军逐北至𣲖水上，英单骑入梁城，缘淮百余里，尸相枕藉，生擒五万人，收其资粮、器械山积，牛马驴骡不可胜计。

译文

南梁武帝天监四年乙酉（公元505年）

冬季，十月，丙午日，梁武帝大举攻打北魏。

南梁武帝天监五年丙戌（公元506年）

临川王萧宏以皇帝弟弟的身份带兵打仗，所用兵器都是精良崭新的，军容十分强盛，北魏人认为近百年来都没有这样强大的军队。军队到达洛口，前方部队攻克梁城，各将领打算乘胜深入，萧宏生性怯懦，部署方略失当。北魏王下诏让邢峦率兵渡过淮水，与中山王元英的军队联合起来攻打梁城。萧宏听说后十分害怕，召集各位将领商议退兵的事情。吕僧珍说："知难而退，不是很对吗？"萧宏说："我也认为是这样。"柳惔说："自从我们大军来到，哪座城池敢不臣服，怎么能说有困难呢？"裴邃说："这次出征，就是找敌人打仗，有什么困难值得躲避？"马仙琕说："大王怎么能说这样亡国的话？天子把国内的精锐部队都派给大王，应该向前一尺死，不该退后一寸生。"昌义之怒不可遏，头发胡子都竖起来了，说："吕僧珍应该斩首。哪有百万大军出征，还没有遇见敌人，听到风声就迅速撤退的？有什么脸面回去见皇上？"朱僧勇、胡辛生拔出剑告退，说："想要退兵自己退，我要上前战死。"事情商量完毕所有人退出来，吕僧珍向各位将领谢罪："殿下从昨天开始心神不定，心思不在战争上面，我很担心战争失利，因此打算保全军队返回京城。"萧宏不敢违背众人的想法，只能停军不前。北魏人知道萧宏不擅长武力，于是派人送来女人的头巾，还编了歌谣："不怕萧娘和吕姥，只怕合肥有韦虎。"虎，指的是韦睿。吕僧珍叹息道："派始兴王和吴平侯为统帅，再派人辅佐他们，怎么会让敌人这样地羞辱我们呢？"于是想要派遣裴邃分出一部分军队攻取寿阳，大军驻扎在洛口，萧宏固执不听，下令军中："如果有敢前进的人马处斩！"于是将士都心怀愤怒。北魏奚康生派杨大眼火速去禀告中山王元英："南梁人自从攻克梁城之后，久久没有进军，他们的形势很明显，一定是害怕我们。大王您如果前进占据洛水，他们自然就溃败逃走了。"元英说："萧宏虽然不明事理，但是他的手下有像韦睿、裴邃那样的良将，不能轻视。应该观察形势，不要和他们交战。"

张惠绍号令严明，军队到达的地方战无不胜，军队在下邳驻扎，下邳人很多都打算投降，张惠绍告诉这些人："如果我攻下这座城，你们都会成为我国人，如果不能攻占，白白地让各位丧失家园，不是朝廷怜悯百姓的本意。现在你们暂且安居乐业，不要妄自辛苦。"投降的人都很高兴。

己丑日，夜晚，洛口降暴风雨，军中将士都大惊失色，临川王萧宏带着几名骑兵逃走。将士们找不到萧宏，都溃散往回跑，途中丢弃的盔甲和武器，把道路和河流都堵塞了，有病的人和年老的人都被丢下不顾，死了近五万人。萧宏乘坐小船渡江，夜晚来到白石垒，敲响城门请求入城。临汝侯萧渊猷登上城墙说："百万大军，一天之内就作鸟兽散，国家存亡，真是无法预料啊。我怕奸人趁机生变，夜晚不能开城门。"萧宏无言以对。萧渊猷于是从城墙上面用绳索吊下食物送给萧宏。萧渊猷，是萧渊藻的弟弟。当时昌义军队驻扎在梁城，听说洛口兵败，与张惠绍带兵撤退。

北魏王诏令中山王元英乘胜追击扫平东南，于是军队向北行进到马头城，将其攻下，城中储备的粮食，全被北魏军队运回北方。人们都议论说："北魏把粮食运回北方，应该不会再向南方进军了。"梁武帝说："不对，他们一定还想进兵，用这个方法骗我们罢了。"于是下令修建钟离城，并命令昌义之做好战斗守城的准备。

冬季，十月，元英进兵包围钟离城，北魏王诏令邢峦率兵与元英联合。邢峦上表，认为："南梁军队虽然在野战方面不是我们的对手，但是守城的能力很强，如今我们使出全部力气攻打钟离城，即使攻打下来也没有多少利益，如果攻不下来损失更大。况且钟离城在淮南，假使城中军民束手归顺，尚且担心没有粮食难以驻守，更何况牺牲众多士卒的性命来攻打呢？并且，征讨南梁的士卒从夏季征战到秋季，疲劳伤亡的情况很严重，即使不问都知道。虽然我们有乘胜追击的勇气，却怕没有能够使用的力气。我的想法，是应

资治通鉴

该休整军队，安抚各州，等待下一步行动，江东的空子，不怕找不到。"北魏王下诏说："你渡过淮水，与元英的军队形成夹攻的阵势，事情已经在之前就下令，怎么能允许你徘徊犹豫，再做出这样的请求！你应该火速进军。"邢峦又上表，认为："如今中山王元英进军钟离城，实在是不知其所以然。如果不为得失成败打算，不顾一切，直接袭击广陵，趁其不备，也许还有成功的可能。如果以八十天为期攻取钟离城，我是闻所未闻啊。钟离城坚固自守，不和我们交战，护城河水深，无法填塞，我们空等到春天，士卒自己都疲累不堪。如果派我奔赴那里，去哪里找军粮？夏季出发的士兵，连冬装都没有带，如果遇到冰雪天气，到哪里去找军用物资？我宁愿背负怯懦不前的责任，也不愿忍受损兵折将白白发兵的罪责。钟离城依靠天险，朝中大臣都知道，如果有内应，说不定还可以得手；如果没有内应，一定无法攻克。如果信我的话，希望陛下恩准我停军，如果说我忌惮前进请求撤还，我请求把我带领的兵全部交给中山王，任由他处分，我单枪匹马随他东奔西走。我多次率兵出征，很知道事情的可否，我既然说这次出征困难，何必还要强迫派遣呢？"于是北魏王下诏命令邢峦返回，又命令镇东将军萧宝寅与元英一同包围钟离城。

十一月，乙丑日，南梁大赦天下。梁武帝下诏命令右卫将军曹景宗监督各军队共二十万人救援钟离城。梁武帝命令曹景宗停在道人洲，等待各路军队集齐后一同前进。曹景宗执意请求先占据邵阳洲尾，梁武帝不准许。曹景宗想要独占功劳，违反诏令前进，正逢暴风雪突降，许多人被吹落水中淹死，于是只好退返道人洲驻扎下来。梁武帝听说后，说："曹景宗不能前进，是天意啊。如果孤军独自前往，城堡不能及时修起来，一定会一败涂地。如今一定会大败敌军。"

南梁武帝天监六年丁亥（公元507年）

北魏中山王元英与平东将军杨大眼等人率领几十万军队攻打钟离城。钟离城北面有淮水为阻，北魏人在邵阳洲两岸搭桥，竖立起百步长的栅栏，跨过淮水连接出道路。元英占据淮水南岸攻打钟离城，杨大眼占据北岸修筑城堡，以此来保证粮道通畅。钟离城中的将士百姓总共只有三千人，昌义之统领将士，随机应变地防御。北魏人用车拉土填塞护城河，让士兵们背着土跟在车后面，又派骑兵跟在后面。有人来不及撤回，就被土埋住了。不一会儿护城河被填满，北魏人用冲车撞城墙，所撞之处城墙就倒塌一片，昌义之就让人用泥补上，冲车虽然入城却不能撞毁城墙。北魏人日夜不停地攻城，轮番代替，从城墙上掉下来就再上去，没有人退后。一天交战了几十个回合，前后死伤上万人，北魏军队战死的人数与钟离城中战死的人数相等。

二月，北魏王召元英返回，元英上表说："我的志向是消灭敌人，然而自从月初以来，大雨连绵不断，如果三月能够放晴，钟离城一定能够攻克，希望陛下稍稍宽限一些期限。"北魏王又下诏说："那里地气潮湿，不适合长时间停留。钟离城虽然势在必得，但这只是将军的深切考虑，而征战时间太久，兵力都会疲惫，这也是朝廷的忧虑。"元英还是上表说一定会攻克，北魏王派步兵校尉范绍拜访元英商议攻城的形势。范绍看到钟离城坚固，劝元英带兵撤回，元英不听。

梁武帝命令豫州刺史韦睿率兵援救钟离城，接受曹景宗节度。韦睿从合肥取直道，经由阴陵大泽前行，遇上涧谷，就架起飞桥让军队过去。南梁人都怕北魏士兵强大，都劝韦睿放缓行军速度。韦睿说："钟离城如今已经挖洞穴来居住，背着门板才敢出去打水，就算快马加鞭还怕来不及，更何况放缓速度呢？北魏人已经落入我的腹中了，各位不必担忧。"十天后军队到达邵阳。梁武帝提前告诉曹景宗："韦睿，是你们乡里的望族，你要善待他尊敬他！"曹景宗见到韦睿，十分礼貌恭谨。梁武帝听说后，说："两位将军和睦，军队一定能取胜。"

曹景宗与韦睿前进到邵阳洲驻扎下来，韦睿在曹景宗的军营前方二十里连夜挖出一条深沟，竖立起带枝杈的树枝，在邵阳洲截出一块地划作城堡，距离北魏的城堡只有一百多步远。南梁太守冯道根，能骑着马丈量土地，计算马的步数分配每个人的工作，到了天亮城堡就筑成了。北魏中山王大惊失色，用手杖击打着地面说："这是什么神仙？"曹景宗等人兵器盔甲都是精锐崭新的，军容十分强盛，北魏人远远望见就被夺走了气势。曹景宗考虑城中情况危险，招募了一些语言表达流畅的军士从水底潜行，带着命令进入钟离城，城中这才知道外面有援军，勇气增添了百倍。

杨大眼的勇猛在军中无人能敌，率领一万多名骑兵前来交战，所到之处战无不胜。韦睿把战车联结成阵形，杨大眼聚拢骑兵包围韦睿的车阵，韦睿让两千把强弩同时射箭，射穿敌军盔甲，射伤了许多人。杨大眼的右臂被箭射中，逃走。第二天一早，元英亲自率兵来战，韦睿乘坐一辆刷漆的木车，手拿白角如意指挥军队。一天交战了几个回合，元英败退。北魏军队又趁夜色来攻城，箭如雨下。韦睿的儿子韦黯请求到城墙下面去躲避箭矢，韦睿不许。军中大惊，韦睿在城墙上严厉地大声呵斥，士兵们才安定下来。放牧人到淮北去割蒿草，都被杨大眼抓去，曹景宗招募了一千多名勇士，在杨大眼的堡垒南边几里外的地方修筑营垒，杨大眼来攻打，被曹景宗击退。营垒筑成后，派别将赵草防守，有人来侵略，都被赵草抓获，从此以后放牧人才能放牧割草。

梁武帝命令曹景宗提前制造高大的舰船，使其与北魏的桥一样高，为火攻做打算。又命令曹景宗与韦睿各自攻打一座桥：韦睿攻打南桥，曹景宗攻打北桥。三月，淮水暴涨了六七尺。韦睿派冯道根与庐江太守裴邃、秦郡太守李文钊等人乘坐战舰先出发，几乎将邵阳洲的北魏士兵全部杀光。又用小船载着干草，里面灌上油膏，点上火，把船放出去焚烧北魏的桥。风助火势，烟尘遮蔽了天空，敢死队的勇士拔去栅栏砍坏桥身，水流又大，一转眼，桥的栅栏全部损坏。冯道根等人都亲自参加战斗，将士们奋勇向前，呼喊声震天动地，全都以一敌百，北魏军队崩溃。元英看到桥被彻底毁坏，放弃城堡逃走，杨大眼也烧掉营垒逃走，北魏各营垒相继土崩瓦解，士卒都争相把兵器和铠甲扔进水里，死了十多万人，还有十多万人被斩杀。韦睿派人向昌义之汇报，昌义之悲喜交加，来不及答复，只叫喊道："死而复生，死而复生啊！"各路军队向北追逐北魏军队到淮水边上，元英单枪匹马进入梁城，淮水沿岸一百多里，尸体纵横交错地躺在一起，有五万北魏士兵被生擒，没收来的物资、军粮、兵器堆成了山，牛马驴骡数不胜数。

卷　三

立太子　杀娘亲

原　文

高祖武皇帝天监九年庚寅，公元五一○年

三月，丙戌，魏皇子诩生，大赦。诩母胡充华，临泾人，父国珍，袭武始伯。充华初选入掖庭，同列以故事祝之曰："愿生诸王、公主，勿生太子。"充华曰："妾之志异于诸人，奈何畏一身之死而使国家无嗣乎！"及有娠，同列劝去之，充华不可，私自誓曰："若幸而生男，次第当长，男生身死，所不憾也！"既而生诩。

译　文

南梁武帝天监九年庚寅（公元510年）

三月，丙戌日，北魏皇子元诩降生，北魏大赦天下。元诩的母亲胡充华是临泾人，她的父亲胡国珍袭位武始伯。胡充华最初被选入皇宫时，与她一起被选中的人都依照惯例祝愿她："希望你能生下亲王、公主，不要生下太子。"胡充华说："我的志向与别人不同，怎么能怕自己死去而让国家没有人继承呢？"当胡充华怀孕后，与她同级别的嫔妃都劝她把孩子打掉，胡充华不同意，私下发誓说："如果有幸生下男孩，排行应该是长子，生下男孩之后让我去死，也没有遗憾了！"之后就生下了元诩。

卷 四

兄弟相疑

高祖武皇帝天监十七年戊戌，公元五一八年

临川王宏妾弟吴法寿杀人而匿于宏府中，上敕宏出之，即日伏辜。南司奏免宏官，上注曰："爱宏者兄弟私亲，免宏者王者正法。所奏可。"五月，戊寅，司徒、票骑大将军、扬州刺史临川王宏免。

宏自洛口之败，常怀愧愤，都下每有窃发，辄以宏为名，屡为有司所奏，上每赦之。上幸光宅寺，有盗伏于骠骑航，待上夜出；上将行，心动，乃于朱雀航过。事发，称为宏所使，上泣谓宏曰："我人才胜汝百倍，当此犹恐不堪，汝何为者？我非不能为汉文帝，念汝愚耳！"宏顿首称无之；故因匿法寿免宏官。

宏奢僭过度，殖货无厌。库屋垂百间，在内堂之后，关籥甚严，有疑是铠仗者，密以闻。上于友爱甚厚，殊不悦。他日，送盛馔与宏爱妾江氏曰："当来就汝欢宴。"独携故人射声校尉丘佗卿往，与宏及江大饮，半醉后，谓曰："我今欲履行汝后房。"即呼舆径往堂后。宏恐上见其货贿，颜色怖惧。上意益疑之，于是屋屋检视，每钱百万为一聚，黄榜标之，千万为一库，悬一紫标，如此三十余间。上与佗卿屈指计，见钱三亿余万，余屋贮布绢丝绵漆蜜纻蜡等杂货，但见满库，不知多少。上始知非仗，大悦，谓曰："阿六，汝生计大可！"乃更剧饮至夜，举烛而还。兄弟方更敦睦。

译 文

南梁武帝天监十七年戊戌（公元518年）

临川王萧宏小妾弟弟吴法寿杀了人藏在萧宏家中，梁武帝命令萧宏把他交出来，当天就服罪而死。南司上奏罢免萧宏的官职，梁武帝批示："怜爱萧宏是我的兄弟亲情，罢免萧宏是为了正王法。准许奏请。"五月，戊寅日，司徒、骠骑大将军、扬州刺史临川王萧宏被免职。

萧宏自从洛口战败，常怀愧疚愤懑之情，京都每次有乱象，都打着萧宏的名号，好几次被有关部门禀奏给梁武帝，梁武帝每次都赦免了萧宏。梁武帝临幸光宅寺，有盗贼趴

在骠骑浮桥上，等待梁武帝晚上出来；梁武帝即将出发，心中一阵不安，于是改走朱雀浮桥。盗贼败露后，声称自己是被萧宏指使，梁武帝哭着对萧宏说："我的才能比你强百倍，就这样还怕做皇帝的能力不够，你想干什么？我不是不能像汉文帝那样杀死兄弟，只是可怜你愚蠢啊！"萧宏磕头说自己没有指使过盗贼；最终还是因为藏匿吴法寿这件事被免官。

萧宏奢侈逾礼，不合法度，收敛财物贪得无厌。家中的库房超过一百间，都在内堂的后面，锁得很严实，有人怀疑里面收藏的是兵器铠甲，秘密汇报给梁武帝。梁武帝对兄弟之情看得很重，因此很不高兴。一天，梁武帝派人送来精美的食物给萧宏的爱妾江氏，说："我一会儿来和你们一起宴饮。"于是梁武帝只带着老朋友射声校尉丘佗卿前往，与萧宏在江边痛饮，喝到半醉，梁武帝说："我今天想要逛逛你的后院。"于是立刻传来舆车直接去往后院。萧宏怕梁武帝看到他收藏的财物，脸色非常恐慌。梁武帝更加怀疑，于是挨个房间检查，发现房间里每一百万钱堆成一堆，用黄榜作着标记，每个库房中都有一千万钱，挂着一个紫色标记，像这样的库房有三十多间。梁武帝与丘佗卿掐指计算，算出钱总共有三亿多万，其余的房间里贮存着布、绢、丝、帛、漆、蜜、麻、蜡等杂物，只看到每个库房都是堆满的，不知道具体有多少东西。梁武帝这才知道里面藏的不是兵器，十分高兴，对萧宏说："阿六，你的生活不错啊！"于是喝了更多的酒，一直喝到深夜，举着蜡烛回宫。兄弟二人从此更加和睦。

卷　五

崔亮论资排辈

原　文

高祖武皇帝天监十八年己亥，公元五一九年

时官员既少，应选者多，吏部尚书李韶铨注不行，大致怨嗟；更以殿中尚书崔亮为吏部尚书。亮奏为格制，不问士之贤愚，专以停解月日为断，沉滞者皆称其能。亮甥司空咨议刘景安与亮书曰："殷、周以乡塾贡士，两汉由州郡荐才，魏、晋因循，又置中正，虽未尽美，应什收六七。而朝廷贡才，止求其文，不取其理，察孝廉唯论章句，不及治道，立中正不考才行，空辩氏姓，取士之途不博，沙汰之理未精。舅属当铨衡，宜须改张易调，如何反为停年格以限之，天下士子谁复修厉名行哉！"亮复书曰："汝所言乃有深致。吾昨为此格，有由而然。古今不同，时宜须异。昔子产铸刑书以救弊，叔向讥之以正法，何异汝以古礼难权宜哉！"洛阳令代人薛琡上书言："黎元之命，系于长吏，若以选曹唯取年劳，不简能否，义均行雁，次若贯鱼，执簿呼名，一吏足矣，数人而用，何谓铨衡！"书奏，不报。后因请见，复奏"乞令王公贵臣荐贤以补郡县"。诏公卿议之，事亦寝。其后甄琛等继亮为吏部尚书，利其便己，踵而行之。魏之选举失人，自亮始也。

译 文

南梁武帝天监十八年己亥（公元519年）

当时北魏官员已经很少，值得推选的人很多，吏部尚书李韶铨都批注不得录用，招来许多怨恨叹息的声音；于是将殿中尚书崔亮更职为吏部尚书。崔亮奏请制定了新的官员录用标准，不考虑士人贤能还是愚笨，只把担任职务的时间长短作为标准，任职时间长的人择优录用。崔亮的外甥、司空咨议刘景安写信给崔亮说："殷商、周朝都由乡间学校选拔官员，两汉都由州郡举荐贤才，魏朝与晋朝沿袭了两汉的制度，又设置中正一职，虽然不算尽善尽美，但十个官员中也有六七个是应该入选的。然而我们的朝廷选拔才能，只考虑其文采，不考虑他们自身，考查孝廉只参照他们的文章，不考虑有无治理国家的方法，设立中正一职却不考虑才能与品行，只考虑他们的姓氏，选取人才的方法不宽广，淘汰的方法也不够精细。舅舅您应当仔细权衡，应该改变一下方法，怎么反而被任职时间长短限制住呢？这样下去，天下的贤能之士谁还会再去修砺自己的品行和名声呢？"崔亮回信写道："你的话很深刻，但我之前采取的方法，也有道理。古今情况不同，应该根据局势来更改方法。当年子产铸造青铜刑书来挽救时弊，叔向讥讽他不合王法，这和你用古法礼法来责难时势变化有什么不同？"洛阳令代郡人薛琡上书说："百姓的性命，掌握在官吏手中，如果选用官员只凭借做官的时间长短，不考虑能力是否能够称职，像排队的大雁一样按顺序排列，像串在一起的鱼一样，拿着布册挨个点名任用，那么有一个官员就足够了，按顺序用人，怎么能叫选用人才呢？"奏书呈上之后，没有被上报给北魏王。后来薛琡因事请求觐见，再次上奏"请求让王公贵族举荐贤能来填补各郡县所缺的官职"。北魏王命令朝中官员们商议，但是却没有下文。后来甄琛等人接替崔亮担任吏部尚书，觉得论资排辈的方法对自己有利，于是延续下去。北魏挑选人才失当，就是从崔亮开始的。

不贪心的崔光

高祖武皇帝天监十八年己亥，公元五一九年

　　魏累世强盛，东夷、西域贡献不绝，又立互市以致南货，至是府库盈溢。胡太后尝幸绢藏，命王公嫔主从行者百余人各自负绢，称力取之，少者不减百余匹。尚书令、仪同三司李崇，章武王融，负绢过重，颠仆于地，崇伤腰，融损足，太后夺其绢，使空出，时人笑之。融，太洛之子也。侍中崔光止取两匹，太后怪其少；对曰："臣两手唯堪两匹。"众皆愧之。

译 文

南梁武帝天监十八年己亥（公元519年）

　　北魏历代强盛，东夷、西域各部落络绎不绝地来朝贡，又建立起互市交易南方的货物，因此朝廷仓库丰盈。胡太后曾经临幸收藏绢帛的仓库，命令随行的一百多个王公、妃嫔、公主各自取绢帛，凭自己的力气来拿，拿的最少的人也拿了一百多匹。尚书令、仪同三司李崇，章武王元融，因为扛的绢帛太重，都摔倒在地上，李崇扭伤了腰，元融崴了脚，胡太后把他们的绢帛抢下来，让他们空着手离开，当时人们都因此笑话他们。元融，是元太洛的儿子。侍中崔光却只拿了两匹绢帛，太后奇怪他为什么拿得这么少，崔光答道："我只有两只手，所以只能拿两匹。"众人都因此而自惭形秽。

元融斗富

原 文

高祖武皇帝天监十八年己亥，公元五一九年

　　时魏宗室权幸之臣，竞为豪侈。高阳王雍，富贵冠一国，宫室园圃，侔于禁苑，僮仆六千，伎女五百，出则仪卫塞道路，归则歌吹连日夜，一食直钱数万。李崇富埒于雍，而性俭啬，尝谓人曰："高阳一食，敌我千日。"

　　河间王琛，每欲与雍争富，骏马十余匹，皆以银为槽，窗户之上，玉凤衔铃，金龙吐旆。尝会诸王宴饮，酒器有水精锋，马脑碗，赤玉卮，制作精巧，皆中国所无。又陈女乐、名马及诸奇宝，复引诸王历观府库，金钱、缯布，不可胜计。顾谓章武王融曰："不恨我不见石崇，恨石崇不见我。"融素以富自负，归而怅叹，卧疾三日。京兆王继闻而省之，谓曰："卿之货财计不减于彼，何为愧羡乃尔？"融曰："始谓富于我者独高阳耳，不意复有河间！"继曰："卿似袁术在淮南，不知世间复有刘备耳！"融乃笑而起。

南梁武帝天监十八年己亥（公元519年）

　　当时北魏皇室及朝廷中得到帝王宠信的权臣，无不争相比赛奢侈。高阳王元雍，富可敌国，家里的宫室和花园，堪比皇家园林，家中的仆人有六千人，艺伎有五百人，出行时仪仗与卫士堵塞道路，归来后在家中歌舞吹奏日夜不停，一顿饭就要花费几万钱。李崇和元雍同样富有，却生性吝啬，他曾经对人说："高阳王的一顿饭，抵得上我一千天的饭钱。"

　　河间王元琛，经常想要和元雍斗富，家中的十多匹骏马，都用银制的食槽，窗户上面，挂着玉制的凤凰形貌风铃，还有金制的龙形旌旗。元琛曾经把各位亲王聚在一起举行宴会，盛酒的容器有水晶盅、玛瑙碗、赤玉杯，制作十分精巧，都是中原没有的物品。又展示出艺伎、名马和各种奇珍异宝，又带领各位亲王参观府中仓库，里面的金钱和布帛数不胜数。元雍对章武王元融说："我见不到石崇不遗憾，石崇见不到我才应该遗憾。"元融向来因为富贵而高看自己，从元雍府中回来后却悲叹不已，躺在床上悲伤多日。京光王元继听说后去劝解元融，说："你的财物不比他少，有什么可羡慕的？"元融说："起初以为比我富有的只有高阳王，没想到还有河间王啊！"元继说："你就像袁术在淮南时，不知道世上还有刘备啊！"元融这才高兴地坐了起来。

卷 六

萧综滴血认亲

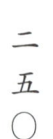
原 文

高祖武皇帝普通六年乙巳，公元五二五年

　　初，帝纳齐东昏侯宠姬吴淑媛，七月而生豫章王综，宫中多疑之。及淑媛宠衰怨望，密谓综曰："汝七月生儿，安得比诸皇子！然汝太子次弟，幸保富贵，勿泄也！"与综相抱而泣。综由是自疑，昼则谈虐如常，夜则于静室闭户，披发席藁，私于别室祭齐氏七庙。又微服至曲阿拜齐太宗陵，闻俗说割血沥骨，渗则为父子，遂潜发东昏侯冢，并自杀一男试之，皆验。由是常怀异志，专伺时变。综有勇力，能手制奔马；轻财好士，唯留附身故衣，余皆分施，恒致罄乏。屡上便宜，求为边任，上未之许。常于内斋布沙于地，终日跣行，足下生胝，日能行三百里。王、侯、妃、主及外人皆知其志，而上性严重，人莫敢言。又使通问于萧宝寅，谓之叔父。为南衮州刺史，不见宾客，辞讼隔帘听之，出则垂帷于舆，恶人识其面。

及在彭城，魏安丰王延明、临淮王彧将兵二万逼彭城，胜负久未决。上虑综败没，敕综引军还。综恐南归不复得至北边，乃密遣人送降款于彧；魏人皆不之信，彧募人入综军验其虚实，无敢行者。殿中侍御史济阴鹿悆为彧监军，请行，曰："若综有诚心，与之盟约；如其诈也，何惜一夫！"时两敌相对，内外严固，悆单骑间出，径趣彭城，为综军所执，问其来状，悆曰："临淮王使我来，欲有交易耳。"时元略已南还，综闻之，谓成景俊等曰："我常疑元略规欲反城，将验其虚实，故遣左右为略使，入魏军中，呼彼一人。令其人果来，可遣人诈为略有疾在深室，呼至户外，令人传言谢之。"综又遣腹心安定梁话迎悆，密以意状语之。悆薄暮入城，先引见胡龙牙，龙牙曰："元中山甚欲相见，故遣呼卿。"又曰："安丰、临淮，将少弱卒，规复此城，容可得乎！"悆曰："彭城，魏之东鄙，势在必争，得否在天，非人所测。"龙牙曰："当如卿言。"又引见成景俊，景俊与坐，谓曰："卿不为刺客邪！"悆曰："今者奉使，欲返命本朝。相刺之事，更卜后图。"景俊为设饮食，乃引至一所，诈令一人自室中出，为元略致意曰："我昔有以南向，且遣相呼，欲闻乡事；晚来疾作，不获相见。"悆曰："早奉音旨，冒险祗赴，不得瞻见，内怀反侧。"遂辞退。诸将竞问魏士马多少，悆盛陈有劲兵数十万。诸将相谓曰："此华辞耳！"悆曰："崇朝可验，何华之有！"乃遣悆还。成景俊送之戏马台，北望城堑，谓曰："险固如此，岂魏所能取！"悆曰："攻守在人，何论险固！"悆还，于路复与梁话申固盟约。六月，庚辰，综与梁话及淮阴苗文宠夜出，步投彧军。及旦，斋内诸阁犹闭不开，众莫知所以，唯见城外魏军呼曰："汝豫章王昨夜已来，在我军中，汝尚何为！"城中求王不获，军遂大溃。魏人入彭城，乘胜追击梁兵，复取诸城，至宿豫而还。将佐士卒死没者什七八，唯陈庆之帅所部得还。

上闻之，惊骇，有司奏削综爵土，绝属籍，更其子直姓悖氏。未旬日，诏复属籍，封直为永新侯。

西丰侯正德自魏还，志行无悛，多聚亡命，夜剽掠杀人于道，以轻车将军从综北伐，弃军辄还。上积其前后罪恶，免官削爵，徙临海；未至，追赦之。

綜至洛阳，见魏主，还就馆，为齐东昏侯举哀，服斩衰三年。太后以下并就馆吊之，赏赐礼遇甚厚，拜司空，封高平郡公、丹阳王，更名赞。以苗文宠、梁话皆为光禄大夫；封鹿悆为定陶县子，除员外散骑常侍。

綜长史济阳江革、司马范阳祖暅之皆为魏所虏，安丰王延明闻其才名，厚遇之。革称足疾不拜。延明使暅之作《欹器漏刻铭》，革唾骂暅之曰："卿荷国厚恩，乃为虏立铭，孤负朝廷！"延明闻之，令革作《大小寺碑》《祭彭祖文》，革辞不为。延明将棰之，革厉色曰："江革行年六十，今日得死为幸，誓不为人执笔！"延明知不可屈，乃止；日给脱粟三升，仅全其生而已。

译 文

南梁武帝普通六年乙巳（公元525年）

当初，梁武帝纳齐东昏侯的宠姬吴淑媛为妃，七个月后生下豫章王萧综，宫中人大多怀疑萧综不是梁武帝亲生的。当吴淑媛恩宠渐衰而心怀怨恨，就秘密对萧综说："你七个月就出生，怎么能和其他皇子相比？然而你是太子的大弟弟，有幸能够保住富贵，千万不要对外泄露。"母子二人抱头痛哭。萧综因此怀疑自己的身世，白天谈笑风生，夜晚就把自己关在房间里，披着头发坐在草席上，私下里在别室中祭祀齐氏七庙祖先。又穿着百姓的衣服到曲阿去祭拜齐太宗陵。他听民间说把血滴到死去的人的骨头上，如果血能渗入骨头里，就说明这两人是父子，于是偷偷挖开东昏侯的坟墓，亲自杀死一个男子来试验，果然那个男子的血没有渗入，他自己的血却渗入了骨头里。萧综因此起了异心，专门等待时机造反。萧综勇猛有力，能够徒手牵制住狂奔的马；轻视钱财，喜欢结交士人，只留下身上穿的旧衣服，其余的财物都分给他人，经常弄得自己手头很紧。他屡次上书请求到边境去任职，梁武帝不准许。萧综常在内室的地上铺满沙子，整天光脚走在上面，脚下长出老茧，每天能走三百里。朝中的王侯、妃嫔、主子和外人都知道萧综怀有异心，然而梁武帝性格严酷，谁也不敢说。萧综又派人与萧宝寅连上关系，称他为叔父。萧综担任南兖州刺史，不见宾客，有人告状时他隔着帘子审案，外出时就把车上的帷帐垂下来，不喜欢让别人见到他的脸。

萧综来到彭城，北魏安丰王元延明、临淮王元彧率领两万大军逼近彭城，许久没有分出胜负。梁武帝担心萧综战败而死，命令萧综率军撤回。萧综担心返回南边就无法再回到北边，于是秘密派人给元彧送去降书；北魏人都不相信萧综投降，元彧招募一些人混入萧综的军队来打探虚实，却没有人敢去。殿中御史、济阴人鹿悆担任元彧的监军，他请求

二五二

前往，说："如果萧综诚心投降，就和他订立盟约；如果他使诈，又何必可惜一个普通人？"当时两军对阵，内外严加防守，鹿悆单枪匹马抄小路出去，直接赶往彭城，被萧综的军队抓住，问他为什么来，元彧说："临淮王派我来，商议一件事情。"当时元略已经返回南方，萧综听说后，对成景俊等人说："我常怀疑元略打算背叛，想要试探他的虚实，因此派身边的亲信假扮元略的使者，混入北魏军队，让他们派一个人来联系。他们果然派人来，可以让人装扮成元略，谎称生病躺在内室，把北魏派来的人叫到外面来，让人假传元略的话给他。"萧综又派心腹安定人梁话去迎接鹿悆，秘密地把自己的想法告诉了他。鹿悆黄昏进城，先被带去见胡龙牙，胡龙牙说："元中山十分想见您，所以派我来叫您去。"还说："安丰、临淮，将领少，士卒弱，却企图光复这座城，怎么可能呢？"鹿悆说："彭城，是北魏的东部边境，势在必得，能否得到在于天意，不是人能预测的。"胡龙牙说："确实像你说的那样。"鹿悆又被带去见成景俊，成景俊与鹿悆坐在一起，说："你不是刺客吧？"鹿悆说："我今天是奉使命而来，打算回去我朝复命。刺杀的事情，以后再打算吧。"成景俊为鹿悆准备酒菜，将他带到一个地方，让一个人从内室走出来，假扮成替元略传话问候鹿悆："我曾经有目的地来到南方，现在派人把你叫来，是想听一听家乡的事情；但是夜晚生病，就不出来见你了。"鹿悆说："事先得到您的通知，冒险前来，却不能相见，内心实在不安。"于是告辞退下。各位将领争相询问鹿悆北魏有多少将士和战马，鹿悆夸耀说北魏有精兵十万。各将领争相说："这是夸大的言辞。"鹿悆说："这是很快就能验证的事情，有什么夸大的？"于是众人让鹿悆回去，成景俊把鹿悆送到戏马台，向北望着城墙下的深沟，对他说："如此险固的城池，怎么会是北魏能攻下来的？"鹿悆说："攻守都在于人，和险固有什么关系？"鹿悆返回北魏，在路上又和梁话巩固了盟约。六月，庚辰日，萧综与梁话以及淮阴人苗文宠连夜出行，步行投奔元彧的军队。到了早上，萧综住所的几个门还未打开，众人都不知道原因，只听到城外北魏军队呼喊："你们的豫章王昨晚已经来我们军中了，你们还能干什么？"城中人找不到萧综，军队于是溃散。北魏人进入彭城，乘胜追击南梁士兵，又夺取各城，直到深夜才返回。城中将士十个人中死了七八个，只有陈庆之率领的军队得以返回。

梁武帝听说后十分惊骇，有关部门上奏请求削免萧综的爵位，从皇族中除名，让他的儿子萧直改姓悖。但是没过十天，梁武帝又恢复了萧综在皇族名册中的名字，封他的儿子萧直为永新侯。

西丰侯萧正德从北魏返回，思想和行为没有一点悔改，聚拢了许多亡命之徒，夜间在道路上杀人越货。他被任命为轻车将军，跟随萧综北伐，丢下军队私自返回。梁武帝清算他的前后罪恶，免去他的官职，削去爵位，流放到临海；还没有走到临海，梁武帝又派人追上来赦免了他。

萧综来到洛阳，见到北魏王，住在客馆中，为齐东昏侯哀悼，服丧三年。胡太后以下的王公大臣都来到客馆中凭吊，赏赐特别丰厚，任命萧综为司空，封他为高平郡公、丹阳王，改名为萧赞。将苗文宠、梁话都任命为光禄大夫；封鹿念为定陶县子，同时任命为员外散骑常侍。

萧综的长史济阳人江革，司马范阳人祖暅之都被北魏俘虏，安丰王元延明听说他们的才能与名气，厚待他们。江革脚上有伤不能下拜。元延明让祖暅之写了一篇《欹器漏刻铭》，江革唾骂祖暅之道："你身受朝廷厚恩，却为胡虏写铭，你辜负朝廷。"元延明听说后，让江革写《大小寺碑》《祭彭祖文》，江革拒绝。元延明打算用棍子打他，江革厉色道："我江革年近六十，今天能死是我的幸运，誓死也不会替别人写文章。"元延明知道江革不会屈服，只好作罢；每天给他三升脱了壳的粟米，只让他维持生命而已。

卷 九

陈庆之伐魏

原文

高祖武皇帝中大通元年己酉，公元五二九年

魏元天穆将击邢杲，以北海王颢方入寇，集文武议之，众皆曰："杲众强盛，宜以为先。"行台尚书薛琡曰："邢杲兵众虽多，鼠窃狗偷，非有远志。颢帝室近亲，来称义举，其势难测，宜先去之。"天穆以诸将多欲击杲，又魏朝亦以颢为孤弱不足虑，命天穆等先定齐地，还师击颢，遂引兵东出。

颢与陈庆之乘虚自铚城进拔荥城，遂至梁国；魏丘大千有众七万，分筑九城以拒之。庆之攻之，自旦至申，拔其三垒，大千请降。颢登坛燔燎，即帝位于睢阳城南，改元孝基。济阴王晖业帅羽林兵二万军考城，庆之攻拔其城，擒晖业。

戊辰，北海王颢克梁国。颢以陈庆之为卫将军，徐州刺史，引兵而西。杨昱拥众七万，据荥阳。庆之攻之，未拔。颢遣人说昱使降，昱不从。天穆与骠骑将军尔朱吐没儿将大军前后继至，梁士卒皆恐。庆之解鞍秣马，谕将士曰："吾至此以来，屠城略地，实为不少；君等杀人父兄、掠人子女，亦无算矣。天穆之众，皆是仇雠。我辈众才七千，虏众三十余万，今日之事，唯有必死乃可得生耳！虏骑多，不可与之野战，当及其未尽至，急攻取其城而据之。诸君勿或狐疑，自取屠脍！"乃鼓之，使登城。将士即相帅蚁附而入，癸酉，拔荥阳，执杨昱。诸将三百余人伏颢帐前请曰："陛下渡江三千里，无遗镞之费，昨荥阳城下一朝杀伤五百余人，愿乞杨昱以快众意！"颢曰："我在江东闻梁主言，初举兵下都，袁昂为吴郡不降，每称其忠节。杨昱忠臣，奈何杀之！此外唯卿等所取。"于是斩昱所部统帅三十七人，皆刳其心而食之。俄而天穆等引兵围城，庆之帅骑三千背城力战，大破之，天穆、吐没儿皆走。庆之进击虎牢，尔朱世隆弃城走，获魏东中郎将辛纂。

临淮王彧、安丰王延明，帅百僚，封府库，备法驾迎颢。丙子，颢入洛阳宫，改元建武，大赦。以陈庆之为侍中、车骑大将军，增邑万户。杨椿在洛阳，椿弟顺为冀州刺史，兄子侃为北中郎将，从魏主在河北。颢意忌椿，而以其家世显重，恐失人望，未敢诛也。或劝椿出亡，椿曰："吾内外百口，何所逃匿！正当坐待天命耳。"

上党王天穆等帅众四万攻拔大梁，分遣费穆将兵二万攻虎牢，颢使陈庆之击之。天穆畏颢，将北渡河，谓行台郎中济阴温子升曰："卿欲向洛，为随我北渡？"子升曰："主上以虎牢失守，致此狼狈。元颢新入，人情未安，今往击之，无不克者。大王平定京邑，奉迎大驾，此桓、文之举也。舍此北渡，窃为大王惜之。"天穆善之而不能用，遂引兵渡河。费穆攻虎牢，将拔，闻天穆北渡，自以无后继，遂降于庆之。庆之进击大梁、梁国，皆下之。庆之以数千之众，自发铚县至洛阳，凡取三十二城，四十七战，所向皆克。

魏北海王颢既得志，密与临淮王彧、安丰王延明谋叛梁；以事难未平，藉陈庆之兵力，故外同内异，言多猜忌。庆之亦密为之备，说颢曰："今远来至此，未服者尚多，彼若知吾虚实，连兵四合，将何以御之！宜启天子，更请精兵，并敕诸州，有南人没此者悉须部送。"颢欲从之，延明曰："庆之兵不出数千，已自难制；今更增其众，宁肯复为人用乎！大权一去，动息由人，魏之宗庙，于斯坠矣。"颢乃不用庆之之言。又虑庆之密启，乃表于上曰："今河北、河南一时克定，唯尔朱荣尚敢跋扈，臣与庆之自能擒讨。州郡新服，正须绥抚，不宜更复加兵，摇动百姓。"上乃诏诸军继进者皆停于境上。

洛中南兵不满一万，而羌、胡之众十倍，军副马佛念为庆之曰："将军威行河、洛，声震中原，功高势重，为魏所疑，一旦变生不测，可无虑乎！不若乘其无备，杀颢据洛，此千载一时也。"庆之不从。颢先以庆之为徐州刺史，因固求之镇，颢心惮之，不遣，曰："主上以洛阳之地全相任委，忽闻舍此朝寄，欲往彭城，谓君遽取富贵，不为国计，非徒有损于君，恐仆并受其责。"庆之不敢复言。

尔朱荣与颢相持于河上。庆之守北中城，颢自据南岸；庆之三日十一战，杀伤甚众。有夏州义士为颢守河中渚，阴与荣通谋，求破桥立效，荣引兵赴之。及桥破，荣应接不逮，颢悉屠之，荣怅然失望。又以安丰王延明缘河固守，而北军无船可渡，议欲还北，更图后举。黄门郎杨侃曰："大王发并州之日，已知夏州义士之谋指来应之邪？为欲广施经略匡复帝室乎？夫用兵者，何尝不散而更合，疮愈更战；况今未有所损，岂可以一事不谐而众谋顿废乎！今四方颙颙，视公此举；若未有所成，遽复引归，民情失望，各怀去就，胜负所在，未可知也。不若征发民材，多为桴筏，间以舟楫，缘河布列，数百里中，皆为渡势，首尾既远，使颢不知所防，一旦得渡，必立大功。"高道穆曰："今乘舆飘荡，主忧臣辱。大王拥百万之众，辅天子而令诸侯，若分兵造筏，所在散渡，指掌可克；奈何舍之北归，使颢复得完聚，征兵天下！此所谓养虺成蛇，悔无及矣。"荣曰："杨黄门已陈此策，当相与议之。"刘灵助言于荣曰："不出十日，河南必平。"伏波将军正平杨剽与其族居马渚，自言有小船数艘，求为乡导。戊辰，荣命车骑将军尔朱兆与大都督贺拔胜缚材为筏，自马渚西硖石夜渡，袭击颢子领军将军冠受，擒之；安丰王延明之众闻之，大溃。颢失据，帅麾下数百骑南走，陈庆之收步骑数千，结陈东还，颢所得诸城，一时复降于魏。尔朱荣自追陈庆之，会嵩高水涨，庆之军士死散略尽，乃削须发为沙门，间行出汝阴，还建康，犹以功除右卫将军，封永兴县侯。

译　文

南梁武帝中大通元年己酉（公元529年）

北魏元天穆即将攻打邢杲，因为北海王元颢正在攻打北魏，于是北魏朝廷召集文武百官商议。众人都说："邢杲兵力强盛，应该先攻打邢杲。"行台尚书薛琡说："邢杲兵力虽多，但都是偷鸡摸狗之辈，没有远大的志向。元颢是北魏皇室近亲，这次打着正义的旗号来侵犯，形势难以预测，应该先把元颢击退。"元天穆因为各位将领大多想要攻打邢杲，又因为北魏朝廷认为元颢势单力孤，不足担忧，于是朝廷命令元天穆先平定齐地，再率军返回攻打元颢。于是元天穆率兵向东出发。

元颢与陈庆之乘虚而入，从铚城进攻，攻克荥城，随后抵达梁国城；北魏将领丘大千有七万士兵，分别修筑了九座营垒来抵抗，陈庆之进攻丘大千的军队，从早晨到下午，攻下了三座营垒，丘大千请求投降。元颢登坛烧柴祭天，在睢阳城南登基称帝，改年号为孝基。济阴王元晖业率领两万名羽林军驻扎在考城，陈庆之攻下考城，生擒元晖业。

戊辰日，北海王元颢攻占梁国城。元颢任命陈庆之为卫将军、徐州刺史，率兵向西出发。杨昱召集七万部众占据荥阳。陈庆之攻打荥阳，没能攻克。元颢派人劝说杨昱投降，杨昱不听。元天穆与骠骑将军尔朱吐没儿率领大军先后赶到，南梁士兵都有些害怕。陈庆之解下马鞍喂马，告谕将士："我自到这里以来，屠城略地的行为的确做了不少；你们杀了人家的父亲兄弟、抢掠人家儿女的数量，也是无法计算的。元天穆率领的士兵，都是我们的仇人，我们只有七千人，敌军有三十多万，今天的形势，我们只有抱着必死的决心才能生还！敌军骑兵多，不能在野外和他们交战，应该趁他们没有全部赶到的时候，迅速攻占他们的城池。各位不要再犹豫了，否则就是任人宰割。"于是擂响战鼓，让士兵们登城。将士们像蚂蚁一样一个接一个地爬上城墙入城，癸酉日，攻占荥阳城，抓住杨昱。三百多名将领趴在元颢的军帐前面请求："陛下渡江跋涉三千里，都没有一点损失，但是昨天攻打荥阳城，一天就死伤了五百多人，恳请把杨昱交给我们处理，大快人心。"元颢说："我在江东听南梁皇帝说，他当初举兵南下，袁昂作为吴郡太守拒不投降，南梁皇帝经常称赞袁昂的忠义气节。杨昱是重臣，怎么能杀呢？除了杀杨昱，你们想怎样都行。"于是斩杀了杨昱手下的三十七名统帅，把他们的心脏挖出来吃掉。不久之后元天穆等人率兵包围荥阳城，陈庆之率领三千骑兵背靠荥阳城奋力拼杀，大败元天穆的军队，元天穆、尔朱吐没儿都逃走了。陈庆之进攻虎牢关，尔朱世隆放弃城池逃走，陈庆之又抓获北魏东中郎将辛纂。

临淮王元彧、安丰王元延明，率领百官，封锁宫中仓库，准备天子车驾迎接元颢。丙子日，元颢进入洛阳宫，改年号为"建武"，大赦天下。任命陈庆之为侍中、车骑大将军，加封食邑万户。杨椿在洛阳，他的弟弟杨顺担任冀州刺史，哥哥的儿子杨侃担任北中郎将，跟随北魏王在黄河以北。元颢忌惮杨椿，但是因为杨家家世显赫，怕失去人心，所以不敢杀他。有人劝杨椿逃亡，杨椿说："我家内外加起来有一百口人，藏到哪里去？就坐等着上天安排吧。"

上党王元天穆等人率领四万大军攻占大梁城，派费穆分出两万士兵攻打虎牢关，元颢派陈庆之去攻打费穆。元天穆惧怕元颢，打算向北渡过黄河，对行台郎中济阴人温子升说："你是想去洛阳，还是想跟随我北渡黄河？"温子升说："魏王因为虎牢关失守，才导致如此狼狈。元颢刚刚登基，人心都没有安定，如今我们前去攻打，不会打不赢的。大王您平定了京城，再恭迎魏王大驾降临，这是堪比齐桓公、晋文公的壮举啊。你舍弃这么

好的机会却要北渡黄河，我私下里真是替您惋惜。"元天穆认为温子升的意见很好，却不予采纳，于是率兵渡过黄河。费穆攻打虎牢关，即将攻克，听说元天穆北渡黄河，自认为没有后继部队，于是向陈庆之投降。陈庆之进攻大梁城、梁国城，全部攻克，陈庆之凭借几千名士兵，从铚县出发一直到洛阳，攻占三十二座城池，历经四十七场战争，战无不胜。

北魏北海王元颢称帝之后，秘密与临淮王元彧、安丰王元延明谋划背叛南梁；因为战事艰难尚未平息，还想借助陈庆之的兵力，因此对外和陈庆之一条心，对内却包藏异心，言语上也有很多猜忌。陈庆之也在私下里做好防备，他对元颢说："如今我们远道来到此地，不服气的人还有很多，如果他们知道我们的虚实，联合兵力反抗，我们该怎么抵挡？应该向南梁天子启奏，请求调来更多精兵，同时敕令各州，如果有南梁人陷没在当地的，必须全部送过来。"元颢打算听从陈庆之的建议，元延明说："陈庆之的兵力不过几千人，我们已经很难控制；如果增强他的兵力，他还会再听我们使唤吗？大权一旦除去，一举一动都要受人牵制，北魏的宗庙，要毁在你手里了。"元颢这才不听陈庆之的建议。但是又担心陈庆之会秘密向南梁皇帝启奏，于是元颢给南梁上表说："如今黄河以北、以南暂时平定，只有尔朱荣还敢负隅顽抗，我和陈庆之自己就能擒获处治他。北魏的州郡刚刚臣服，需要安抚，不应该再增加兵力，动摇百姓的心志。"南梁武帝于是诏令各路已经出发的军队全部停留在边境上。

洛阳城中的南梁士兵不足一万人，而羌人、胡人的士兵却多达十倍，军副马佛念对陈庆之说："将军您的威势传扬在黄河、洛水一带，威名震惊中原，功劳高，权势重，被北魏怀疑，一旦发生意料不到的祸患，难道就不担心吗？不如趁其不备，杀死元颢占据洛阳城，这是千载难逢的机会啊。"陈庆之不听。元颢先是任命陈庆之为徐州刺史，因为陈庆之执意要求镇守彭城，元颢心中忌惮他，没有派他去，说："梁武帝把洛阳一带全权委托给我，忽然听说你要舍弃朝廷的委托，想要前往彭城，会认为你急着升官发财，不为国家考虑，不仅有损于您的名声，恐怕我也会受到牵连。"陈庆之不敢再提。

尔朱荣与元颢相持在黄河上。陈庆之镇守北中城，元颢亲自占据黄河南岸；陈庆之三天经历十一场战争，死伤很多人。有夏州义士为元颢镇守黄河中的小块陆地，他秘密与尔朱荣谋划，请求为尔朱荣破桥立功，尔朱荣之后再率兵赶来。当桥被毁的时候，尔朱荣没有及时接应，元颢将通敌的士兵全部杀光，尔朱荣怅然若失。又因为安丰王元延明沿着黄河镇守，而北方的军队没有船能渡河，商议着打算返回北方，再计划以后的事情。黄门郎杨侃说："大王您从并州发兵的那天，就知道夏州义士会来做内应所以才来的呢，还是打算施展雄才大略匡复皇室才来的呢？用兵打仗，谁不是打散了再聚起来，伤疤好了再去

资治通鉴

打仗；何况如今我们军队没有损伤，怎么可能因为这一件事没有成功就荒废全部的计划呢？如今四方百姓对您都很尊敬，想要看您的举动；如果一事无成就率兵返回，百姓会失望，各自考虑是否要留下，到时候是胜是负，就无法预料了。不如征调民间木材，多造一些木筏，掺杂一些小船，沿着黄河排列几百里，都做出准备渡河的架势，首尾相距很远，让元颢不知如何防备，一旦渡河成功，一定会创立大的功业。"高道穆说："如今国家飘摇，皇上忧虑，臣子受辱。大王您拥有百万大军，辅佐天子号令诸侯，如果分出兵力制造木筏，分散渡河，击破元颢的军队易如反掌；为什么要舍弃这个机会返回北方，让元颢的军队得以重整，在天下征集兵力呢？这就是所谓的纵容敌人强大，到时候后悔都来不及啊。"尔朱荣说："杨黄门已经陈述了这条计策，应该商议一下。"刘灵助对尔朱荣说："不超过十天，黄河以南一定会平定。"伏波将军正平人杨剽与他的部族居住在马渚，说他们有几艘小船，请求作为尔朱荣的向导。戊辰日，尔朱荣命令车骑将军尔朱兆与大都督贺拔胜捆扎木材制作木筏，从马渚西侧的硖石连夜渡河，袭击元颢的儿子、领军将军元冠受的军队，将其抓获；安丰王元延明的士兵听说后，四散溃逃。元颢失去据点，率领手下几百名骑兵向南逃走，陈庆之收拢了几千名步兵和骑兵，摆开阵形返回东边，元颢攻下的所有城池，一下子都向北魏投降。尔朱荣亲自追赶陈庆之，正赶上嵩高河水涨，陈庆之的将士死的死散的散，陈庆之只好剃光头发装扮成和尚，抄小路逃出汝阴，回到建康。因为陈庆之有功劳，只被免去右卫将军一职，封为永兴县侯。

卷十七

侯景之乱

原　文

高祖武皇帝太清二年戊辰，公元五四八年

　　临贺王正德，所至贪暴不法，屡得罪于上，由是愤恨，阴养死士，储米积货，幸国家有变；景知之。正德在北与徐思玉相知，景遣思玉致笺于正德曰："今天子年尊，奸臣乱国。以景观之，计日祸败。大王属当储贰，中被废黜，四海业业，归心大王。景虽不敏，实思自效。愿王允副苍生，鉴斯诚款！"正德大喜曰："侯公之意，暗与吾同，天授我也！"报之曰："朝廷之事，如公所言。仆之有心，为日久矣。今仆为其内，公为其外，何有不济！机事在速，今其时矣。"

戊戌，景反于寿阳，以诛中领军朱异、少府卿徐骥、太子右卫率陆验、制局监周石珍为名。异等皆以奸佞骄贪，蔽主弄权，为时人所疾，故景托以兴兵。骥、验，吴郡人；石珍，丹杨人。骥、验迭为少府丞，以苛刻为务，百贾怨之，异尤与之昵，世人谓之"三蠹"。

景西攻马头，遣其将宋子仙东攻木栅，执戍主曹璆等，上闻之，笑曰："是何能为！吾折棰笞之。"敕购斩景者，封三千户公，除州刺史。甲辰，诏以合州刺史鄱阳王范为南道都督，北徐州刺史封山侯正表为北道都督，司州刺史柳仲礼为西道都督，通直散骑常侍裴之高为东道都督，以侍中、开府仪同三司邵陵王纶持节董督众军以讨景。

侯景闻台军讨之，问策于王伟。伟曰："邵陵若至，彼众我寡，必为所困。不如弃淮南，决志东向，帅轻骑直掩建康；临贺反其内，大王攻其外，天下不足定也。兵贵拙速，宜即进路。"景乃留外弟中军大都督王显贵守寿阳；癸未，诈称游猎，出寿阳，人不之觉。冬，十月，庚寅，景扬声趣合肥，而实袭谯州，助防董绍先开城降之。执刺史丰城侯泰。泰，范之弟也，先为中书舍人，倾财以事时要，超授谯州刺史。至州，遍发民丁，使担腰舆、扇、繖等物，不限士庶；耻为之者，重加杖责，多输财者，即纵免之，由是人皆思乱。及侯景至，人无战心，故败。

庚子，诏遣宁远将军王质帅众三千巡江防遏。景攻历阳太守庄铁，丁未，铁以城降，因说景曰："国家承平岁久，人不习战，闻大王举兵，内外震骇。宜乘此际速趋建康，可兵不血刃而成大功。若使朝廷徐得为备，内外小安，遣羸兵千人直据采石，大王虽有精甲百万，不得济矣。"景乃留仪同三司田英、郭骆守历阳，以铁为导，引兵临江。江上镇戍相次启闻。

上问讨景之策于都官尚书羊侃，侃请"以二千人急据采石，令邵陵王袭取寿阳；使景进不得前，退失巢穴，乌合之众，自然瓦解"。朱异曰："景必无渡江之志。"遂寝其议。侃曰："今兹败矣！"

戊申，以临贺王正德为平北将军、都督京师诸军事，屯丹杨郡。正德遣大船数十艘，诈称载荻，密以济景。景将济，虑王质为梗，使谍视之。会临川大守陈昕启称："采石急须重镇，王质水军轻弱，恐不能济。"上以昕为云旗将军，代质戍采石，征质知丹杨尹事。昕，庆之之子也。质去采石，而昕犹未下渚。谍告景云："质已退。"景使折江东树枝为验，谍如言而返，景大喜曰："吾事办矣！"己酉，自横江济于采石，有马数百匹，兵八千人。是夕，朝廷始命戒严。

百姓闻景至，竞入城，公私混乱，无复次第，羊侃区分防拟，皆以宗室间之。军人争入武库，自取器甲，所司不能禁，侃命斩数人，方止。是时，梁兴四十七年，境内无事，公卿在位及闾里士大夫罕见兵甲，贼至猝迫，公私骇震。宿将已尽，后进少年并出在外，军旅指扐，一决于侃，侃胆力俱壮，太子深仗之。

辛亥，景至朱雀桁南，太子以临贺王正德守宣阳门，东宫学士新野庾信守朱雀门，帅宫中文武三千余人营桁北。太子命信开大桁以挫其锋，正德曰："百姓见开桁，必大惊骇。可且安物情。"太子从之。俄而景至，信帅众开桁，始除一舫。见景军皆著铁面，退隐于门。信方食甘蔗，有飞箭中门柱，信手甘蔗，应弦而落，遂弃军走。南塘游军沈子睦，临贺王正德之党也，复闭桁渡景。太子使王质将精兵三千援信，至领军府，遇贼，未陈而走。正德帅众于张侯桥迎景，马上交揖，既入宣阳门，望阙而拜，歔欷流涕，随景渡淮。景军皆著青袍，正德军并著绛袍，碧里，既与景合，悉反其袍。景乘胜至阙下，城中恼惧，羊侃诈称得射书云："邵陵王、西昌侯援兵已至近路。"众乃少安。西丰公大春弃石头，奔京口；谢禧、元贞弃白下走；津主彭文粲等以石头城降景，景遣其仪同三司于子悦守之。

景绕城既匝，百道俱攻，鸣鼓吹脣，喧声震地，纵火烧大司马、东、西华诸门。羊侃使凿门上为穸，下水沃火；太子自捧银鞍，往赏战士；直阁将军朱思帅战士数人逾城出外洒水，久之方灭。贼又以长柯斧斫东掖门，门将开，羊侃凿扇为孔，以槊刺杀二人，斫者乃退。景据公车府，正德据左卫府，景党宋子仙据东宫，范桃棒据同泰寺。景取东宫妓数百，分给军士。东宫近城，景众登其墙射城内。至夜，景于东宫置酒奏乐，太子遣人焚之，台殿及所聚图书皆尽。景又烧乘黄厩、士林馆、太府寺。癸丑，景作木驴数百攻城，城上投石碎之。景更作尖项木驴，石不能破。羊侃使作雉尾炬，灌以膏蜡，丛掷焚之，俄尽。景又作登城楼，高十余丈，欲临射城中。侃曰："车高堑虚，彼来必倒，可卧而观之。"及车动，果倒。

景攻既不克，士卒死伤多，乃筑长围以绝内外，又启求诛朱异等。城中亦射赏格出外曰："有能送景首者，授以景位，并钱一亿万，布绢各万匹。"朱异、张绾议出兵击之，问羊侃，侃曰："不可。今出人若少，不足破贼，徒挫锐气；若多，则一旦失利，门临桥小，必大致失亡。"异等不从，使千余人出战。锋未及交，退走，争桥赴水死者大半。

侉子鷟（zhuó），为景所获，执至城下，以示侉，侉曰："我倾宗报主，犹恨不足，岂计一子，幸早杀之！"数日，复持来，侉谓鷟曰："久以汝为死矣，犹在邪！"引弓射之。景以其忠义，亦不之杀。

译文

南梁武帝太清二年戊辰（公元548年）

临贺王萧正德，无论去到哪里都贪赃枉法，几次被梁武帝处罚，因此心生愤恨，私下豢养了一批敢死队，储存粮食和财物，希望国家发生变乱；侯景知道这件事。萧正德在北方与徐思玉是知己，侯景派徐思玉为萧正德送来一封信笺："如今皇上年纪大了，奸臣祸乱朝廷。以我侯景看来，用不了多久梁朝就会因为灾祸而导致失败。大王您本应是太子，中途被废黜，但是天下都归心于您。我侯景虽然不聪明，但是着实想为您效力。希望大王您顺应百姓的要求，上天可见我的诚心。"萧正德大喜过望，说："侯景的心意，与我不谋而合，这是上天授给我的机会啊。"于是回复侯景说："朝廷的事情，就像你说的那样。我有这个打算已经很久了。如今我在朝内，你在朝外，相互响应，还有什么做不成的。事不宜迟，现在就是最好的时机。"

戊戌日，侯景在寿阳造反，以诛杀中领军朱异、少府卿徐骥、太子右卫率陆验、制局监周石珍作为造反的名义。朱异等人都是奸佞贪官，蒙蔽皇帝玩弄权术，被世人痛恨，因此侯景以他们为借口出兵。徐骥、陆验是吴郡人；石珍是丹阳人。徐骥、陆验先后担任少府丞，为官苛刻，商人们都痛恨他们，朱异与这两人关系最好，世人称他们三人为"三个蛀虫"。

侯景向西攻打马头，派手下将领宋子仙向东攻打木栅，抓住守城主将曹璆等人。梁武帝听说后，笑着说："这些人能干什么，我折断一根木棍就能打败他们。"于是下令悬赏能杀死侯景的人，封三千户公和除州刺史。甲辰日，梁武帝下诏任命合州刺史鄱阳人王范为南道都督，北徐州刺史封山侯萧正表为北道都督，司州刺史柳仲礼为西道都督，通直散骑常侍裴之高为东道都督，任命侍中、开府仪同三司邵陵人王纶手持符节监督各军队讨伐侯景。

侯景听说官军前来讨伐他，就向王伟询问对策。王伟说："邵陵的军队如果赶到，他们人多我们人少，一定会被他们围困。不如舍弃淮南，一心向东，率领轻骑兵直逼建康；临贺王萧正德在宫内造反，大王您在宫外进攻，天下不难平定。兵贵神速，应该即刻出发。"侯景于是让同母异父的兄弟、中军大都督王显贵镇守寿阳。癸未日，侯景谎称出

外打猎，从寿阳出发，人们都没有察觉。冬季，十月，庚寅日，侯景宣称要攻打合肥，实际上却偷袭谯州，谯州助防董绍主动打开城门投降。刺史丰城侯萧泰被抓。萧泰，是萧范的弟弟，之前担任中书舍人，倾尽钱财去贿赂当朝达官显贵，被破格任用为谯州刺史。萧泰抵达谯州后，到处征发民夫，为他抬着高到腰部的轿子，手拿扇子和伞等物品，无论是士人还是百姓；如果有人以此为耻，就会被棍棒重重毒打，多给钱的人，才能被赦免，因此人人都想造反。当侯景来到，人人都不打算迎战，因此投降。

庚子日，梁武帝下诏派宁远将军王质率领三千士兵沿长江巡逻，防御侯景进攻。侯景攻打历阳太守庄铁的军队，丁未日，庄铁交出历阳城投降，趁机对侯景说："国家太平久了，人们都不适应打仗，听说大王您发兵，朝廷内外都震惊不已。应该趁此机会迅速前往建康，可以兵不血刃成就大业。如果让朝廷有了准备的时间，朝廷内外也会稍稍安定，即便朝廷只派出一千名羸弱的士兵占据采石，大王您就算有百万精兵，也无法成功。"侯景于是留下仪同三司田英、郭骆镇守历阳，让庄铁作向导，率兵来到长江边。镇守江边的官员相继把侯景造反的事情禀奏梁武帝。

梁武帝向都官尚书羊侃询问讨伐侯景的对策，羊侃申请"派两千人迅速占据采石，命令邵陵王突袭占据寿阳；让侯景无法前进，后退又失去老巢，这群乌合之众，自然就会瓦解"。朱异说："侯景一定没有渡过长江的志向。"于是梁武帝放弃了羊侃的对策。羊侃说："现在梁朝就要灭亡了。"

戊申日，梁武帝任命临贺王萧正德为北平将军，督管京城所有军事，驻扎在丹阳郡。萧正德派出几十艘大船，谎称是用来运货，秘密送去给侯景用来渡江。侯景将要渡过长江时，担心王质从中作梗，派间谍监视王质。正巧临川太守陈昕启奏称："采石迫切需要重兵镇守，王质的水军战斗力弱，恐怕不能守住。"梁武帝任命陈昕为云旗将军，代替王质镇守采石，把王质发配到丹阳担任郡尹。陈昕，是陈庆之的儿子。王质离开采石，而陈昕还没有到达采石。间谍告诉侯景："王质已经离开。"侯景让他折下江东的树枝送来，作为验证，间谍果然折来了树枝，侯景大喜道："我的事要成了。"己酉日，侯景横渡长江来到采石，总共带来几百匹马、八千多士兵。当天晚上，朝廷才开始命令戒严。

建康城中百姓听说侯景军队来到，争相逃入城中，官员和百姓混在一起，再也没有秩序可言。羊侃布置防守计划，每处都安排皇室成员来监督，军人争相闯入兵器库，擅自取走兵器和盔甲，有关部门无法禁止。羊侃下令斩首了几个人，这才阻止住。当时，南梁已经建朝四十七年，朝中一直没有战事，王公大臣和在位的乡里士大夫都很少见到兵器和铠甲，当侯景的军队突然来到，官员和百姓都大惊失色。城中已经没有久经战场的将领，后起之秀全都在外征战，军事指挥，全都由羊侃一人来决断，羊侃有胆有谋，太子十分依

●羊侃

赖他。

辛亥日，侯景的军队抵达朱雀门浮桥的南面，太子让临贺王萧正德戍守宣阳门，让东宫学士新野人庾信戍守朱雀门，率领宫中三千多名文武官员在浮桥北面驻扎。太子命令庾信断开浮桥以此挫一挫侯景军队的锋芒，萧正德说："百姓见到浮桥断开，一定会大惊失色，应该先安抚百姓的情绪。"太子听从萧正德的建议。不一会儿侯景来到，庾信率领手下众人断开浮桥，仅仅除掉一艘大船。看到侯景的军队都戴着铁面具，于是撤退藏到门后。庾信正在吃甘蔗，突然有一支箭射中门柱，庾信手中的甘蔗随着箭声掉在地上，庾信赶忙舍弃军队逃走。南塘游军沈子睦，是临贺王萧正德的同党，他让浮桥合上，使侯景的军队渡过护城河。太子让王质率领三千精兵支援庾信，来到领军府，遇到侯景军队，王质没有列阵出战就逃走了。萧正德率领军队在张侯桥迎接侯景，在马上相互作揖，进入宣阳门后，萧正德面向后宫下拜，唏嘘哭泣，跟随侯景渡过秦淮河。侯景的军队都穿着青色的战袍，萧正德的军队都穿着绛红色的战袍，战袍的里子是碧绿色，与侯景的军队会合后，萧正德的军队都把战袍反过来穿。侯景乘胜来到城楼下面，城中人都十分恐惧，羊侃谎称得到了一封城外射来的书信，上面写着："邵陵王、西昌侯的援兵已经抄近路赶到。"众人这才稍稍安ém。西丰公萧大春放弃石头城，奔赴京口；谢禧、元贞放弃白下城逃走；津主彭文粲等人献出石头城投降侯景，侯景派他手下的仪同三司于子悦镇守石头城。

侯景把建康城包围起来后，各处同时攻城，他们敲响战鼓，吹起口哨，喧闹声惊天动地，放火烧大司马门、东华门、西华门等各处城门。羊侃派人在城门上凿出一些洞，从洞中灌水灭火；太子亲自手捧银制的马鞍，前去犒赏战士；直阁将军朱思率领几名战士翻过城墙到外面去洒水，洒了很久才灭火。侯景又让人用长柄斧子砍东掖门，即将砍开的时候，羊侃让人在门扇上凿出小孔，从孔中伸出长矛刺死了两个人，砍城门的人这才后退。侯景占据公车府，萧正德占据左卫府，侯景的同党宋子仙占据东宫，范桃棒占据同泰寺。侯景夺取了几百名东宫艺伎，分给军士们。东宫离城墙很近，侯景手下众人登上东宫的宫墙向城内射箭。到了晚上，侯景在东宫中设宴奏乐，太子派人火烧东宫，将宫殿中收藏的书籍全部烧光。侯景又火烧乘黄厩、士林馆、太府寺。癸丑日，侯景制造了几百头木驴攻城，城中人从城墙上扔石头砸碎木驴，侯景又制造出尖头木驴，石头无法砸破。羊侃派人用鸡尾做成火炬，里面灌上油膏，点燃之后扔下去焚烧木驴，很快就把木驴烧光。侯景又制作登城的高楼战车，高达十几丈，想要在上面向城中射箭。羊侃说："战车太高，壕沟边的土地很虚，战车来了之后一定会倒，我们坐等着看吧。"当战车启动，果然倒下。

侯景既然无法攻克建康城，士卒也死伤很多，于是修筑起长长的围墙来隔绝城内和城外，又提出让城内交出朱异等人。城中也向城外射出赏格写道："有能送来侯景首级的人，授给他侯景的爵位，并赏钱一亿万，布绢各万匹。"朱异、张绾商议出兵攻打，问羊侃，羊侃说："不可以。如今出去的人如果少，不足以打败敌军，只能挫一挫他们的锐气而已；如果出去的人多，一旦战败，城门狭窄浮桥窄小，一定会导致许多人死亡。"朱异等人不听，派出一千多人出战。还没等交锋，这些人就后退逃走，争相过桥而掉入水中淹死了大半。

羊侃的儿子羊鹫，被侯景抓获，押到城下，让羊侃看。羊侃说："我豁出整个氏族来报效君主，还嫌不够，怎么会在乎一个儿子，希望你早点杀了他！"几天后，侯景又把羊鹫带来，羊侃对羊鹫说："我早就以为你死了，竟然还活着啊。"于是拉弓射向羊鹫。侯景认为羊侃忠义，便没有杀死羊鹫。

陈　纪

卷　五

兰陵王之死

原文

高宗宣皇帝太建五年癸巳，公元五七三年

　　齐兰陵武王长恭，貌美而勇，以邙山之捷，威名大盛，武士歌之，为《兰陵王入陈曲》，齐主忌之。及代段韶督诸军攻定阳，颇务聚敛，其所亲尉相愿问之曰："王受朝寄，何得如此？"长恭未应。相愿曰："岂非以邙山之捷，欲自秽乎？"长恭曰："然。"相愿曰："朝廷若忌王，即当用此为罪，无乃避祸而更速之乎！"长恭涕泣前膝问计，相愿曰："王前既有功，今复告捷，声威太重。宜属疾在家，勿预时事。"长恭然其言，未能退。及江、淮用兵，恐复为将，叹曰："我去年面肿，今何不发！"自是有疾不疗。齐主遣使鸩杀之。

译文

　　南陈宣帝太建五年癸巳（公元573年）

　　北齐兰陵武王高长恭，容貌俊美，为人勇猛，因为邙山一战大捷，威名远扬，武士们为他创作一首歌曲，叫作《兰陵王入陈曲》，北齐王对他十分忌惮。当兰陵王代替段韶监督各路军队攻打定阳时，却聚敛很多财物，他的亲信尉相愿问道："大王您受朝廷委托，怎么能这样呢？"高长恭没有回应。尉相愿说："岂不是以邙山大捷，为自己抹黑吗？"高长恭说："是的。"尉相愿说："朝廷如果忌惮大王您，就会把收敛财物这件事定罪，你为什么不躲避灾祸反而让灾祸更快降临呢？"高长恭流着泪俯身向他问计，尉相愿说："大王您之前有战功，现在又战胜，名声威望太重。应该称病在家，不要参与任何政事。"高长恭按照蔚相愿的话做了，但却没能隐退。当江、淮两地用兵时，高长恭担心自己再次被任命为将领，叹息道："我去年脸上肿，为什么现在还不发出来？"从此有了病也不治。北齐王派人送去毒酒将他毒死。

卷 十

隋文帝伐陈

原　文

长城公祯明二年戊申，公元五八八年

三月，戊寅，隋主下诏曰："陈叔宝据手掌之地，恣溪壑之欲，劫夺闾阎，资产俱竭，驱逼内外，劳役弗已；穷奢极侈，俾昼作夜；斩直言之客，灭无罪之家；欺天造恶，祭鬼求恩；盛粉黛而执干戈，曳罗绮而呼警跸；自古昏乱，罕或能比。君子潜逃，小人得志。天灾地孽，物怪人妖。衣冠钳口，道路以目。重以背德违言，摇荡疆场；昼伏夜游，鼠窃狗盗。天之所覆，无非朕臣，每关听览，有怀伤恻。可出师授律，应机诛殄；在斯一举，永清吴越。"又送玺书暴帝二十恶；仍散写诏书三十万纸，遍谕江外。

冬，十月，甲子，隋以出师，有事于太庙，命晋王广、秦王俊、清河公杨素皆为行军元帅。广出六合，俊出襄阳，素出永安，荆州刺史刘仁恩出江陵，蕲州刺史王世积出蕲春，庐州总管韩擒虎出庐江，吴州总管贺若弼出广陵，青州总管弘农燕荣出东海，凡总管九十，兵五十一万八千，皆受晋王节度。东接沧海，西拒巴、蜀，旌旗舟楫，横亘数千里。以左仆射高熲 _(jiǒng)_ 为晋王元师长史，右仆射王韶为司马，军中事皆取决焉；区处支度，无所凝滞。

杨素引舟师下三峡，军至流头滩。将军戚昕以青龙百余艘、守狼尾滩，地势险峭，隋人患之。素曰："胜负大计，在此一举。若昼日下船，彼见我虚实，滩流迅激，制不由人，则吾失其便；不如以夜掩之。"素亲帅黄龙数千艘，衔枚而下，遣开府仪同三司王长袭引步卒自南岸击昕别栅，大将军刘仁恩帅甲骑自北岸趣白沙，迟明而至，击之；昕败走，悉俘其众，劳而遣之，秋毫不犯。

帝从容谓侍臣曰："王气在此。齐兵三来，周师再来，无不摧败。彼何为者邪！"

都官尚书孔范曰："长江天堑，古以为限隔南北，今日虏军岂能飞渡邪！边将欲作功劳，妄言事急。臣每患官卑，虏若渡江，臣定作太尉公矣！"或妄言北军马死，范曰："此是我马，何为而死！"帝笑以为然，故不为深备，奏伎、纵酒、赋诗不辍。

南陈长城公祯明二年戊申（公元588年）

三月，戊寅日，隋王下诏说："陈叔宝占据手掌大的地方，却贪得无厌，搜刮百姓，使百姓倾家荡产，驱使逼迫天下黎民，劳役不断；陈叔宝自己极度奢侈，荒淫无道，晨昏颠倒，日夜享乐；斩杀直言进谏的人，诛灭没有罪的人家；欺瞒上天，作恶多端，祭祀鬼神求取恩宠；与后宫宠爱的妃子出游，手执兵器的侍卫前呼后拥，衣着华贵，道路戒严；自古以来，没有哪一个皇帝的昏庸糜烂能比得上他。人格高尚的君子不得不逃得远远的，卑鄙小人的意愿却能得到满足。上天为此震怒而降下灾祸，大地也因此滋生妖孽，妖怪出没人间。名门世族闭口不言，平民百姓侧目而视。再加上违背道义，背弃誓言，挑起战争；白天隐藏，夜晚游荡，像鼠窃狗盗之辈。天下的每一个人，都是我的臣民，每当听到他们遭受的苦难，我都心怀悲伤。现在就应该出兵讨伐他，顺应时机将他杀死；成败就在此一举，让吴越之地得到永远的宁静。"隋王又派人把玺书送往南陈，历数南陈皇帝的二十条罪恶；又抄写了三十万张诏书，散发到江南地区。

冬季，十月，甲子日，隋文帝出师讨伐南陈，在太庙祭祀祖先，将晋王杨广、秦王杨俊、清河公杨素全部任命为行军元帅。杨广从六合出兵，杨俊从襄阳出兵，杨素从永安出兵，荆州刺史刘仁恩从江陵出兵，蕲州刺史王世积从蕲春出兵，庐州总管韩擒虎从庐江出兵，吴州总管贺若弼从广陵出兵，青州总管弘农人燕荣从东海出兵，共有行军总管九十位，士兵五十一万八千人，都受晋王杨广调度。军队东起沧海，西到巴蜀，旌旗舟船，绵延横陈几千里。任命左仆射高颎作为晋王杨广的元师长史，右仆射王韶担任司马，军中的事情都由他们来决断；战事的筹划安排、物资的使用调度，都没有延误。

杨素率领水军从三峡顺流而下，军队抵达流头滩。南陈将军戚昕派出一百多艘青龙船防守狼尾滩，那里地势险峻陡峭，隋朝士兵都因此担忧。杨素说："胜负大计，在此一举。如果白天下船，他们就能看到我们的兵力虚实，水流迅猛，情况就不受我们控制了，到时候我们就会失去优势；不如趁着夜色的掩护再下船。"杨素亲自率领几千艘黄龙战船，让全部将士口中衔着像筷子一样的枚，防止说话，战船顺流而下，杨素派开府仪同三司王长袭率领步兵从南岸攻击戚昕的另外一处营垒，派大将军刘仁恩率领精甲骑兵从北岸奔赴白沙，黎明时分赶到，攻击戚昕军队；戚昕战败逃走，他手下的士卒都被隋军俘虏。

隋军对俘虏们加以慰劳后遣散，没有伤害他们。

南陈皇帝却不紧不慢地对左右近臣说："王气在我这里。齐军曾三次来进犯，周军也曾两次进犯，全都遭受了惨重的失败。现在隋军又能怎么样？"都官尚书孔范说："长江是天堑，自古以来就将南北两地分隔开来，如今敌军还能飞过来吗？这都是戍边的将领想要邀功，把事情的紧急程度夸大了。我常常觉得自己官职低下，敌军如果能渡过长江，我一定会建功立业荣升太尉了。"有人谎称隋军战马大多已死，孔范又口出狂言说："这些军马都是我国的马，怎么会死呢？"南陈皇帝觉得孔范说得很对，因此没有对隋军多加防备，继续奏乐赏舞，纵情饮酒、赋诗，从来不停。

隋　纪

卷　一

隋文帝灭陈

原文

高祖文皇帝开皇九年己酉，公元五八九年

春，正月，乙丑朔，陈主朝会群臣，大雾四塞，入人鼻，皆辛酸，陈主昏睡，至晡时乃寤。

是日，贺若弼自广陵引兵济江。先是弼以老马多买陈船而匿之，买弊船五六十艘，置于渎内。陈人觇之，以为内国无船。弼又请缘江防人每交代之际，必集广陵，于是大列旗帜，营幕被野，陈人以为隋兵大至，急发兵为备，既知防人交代，其众复散；后以为常，不复设备。又使兵缘江时猎，人马喧噪。故弼之济江，陈人不觉。韩擒虎将五百人自横江宵济采石，守者皆醉，遂克之。晋王广帅大军屯六合镇桃叶山。

庚午，贺若弼攻拔京口，执南徐州刺史黄恪。弼军令严肃，秋毫不犯，有军士于民间酤酒者，弼立斩之。所俘获六千余人，弼皆释之，给粮劳遣，付以敕书，令分道宣谕。于是所至风靡。

樊猛在建康，其子巡摄行南豫州事。辛未，韩擒虎进攻姑孰。半日，拔之，执巡及其家口。皋文奏败还。江南父老素闻擒虎威信，来谒军门者昼夜不绝。

于是贺若弼自北道，韩擒虎自南道并进，缘江诸戍，望风尽走；弼分兵断曲阿之冲而入。陈主命司徒豫章王叔英屯朝堂，萧摩诃屯乐游苑，樊毅屯耆阇寺，鲁广达屯白

土冈，忠武将军孔范屯宝田寺。己卯，任忠自吴兴入赴，仍屯朱雀门。

辛未，贺若弼进据钟山，顿白土冈之东。晋王广遣总管杜彦与韩擒虎合军，步骑二万屯于新林。蕲州总管王世积以舟师出九江，破陈将纪瑱于蕲口，陈人大骇，降者相继。晋王广上状，帝大悦，宴赐群臣。

时建康甲士尚十余万人，陈主素怯懦，不达军士，唯昼夜啼泣，台内处分，一以委施文庆。文庆既知诸将疾己，恐其有功，乃奏曰："此辈怏怏，素不伏官，迫此事机，那可专信！"由是诸将凡有启请，率皆不行。

贺若弼之攻京口也，萧摩诃请将兵逆战，陈主不许。及弼至钟山，摩诃又曰："弼悬军深入，垒堑未坚，出兵掩袭，可以必克。"又不许。陈主召摩诃、任忠于内殿议军事，忠曰："兵法：客贵速战，主贵持重。今国家足食足兵，宜固守台城，缘淮立栅，北军虽来，勿与交战；分兵断江路，无令彼信得通。给臣精兵一万，金翅三百艘，下江径掩六合，彼大军必谓其度江将士已被俘获，自然挫气。淮南土人与臣旧相知悉，今闻臣往，必皆景从。臣复扬声欲往徐州，断彼归路，则诸军不击自去。待春水既涨，上江周罗睺等众军必沿流赴援，此良策也。"陈主不能从。明日，欻然曰："兵久不决，令人腹烦，可呼萧郎一出击之。"任忠叩头苦请勿战。孔范又奏："请作一决，当为官勒石燕然。"陈主从之，谓摩诃曰："公可为我一决！"摩诃曰："从来行陈，为国为身；今日之事，兼为妻子。"陈主多出金帛赋诸军以充赏。甲申，使鲁广达陈于白土冈，居诸军之南，任忠次之，樊毅、孔范又次之，萧摩诃军最在北。诸军南北亘二十里，首尾进退不相知。

贺若弼将轻骑登山，望见众军，因驰下，与所部七总管杨牙、员明等甲士凡八千，勒陈以待之。陈主通于萧摩诃之妻，故摩诃初无战意；唯鲁广达以其徒力战，与弼相当。隋师退走者数四，弼麾下死者二百七十三人，弼纵烟以自隐，窘而复振。陈兵得人头，皆走献陈主求赏，弼知其骄惰，更引兵趣孔范；范兵暂交即走，陈诸军顾之，骑卒乱溃，不可复止，死者五千人。员明擒萧摩诃，

●韩擒虎

送于弼，弼命牵斩之。摩诃颜色自若，乃释而礼之。

任忠驰入台，见陈主言败状，曰："官好住，臣无所用力矣！"陈主与之金两縢，使募人出战。忠曰："陛下唯当具舟楫，就上流众军，臣以死奉卫。"陈主信之，敕忠出部分，令宫人装束以待之，怪其久不至。时韩擒虎自新林进军，忠已帅数骑迎降于石子冈。领军蔡征守朱雀航，闻擒虎将至，众惧而溃。忠引擒虎军直入朱雀门，陈人欲战，忠挥之曰："老夫尚降，诸军何事！"众皆散走。于是城内文武百司皆遁，唯尚书仆射袁宪在殿中，尚书令江总等数人居省中。陈主谓袁宪曰："我从来接遇卿不胜余人，今日但以追愧。非唯朕无德，亦是江东衣冠道尽！"

陈主遑遽，将避匿，宪正色曰："北兵之入，必无所犯。大事如此，陛下去欲安之！臣愿陛下正衣冠，御正殿，依梁武帝见侯景故事。"陈主不从，下榻驰去，曰："锋刃之下，未可交当，吾自有计！"从官人十余出后堂景阳殿，将自投于井，宪苦谏不从；后阁舍人夏侯公韵以身蔽井，陈主与争，久之，乃得入。既而军人窥井，呼之，不应，欲下石，乃闻叫声；以绳引之，惊其太重，及出，乃与张贵妃、孔贵嫔同束而上。沈后居处如常。太子深年十五，闭阁而坐，舍人孔伯鱼侍侧，军士叩阁而入，深安坐，劳之曰："戎旅在途，不至劳也！"军士咸致敬焉。时陈人宗室王侯在建康者百余人，陈主恐其为变，皆召入，令屯朝堂，使豫章王叔英总督之，又阴为之备，及台城失守，相帅出降。

贺若弼乘胜至乐游苑，鲁广达犹督余兵苦战不息，所杀获数百人，会日暮，乃解甲，面台再拜恸哭，谓众曰："我身不能救国，负罪深矣！"士卒皆流涕歔欷，遂就擒。诸门卫皆走，弼夜烧北掖门入，闻韩擒虎已得陈叔宝，呼视之，叔宝惶惧，流汗股栗，向弼再拜。弼谓之曰："小国之君当大国之卿，拜乃礼也。入朝不失作归命侯，无劳恐惧。"既而耻功在韩擒虎后，与擒虎相詢，挺刃而出；欲令蔡征为叔宝作降笺，命乘骡车归已，事不果。弼置叔宝于德教殿，以兵卫守。

高颎先入建康，颎子德弘为晋王广记室，广使德弘驰诣颎所，令留张丽华，颎曰："昔太公蒙面以斩妲已，今岂可留丽华！"乃斩之于青溪。德弘还报，广变色曰："昔人云，'无德不报'，我必有以报高公矣！"由是恨颎。

丙戌，晋王广入建康，以施文庆受委不忠，曲为谄佞以蔽耳目，沈客卿重赋厚敛以悦其上，与太市令阳慧朗、刑法监徐析、尚书都令史暨慧皆为民害，斩于石阙下，以谢三吴。使高颎与元帅府记室裴矩收图籍，封府库，资财一无所取，天下皆称广，以为贤。

隋文帝开皇九年己酉（公元589年）

春季，正月，乙丑朔日，南陈皇帝朝见群臣，忽然大雾弥漫，吸入鼻中感觉又酸又辣，南陈皇帝很快昏睡过去，直到午后才醒转过来。

当天，贺若弼从广陵率兵渡江。之前贺若弼卖掉军中老马，从南陈买来许多船只藏了起来，又买了五六十艘破船，停在河边。南陈人偷偷察看，认为隋朝没有好船。贺若弼又请求沿着长江布防，每次防守士兵换岗交接的时候，都要在广陵集合，于是隋军旗帜大举，营帐漫山遍野，南陈人以为隋军大军赶到，急忙发兵防御，后来知道这是隋军江边的防守士兵在换岗，这才让自己的防御士兵解散；后来隋军经常如此，南陈也习以为常，不再为此多加防备。贺若弼又让士兵沿着长江边打猎，人马声喧闹异常。因此，当贺若弼真的渡江时，南陈人也没有发觉。韩擒虎率领五百人从横江浦夜渡来到采石，守城的人都喝醉了，于是采石被韩擒虎攻占。晋王杨广率领大军驻扎在六合镇桃叶山。

庚午日，贺若弼攻占京口，抓住南徐州刺史黄恪。贺若弼军令严整肃穆，对百姓一丝一毫都不侵犯，有军士在民间买酒的，贺若弼立刻将其斩首。隋军俘虏的六千多人，都被贺若弼释放，发给他们钱粮后遣散，还把敕令交给他们，让他们分头散发宣扬。于是贺若弼军队所到之处，南陈军队都望风而逃。

樊猛在建康，他的儿子樊巡代他主管南豫州的事务。辛未日，韩擒虎进攻姑孰，只用半天就攻占下来，抓住樊巡和他的家人。皋文将战败的消息上奏朝廷，之后退还江南。江南百姓向来听说过韩擒虎的威信，前来军营想要拜见他的人日夜不绝。

于是贺若弼从北路，韩擒虎从南路同时进攻，长江边的各处南陈守军，全都望风逃走。贺若弼分出一部分兵力攻占曲阿，截断南陈援军通道。南陈皇帝命令司徒豫章王陈叔英驻守朝堂之上，派萧摩诃驻守乐游苑，派樊毅驻守耆阇寺，派鲁广达驻守白土冈，派忠武将军孔范驻守宝田寺。己卯日，任忠从吴兴进入建康支援，驻守朱雀门。

辛未日，贺若弼攻下钟山，驻扎在白土冈东侧。晋王杨广派总管杜彦率军与韩擒虎的军队联合，步兵骑兵共两万人驻扎在新林。蕲州总管王世积率领水军从九江出发，在蕲口击败南陈将军纪瑱的军队，南陈人大惊失色，接连有人投降。晋王杨广将战况上报朝廷，隋文帝十分高兴，设宴赏赐群臣。

当时建康城中还有十几万甲兵，南陈皇帝向来怯懦，不懂军事，只会日夜哭泣，台城内的所有军事，全部委托给施文庆处理。施文庆已经知道各位将领都妒忌他，怕他立功，于是上奏道："这些人都心存不满，不甘心臣服于陛下，如此危急时刻，怎么能完全信任他们呢？"于是各位将领但凡有启奏，都不被批准。

贺若弼攻打京口时，南陈萧摩诃请求率兵迎战，南陈皇帝不让。当贺若弼抵达钟山，萧摩诃又说："贺若弼孤军深入，营垒尚未修建坚固，现在出兵突袭，一定能够战胜。"南陈皇帝又不让。南陈皇帝在内殿召见萧摩诃、任忠商议军事，任忠说："兵法说：与来犯的军队交战贵在速战速决，进攻别人时贵在稳重。如今国家士兵和军粮都充足，应该固守台城，沿着秦淮河修建营栅，隋军虽然来侵犯，我们也不要与他们交战；分出一部分兵力阻断江路，让他们无法与本国通信。再给我精兵一万，金翅战船三百艘，下长江直接攻击六合镇，隋朝的大军一定会以为他们渡江的将士已经被抓，自然会挫掉锐气。淮南的土著人和我是旧相识，如今听说我前往，一定会追随我。我再故意制造声势说要去往徐州，断掉隋军的退路，那么隋军就会不战而逃了。等春天江水上涨，上游周罗睺等人的军队一定会顺流而下支援我们，这是最好的对策。"南陈皇帝不听从。第二天，南陈皇帝忽然说："与隋军长久相持不能决战，真让人心烦，让萧摩诃出去交战吧。"任忠磕头苦苦哀求不要交战。孔范又说："我请求与隋军决战，我将为陛下在燕山刻石立碑纪念战功。"南陈皇帝准许了，对萧摩诃说："你去替我决战吧。"萧摩诃说："向来带兵打仗，都是为国家为自己；今天的决战，同样也是为我的妻子儿女。"南陈皇帝拿出许多金子绢帛赏赐给军队。甲申日，派鲁广达驻扎白土冈，军营位于各军队的南侧，任忠的军队紧挨着鲁广达的军队北侧，樊毅、孔范的军队又向北依次排列，萧摩诃的军队在最北侧。各路军队南北绵延二十里，首尾进退相互都不知晓。

贺若弼率领轻骑兵登山，望见南陈军队，于是奔下山，与部下的七个总管杨牙、员明等人率领八千士兵，列阵等待交战。南陈皇帝与萧摩诃的妻子私通，因此萧摩诃起初并没有交战的打算；只有鲁广达率领部下拼死交战，与贺若弼实力相当。隋军四次被迫后退，贺若弼军中战死二百七十三人，贺若弼放出烟雾隐蔽军队，这才勉强重新振作起来。南陈士兵得到隋军的人头，都拿去献给南陈皇帝请求赏赐，贺若弼知道他们骄傲轻敌，再次率军攻打孔范；孔范的兵刚一交战就逃走了，南陈各路军队回头看到，骑兵步兵纷纷溃乱，无法阻止，相互踩踏而死的有五千人。员明抓住萧摩诃，送到贺若弼那里，贺若弼命令拉出去斩首。萧摩诃神态自若，贺若弼于是将他释放以礼相待。

任忠驰马奔入台城，把战败的情况告诉南陈皇帝，说："陛下好自为之，我无能为力了。"南陈皇帝送给任忠两袋金子，让他用来招募能够出战的人。任忠说："陛下应该准备船，去往上游投奔别的军队，我拼死保卫护送陛下。"南陈皇帝同意了，敕令任忠部署安排，让宫女收拾行装等待任忠回来，还责怪任忠去了太久。当时韩擒虎从新林进军，任忠已经率领几骑人马在石子冈迎接韩擒虎并投降。领军蔡征镇守朱雀航，听说韩擒虎即将来到，手下部众因恐惧而逃散。任忠带领韩擒虎直接进入朱雀门，南陈士兵还想交战，任忠挥手说道："我都投降了，你们还能怎么样？"众人全部四散逃走。于是建康城中文武百官全都逃走，只有尚书仆射袁宪留在殿中，尚书令江总等几个人留在尚书省府中。南陈皇帝对袁宪说："我从来对你都不比对别人好，今天只能追悔不已啊。不是我没有德行，而是江东大夫的气节都丧失尽了啊。"

南陈皇帝惊恐不安，想要躲藏起来，袁宪义正词严地说："隋军入侵，一定不会对陛下有所侵犯。局势已经这样了，陛下又能躲去哪里？我希望陛下能整理衣帽，坐在正殿，就像当年梁武帝见到侯景时那样。"南陈皇帝不听，下床榻逃走，说："刀刃之下，不能拿性命去抵抗，我自有办法。"于是跟着十几个宫女从后堂跑出去往景阳殿，打算跳井，袁宪苦苦劝阻也没能成功；后阁舍人夏侯公韵用身体挡住井口，南陈皇帝与他争执了许久，才终于跳下去。不一会儿，隋军向井中窥视，呼喊南陈皇帝，没有回应，隋军要往井里扔石头，这才听到有声音传来；隋军用绳子把南陈皇帝拉上来，惊讶竟然如此重。当拉上来后，才发现南陈皇帝与张贵妃、孔贵嫔三个人捆在一起被拉上来的。沈皇后仍然像平时一样。太子陈深只有十五岁，却安然端坐，他的门客孔伯鱼在一旁服侍，隋军推门闯入，陈深还是安然端坐，反而慰劳这些士兵道："外出打仗，还不至于太过辛苦吧。"隋军都对太子十分敬畏。当时南陈皇室王侯有一百多人在建康城，南陈皇帝怕他们造反，将他们全部召入宫中，命令他们戍守朝堂，派豫章王陈叔英监督他们，又秘密严加戒备。当台城失守，这些人都相继投降。

贺若弼乘胜追击到乐游苑，鲁广达还指挥剩下的兵力苦苦交战，杀死几百名隋军。黄昏时分，才解下铠甲，面朝台城拜了两拜，之后恸哭不已，对众人说："我不能拯救国家，罪过太深啊。"士卒们都流泪唏嘘，之后束手就擒。皇宫各门的门卫都逃走了，贺若弼连夜烧掉北掖门进入城中，听说韩擒虎已经抓住陈叔宝，大喊着想要看看，陈叔宝惊惶不已，大汗淋漓，两腿发抖，向贺若弼拜了又拜。贺若弼对他说："小国的国君见到大国的公卿大臣，按礼节应该跪拜。你到了隋朝也不失被封为归命侯，不用怕。"之后贺若弼因为自己在韩擒虎之后立功而感到羞耻，与韩擒虎相互辱骂，拔刀相向。还打算让蔡征为陈叔宝写降表，让陈叔宝乘坐骡子拉的车归附自己，却没有实现。贺若弼把陈叔宝安置在德教殿，派兵看守。

高颎先进入建康城，他的儿子高德弘担任晋王杨广的记室，杨广派高德弘驰马拜访高颎，命令他留下张丽华，高颎说："当年姜太公蒙面斩了妲己，如今怎能留下张丽华？"于是在青溪杀死张丽华。高德弘回来报告，杨广变了脸色说："古人说，'没有不报的恩德'，我一定会回报高颎的。"从此对高颎痛恨至极。

丙戌日，晋王杨广进入建康城，认为施文庆接受委托却不忠于国事，反被奸人蒙蔽

耳目，沈客卿用沉重的赋税敛取巨额财产来取悦皇上，与太市令阳慧朗、刑法监徐析、尚书都令史暨慧都是百姓的祸害，在石阙下将他们斩首，以此向三吴地区百姓谢罪。又派高颍和元帅府记室裴矩收缴南陈户籍和地图，封锁国库，里面的财物一个都没有拿走，天下人都称赞杨广，认为他贤能。

卷 七

瓦岗起义

原文

炀皇帝大业十二年丙子，公元六一六年

李密之亡也，往依郝孝德，孝德不礼之；又入王薄，薄亦不之奇也。密困乏，至削树皮而食之，匿于淮阳村舍，变姓名，聚徒教授。郡县疑而捕之，密亡去，抵其妹夫雍丘令丘君明。君明不敢舍，转寄密于游侠王秀才家，秀才以女妻之。君明从侄怀义告其事，帝令怀义自赍敕书与梁郡通守杨汪相知收捕。汪遣兵围秀才宅，适值密出外，由是获免，君明、秀才皆死。

韦城翟让为东都法曹，坐事当斩。狱吏黄君汉奇其骁勇，夜中潜谓让曰："翟法司，天时人事，抑亦可知，岂能守死狱中乎！"让惊喜叩头曰："让，圈牢之豕，死生唯黄曹主所命！"君汉即破械出之。让再拜曰："让蒙再生之恩则幸矣，奈黄曹主何！"因泣下。君汉怒曰："本以公为大丈夫，可救生民之命，故不顾其死以奉脱，奈何反效儿女子涕泣相谢乎！君但努力自免，勿忧吾也！"让遂亡命于瓦岗为群盗，同郡单雄信，骁健，善用马槊，聚少年往从之。离狐徐世勣家于卫南，年十七，有勇略，说让曰："东郡于公与勣皆为乡里，人多相识，不宜侵掠。荥阳、梁郡，汴水所经，剽行舟、掠商旅，足以自资。"让然之，引众入二郡界，掠公私船，资用丰给，附者益众，聚徒至万余人。

时又有外黄王当仁、济阳王伯当、韦城周文举、雍丘李公逸等皆拥众为盗。李密自雍州亡命，往来诸帅间，说以取天下之策，始皆不信。久之，稍以为然，相谓曰："斯人公卿子弟，志气若是。今人人皆云杨氏将灭，李氏将兴。吾闻王者不死。斯人再三获济，

资治通鉴

岂非其人乎！"由是渐敬密。

密察诸帅唯翟让最强，乃因王伯当以见让，为让画策，往说诸小盗，皆下之。让悦，稍亲近密，与之计事，密因说让曰："刘、项皆起布衣为帝王。今主昏于上，民怨于下，锐兵尽于辽东，和亲绝于突厥，方乃巡游扬、越，委弃东都，此亦刘、项奋起之会也。以足下雄才大略，士马精锐，席卷二京，诛灭暴虐，隋氏不足亡也！"让谢曰："吾侪群盗，且夕偷生草间，君之言者，非吾所及也。"

密因说让曰："今四海糜沸，不得耕耘，公士众虽多，食无仓禀，唯资野掠，常苦不给。若旷日持久，加以大敌临之，必涣然离散。未若先取荥阳，休兵馆谷，待士马肥充，然后与人争利。"让从之，于是破金堤关，攻荥阳诸县，多下之。

荥阳太守郇王庆，弘之子也，不能讨，帝徙张须陀为荥阳通守以讨之。庚戌，须陀引兵击让，让向数为须陀所败，闻其来，大惧，将避之。密曰："须陀勇而无谋，兵又骤胜，既骄且狠，可一战擒也。公但列陈以待，密保为公破之。"让不得已，勒兵将战，密分兵千余人伏于大海寺北林间。须陀素轻让，方陈而前，让与战，不利，须陀乘之，逐北十余里；密发伏掩之，须陀兵败。密与让及徐世勣、王伯当合军围之，须陀溃围出；左右不能尽出，须陀跃马复入救之，来往数四，遂战死。所部兵昼夜号哭，数日不止，河南郡县为之丧气。鹰扬郎将河东贾务本为须陀之副，亦被伤，帅余众五千余人奔梁郡，务本寻卒。诏以光禄大夫裴仁基为河南讨捕大使，代领其众，徙镇虎牢。

让乃令密建牙，别统所部，号蒲山公营。密部分严整，凡号令士卒，虽盛夏，皆如背负霜雪。躬服俭素，所得金宝，悉颁赐麾下，由是人为之用。麾下士卒多为让士卒所陵辱，以威约有素，不敢报也。让谓密曰："今资粮粗足，意欲还向瓦岗，公若不往，唯公所适，让从此别矣。"让帅辎重东引，密亦西行至康城，说下数城，大获资储。让寻悔，复引兵从密。

恭皇帝义宁元年丁丑，公元六一七年

李密说翟让曰："今东都空虚，兵不素练；越王冲幼，留守诸官政令不壹，士民离心。段达、元文都，暗而无谋。以仆料之，彼非将军之敌。若将军能用仆计，天下可指麾而定。"乃遣其党裴叔方觇东都虚实，留守官司觉之，始为守御之备，且驰表告江都。密谓让曰："事势如此，不可不发。兵法曰：'先则制于己，后则制于人。'今百姓饥馑，洛口仓多积粟，去都百里有余，将军若亲帅大众，轻行掩袭，彼远未能救，又先无豫备，取之如拾遗耳。比其闻知，吾已获之，发粟以赈穷乏，远近孰不归附！百万之众，一朝可集，枕威养锐，以逸待劳。纵彼能来，吾有备矣。然后檄召四方，引贤豪而资计策，选骁悍而授兵柄，除亡隋之社稷，布将军之政令，岂不盛哉！"让曰："此英雄之略，非仆所堪；惟君之命，尽力从事，请君先发，仆为后殿。"庚寅，密、让将精兵七千人出阳城北，逾方山，自罗口袭兴洛仓，破之；开仓恣民所取，老弱襁负，道路相属。

让于是推密为主，上密号为魏公；庚子，设坛场，即位，称元年，大赦。其文书行下，称行军元帅府；其魏公府置三司、六卫，元帅府置长史以下官属。拜翟让为上柱国、司徒、东郡公，亦置长史以下官，减元帅府之半；以单雄信为左武候大将军，徐世勣为右武候大将军，各领所部；房彦藻为元帅左长史，东郡邴元真为右长史，杨德方为左司马，郑德韬为右司马，祖君彦为记室，其余封拜各有差。于是赵、魏以南，江、淮以北，群盗莫不响应，孟让、郝孝德、王德仁及济阴房献伯、上谷王君廓、长平李士才、淮阳魏六儿、李德谦、谯郡张迁、魏郡李文相、谯郡黑社、白社、济北张青特、上洛周比洮、胡驴贼等皆归密。密悉拜官爵，使各领其众，置百营簿以领之。道路降者不绝如流，众至数十万。乃命其护军田茂广筑洛口城，方四十里而居之，密遣房彦藻将兵东略地，取安陆、汝南、淮安、济阳，河南郡县多陷于密。

译 文

隋炀帝大业十二年丙子（公元616年）

李密逃亡，投奔郝孝德，郝孝德没有以礼相待，李密又去投奔王薄，王薄也不觉得李密有过人之处。李密困顿窘迫，以至于吃树皮为生，藏匿在淮阳的一座村子当中，隐姓埋名，招收了一批学生教书。郡县官吏对李密产生怀疑，想要抓捕他，李密逃走，跑到他的妹夫雍丘县令丘君明那里。丘君明不敢收留他，李密于是又转去游侠王秀才家中躲藏起来。王秀才把自己的女儿嫁给李密。丘君明的堂侄丘怀义告发李密，隋炀帝命令丘怀义亲自把敕命送给梁郡通守杨汪，让他抓捕李密。杨汪派兵包围王秀才的家，正赶上李密外出，因此幸免，丘君明、王秀才都被官府处死。

韦城人翟让担任东都法曹，因事获罪应当斩首。狱吏黄君汉认为翟让骁勇，连夜潜入狱中对翟让说："翟法司，天时和人事，都是可以预料的，怎么能守在狱中等死呢？"翟让惊喜地磕头说："我翟让，现在是困在牢中的一头猪，生死都靠黄曹主你来决定了。"黄君汉打破枷锁放翟让出来。翟让拜了又拜，说道："翟让蒙受再生之恩实在是幸运，可是黄曹主你怎么办？”于是因此哭泣。黄君汉大怒道："本以为你是大丈夫，可以拯救百姓的性命，因此才冒死让你脱身，你怎么反而像女人和孩子一样哭着感谢呢？你就努力求得脱身，不要担心我了。"翟让于是逃亡到瓦岗寨成为群盗之一。翟让的同郡人单雄信，骁勇强健，擅长使用长矛，召集了许多年轻人投奔翟让。离狐人徐世勣家在卫南，十七岁，有勇有谋，他对翟让说："东郡对于您和我都是乡里，人们大多认识我们，不应该去侵略那里。荥阳、梁郡，都是汴水经过的地方，可以在那里抢劫来往船只，掠夺来往商人旅客，足够我们自谋生计了。"翟让同意了，率领众人进入荥阳与梁郡地界，抢掠公私商船，抢到的财物十分丰厚，归附他的人越来越多，总共聚拢了一万多人。

当时还有外黄人王当仁、济阳人王伯当、韦城人周文举、雍丘人李公逸等人都聚众成为强盗。李密从雍州逃命而来，经常在各位强盗首领之间来往，对他们讲夺取天下的策略，一开始众人都不相信。时间久了，他们觉得李密的话很有道理，相互说道："这个人是公卿子弟，有如此志气。如今人人都说杨氏即将覆灭，李氏即将兴起。我听说能成王的人都不会轻易死去。这个人再三获救，难道他就是成就李氏帝业的人吗？"从此以后对李密愈发尊敬。

李密观察到各强盗首领当中翟让的实力最强，于是通过王伯当的关系见到了翟让，为翟让出谋划策，前去说服各位小团伙的强盗首领，让他们跟随翟让。翟让十分高兴，与李密稍稍亲近了一些，与他一同商议大事。李密趁机对翟让说："刘邦、项羽都是百姓出身，最终成为帝王。如今皇上昏庸，百姓怨声载道，精锐部队都在辽东丧失殆尽，与突厥也断了和亲的关系，隋炀帝还在巡游扬州、吴越一带，丢弃了东都，现在正是像刘邦、项羽那样的人崛起的机会。凭你的雄才大略，精锐的人马，席卷东、西二京，诛灭暴虐的隋炀帝，完全可以把隋朝灭掉。"翟让辞谢道："我们就是一群强盗，在乡野之间偷生，听了你说的这些，都不是我能做到的。"

李密趁机劝说翟让："如今世事混乱，百姓不能安心耕种，你的手下虽然多，但是却没有粮食储备，只能靠抢掠过活，时常担心钱粮接济不上。如果长久这样下去，再加上大敌临头，部众一定会离散的。不如先占据荥阳，在那里休整队伍积蓄粮食，等到兵强马壮的时候，再去和别人争夺天下。"翟让同意了，于是攻破金堤关，攻打荥阳各县，大多攻占下来。

荥阳太守郇王杨庆，是杨弘的儿子，未能讨伐翟让，隋炀帝改派张须陀为荥阳通守讨伐翟让。庚戌日，张须陀率兵攻打翟让，翟让之前几次被张须陀打败，这次听说他来，十分害怕，打算躲避。李密说："张须陀有勇无谋，军队又突然取得胜利，既骄傲又凶狠，可以一战就把他抓住。你只要列阵等待，我保证帮你打败他。"翟让不得已，整饬部队应战，李密分出一千多名士兵埋伏在大海寺北边的树林里。张须陀向来轻视翟让，他将军队列成方阵前进，翟让与他交战，战败，张须陀乘胜向北追击了十多里。李密派出伏兵攻击，张须陀战败。李密与翟让以及徐世勣、王伯当的军队联合起来包围张须陀，张须陀突破重围逃了出来，可是他身边的人没有全部逃脱，张须陀又跳上马背冲入包围营救他们，来回了四次，最终战死。他所率领的士兵日夜恸哭，一连几天都没有停止。黄河以南的郡县都为此丧失了斗志。鹰扬郎将河东人贾务本是张须陀的副将，也受了伤，他率领剩余的五千多人奔赴梁郡，贾务本不久也死了。隋炀帝下诏任命光禄大夫裴仁基为河南道讨捕大使，代替贾务本率领军队，迁徙到虎牢关镇守。

翟让于是让李密建立队伍，由李密单独统帅，号称薄山公营。李密管理队伍纪律严明，总是教育士卒，哪怕是盛夏，也要能感受到背上的霜雪。李密衣着简朴，得到的金银宝物，都赏赐给部下，因此人们都愿意为他做事。李密队伍中的士卒大多都被翟让的士卒欺负，因为李密约束严格，因此不敢报仇。翟让对李密说："如今钱粮充足，我还打算返回瓦岗寨，你如果不想回去，就随你的便了，翟让就此别过了。"翟让带着辎重向东出发，李密则向西来到康城，劝降了几座城，获得了大批物资。翟让很快后悔，又带着兵跟随李密。

隋恭帝义宁元年丁丑（公元617年）

李密对翟让说："如今东都空虚，军队平时没有训练，越王杨冲年幼，留守的各位官员军务和政务混乱，百姓与他们不是一条心。段达、元文都，都昏庸无能。以我预料，他们都不是将军你的对手。如果将军你能采用我的计策，天下就可以由你指挥平定了。"于是派出他们的同党裴叔方秘密查探东都的虚实，留守东都的官员们发觉了，开始做防御的准备，并且驰马赶赴江都上表奏报。李密对翟让说："事情的形势既然如此，不能不发兵了。兵法说：'先行动就由自己掌握，后行动就受别人控制。'如今百姓粮食匮乏，洛口的仓库却有很多存粮，那里距离东都一百多里，将军你如果亲自率领大军，轻装突袭，朝廷离得远无法援救，之前又没有防备，夺取那里的粮食就如同在路边捡到别人丢了的东西一样简单。等朝廷知道，我们已经得到了粮食，再把粮食派发出去赈济穷困百姓，远近的人谁能不归附你？百万大军，一天就能召集完毕，我们养精蓄锐，以逸待劳。即使他们打来，我们已经有防备了。然后向四面八方发去檄文，招募贤能豪杰共商大计，挑选骁勇强悍的人，授给他们兵权，铲除隋朝的江山，发布将军你的政令，难道不是一件盛举吗？"翟让说："这是英雄的策略，不是我能承担的，我只是听命于你，尽力做事，请你先出发，我来殿后。"庚寅日，李密、翟让率领精兵七千名从阳城北出发，翻越方山，从罗口突袭兴浴仓，攻占那里，打开粮仓任由百姓拿取，取粮的老弱妇孺在路上络绎不绝。

翟让于是推举李密称王，为李密上尊号为魏公；庚子日，设立祭祀场地，李密即位，称当年为元年，大赦天下。李密颁发的公文书信，落款都是行军元帅府；李密的魏公府设置三司、六卫，元帅府设置长史以下的官职。任命翟让为上柱国、司徒、东郡公，公府同样设置长史以下官职，数量比元帅府少一半；任命单雄信为左武候大将军，徐世勣为右武候大将军，各自统领自己的部下；任命房彦藻为元帅左长史，东郡人邴元真为右长史，杨德方为左司马，郑德韬为右司马，祖君彦为记室，其余人分别任命不同的官职。于是赵、魏以南，长江、淮河以北，强盗团伙都来响应，孟让、郝孝德、王德仁以及济阴人房献伯，上谷人王君廓，长平人李士才，淮阳人魏六儿、李德谦，谯郡人张迁，魏郡人李文相，谯郡黑社、白社，济北人张青特，上洛人周北洮、胡驴贼等人都来投奔李密。李密对这些人全部拜官封爵，让他们各自率领本部人马，设置百营簿一职来统领他们。前来归降的人络绎不绝，部众聚集了几十万。于是李密命令护军田茂广修筑洛口城，方圆四十里，居住在城中。李密又派房彦藻率兵向东扩大地盘，夺取了安陆、汝南、淮安、济阳，黄河以南的郡县大多被李密攻陷。

唐　纪

卷　七

玄武门之变

原　文

高祖神尧大圣光孝皇帝武德五年壬午，公元六二二年

上之起兵晋阳也，皆秦王世民之谋，上谓世民曰："若事成，则天下皆汝所致，当以汝为太子。"世民拜且辞。及为唐王，将佐亦请以世民为世子，上将立之，世民固辞而止。太子建成，性宽简，喜酒色游畋；齐王元吉，多过失；皆无宠于上。世民功名日盛，上常有意以代建成，建成内不自安，乃与元吉协谋，共倾世民，各引树党友。

武德七年甲申，公元六二四年

初，齐王元吉劝太子建成除秦王世民，曰："当为兄手刃之！"世民从上幸元吉第，元吉伏护军宇文宝于寝内，欲刺世民；建成性颇仁厚，遽止之。元吉愠曰："为兄计耳，于我何有！"

武德九年丙戌，公元六二六年

建成、元吉与后宫日夜谮诉世民于上，上信之，将罪世民。陈叔达谏曰："秦王有大功于天下，不可黜也。且性刚烈，若加挫抑，恐不胜忧愤，或有不测之疾，陛下悔之何及！"上乃止。元吉密请杀秦王，上曰："彼有定天下之功，罪状未著，何以为辞！"元吉曰："秦王初平东都，顾望不还，散钱帛以树私恩，又违敕命，非反而何！但应速杀，何患无辞！"上不应。

秦府僚属皆忧惧不知所出。行台考功郎中房玄龄谓比部郎中长孙无忌曰："今嫌隙已成，一旦祸机窃发，岂惟府朝涂地，乃实社稷之忧；莫若劝王行周公之事以安家国。存亡之机，间不容发，正在今日！"无忌曰："吾怀此久矣，不敢发口；今吾子所言，正合吾心，谨当白之。"乃入言世民。世民召玄龄谋之，玄龄曰："大王功盖天地，当承大业；今日忧危，乃天赞也，愿大王勿疑！"乃与府属杜如晦共劝世民诛建成、元吉。

会突厥郁射设将数万骑屯河南，入塞，围乌城，建成荐元吉代世民督诸军北征；上从之，命元吉督右武卫大将军李艺、天纪将军张瑾等救乌城。元吉请尉迟敬德、程知节、段志玄及秦府右三统军秦叔宝等与之偕行，简阅秦王帐下精锐之士以益元吉军。率更丞王晊密告世民曰："太子语齐王：'今汝得秦王骁将精兵，拥数万之众，吾与秦王饯汝于昆明池，使壮士拉杀之于幕下，奏云暴卒，主上宜无不信。吾当使人进说，令授吾国事。敬德等既入汝手，宜悉坑之，孰敢不服！'"世民以晊言告长孙无忌等，无忌等劝世民先事图之。世民叹曰："骨肉相残，古今大恶。吾诚知祸在朝夕，欲俟其发，然后以义讨之，不亦可乎！"敬德曰："人情谁不爱其死！今众人以死奉王，乃天授也。祸机垂发，而王

●唐高祖李渊

犹晏然不以为忧，大王纵自轻，如宗庙社稷何！大王不用敬德之言，敬德将窜身草泽，不能留居大王左右，交手受戮也！"无忌曰："不从敬德之言，事今败矣。敬德等必不为王有，无忌亦当相随而去，不能复事大王矣！"世民曰："吾所言亦未可全弃，公更图之。"敬德曰："王今处事有疑，非智也；临难不决，非勇也。且大王素所畜养勇士八百余人，在外者今已入宫，擐甲执兵，事势已成，大王安得已乎！"

已未，太白复经天。傅奕密奏："太白见秦分，秦王当有天下。"上以其状授世民。于是世民密奏建成、元吉淫乱后宫，且曰："臣于兄弟无丝毫负，今欲杀臣，似为世充、建德报仇。臣今枉死，永违君亲，魂归地下，实耻见诸贼！"上省之，愕然，报曰："明

庚申，世民帅长孙无忌等入，伏兵于玄武门。张婕妤窃知世民表意，驰语建成。建成召元吉谋之，元吉曰："宜勒官府兵，托疾不朝，以观形势。"建成曰："兵备已严，当与弟入参，自问消息。"乃俱入，趣玄武门。上时已召裴寂、萧瑀、陈叔达等，欲按其事。

建成、元吉至临湖殿，觉变，即跋马东归宫府。世民从而呼之，元吉张弓射世民，再三不彀，世民射建成，杀之。尉迟敬德将七十骑继至，左右射元吉坠马。世民马逸入林下，为木枝所绾，坠不能起。元吉遽至，夺弓将扼之，敬德跃马叱之。元吉步欲趣武德殿，敬德追射，杀之。翊卫车骑将军冯翊冯立闻建成死，叹曰："岂有生受其恩，而死逃其难乎！"乃与副护军薛万彻、屈咥直府左车骑万年谢叔方帅东宫、齐府精兵二千驰趣玄武门。张公谨多力，独闭关以拒之，不得入。云麾将军敬君弘掌宿卫后，屯玄武门，挺身出战，所亲止之曰："事未可知，且徐观变，俟兵集，成列而战，未晚也。"君弘不从，与中郎将吕世衡大呼而进，皆死之。君弘，显俊之曾孙也。守门兵与万彻等力战良久，万彻鼓噪欲攻秦府，将士大惧；尉迟敬德持建成、元吉首示之，官府兵遂溃，万彻与数十骑亡入终南山。冯立既杀敬君弘，谓其徒曰："亦足以少报太子矣！"遂解兵，逃于野。

译文

唐高祖武德五年壬午（公元622年）

唐高祖在晋阳起兵时，都靠秦王李世民的计谋，唐高祖对李世民说："如果成就大业，天下都是你打下来的，应当立你为太子。"李世民拜谢并推辞。当唐高祖成为唐王时，将领们也请求立李世民为世子，唐高宗打算同意，李世民坚决辞谢这才作罢。太子李建成，个性宽松懒怠，喜欢酒色游猎；齐王李元吉，经常犯错；这两人都不受唐高宗宠爱。李世民的功劳与名声日渐显赫，唐高祖经常有让他取代李建成做太子之意，李建成因此内心不安，于是与李元吉联合密谋，要推翻李世民，并为此分别树立党羽。

唐高祖武德七年甲申（公元624年）

当初，齐王李元吉劝太子李建成除掉秦王李世民，说："我可以替哥哥你亲手杀了他。"李世民跟随唐高祖前往李元吉的府邸，李元吉让护军宇文宝藏在房间里，打算刺杀李世民；李建成性格仁慈宽厚，立刻制止了。李元吉生气地说："我都是为哥哥你考虑，对我有什么好处？"

李建成、李元吉与后宫嫔妃每天都在唐高祖面前诬陷中伤李世民，唐高祖相信了。陈叔达劝谏道："秦王为全国立下了大功，不能罢免他。况且秦王性情刚烈，如果对他加以抑制，恐怕他会承受不住忧虑悲愤，说不定会患上想不到的疾病，陛下后悔都来不及啊。"唐高祖这才作罢。李元吉秘密请求杀死秦王李世民，唐高祖说："他有平定天下的功劳，没有什么显著的罪状，哪有杀他的理由？"李元吉说："秦王刚刚平定东都，犹豫着不回来，四处散发钱财私下树立自己的恩威，又违抗圣命，不是造反是什么？就应该立刻杀了他，怎么会担心没有理由呢？"唐高祖没有答应。

秦王府的官员们都为此十分担忧，不知如何是好。行台考功郎中房玄龄对比部郎中长孙无忌说："如今猜疑和不满都已经形成，一旦灾难悄悄发生，哪里只是秦王府会遭殃，实在是给整个国家都会带来忧患啊；不如劝秦王效仿周公当年平定管叔与蔡叔的行为，让国家安定。现在是生死存亡的时刻，形势危急，今天就应该行动。"长孙无忌说："我有这个想法已经很久了，只是不敢说；今天你说的话，正合我的心意，我愿意去向秦王禀告。"于是长孙无忌将这番话告诉李世民。李世民召房玄龄一同商量，房玄龄说："大王您的功劳足以遮盖天地，应当继承帝王大业；如今的忧患，是上天在帮助您，希望大王不要怀疑。"于是房玄龄与府属杜如晦一起劝李世民杀死李建成和李元吉。

当时正巧突厥人郁射设率领几万骑兵驻扎在黄河以南，进入边塞，包围乌城，李建成举荐李元吉代替李世民督率各军向北出征；唐高祖同意了，命令李元吉督率右武卫大将军李艺、天纪将军张瑾等人的部队援救乌城。李元吉请求让尉迟敬德、程知节、段玄志和秦王府右三统军秦叔宝等人与他一同前往，考察挑选秦王李世民手下的精锐部队来增强李元吉的军队。率更丞王晊秘密对李世民说："太子对齐王说：'如今你得到了秦王的精兵强将，拥有几万人的军队，我和秦王到昆明池去为你践行，派壮士把他拉进帐幕里杀死，禀告皇上说他是暴病身亡，皇上不会不信。我再派人向皇帝进言，让他把国家政务交给我处理。尉迟敬德等人既然已经落在你的手里，就把他们全部活埋，谁敢不服？'"李世民把王晊的话告诉长孙无忌等人，他们劝李世民先想出对策。李世民叹息道："骨肉相残，自古以来都是大丑事。我实在是知道灾祸很快就要降临，可是想要等待灾祸发生之后，再商议对策，不可以吗？"尉迟敬德说："作为人之常情，谁能舍得死去？如今众人都誓死拥戴大王，这是上天所受。灾祸即将发生，大王您却依然安定不忧虑，纵然大王看轻自己，但是宗庙国家该怎么办？大王如果不采纳我的话，我就要逃身荒野了，不能再留在大王身边，任人宰割了。"长孙无忌说："不听尉迟敬德的劝告，事情就注定失败了。尉迟敬德等人也不会再追随大王，我也要随他们而去，不能再替大王您做事了。"李世民说：

"我的意见也不能完全舍弃，你们再商量一下。"尉迟敬德说："大王今天做事犹豫不决，不是聪明的做法；大难临头不迅速做出决断，这是不果敢的。况且大王一直以来训练的八百多名勇士，凡是在外面的都已经入宫，身穿铠甲，手执兵器，起事的形势已成，大王怎么能够制止得住呢？"

己未日，太白星再次出现在天空正南方的午位。傅奕秘密奏报唐高祖："太白星出现在秦地分野上，这是秦王即将拥有天下的征兆。"唐高祖将傅奕的密状告诉李世民。于是李世民秘密禀奏李建成、李元吉淫乱后宫的事情，还说："我对兄弟没有丝毫辜负，他们现在想杀我，似乎是要为王世充和窦建德报仇。我今天如果含冤而死，永远离开父皇，魂魄归于地下，如果见到王世充等贼人，实在是羞耻。"唐高祖终于醒悟，惊讶不已，回答说："明天就审问这件事，你最好早些来参报。"

庚申日，李世民率领长孙无忌等人入宫，在玄武门埋伏士兵。张婕妤暗中得知李世民上表的大意，驰马跑去告诉李建成。李建成召李元吉商议，李元吉说："应该统率我们两人府中的士兵，称病不上朝，来观察形势。"李建成说："军队防备已经很严密了，我们应该进宫参拜，亲自问一下消息。"于是两人一同入宫，很快就来到玄武门。唐高祖当时已经召裴寂、萧瑀、陈叔达等人入宫，想要审查这件事情。

李建成、李元吉来到临湖殿，发觉情况有变，立刻策马向东朝着自己府邸的方向跑。李世民跟在后面呼喊他们，李元吉想拉开弓箭射李世民，却拉了三次都没拉开，李世民朝着李建成射箭，将他射死。尉迟敬德率领七十名骑兵赶到，他身边的将士把李元吉射下马。李世民的马跑到林子里，被树枝挂住，摔倒地上起不来。李元吉立刻赶到，夺下弓箭想把李世民勒死，尉迟敬德从马上跳下来大声呵斥。李元吉想要跑到武德殿，尉迟敬德追上将他射死。翊卫车骑将军冯立听说李建成死了，感叹道："哪有人活着享受恩典，人死了就立刻逃难的？"于是与副军薛万彻、屈咥直府左车骑万年人谢叔方率领东宫、齐王府的两千名精兵迅速赶往玄武门。张公瑾力气很大，他独自一人关闭宫门抵挡，门外的士兵都无法进入。云麾将军敬君弘掌管宿卫军，驻扎在玄武门，挺身而出迎战，他的亲信制止他说："事态无法预料，暂且观察变化，等待士兵齐聚，列阵而战也不晚。"敬君弘不听，与中郎将吕世衡大喊着向前冲，全都战死。敬君弘是敬显俊的曾孙。守门士兵与薛万彻等人奋力交战了很久，薛万彻大张旗鼓地要进攻秦王府，将士们十分害怕；尉迟敬德手持李建成、李元吉的头给他们看，东宫和齐王府的士兵这才溃散，薛万彻与几十名骑兵逃入终南山。冯立杀死了敬君弘，然后对手下说："这已经足够稍微回报太子的了。"于是解散了军队，逃入荒野中。

卷 九

贤相房杜

原 文

太宗文武大圣大广孝皇帝贞观三年己丑、公元六二九年

二月，戊寅，以房玄龄为左仆射，杜如晦为右仆射，以尚书右丞魏徵守秘书监，参预朝政。

三月，丁巳，上谓房玄龄、杜如晦曰："公为仆射，当广求贤人，随才授任，此宰相之职也。比闻听受辞讼，日不暇给，安能助朕求贤乎！"因敕"尚书细务属左右丞，唯大事应奏者，乃关仆射"。

玄龄明达政事，辅以文学，夙夜尽心，惟恐一物失所；用法宽平，闻人有善，若己有之，不以求备取人，不以己长格物。与杜如晦引拔士类，常如不及。至于台阁规模，皆二人所定。上每与玄龄谋事，必曰："非如晦不能决。"及如晦至，卒用玄龄之策。盖玄龄善谋，如晦能断故也。二人深相得，同心徇国，故唐世称贤相者，推房、杜焉。玄龄虽蒙宠待，或以事被谴，辄累日诣朝堂，稽颡^{sǎng}请罪，恐惧若无所容。

十二月，癸未，右仆射杜如晦以疾逊位，上许之。

贞观四年庚寅，公元六三〇年

蔡成公杜如晦疾笃，上遣太子问疾，又自临视之。甲申，薨。上每得佳物，辄思如晦，遣使赐其家。久之，语及如晦，必流涕，谓房玄龄曰："公与如晦同佐朕，今独见公，不见如晦矣！"

译 文

唐太宗贞观三年己丑（公元629年）

二月，戊寅日，任命房玄龄为左仆射，杜如晦为右仆射，任命尚书右丞魏徵为秘书监，参与朝政。

●杜如晦

三月，丁巳日，唐太宗对房玄龄、杜如晦说："你们作为仆射，应该多招募贤才，根据他们的才能授予官职，这是宰相的职责啊。近来听说你们受理辞讼案情，应接不暇，怎么能帮我招募贤才呢？"于是下诏"尚书省琐碎事务归左右丞处理，只有应该禀奏皇帝的大事，才交给仆射处理"。

房玄龄通晓政务，再加上有文采，不分日夜地尽心操劳，生怕有一件事情办错；他用法宽大平和，听到别人的优点，就仿佛自己也有，不要求别人处处完美，不以自己的长处来要求别人。他与杜如晦提拔官员，不遗余力。至于尚书省的制度格式，都是房玄龄与杜如晦制定的。唐太宗每次与房玄龄商量事情，一定会说："除了杜如晦谁也不能做决定。"等杜如晦赶到，最终还是会采用房玄龄的对策。这是因为房玄龄善于谋划，杜如晦善于决断的原因。这两人相处得很好，同心协力为国出力，因此唐代被称为贤相的，要首推房玄龄和杜如晦。房玄龄虽然蒙受唐太宗恩宠，但有时因为犯错被谴责，就一连几天到朝堂内磕头请罪，恐惧得仿佛无地自容。

十二月，癸未日，右仆射杜如晦因病退位，唐太宗准许了。

唐太宗贞观四年庚寅（公元630年）

蔡成公杜如晦病重，唐太宗派太子去问候，又亲自前去探望。甲申日，杜如晦去世。唐太宗每次得到好的东西，总是会想念杜如晦，派人赐给他的家人。很久以后，当提到杜如晦，唐太宗还是会流泪，对房玄龄说："你和杜如晦一同辅佐我，如今只能见到你，见不到杜如晦了。"

卷 十

谏臣魏徵

原文

太宗文武大圣大广孝皇帝贞观六年壬辰，公元六三二年

文武官复请封禅，上曰："卿辈皆以封禅为帝王盛事，朕意不然。若天下乂安，家给人足，虽不封禅，庸何伤乎！昔秦始皇封禅，而汉文帝不封禅，后世岂以文帝之贤不及始皇邪！且事天扫地而祭，何必登泰山之巅，封数尺之土，然后可以展其诚敬乎！"群臣犹请之不已，上亦欲从之，魏徵独以为不可。上曰："公不欲朕封禅者，以功未高

邪？”曰：“高矣。”“德未厚邪？”曰：“厚矣。”“中国未安邪？”曰：“安矣。”“四夷未服邪？”曰：“服矣。”“年谷未丰邪？”曰：“丰矣。”“符瑞未至邪？”曰：“至矣。”然则何为不可封禅？”对曰：“陛下虽有此六者，然承隋末大乱之后，户口未复，仓廪尚虚，而车驾东巡，千乘万骑，其供顿劳费，未易任也。且陛下封禅，则万国咸集，远夷君长，皆当扈从；今自伊、洛以东至于海、岱，烟火尚希，灌莽极目，此乃引戎狄入腹中，示之以虚弱也。况赏赉不赀，未厌远人之望；给复连年，不偿百姓之劳；崇虚名而受实害，陛下将焉用之！”会河南、北数州大水，事遂寝。

闰月，乙卯，上宴近臣于丹霄殿，长孙无忌曰：“王珪、魏徵，昔为仇雠，不谓今日得同此宴。”上曰：“徵、珪尽心所事，故我用之。然徵每谏，我不从，我与之言辄不应，何也？”魏徵对曰：“臣以事为不可，故谏；若陛下不从而臣应之，则事遂施行，故不敢应。”上曰：“且应而复谏，庸何伤！”对曰：“昔舜戒群臣：‘尔无面从，退有后言。’臣心知其非而口应陛下，乃面从也，岂稷、契事舜之意邪！”上大笑曰：“人言魏徵举止疏慢，我视之更觉妩媚，正为此耳！”徵起，拜谢曰：“陛下开臣使言，故臣得尽其愚，若陛下拒而不受，臣何敢数犯颜色乎！”

译文

唐太宗贞观六年壬辰（公元632年）

文武官员再次请求举办祭祀天地的大典，唐太宗说：“你们都认为登泰山封禅是帝王的盛事，我却不这样认为。如果天下安定，家家衣食充裕，人人生活富足，即使不祭祀天地，又有什么妨害？当年秦始皇祭祀天地，而汉文帝却不祭祀，后世人难道会认为汉文帝不如秦始皇贤明吗？况且侍奉上天扫地祭祀，何必要登上泰山之顶，圈出方圆几尺的土地，就能表示自己的诚信敬仰了？”群臣还是不停地请求，唐太宗打算同意了，只有魏徵认为不可以。唐太宗说：“你不同意我祭祀天地，是认为我的功劳不够高吗？”魏徵答：“够高。”唐太宗说：“德不够厚？”答：“够厚。”唐太宗问：“国家不够安定？”答：“安定。”唐太宗问：“四方部族没有臣服？”答：“已经臣服。”唐太宗问：“五谷不够丰登？”答：“五谷丰登。”唐太宗问：“祥瑞未到？”答：“到了。”唐太宗问：“那为什么不能祭祀天地？”答：“陛下虽然这六项功绩都做到了，但是隋朝末年的大乱刚刚结束，百姓人口没有恢复，府库粮仓尚且虚空，而陛下的车驾却要到东方巡游，千军万马，所需的花费，很难承担。况且陛下封禅泰山，那么各国君主都要聚集，远方的部族首领，都要随从；如今从伊水、洛水以东一直到大海、泰山，人烟尚且稀少，满目草木丛生，这是在吸引戎狄进入大唐腹地，把我们的虚弱之处展示给他们啊。更何况如果赏赐不够多，无法满足远方部落的愿望；连续几年免除赋税徭役，也无法补偿百姓的辛劳；这是追求虚名却要遭受实际的祸害，陛下为什么这样做呢？"正巧黄河以南、以北几个州遭遇水灾，祭祀天地的事情就作罢了。

闰八月，乙卯日，唐太宗在丹宵殿宴请近臣，长孙无忌说："魏徵、王珪，当年都是陛下的仇敌，没想到今天竟然能坐在这个宴席之上。"唐太宗说："魏徵、王珪都尽心尽力地做事，因此我才重用他们。然而魏徵每次谏言，如果我不听从，那么我和他说话他就不回应，这是为什么？"魏徵答："我认为事情不可以做，所以才劝阻；如果陛下不听从，我却回应，那么陛下就会去做这件事情，因此我不敢回应。"唐太宗说："回应了我之后再劝阻，又有什么不可以？"魏徵答："当年舜帝告诫群臣：'你们不要当面顺从，背后又说另一套。'我心中知道不可以这样，嘴上却答应陛下，这就是当面顺从，难道这是稷、契侍奉舜帝的本意吗？"唐太宗大笑说："人们都说魏徵行为轻忽怠慢，我看了反而觉得可爱，正因为如此啊！"魏徵站起来拜谢道："陛下引导我让我畅所欲言，因此我才能效出全部的愚忠，如果陛下不接受我的劝阻，我又怎么敢屡次冒犯陛下呢？"

长孙皇后辅佐明君

原　文

太宗文武大圣大广孝皇帝贞观六年壬辰，公元六三二年

长乐公主将出降，上以公主皇后所生，特爱之，敕有司资送倍于永嘉长公主。魏徵谏曰："昔汉明帝欲封皇子，曰：'我子岂得与先帝子比！'皆令半楚、淮阳。今资送公主，倍于长主，得无异于明帝之意乎！"上然其言，入告皇后。后叹曰："妾亟闻陛下称重魏徵，不知其故，今观其引礼义以抑人主之情，乃知真社稷之臣也！妾与陛下结发为夫妇，曲承恩礼，每言必先候颜色，不敢轻犯威严；况以人臣之疏远，乃能抗言如是，陛下不可不从也。"因请遣中使赍钱四百缗、绢四百匹以赐徵，且语之曰："闻公正直，乃今见之，故以相赏。公宜常秉此心，勿转移也。"上尝罢朝，怒曰："会须杀此田舍翁。"后问为谁，上曰："魏徵每廷辱我。"后退，具朝服立于庭，上惊问其故。后曰："妾闻主明臣直；今魏徵直，由陛下之明故也，妾敢不贺？"上乃悦。

贞观十年丙申，公元六三六年

长孙皇后性仁孝俭素，好读书，常与上从容商略古事，因而献替，裨益弘多。上或

以非罪谴怒宫人，后亦阳怒，请自推鞫，因命囚系，俟上怒息，徐为申理，由是宫壶之中，刑无枉滥。豫章公主早丧其母，后收养之，慈爱逾于所生。妃嫔以下有疾，后亲抚视，辍己之药膳以资之，宫中无不爱戴。训诸子，常以谦俭为先，太子乳母遂安夫人尝白后，以东宫器用少，请奏益之。后不许，曰："为太子，患在德不立，名不扬，何患无器用邪！"

上得疾，累年不愈，后侍奉，昼夜不离侧。常系毒药于衣带，曰："若有不讳，义不独生！"后素有气疾，前年从上幸九成宫，柴绍等中夕告变，上擐甲出阁问状，后扶疾以从，左右止之，后曰："上既震惊，吾何心自安！"由是疾遂甚。太子言于后曰："医药备尽而疾不瘳，请奏赦罪人及度人入道，庶获冥福。"后曰："死生有命，非智力所移。若为善有福，则吾不为恶；如其不然，妄求何益！赦者国之大事，不可数下。道、释异端之教，蠹国病民，皆上素所不为，奈何以吾一妇人使上为所不为乎？必行汝言，吾不如速死！"太子不敢奏，私以语房玄龄，玄龄白上，上哀之，欲为之赦，后固止之。

及疾笃，与上诀。时房玄龄以谴归第，后言于上曰："玄龄事陛下久，小心慎密，奇谋秘计，未尝宣泄，苟无大故，愿勿弃之。妾之本宗，因缘葭莩，以致禄位，既非德举，易致颠危，欲使其子孙保全，慎勿处之权要，但以外戚奉朝请足矣。妾生无益于人，不可以死害人，愿勿以丘垄劳费天下，但因山为坟，器用瓦木而已。仍愿陛下亲君子，远小人，纳忠谏，屏谗慝，省作役，止游畋，妾虽没于九泉，诚无所恨！儿女辈不必令来，见其悲哀，徒乱人意。"因取衣中毒药以示上曰："妾于陛下不豫之日，誓以死从乘舆，不能当吕后之地耳。"己卯，崩于立政殿。

后尝采自古妇人得失事，为《女则》三十卷，又尝著论驳汉明德马后以不能抑退外亲，使当朝贵盛，徒戒其车如流水马如龙，是开其祸败之源而防其末流也。及崩，宫司并《女则》奏之，上览之悲恸，以示近臣曰："皇后此书，足以垂范百世！朕非不知天命而为无益之悲，但入宫不复闻规谏之言，失一良佐，故不能忘怀耳！"乃召房玄龄，使复其位。

译文
唐太宗贞观六年壬辰（公元632年）

长乐公主即将出嫁，唐太宗因为长乐公主是皇后所生，对她特别疼爱，命令有关部门准备的嫁妆比永嘉长公主的多一倍。魏徵劝阻道："当年汉明帝打算封赏皇子，说：'我的儿子怎么能和先帝的儿子比？'因此下令均分给楚王和淮阳王各一半的土地。如今公主的嫁妆，比永嘉长公主的多一倍，岂不是与汉明帝的想法相差太远吗？"唐太宗接受魏徵的建议，进入后宫告诉皇后。皇后感叹道："我一直听说陛下器重魏徵，不知道什么原因，如今看他引经据礼来抑制君王的私情，才知道他真是国家重臣啊！我和陛下是结发夫妻，多蒙陛下恩典礼遇，每次说话之前还要先察言观色，不敢轻易冒犯陛下的威严；更何况臣子与皇帝关系疏远，竟然还能如此直言不讳，陛下不能不听啊。"于是皇后请求派宦官赏赐给魏徵四百缗钱、四百匹绢，并且对他说："听说你正直，如今亲眼所见，所以特意赏赐。你要常怀直言之心，不要改变。"唐太宗曾经在下朝之后愤怒地说："找机会一定要杀了这个庄稼汉。"皇后问是谁，唐太宗说："魏徵经常在朝堂上羞辱我。"皇后退下，穿上朝服站在庭中，唐太宗惊讶地问原因，皇后说："我听说君主贤明，臣子才敢直言；如今魏徵直言，是因为陛下贤明的原因，我哪敢不庆贺？"唐太宗这才高兴。

唐太宗贞观十年丙申（公元636年）

长孙皇后个性仁慈、孝顺、勤俭、朴素，喜欢读书，经常与唐太宗悠闲地谈论古时候的事情，趁机劝善规过，提出许多有益的意见。唐太宗曾经迁怒于一名没有罪的宫女，皇后也假装愤怒，请求亲自去审问，于是下令将那名宫女囚禁起来，等唐太宗愤怒平息之后，再慢慢地替那名宫女申辩，从此以后后宫之中，再也没有枉法淫滥，让无辜者受迫害的事情。豫章公主早年丧母，皇后将她收养，对她的疼爱超过自己的亲生子女。妃嫔以下级别的人生了病，皇后也会亲自去探望，把自己的药食送给她，宫中人没有不爱戴皇后的。皇后训诫自己的孩子，常常要把谦让勤俭放在前面，太子的乳母遂安夫人曾经对皇后说，东宫的用具太少，请求增添一些。皇后没有同意，说："作为太子，应该怕不能树立品德，不能弘扬名声，怎么能怕没有器物可用呢？"

唐太宗曾经生病，多年都没有康复，皇后在身旁侍奉，日夜都不离开。她常把毒药系在自己的衣带上，说："如果皇上有什么不测，我也不活了。"皇后向来有气喘病，前一年跟随唐太宗巡幸九成宫，柴绍等人中途有急事禀告，唐太宗穿着铠甲出去问缘由，皇后带病跟随，身边的人都劝阻，皇后说："皇上都震惊了，我怎么能够安心？"因此病情更加严重。太子对皇后说："医药都用尽了病还不好，上奏请求赦免罪人并超度凡人出家，也许还能积阴德。"皇后说："生死有命，不是人的智力能改变的。如果做善事就会有福，那么我从来不做恶事；如果不是这样，还奢望什么呢？大赦天下是国家大事，不能经常这样做。道家和佛家都是异端邪说，祸国殃民，都是皇上向来不欣赏的，怎么能因为我一个妇人而让皇上去做自己不想做的事呢？如果一定要按你说的做，我还不如快些死了。"太子不敢上奏，私下里对房玄龄说了，房玄龄把这些话告诉唐太宗，唐太宗十分哀伤，想要为皇后大赦天下，皇后坚决制止了。

当皇后病重时，她与唐太宗诀别。当时房玄龄因为受谴回家，皇后对唐太宗说："房玄龄侍奉陛下许久，一直小心缜密，哪怕是秘密的谋划，也从来没有泄露，如果不是因为大错，希望皇上不要舍弃他。我的本家，因为亲戚的关系，得到名利地位，既然不是因为德行而举荐，就容易倾覆，如果想要让他们的子孙得以保全，千万不要把他们放在权要的位置上，只让他们以外戚的身份为朝廷效力就足够了。我活着的时候对别人没有用处，死后更不能害人，希望不要占用天下的土地为我修陵墓，只在山上为我建一座坟，埋葬一些瓦木支撑的器具就可以了。还希望陛下能亲近君子，远离小人，接纳忠言，屏蔽逸言，节省劳役，停止游猎，我虽然在九泉之下，也没有遗憾了。儿女辈的人不要命令他们来拜祭，看到他们悲哀，只会搅乱人心。"于是皇后把衣服里的毒药给唐太宗看，说："我在陛下生病的日子里，发誓要以死追随，不能走到吕后那样的地步。"己卯日，长孙皇后在立政殿驾崩。

皇后曾经收集古时女子做的对事与错事，编写了《女则》三十卷，又曾经写文章驳斥汉明德马皇后不能抑制外戚发展，使他们在当朝显赫，而只是告诫他们车马太多太奢华而已，因此打开了灾祸的源头却只防范细枝末节。长孙皇后驾崩后，掌管后宫事宜的人把《女则》呈上去，唐太宗读了之后十分悲恸，把它展示给近臣看，说："皇后的这本书，足以成为百世的典范。我不是因为不知道天命而做无谓的悲恸，只是因为进入后宫再也听不到皇后规劝我的话了，失去一个贤良的辅佐之人，因此不能忘怀啊。"于是召回房玄龄，恢复他的官职。

卷十二

谏议大夫褚遂良

原　文

太宗文武大圣大广孝皇帝中贞观十六年壬寅，公元六四二年

春，正月，乙丑，魏王泰上《括地志》。泰好学，司马苏勖说泰，以古之贤王皆招士著书，故泰奏请修之。于是大开馆舍，广延时俊，人物辐凑，门庭如市。泰月给逾于太子，谏议大夫褚遂良上疏，以为："圣人制礼，尊嫡卑庶，世子用物不会，与王者共之。庶子虽爱，不得逾嫡，所以塞嫌疑之渐，除祸乱之源也。若当亲者疏，当尊者卑，则佞

巧之奸，乘机而动矣。昔汉窦太后宠梁孝王，卒以忧死；宣帝宠淮阳宪王，亦几至于败。今魏王新出阁，宜示以礼则，训以谦俭，乃为良器，此所谓'圣人之教不肃而成'者也。"上从之。

夏，四月，壬子，上谓谏议大夫褚遂良曰："卿犹知起居注，所书可得观乎？"对曰："史官书人君言动，备记善恶，庶几人君不敢为非，未闻自取而观之也！"上曰："朕有不善，卿亦记之邪？"对曰："臣职当载笔，不敢不记。"黄门侍郎刘洎曰："借使遂良不记，天下亦皆记之。"上曰："诚然。"

贞观十七年癸卯，公元六四三年

二月，壬午，上问谏议大夫褚遂良："舜造漆器，谏者十余人。此何足谏？"对曰："奢侈者，危亡之本；漆器不已，将以金玉为之。忠臣爱君，必防其渐，若祸乱已成，无所复谏矣。"上曰："然。朕有过，卿亦当谏其渐。朕见前世帝王拒谏者，多云'业已为之'，或云'业已许之'，终不为改。如此，欲无危亡，得乎？"

时皇子为都督、刺史者多幼稚，遂良上疏，以为："汉宣帝云：'与我共治天下者，其惟良二千石乎？'今皇子幼稚，未知从政，不若且留京师，教以经术，俟其长而遣之。"上以为然。

译 文

唐太宗贞观十六年壬寅（公元642年）

春季，正月，乙丑日，魏王李泰呈上《括地志》。李泰好学，司马苏勖劝说李泰，古代的贤王都招募士人著书立说，因此李泰再次上奏请求修撰《括地志》。于是唐太宗大开馆舍，广泛延请当代贤俊，人才聚集，门庭若市。李泰每个月使用的费用超过了太子，谏议大夫褚遂良上书，认为："圣人制定礼义，是为了尊卑有别，世子用的钱财和物品不能和君王的相等。虽然疼爱庶出的儿子，也不能让他的地位超过嫡出的儿子，这样才能阻止嫌疑的发生，消除祸乱的根源。如果应该亲近的人反而疏远，应该尊贵的人反而卑微，那么奸佞之人，就会趁机行动了。当年汉朝的窦太后宠爱梁孝王，最终为他担忧而死；汉宣帝宠爱淮阳宪王，几乎导致败亡。如今魏王刚刚参政，应该教导他礼义准则，训诫他谦让勤俭，才能成为国家栋梁，这就是所谓的'圣人的教导即使不严厉，人们也愿意听从'啊。"唐太宗同意了。

夏季，四月，壬子日，唐太宗对谏议大夫褚遂良说："你还在负责帝王言行记录的事情，你记录的东西能给我看看吗？"褚遂良答道："史官记录帝王的言行，无论善恶都要详细记录，这样或许能让帝王不敢任性妄为，从来没听说过帝王要拿来记录自己看的。"唐太宗说："我有做得不好的地方，你也会记录吗？"答："我的职责就是记录，不敢不记。"黄门侍郎刘洎说："即使褚遂良不记录，天下人也都会记录的。"唐太宗说："的确如此。"

唐太宗贞观十七年癸卯（公元643年）

二月，壬午日，唐太宗问谏议大夫褚遂良："舜帝制造漆器，有十多个人谏言劝阻。这有什么可劝阻的？"褚遂良答："奢侈，是造成危亡的根源；漆器不能满足的时候，就会用金玉制造器物。忠臣敬爱君王，一定会防微杜渐，如果灾祸已经形成，就没有必要再劝阻了。"唐太宗说："是啊。我有过错，你应该防微杜渐。我看到之前那些抗拒谏言的帝王，大多都说'已经这样了'，或者说'已经同意了'，最终也不肯更改。这样的话，想要不带来危亡，怎么可能？"

当时做都督、刺史的皇子们大多年幼，褚遂良上书，认为："汉宣帝说：'与我共同治理天下的人，都是那些贤能的郡守吗？'如今皇子年幼，不知道什么是政务，不如暂且把他们留在京城，教导经学，等他们长大后再派遣出去吧。"唐太宗觉得很对。

卷二十

一代女皇武则天

原 文

则天顺圣皇后垂拱四年戊子，公元六八八年

武承嗣使凿白石为文曰："圣母临人，永昌帝业。"末紫石杂药物填之。庚午，使雍州人唐同泰奉表献之，称获之于洛水。太后喜，命其石曰"宝图"，擢同泰为游击将军。五月，戊辰，诏当亲拜洛，受"宝图"；有事南郊，告谢昊天；礼毕，御明堂，朝群臣。命诸州都督、刺史及宗室、外戚以拜洛前十日集神都。乙亥，太后加尊号为圣母神皇。

太后潜谋革命，稍除宗室。绛州刺史韩王元嘉、青州刺史霍王元轨、刑州刺史鲁王灵夔（kuí）、豫州刺史越王贞及元嘉子通州刺史黄公撰、元轨子金州刺史江都王绪、虢王凤子申州刺史东莞公融、灵夔子范阳王蔼、贞子博州刺史琅邪王冲，在宗室中皆以才行有美名，太后尤忌之。元嘉等内不自安，密有匡复之志。

撰谬为书与贞云："内人病浸重，当速疗之，若至今冬，恐成痼疾。"及太后召宗室朝明堂，诸王因递相惊曰："神皇欲于大飨之际，使人告密，尽收宗室，诛之无遗类。"撰诈为皇帝玺书与冲云："朕遭幽絷，诸王宜各发兵救我。"冲又诈为皇帝玺书云："神皇欲移李氏社稷，以授武氏。"八月，壬寅，冲召长史萧德琮等令募兵，分告韩、霍、鲁、越及贝州刺史纪王慎，各令起兵共趣神都。太后闻之，以左金吾将军丘神勣为清平道行军大总管以讨之。

及贞败，太后欲悉诛韩、鲁等诸王，命监察御史蓝田苏珦按其密状。珦讯问，皆无明验，或告珦与韩、鲁通谋，太后召珦诘之，珦抗论不回。太后曰："卿大雅之士，朕当别有任使，此狱不必卿也。"乃命珦于河西监军，更使周兴等按之。于是收韩王元嘉、鲁王灵夔、黄公撰、常乐公主于东都，追胁皆自杀，更其姓曰"虺"，亲党皆诛。

太后之召宗室朝明堂也，东莞公融密遣使问成均助教高子贡，子贡曰："来必死。"融乃称疾不赴。越王贞起兵，遣使约融，融仓猝不能应，为官属所逼，执使者以闻，擢拜右赞善大夫。未几，为支党所引，冬，十月，己亥，戮于市，籍没其家。高子贡亦坐诛。

十二月，己酉，太后拜洛受图，皇帝、皇太子皆从，内外文武百官、蛮夷酋长各依方叙立，珍禽、奇兽、杂宝列于坛前，文物卤簿之盛，唐兴以来未之有也。

永昌元年己丑，公元六八九年

春，正月，乙卯朔，大飨万象神宫，太后服衮冕，搢大圭，执镇圭为初献，皇帝为亚献，太子为终献。先诣昊天上帝座，次高祖、太宗、高宗，次魏国先王，次五方帝座。太后御则天门，赦天下，改元。丁巳，太后御明堂，受朝贺。戊午，布政于明堂，颁九条以训百官。己未，御明堂，飨群臣。

天授元年庚寅，公元六九○年

九月，庚辰，太后可皇帝及群臣之请。壬午，御则天楼，赦天下，以唐为周，改元。乙酉，上尊号曰圣神皇帝，以皇帝为皇嗣，赐姓武氏；以皇太子为皇孙。

译 文

则天皇后垂拱四年戊子（公元688年）

武承嗣派人在一块白石上凿刻文字："圣母临人，永昌帝业。"又把紫石磨成粉末掺杂上药物填在凿刻出的字里面。庚午日，派雍州人唐同泰献给则天皇后，说是在洛水偶然得到的。太后十分高兴，为这块石头命名"宝图"，将唐同泰升职为游击将军。五月，戊辰日，太后下诏要亲自祭拜洛水，接受"宝图"；先去南郊祭祀，拜谢昊天上帝；典礼完毕，驾临明堂，朝见群臣。命令各州都督、刺史以及皇室宗亲、外戚在祭拜洛水的前十天在京城聚集。乙亥日，太后加尊号为圣母神皇。

则天太后密谋改朝换代，逐渐清除皇室宗亲。绛州刺史韩王李元嘉、青州刺史霍王李元轨、刑州刺史鲁王李灵夔、豫州刺史越王李贞以及李元嘉的儿子通州刺史黄公李撰、李元轨的儿子金州刺史江都王李绪、虢王李凤的儿子申州刺史东莞公李融、李灵夔的儿子范阳王李蔼、李贞的儿子博州刺史琅琊王李冲，在皇族当中都因为才能和品行倍受赞誉，则天太后尤其忌惮这几个人。李元嘉等人心中不安，私下里有了匡复李唐王朝的志向。

李撰写信给李贞，假称："我妻子的病越发严重，应该尽快治疗，如果拖延到冬至，恐怕会成为顽疾。"当则天太后在明堂朝见皇室宗亲的时候，各亲王轮番相互警告道："神皇打算在祭祀大典的时候，指使人告密，将皇室宗亲全部抓起来，全部杀死，一个不留。"李撰伪造了一封皇帝的玺书给李冲，上面写道："我遭受幽禁，各位亲王最好分头发兵来救我。"李冲又伪造了一封皇帝玺书写道："神皇打算把李氏江山拱手送给武氏。"八月，壬寅日，李冲召长史萧德琮等人，命令他们招募军队，又分别通知韩王、霍王、鲁王、越王以及贝州刺史纪王李慎，让他们各自带兵火速赶往京城。则天太后听说后，任命左金吾将军丘神勣为清平道行军大总管带兵讨伐。

李贞战败后，则天太后想要将韩王、鲁王等各位亲王全部杀死，命令监察御史蓝田人苏珦审问他们密谋的全部情况。苏珦询问之后，都没有明确的证据。有人密告苏珦与韩王、鲁王同谋，则天太后召见苏珦诘问，苏珦大声争论，不改变自己的看法。则天太后说："你是才德高雅的人，我对你还有别的任用，这件案子不用你审了。"于是命令苏珦去黄河以西监军，又派周兴等人重新审理。于是在东都洛阳将韩王李元嘉、鲁王李灵夔、黄公李撰、常乐公主收监，胁迫他们自杀，为他们改姓"虺"，将其亲信党羽全部诛杀。

则天太后将皇室宗亲召集到明堂召见时，东莞公李融秘密派使者去问成均助教高子贡该怎么办，高子贡说："来了一定会死。"李融于是称病不来。越王李贞起兵时，派使者来约李融，李

●武则天

融仓促之间不能答应，被府中官署逼迫着，将李贞的使者抓住上报，因此李融被升任为右赞善大夫。不久后，李融被亲属牵连，冬季，十月，己亥日，在街市斩首，抄没家产。高子贡也因此牵连被处死。

十二月，己酉日，则天太后祭拜洛水接受"宝图"，皇帝、皇太子都在身边跟随，朝中内外文武百官、蛮夷部落酋长各自依照级别在一旁站立，祭坛前陈列着奇珍异兽、各种珍宝，其礼乐仪仗的盛大，从唐朝建国以来从未有过。

则天皇后永昌元年己丑（公元689年）

春季，正月，乙卯朔日，在万象神宫举办祭祀先王的祭礼，则天太后身穿礼服头戴礼冠，腰间佩带着大圭，手中拿着天子所执的玉制礼器，第一个献上祭祀，皇帝第二个献上祭祀，太子最后一个献上祭祀。先祭拜昊天上帝，其次是唐高祖、唐太宗、唐高宗，再次是魏国先王，最后是五方帝。则天太后驾临则天门，大赦天下，改换年号。丁巳日，则天太后驾临明堂，接受朝贺。戊午日，在明堂宣布政令，颁布了九百条政令以此训诫百官。己未日，驾临明堂，大宴群臣。

则天皇后天授元年庚寅（公元690年）

九月，庚辰日，则天太后准许了皇帝和群臣的请求。壬午日，驾临则天城楼，大赦天下，改唐为周，改换年号。乙酉日，上尊号称圣神皇帝，以皇帝为皇位继承人，赐姓武氏；以皇太子为皇孙。

宰相狄仁杰

则天顺圣皇后垂拱四年戊子，公元六八八年

以文昌左丞狄仁杰为豫州刺史。时治越王贞党与，当坐者六七百家，籍没者五千口，司刑趣使行刑。仁杰密奏："彼皆诖误，臣欲显奏，似为逆人申理；知而不言，恐乖陛下仁恤之旨。"太后特原之，皆流丰州。道过宁州，宁州父老迎劳之日："我狄使君活汝邪？"相携哭于德政碑下，设斋三日而后行。

时张光辅尚在豫州，将士恃功，多所求取，仁杰不之应。光辅怒曰："州将轻元帅邪？"仁杰曰："乱河南者，一越王贞耳，今一贞死，万贞生！"光辅诘其语，仁杰曰："明公总兵三十万，所诛者止于越王贞。城中闻官军至，逾城出降者四面成蹊，明公纵将士暴掠，杀已降以为功，流血丹野，非万贞而何！恨不得尚方斩马剑，加于明公之颈，

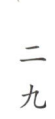

虽死如归耳！"光辅不能诘，归，奏仁杰不逊，左迁复州刺史。

毋于之敢武氏感悟
鴦用忠良卒運唐祚

●狄仁杰

天授二年辛卯，公元六九一年

太学生王循之上表，乞假还乡；太后许之。狄仁杰曰："臣闻君人者唯杀生之柄不假人，自余皆归之有司。故左、右丞，徒以下不句；左、右相，流以上乃判，为其渐贵故也。彼学生求假，丞、簿事耳，若天子为之发敕，则天下之事几敕可尽乎！必欲不违其愿，请普为立制而已。"太后善之。

长寿元年壬辰，公元六九二年

左台中丞来俊臣罗告同平章事任知古、狄仁杰、裴行本、司农卿裴宣礼、前文昌左丞卢献、御史中丞魏元忠、潞州刺史李嗣真谋反。先是，来俊臣奏请降敕，一问即承反者得减死。及知古等下狱，俊臣以此诱之，仁杰对曰："大周革命，万物惟新，唐室旧臣，甘从诛戮。反是实！"俊臣乃少宽之。判官王德寿谓仁杰曰："尚书定减死矣。德寿业受驱策，欲求少阶级，烦尚书引杨执柔，可乎？"仁杰曰："皇天后土遣狄仁杰为如此事！"以头触柱，血流被面；德寿惧而谢之。

狄仁杰既承反，有司待报行刑，不复严备。仁杰裂衾帛书冤状，置绵衣中，谓王德寿曰："天时方热，请授家人去其绵。"德寿许之。仁杰子光远得书，持之告变，得召见。则天览之，以问俊臣，对曰："仁杰等下狱，臣未尝褫其巾带，寝处甚安，苟无事实，安肯承反！"太后使通事舍人周綝往视之，俊臣暂假仁杰等巾带，罗立于西，使綝视之；綝不敢视，唯东顾唯诺而已。俊臣又诈为仁杰等谢死表，使綝奏之。

乐思晦男未十岁，没入司农，上变，得召见。太后问状，对曰："臣父已死，臣家已破，但惜陛下法为俊臣等所弄。陛下不信臣言，乞择朝臣之忠清、陛下素所信任者，为反状以付俊臣，无不承反矣。"太后意稍寤，召见仁杰等，问曰："卿承反何也？"对曰："不承，则已死于拷掠矣。"太后曰："何为作谢死表？"对曰："无之。"出表示之，乃知其诈，于是出此七族。庚午，贬知古江夏令，仁杰彭泽令，宣礼夷陵令，元忠涪陵令，献西乡令；流行本、嗣真于岭南。

资治通鉴

万岁通天元年丙申，公元六九六年

孙万荣收合余众，军势复振，遣别帅骆务整、何阿小为前锋，攻陷冀州，杀刺史陆宝积，屠吏民数千人；又攻瀛州，河北震动。制起彭泽令狄仁杰为魏州刺史。前刺史独孤思庄畏契丹猝至，悉驱百姓入城，缮修守备。仁杰至，悉遣还农，曰："贼犹在远，何烦如是！万一贼来，吾自当之。"百姓大悦。

圣历元年戊戌，公元六九八年

武承嗣、三思营求为太子，数使人说太后曰："自古天子未有以异姓为嗣者。"太后意未决。狄仁杰每从容言于太后曰："文皇帝栉风沐雨，亲冒锋镝，以定天下，传之子孙。大帝以二子托陛下。陛下今乃欲移之他族，无乃非天意乎！且姑侄之与母子孰亲？陛下立子，则千秋万岁后，配食太庙，承继无穷；立侄，则未闻侄为天子而祔姑于庙者也。"太后曰："此朕家事，卿勿预知。"仁杰曰："王者以四海为家，四海之内，孰非臣妾，何者不为陛下家事！君为元首，臣为股肱，义同一体，况臣备位宰相，岂得不预知乎！"又劝太后召还庐陵王。王方庆、王及善亦劝之。太后意稍寤。他日，又谓仁杰曰："朕梦大鹦鹉两翼皆折，何也？"对曰："武者，陛下之姓，两翼，二子也。陛下起二子，则两翼振矣。"太后由是无立承嗣、三思之意。

久视元年庚子，公元七〇〇年

太后信重内史梁文惠公狄仁杰，群臣莫及，常谓之国老而不名。仁杰好面引廷争，太后每屈意从之。尝从太后游幸，遇风吹仁杰巾坠，而马惊不能止，太后命太子追执其鞚而系之。仁杰屡以老疾乞骸骨，太后不许。入见，常止其拜，曰："每见公拜，朕亦身痛。"仍免其宿直，戒其同僚曰："自非军国大事，勿以烦公。"辛丑，薨，太后泣曰："朝堂空矣！"自是朝廷有大事，众或不能决，太后辄叹曰："天夺吾国老何太早邪！"

译 文

武后垂拱四年戊子（公元688年）

任命文昌左丞狄仁杰为豫州刺史。当时正在整治越王李贞的党羽，被牵连的共有六七百家，登记没收家产的有五千口，司刑打算赶快行刑。狄仁杰向则天皇后密奏："这些人都是被连累的，我本打算公开上奏，但是这样就仿佛是在为罪人申辩；然而明知实情却不说话，又担心违反陛下仁慈体恤的旨意。"则天太后赦免这些人的死罪，将他们全部流放到丰州。途经宁州时，宁州的父老乡亲都在那里迎接慰劳他们，并且说："是狄仁杰让你们活下来的啊。"人们相互搀扶着在德政碑下哭泣，在那里举办了三天的斋戒之后才继续赶路。

当时张光辅还在豫州，将士们自恃有功，想要多得奖赏，狄仁杰不答应。张光辅大怒道："一个州将敢轻视元帅吗？"狄仁杰说："扰乱黄河以南的，是一个越王李贞罢了，如今一个李贞死了，却有一万个李贞出现了。" 张光辅诘问狄仁杰的话，狄仁杰说："明公你统领士兵三十万，要杀的只有越王李贞而已。城中的人听说官军赶到，翻过城墙出去投降的人很多，把四面城墙都踩成平坦的道路了，明公你放纵将士抢掠，杀死已经投降的人冒充军功，血流遍野，不是一万个李贞又是什么？我恨不得有尚方宝剑，架在你的脖子上，即使我死了也当作回家一般。" 张光辅无法反驳，回朝后，奏报狄仁杰对他不敬，于是狄仁杰被降职为复州刺史。

武后天授二年辛卯（公元691年）

太学生王循之上表，请求告假还乡，太后准许了。狄仁杰说："我听说君王只会把生杀大权掌握在手中，不放权给别人，其余的事情都交给有关部门处理。因此左、右丞，不办理刑徒以下的刑罚；左、右相，只处理流放以上的刑罚，因为地位逐渐尊贵的缘故。一个学生告假，是国子监丞和主簿应该管的事情，如果天子亲自处理，那么天下的事情都要您来亲自处理了。如果不愿意违反人们的意愿，建立一个制度就可以了。"太后觉得很有道理。

武后长寿元年壬辰（公元692年）

左台中丞来俊臣编织罪名告发平章事任知古、狄仁杰、裴行本、司农卿裴宣礼、前文昌左丞卢献、御史中丞魏元忠、潞州刺史李嗣真谋反。此前，来俊臣上奏请求颁发诏书，审讯一次就承认造反的人减免死刑。当任知古等人入狱，来俊臣以此引诱，狄仁杰说："大周革命，万物更新，唐代的旧臣，甘愿受死，我们的确造反了。"来俊臣这才稍加宽容。判官王德寿对狄仁杰说："尚书你一定会减免死刑了。我是受人驱使，只希望能获得些晋升的机会，麻烦尚书你牵连杨执柔，可以吗？"狄仁杰说："皇天在上，后土在下，狄仁杰怎么能做这种事？"于是狄仁杰一头撞在柱子上，血流满面，王德寿害怕了这才作罢。

狄仁杰既然已经承认谋反，有关部门准备上报行刑，不再严查。狄仁杰从被子上撕下一块布，把自己的冤情写在上面，藏在棉衣里面，对王德寿说："现在天热，请把棉衣拿给我的家人让他们把棉絮去掉。"王德寿同意了。狄仁杰的儿子狄光远得到书信，拿着书信求见则天太后，说有急事，得到太后召见。则天太后看过书信，因此询问来俊臣，来俊臣回答："狄仁杰等人入狱，我从未剥夺他们的头巾和腰带，他们的住处也安排得很好，如果没有谋反的事实，他们怎么肯承认？"太后派通事舍人周琳前去探视，来俊臣暂时借给狄仁杰等人头巾和腰带，让他们在西面并排站好，让周綝探视；周綝不敢直视，只是东西环顾唯唯诺诺地应答而已。来俊臣又伪造了狄仁杰等人的谢死罪表，让周綝呈送给太后。

乐思晦的儿子不满十岁，被没籍收入司农寺为奴，他要求上报谋反罪状，得到则天太后召见。太后询问案情，他答道："我的父亲已经死了，家也已经败落，只可惜陛下的刑法被来俊臣等人玩弄。陛下如果不信我的话，我请求挑选一些陛下向来信任的忠臣，提出谋反的罪状交给来俊臣，他们没有人会不承认谋反的。"太后稍稍醒悟，召见狄仁杰等人，问道："你们为什么承认谋反？"狄仁杰答："如果不承认，早就死在镣铐之下了。"太后说："为什么写谢死罪表？"答："没有写过。"太后把谢死罪表拿出来给他看，这才知道其中有诈，于是赦免这七个家族。庚午日，将任知古贬为江夏令，将狄仁杰贬为彭泽令，将裴宣礼贬为夷陵令，将魏元忠贬为涪陵令，将卢献贬为西乡令；将裴行本、李嗣真流放岭南。

孙万荣收拢散兵，重新振作军队士气，派别帅骆务整、何阿小为前锋，攻陷冀州，杀死刺史陆宝积，屠杀几千名官民；又攻打瀛洲，黄河以北因此震动。则天太后任命彭泽令狄仁杰为魏州刺史。前刺史独孤思庄害怕契丹攻来，将百姓全部驱赶入城，修缮城墙严加守卫。狄仁杰赶到后，把百姓全部遣散回去务农，说："敌军还远，怎么怕成这样？万一敌军来了，我亲自抵挡。"百姓十分高兴。

武承嗣、武三思希望自己被立为太子，几次派人劝说太后："自古以来天子没有把异姓人立为继承人的。"太后犹豫不决。狄仁杰经常不慌不忙地对太后说："文皇帝不顾风雨，亲自上阵杀敌，以此平定天下，将天下传给自己的子孙。太帝把两个儿子托付给陛下。陛下如今打算把皇位送别的家族，不是违抗天意吗？况且姑侄与母子哪个更亲？陛下立儿子为太子，那么去世之后，可以配飨太庙，后嗣承继无穷；立侄子为太子，那么我从没听说过侄子当了天子之后在太庙里供奉姑姑的。"太后说："这是我的家务事，你不需要干预。"狄仁杰说："君王以四海为家，四海之内，谁不是您的臣子，什么不是陛下的家务事？君王是国家的头，臣子是国家的四肢，本是同一个身体，况且我身处宰相之位，怎么能不干预呢？"又劝太后召回庐陵王。王方庆、王及善也规劝太后。太后稍稍醒悟。另一天，又对狄仁杰说："我梦见一只大鹦鹉的两个翅膀都折断了，是什么含义？"狄仁杰答："武，是陛下的姓氏，两个翅膀，是两个儿子啊。陛下重新起用两个儿子，那么两个翅膀就能展开了。"太后从此没有立武承嗣和武三思为太子的意向。

太后信任重用内史梁文惠公狄仁杰，群臣都不及狄仁杰的地位，太后常常称他为国老而不直呼他的姓名。狄仁杰习惯在朝堂上直言进谏引起争议，太后经常迁就他。狄仁杰曾经跟随太后出游，遇上大风吹落狄仁杰的头巾，当时马受惊不能控制，太后命令太子追上去牵住狄仁杰的马笼头。狄仁杰几次称病告老还乡，太后都不同意。狄仁杰入朝觐见，太后常常不让他跪拜，说："每次见你跪拜，我的身上都痛。"于是免去狄仁杰的夜班，告诫他的同僚说："如果不是军国大事，不要去烦扰他。"辛丑日，狄仁杰去世，太后哭着说："朝堂空了啊。"从此凡有朝廷大事，群臣不能决断的，太后就会叹息着说："老天为何这么早就夺走我的国老啊？"

卷二十七

姚崇直谏

原文

玄宗至道大圣大明孝皇帝开元二年甲寅，公元七一四年

中宗以来，贵戚争营佛寺，奏度人为僧，兼以伪妄；富户强丁多削发以避徭役，所在充满。姚崇上言："佛图澄不能存赵，鸠摩罗什不能存秦，齐襄、梁武，未免祸殃。但使苍生安乐，即是福身；何用妄度奸人，使坏正法！"上从之。丙寅，命有司沙汰天下僧尼，以伪妄还俗者万二千余人。

薛王业之舅王仙童，侵暴百姓，御史弹奏；业为之请，敕紫微、黄门覆按。姚崇、卢怀慎等奏："仙童罪状明白，御史所言无所枉，不可纵舍。"上从之。由是贵戚束手。

丙子，申王成义请以其府录事阎楚珪为其府参军，上许之。姚崇、卢怀慎上言："先尝得旨，云王公、驸马有所奏请，非墨敕皆勿行。臣窃以量材授官，当归有司；若缘亲故之恩，得以官爵为惠，踵习近事，实紊纪纲。"事遂寝。由是请谒不行。

或告太子少保刘幽求、太子詹事钟绍京有怨望语，下紫微省按问，幽求等不服。姚崇、卢怀慎、薛讷言于上曰："幽求等皆功臣，乍就闲职，微有沮丧，人情或然。功业既大，荣宠亦深，一朝下狱，虑惊远听。"戊子，贬幽求为睦州刺史，绍京为果州刺史，紫微侍郎王琚行边军未还，亦坐幽求党贬泽州刺史。

黄门监魏知古，本起小吏，因姚崇引荐，以至同为相。崇意轻之，请知古摄吏部尚书、知东都选事，遣吏部尚书宋璟于门下过官；知古衔之。

崇二子分司东都，恃其父有德于知古，颇招权请托；知古归，悉以闻。他日，上从容问崇："卿子才性何如？今何官也？"崇揣知上意，对曰："臣有三子，两在东都，为人多欲而不谨，是必以事干魏知古，臣未及问之耳。"上始以崇必为其子隐，及闻崇奏，喜问："卿安从知之？"对曰："知古微时，臣卵而翼之。臣子愚，以为知古必德臣，容其为非，故敢干之耳。"上于是以崇为无私，而薄知古负崇，欲斥之。崇固请曰："臣子无状，挠陛下法，陛下赦其罪，已幸矣；苟因臣逐知古，天下必以陛下为私于臣，累圣政矣。"上久乃许之。辛亥，知古罢为工部尚书。

开元三年乙卯，公元七一五年

怀慎与崇同为相，自以才不及崇，每事推之，时人谓之"伴食宰相。"

山东大蝗，民或于田旁焚香膜拜设祭而不敢杀，姚崇奏遣御史督州县捕而瘗之。议者以为蝗众多，除不可尽；上亦疑之。崇曰："今蝗满山东，河南、北之人，流亡殆尽，岂可坐视食苗，曾不救乎！借使除之不尽，犹胜养以成灾。"以乃从之。卢怀慎以为杀蝗太多，恐伤和气。崇曰："昔楚庄吞蛭而愈疾，孙叔杀蛇而致福，奈何不忍于蝗，而忍人之饥死乎？若使杀蝗有祸，崇请当之！"

开元四年丙辰，公元七一六年

山东蝗复大起，姚崇又命捕之。倪若水谓："蝗乃天灾，非人力所及，宜修德以禳之。刘聪时，常捕埋之，为害益甚。"拒御史，不从其命。崇牒若水曰："刘聪伪主，德不胜妖；今日圣朝，妖不胜德。古之良守，蝗不入境。若其修德可免，彼岂无德致然？"若水乃不敢违。夏，五月，甲辰，敕委使者详察州县捕蝗勤惰者，各以名闻。由是连岁蝗灾，不至大饥。

姚崇无居第，寓居罔极寺，以病痁谒告。上遣使问饮食起居状，日数十辈。源乾曜奏事或称旨，上辄曰："此必姚宗之谋也。"或不称旨，辄曰："何不与姚崇议之！"乾曜常谢实然。每有大事，上常令乾曜就寺问崇。癸卯，乾曜请迁崇于四方馆，仍听家人入侍疾；上许之。崇以四方馆有簿书，非病者所宜处，固辞。上曰："设四方馆，为官吏也；使卿居之，为社稷也。恨不可使卿居禁中耳，此何足辞！"

崇子光禄少卿彝、宗正少卿异，广通宾客，颇受馈遗，为时所讥。主书赵诲为崇所亲信，受胡人赂，事觉，上亲鞫问，下狱当死。崇复营救，上由是不悦。会曲赦京城，敕特标诲名，杖之一百，流岭南。崇由是忧惧，数请避相位，荐广州都督宋璟自代。

姚、宋相继为相，崇善应变成务，璟善守法持正；二人志操不同，然协心辅佐，使赋役宽平，刑罚清省，百姓富遮。唐世贤相，前称房、杜，后称姚、宋，他人莫得比焉。二人每进见，上辄为之起，去则临轩送之。及李林甫为相，虽宠任过于姚、宋，然礼遇殊卑薄矣。紫微舍人高仲舒博通典籍，齐澣练习时务，姚、宋每坐二人以质所疑，既而叹曰："欲知古，问高群，欲知今，问齐君，可以无缺政矣。"

译　文

唐玄宗开元二年甲寅（公元714年）

唐中宗以来，皇亲贵戚营造佛寺，上奏请求度普通人出家，其中有许多弄虚作假的；有钱人家的男丁大多剃光头发冒充和尚来躲避徭役，这样的事情到处都是。姚崇上奏："佛图澄不能保全赵国，鸠摩罗什不能保全秦国，齐襄王、梁武帝，都没有幸免于灾祸。只要能让黎民百姓安乐，就是佛；哪用得着这些奸诈之人假扮成僧人，破坏法纪？"唐玄宗同意了。丙寅日，命令有关部门淘汰筛选天下僧尼，让假冒成僧人的还俗，多达一万两千多人。

薛王李业的舅舅王仙童，暴虐侵犯百姓，御史弹劾他，李业替他求情，唐玄宗下令让紫微、黄门审查此案。姚崇、卢怀慎等人上奏："王仙童罪状明白，御史所说的没有冤枉他的，不能纵容他。"唐玄宗同意了。因此皇亲贵戚们都收敛了一些。

丙子日，申王李成义请求任命他府中的录事阎楚珪为申王府中的参军，唐玄宗准许了。姚崇、卢怀慎上奏："我在此之前得到陛下的圣旨，说王公、驸马有所奏请，如果没有陛下亲笔书写的墨敕，均不能执行。我私下觉得根据才能授以官职这件事，应该归有关部门处

●遣归方士

理；如果是因为亲戚的缘故，就授给官爵，那是延续了弊政，这样会紊乱朝廷纲纪。"这件事于是作罢，从此请求官职的风气禁止。

有人告太子少保刘幽求、太子詹事钟绍京有怨愤之语，唐玄宗下发紫微省审理，刘幽求等人不服。姚崇、卢怀慎、薛讷对唐玄宗说："刘幽求等人都是功臣，刚刚担任闲职，稍微有些沮丧，这是人之常情。他们功劳很大，荣宠也深，一旦入狱，恐怕天下人会震惊。"戊子日，将刘幽求贬为睦州刺史，将钟绍京贬为果州刺史，因为紫微侍郎王琚去边塞行军没有回来，也受刘幽求事情的牵连，被贬为泽州刺史。

黄门监魏知古，本是小官吏出身，因为姚崇的引荐，才能和姚崇同朝为相。姚崇对魏知古有些轻视，让魏知古担任吏部尚书，负责东都洛阳选举官吏的事情，另外派吏部尚书宋璟在门下省为官，魏知古因此对姚崇不满。

姚崇的两个儿子分别在东都为官，自认为他们的父亲对魏知古有恩，大肆揽权，私下替别人向魏知古请求官职；魏知古回到京城，把这些事都告诉了唐玄宗。一天，唐玄宗悠闲地问姚崇："你的儿子性情如何？如今担任什么官职？"姚崇猜到唐玄宗的意思，答道："我有三个儿子，两个在东都，为人欲望多又不谨慎，因此一定有事打扰到了魏知古，我还没来得及过问。"唐玄宗一开始以为姚崇一定会替自己的儿子隐瞒，当听到姚崇的话，高兴地问："你是怎么知道的？"姚崇答："魏知古地位卑微的时候，我曾多方关照他。我的儿子愚钝，认为魏知古一定会感念我的恩德，纵容他们胡作非为，因此敢托魏知古办事。"唐玄宗因此认为姚崇无私，反而看不起魏知古忘恩负义，打算斥责他。姚崇执意恳请："我的儿子不懂事，扰乱陛下的法纪，陛下能赦免他们的罪过，已经是万幸了；如果因为我的缘故斥责魏知古，天下人一定会认为陛下偏袒我，牵累陛下的圣君的名声。"唐玄宗想了很久才同意。辛亥日，罢免魏知古为工部尚书。

唐玄宗开元三年乙卯（公元715年）

卢怀慎与姚崇同朝为相，自认为才能不如姚崇，每件事情都要请姚崇处理，当时人们称卢怀慎为"伴食宰相"。

山东遭遇大蝗灾，百姓都在田边焚香膜拜摆设祭坛却不敢杀死蝗虫，姚崇上奏派御史督管州县官员捕杀蝗虫。朝中官员认为蝗虫太多，无法除尽；唐玄宗也有些怀疑。姚崇说："如今蝗虫布满山东，河南、河北的人，都流亡走光了，怎么能看着蝗虫吃光田间的小苗，却不救百姓呢？即使除不尽，也比养着它们最终形成灾祸要好。"唐玄宗这才同意。卢怀慎认为杀死的蝗虫太多，恐怕会伤了和气。姚崇说："当年楚庄王吞下水蛭才治好疾病，孙叔杀死蛇才带来福气，怎么能不忍心杀蝗虫，却忍心看百姓饿死呢？如果杀蝗虫会带来灾祸，那就让我来承受吧。"

资治通鉴

唐玄宗开元四年丙辰（公元716年）

山东蝗灾再次爆发，姚崇又下令捕杀。倪若水说："蝗灾是天灾，不是人力能控制的，应该修习德行来消除灾祸。刘聪当政时，曾经捕杀埋葬蝗虫，灾情反而更严重了。"于是他们抵制号召捕杀蝗虫的御史，不遵从他的命令。姚崇下发给倪若水的文书写道："刘聪是假皇帝，德比不过妖；如今是圣朝，妖比不过德。古时贤能的州郡长官，不会让蝗虫进入境内。如果修习德行就能避免蝗灾，难道是皇上无德导致的吗？"倪若水这才不敢违抗命令。夏季，五月，甲辰日，唐玄宗下诏委派使者去详细察访各州县捕杀蝗虫的情况，勤奋和懒惰的，各自以实情上报。因此，尽管连年遭遇蝗灾，却不至于引发大的饥荒。

姚崇没有居所，寄居在罔极寺里，曾因身患疟疾告假。唐玄宗派使者慰问姚崇的饮食起居，每天派来几十拨人。源乾曜上奏言事时，每当他的回答符合唐玄宗的心意，唐玄宗就会说："这一定是姚崇的主意。"如果不称心，就会说："怎么不和姚崇商量一下？"源乾曜常常谢罪说的确如此。每当遇到大事，唐玄宗总是让源乾曜亲自前往罔极寺中询问姚崇的意见。癸卯日，源乾曜请求将姚崇的住所迁到四方馆，并准许他的家人前去照料，唐玄宗同意了。姚崇认为四方馆中有藏书，不是病人应该住的地方，坚决辞谢。唐玄宗说："设立四方馆，就是为了官员；让你住在那里，是为了国家。我恨不得让你住在宫中，有什么值得请辞的？"

姚崇的儿子光禄少卿姚彝、宗正少卿姚异，广招宾客，接受了许多馈赠，被当时的人们非议。主书赵诲是姚崇的亲信，接受胡人的贿赂，事发后，唐玄宗亲自审问，应当入狱处死。姚崇将赵诲营救出来，唐玄宗因此不高兴。正逢特赦在京城的囚犯，下令特意标注赵诲的名字，将他杖刑一百，流放岭南。姚崇因此害怕，几次请求辞去相位，推荐广州都督宋璟代替自己。

姚崇、宋璟相继担任丞相，姚崇善于随机应变圆满完成任务，宋璟坚守法纪坚持正道；这两人志向节操不同，但齐心协力辅佐朝政，让赋税和徭役更加宽松公平，刑法更加清楚，百姓也更加富裕。唐朝世代贤相，之前有房玄龄、杜如晦，后来有姚崇、宋璟，其他人都比不上他们。这两人每次觐见，唐玄宗都会为他们起身，离开时则会亲自送到前殿。当李林甫担任丞相时，虽然皇帝对他的恩宠超过姚崇和宋璟，但是礼遇却比他们差很多。紫微舍人高仲舒博古通今精通典籍，齐澣擅长当时政务，姚崇和宋璟每当有疑难问题时都会去请教这两个人，后来感叹道："想要知道古事，就问高仲舒；想要知道现在的事，就问齐澣，这样处理政务就不会有差错了。"

卷三十三

安史之乱

玄宗至道大圣大明孝皇帝天宝十三年甲午，公元七五四年

春，正月，己亥，安禄山入朝。是时杨国忠言禄山必反，且曰："陛下试召之，必不来。"上使召之，禄山闻命即至。庚子，见上于华清宫，泣曰："臣本胡人，陛下宠擢至此，为国忠所疾，臣死无日矣！"上怜之，赏赐巨万，由是益亲信禄山，国忠之言不能入矣。太子亦知禄山必反，言于上，上不听。

安禄山求兼领闲厩、群牧；庚申，以禄山为闲厩、陇右群牧等使。禄山又求兼总监；壬戌，兼知总监事。禄山奏以御史中丞吉温为武部侍郎，充闲厩副使，杨国忠由是恶温。禄山密遣亲信选健马堪战者数千匹，别饲之。

己丑，安禄山奏："臣所部将士讨奚、契丹、九姓、同罗等，勋效甚多，乞不拘常格，超资加赏，仍好写告身付臣军授之。"于是除将军者五百余人，中郎将者二千余人。禄山欲反，故先以此收众心也。

三月，丁酉朔，禄山辞归范阳。上解御衣以赐之，禄山受之惊喜。恐杨国忠奏留之，疾驱出关。乘船沿河而下，令船夫执绳板立于岸侧，十五里一更，昼夜兼行，日数百里，过郡县不下船。自是有言禄山反者，上皆缚送之。由是人皆知其将反，无敢言者。

禄山之发长安也，上令高力士饯之长乐坡，及还，上问："禄山慰意乎？"对曰："观其意怏怏，必知欲命为相而中止故也。"上以告国忠，曰："此议他人不知，必张垍兄弟告之也。"上怒，贬张均为建安太守，垍为卢溪司马，垍弟给事中埱为宜春司马。

天宝十四年乙未，公元七五五年

二月，辛亥，安禄山使副将何千年入奏，请以蕃将三十二人代汉将，上命立进画，给告身。韦见素谓杨国忠曰："禄山久有异志，今又有此请，其反明矣。明日见素当极言；上未允，公其继之。"国忠许诺。壬子，国忠、见素入见，上迎谓曰："卿等有疑禄山之意邪？"见素因极言禄山反已有迹，所请不可许，上不悦，国忠逡巡不敢言，上竟从禄山之请。他日，国忠、见素言于上曰："臣有策可坐消禄山之谋。今若除禄山平章

事，召诣阙，以贾循为范阳节度使，吕知诲为平卢节度使，杨光翙为河东节度使，则势自分矣。"上从之。已草制，上留不发，更遣中使辅璆琳以珍果赐禄山，潜察其变。璆琳受禄山厚赂，还，盛言禄山竭忠奉国，无有二心。上谓国忠等曰："禄山，朕推心待之，必无异志。东北二虏，藉其镇遏。朕自保之，卿等勿忧也！"事遂寝。

安禄山归至范阳，朝廷每遣使者至，皆称疾不出迎，盛陈武备，然后见之。裴士淹至范阳，二十余日乃得见，无复人臣礼。杨国忠日夜求禄山反状，使京兆尹围其第，捕禄山客李超等，送御史台狱，潜杀之。禄山子庆宗尚宗女荣义郡主，供奉在京师，密报禄山，禄山愈惧。六月，上以其子成婚，手诏召禄山观礼，禄山辞疾不至。秋，七月，禄山表献马三千匹，每匹执控夫二人，遣蕃将二十二人部送。河南尹达奚珣疑有变，奏请"谕禄山以进车马宜俟至冬，官自给夫，无烦本军"。于是上稍寤，始有疑禄山之意。会辅璆琳受赂事亦泄，上托以他事扑杀之。上遣中使冯神威赍手诏谕禄山，如珣策；且曰："朕新为卿作一汤，十月于华清宫待卿。"神威至范阳宣旨，禄山踞床微起，亦不拜，曰："圣人安隐。"又曰："马不献亦可，十月灼然诣京师。"即令左右引神威置馆舍，不复见；数日，遣还，亦无表。神威还，见上，泣曰："臣几不得见大家！"

安禄山专制三道，阴蓄异志，殆将十年，以上待之厚，欲俟上晏驾然后作乱。会杨国忠与禄山不相悦，屡言禄山且反，上不听；国忠数以事激之，欲其速反以取信于上。禄山由是决意遽反，独与孔目官、太仆丞严庄、掌书记、屯田员外郎高尚、将军阿史那承庆密谋，自余将佐皆莫之知，但怪其自八月以来，屡飨士卒，秣马厉兵而已。会有奏事官自京师还，禄山诈为敕书，悉召诸将示之曰："有密旨，令禄山将兵入朝讨杨国忠，诸君宜即从军。"众愕然相顾，莫敢异言。十一月，甲子，禄山发所部兵及同罗、奚、契丹、室韦凡十五万众，号二十万，反于范阳。命范阳节度副使贾循守范阳，平卢节度副使吕知诲守平卢，别将高秀岩守大同；诸将皆引兵夜发。

诘朝，禄山出蓟城南，大阅誓众，以讨杨国忠为名，榜军中曰："有异议扇动军人者，斩及三族！"于是引兵而南。禄山乘铁舆，步骑精锐，烟尘千里，鼓噪震地。时海内久承平，百姓累世不识兵革，猝闻范阳兵起，远近震骇。河北皆禄山统内，所过州县，望风瓦解。守令或开门出迎，或弃城窜匿，或为所擒戮，无敢拒之者。禄山先遣将军何千年、高邈将奚骑二十，声言献射生手，乘驿诣太原。乙丑，北京副留守杨光翙出迎，因劫之以去。太原具言其状。东受降城亦奏禄山反。上犹以为恶禄山者

●安禄山起兵反唐

诈为之，未之信也。

庚午，上闻禄山定反，乃召宰相谋之。杨国忠扬扬有得色，曰："今反者独禄山耳，将士皆不欲也。不过旬日，必传首诣行在。"上以为然，大臣相顾失色。上遣特进毕思琛诣东京，金吾将军程千里诣河东，各简募数万人，随便团结以拒之。辛未，安西节度使封常清入朝，上问以讨贼方略，常清大言曰："今太平积久，故人望风惮贼。然事有逆顺，势有奇变，臣请走马诣东京，开府库，募骁勇，挑马棰渡河，计日取逆胡之首献阙下！"上悦。壬申，以常清为范阳、平卢节度使。常清即日乘驿诣东京募兵，旬日，得六万人；乃断河阳桥，为守御之备。

肃宗文明武德大圣大宣孝皇帝至德元年丙申，公元七五六年

春，正月，乙卯朔，禄山自称大燕皇帝，改元圣武，以达奚珣为侍中，张通儒为中书令，高尚、严庄为中书侍郎。

译文

唐玄宗天宝十三年甲午（公元754年）

春季，正月，己亥，安禄山入朝。当时杨国忠说安禄山一定会造反，还说："陛下试着召他进宫，他一定不来。"唐玄宗派人召见安禄山，安禄山听到命令立刻就赶到了。庚子日，安禄山在华清宫觐见唐玄宗，哭着说："我本是胡人，受陛下如此恩宠，被杨国忠嫉恨，恐怕很快就被他害死了。"唐玄宗可怜他，给了许多赏赐，从此后更加亲近信任安禄山，杨国忠的话再也不听。太子也知道安禄山一定会造反，对唐玄宗说，唐玄宗不听。

安禄山请求兼任厩使、群牧等职；庚申日，任命安禄山为闲厩、陇右群牧等职，安禄山又请求兼任群牧总监；壬戌日，任命安禄山兼任总监。安禄山上奏请求任命中丞吉温为武部侍郎，充任闲厩副使，杨国忠因此厌恶吉温。安禄山秘密派亲信挑选了几千匹善于征战的强健战马，放到别处饲养。

己丑日，安禄山上奏："我率领的将士讨伐奚、契丹、九姓、同罗等部落，功勋

卓著，请求陛下不要拘泥于常规，破格加赏，并恳请写好委任状，由我在军中颁发给他们。"于是安禄山手下被任命为将军的有五百多人，被任命为中郎将的有两千多人。安禄山想要造反，因此先用这种方法收买人心。

三月，丁酉朔日，安禄山辞官返回范阳。唐玄宗脱下身上的衣服赏赐给他，安禄山十分惊喜地接受了。他担心杨国忠上奏将他留下来，策马急速出关，乘船沿黄河而下，命令船夫手执拉纤的绳与板站在岸边，每隔十五里一换，日夜不停地赶路，每天前行几百里，经过郡县也不下船。从此只要有人说安禄山造反，唐玄宗都会把他们捆起来送给安禄山。因此人们都知道安禄山将要造反，却没人敢说。

安禄山从长安出发时，唐玄宗命令高力士在长乐坡为他饯行，当高力士返回，唐玄宗问："安禄山满意吗？"高力士答："我看他快快不乐，一定是知道陛下打算任命他为丞相却中途改变的缘故。"唐玄宗把这件事告诉杨国忠，杨国忠说："这件事别人不知道，一定是张垍兄弟告诉的。"唐玄宗大怒，贬张均为建安太守，贬张垍为卢溪司马，贬张垍的弟弟给事中张埱为宜春司马。

唐玄宗天宝十四年乙未（公元755年）

二月，辛亥日，安禄山派副将何千年入朝禀奏，请求用三十二名蕃将代替汉将，唐玄宗命令立刻策划，给予任命状。韦见素对杨国忠说："安禄山早就打算造反，如今又做出这样的请求，造反的意图很明显了。明天我要竭力陈说，如果皇上不准许，你就继续说。"杨国忠答应了。壬子日，杨国忠、韦见素入朝觐见，唐玄宗迎上去对他们说："你们一定是有怀疑安禄山的想法吧？"韦见素于是竭力陈说已经有迹象表明安禄山造反，安禄山的请求一定不能准许。唐玄宗不高兴，杨国忠有所顾虑不敢说话，唐玄宗全部准许了安禄山的请求。另一天，杨国忠、韦见素对唐玄宗说："我有方法可以消除安禄山的阴谋。现在如果免除安禄山的平章事，召他来京城，任命贾循为范阳节度使，吕知诲为平卢节度使，杨光翙为河东节度使，形势自然就分明了。"唐玄宗同意了，草拟了诏书，却留下来不发出去，又派中使辅璆琳带着珍稀果品赏赐给安禄山，秘密观察他的意图，辅璆琳接受了安禄山的丰厚贿赂，返回，极力言说安禄山忠诚报国，没有二心。唐玄宗对杨国忠等人说："安禄山，我用真心对待他，他一定不会有二心。东北方向的两伙贼人，还要靠他镇抚，我可以保证他不会谋反，你们不用担心了。"事情就这样搁置了。

安禄山回到范阳，朝廷每次派来使者，他都称病不出来迎接，只有布置好武器装备，才会接见使者。裴士淹抵达范阳，等了二十多天才被接见，安禄山也并没有对唐玄宗表示臣子的礼节。杨国忠日夜寻找安禄山谋反的迹象，派京兆尹包围安禄山的府邸，抓捕安禄山的门客李超等人，押送御史台监狱，秘密处死。安禄山的儿子安庆宗娶了皇室宗女

唐纪

荣义郡主，在京城侍奉，秘密将这件事告诉安禄山，安禄山越发恐惧。六月，唐玄宗因为皇子成婚，打算召安禄山来观礼，安禄山称病不来。秋季，七月，安禄山上表请求献给朝廷三千匹马，每匹马由两名马夫牵引，派二十二名蕃将押送。河南尹达奚珣怀疑安禄山造反，上奏请求"告诉安禄山等到冬天再进献车马，官府亲自派遣马夫，无需劳烦安禄山的军队"。于是唐玄宗稍稍醒悟，开始怀疑安禄山有谋反意图。正巧辅璆琳受贿的事情败露，唐玄宗用别的事情作借口将其抓捕处死。唐玄宗派中使冯神威给安禄山送去皇帝亲手写的诏书，按照达奚珣的计策；还说："我为你新修了一座汤池，十月在华清宫等你。"冯神威来到范阳宣旨，安禄山坐在床上微微起身，也不跪拜，说："皇上还好吗？"还说："不献马也可以，我十月一定去京城。"之后立刻命令手下将冯神威带到馆舍安置，不再接见；几天后，打发冯神威回京，也没有上表。冯神威回到京城，见到唐玄宗，哭着说："我险些见不到大家了。"

安禄山一人兼任三道节度使，阴谋造反，已经将近十年了，因为唐玄宗厚待他，才想等唐玄宗驾崩之后再谋反。正巧杨国忠与安禄山不和，经常说安禄山将要谋反，唐玄宗不信；杨国忠几次用事情激安禄山，想要让他快点造反以此让唐玄宗相信自己。安禄山因此决定立刻谋反，独自与孔目官、太仆丞严庄，掌书记、屯田员外郎高尚，将军阿史那承庆密谋，其余的将领都不知道，只是奇怪自从八月以来，几次犒赏士卒，却只是厉兵秣马而已。赶上有奏事官从京城返回，安禄山伪造诏书，展开给全部将领看，说："有密旨，让我率兵入朝讨伐杨国忠，你们要立刻从军出发。"众人都惊讶地相互看，没人敢有异议。十一月，甲子，安禄山派出部下军队，与罗、奚、契丹、室韦部落的军队加起来共十五万人，号称二十万，在范阳起兵造反。命令范阳节度副使贾循镇守范阳，平卢节度副使吕知诲镇守平卢，别将高秀岩镇守大同；各将领全都率兵连夜出发。

第二天早上，安禄山从蓟城南出发，检阅誓师，以讨伐杨国忠为名号，在军中发文告说："有异议煽动军心的，诛杀三族。"之后率军向南出发。安禄山乘坐铁制舆车，步兵骑兵都是精锐部队，行军路上激起的烟尘长达千里，鼓噪声惊天动地。当时国内太平了很久，百姓几代人都没有见过兵器，突然听说范阳起兵，远近百姓都惊讶不已。黄河以北都归安禄山统辖，军队经过的州县，听说安禄山即将来到就纷纷瓦解。守城县令有的打开城门出城迎接，有的放弃城池逃走藏起来，有的被安禄山抓住杀死，没有人敢抵挡安禄山。安禄山先派将军何千年、高邈率领奚族骑兵二十名，声称向朝廷贡献精于骑射的武士，乘坐驿站的马来到太原。乙丑日，北京副留守杨光翙出城迎接，却被安禄山趁机劫走。太原官员将情况全部禀告给唐玄宗。东边投降的城池也都汇报安禄山谋反。唐玄宗还认为是讨厌安禄山的人在说谎，不相信。

庚午日，唐玄宗听说安禄山确定谋反，于是召宰相商量。杨国忠扬扬得意，说：
"如今谋反的人只有安禄山，将士们都不愿意谋反。不过十天，一定会把安禄山的头割下
来送到陛下所在的地方。"唐玄宗认为杨国忠说得对，大臣们却相视变了脸色。唐玄宗派
特进毕思琛前往东京，金吾将军程千里前往河东，各自拣选招募兵员几万人，各随便利，
联合起来抵抗安禄山。辛未日，安西节度使封常清入朝，唐玄宗向他询问讨贼方法，封常
清高声论述道："如今太平的日子太久，因此人们听到谋反的消息就对贼人忌惮。但是事
情都有变化，形势有发展，我请求骑马去往东京，打开官府仓库，招募骁勇善战的将士，
跃马挥师渡过黄河，用不了几天就会把叛贼安禄山的头颅献给陛下。"唐玄宗十分高兴。
壬申日，任命封常清为范阳、平卢节度使。封常清当天就骑着驿站的马去往东京招募兵
力，十天后，召集六万人；于是封锁河阳桥，为守御做准备。

唐肃宗至德元年丙申（公元756年）

　　春季，正月，乙卯朔日，安禄山自称大燕皇帝，改年号为圣武，任命达奚珣为侍
中，张通儒为中书令，高尚、严庄为中书侍郎。

卷三十五

李光弼守太原

原　文

肃宗文明武德大圣大宣孝皇帝至德二年丁酉，公元七五七年

　　史思明自博陵，蔡希德自太行，高秀岩自大同，牛廷介自范阳，引兵共十万，寇太原。
李光弼麾下精兵皆赴朔方，余团练乌合之众不满万人。思明以为太原指掌可取，既得之，
当遂长驱取朔方、河、陇。太原诸将皆惧，议修城以待之，光弼曰："太原城周四十里，
贼垂至而兴役，是未见敌先自困也。"乃帅士卒及民于城外凿壕以自固。作墼数十万，
众莫知所用；及贼攻城于外，光弼用之增垒于内，坏辄补之。思明使人取攻具于山东，
以胡兵三千卫送之，至广阳，别将慕容溢、张奉璋邀击，尽杀之。

　　思明围太原，月余不下，乃选骁锐为游兵，戒之曰："我攻其北则汝潜趣其南，
攻东则趣西，有隙则乘之。"而光弼军令严整，虽寇所不至，警逻未尝少懈，贼不得入。
光弼购募军中，苟有小技，皆取之，随能使之，人尽其用，得安边军钱工三，善穿地

道。贼于城下仰而侮詈,光弼遣人从地道中曳其足而入,临城斩之。自是贼行皆视地。贼为梯冲、土山以攻城,光弼为地道以迎之,近城辄陷。贼初逼城急,光弼作大砲,飞巨石,一发辄毙二十余人,贼死者什二三,乃退营于数十步外,围守益固。光弼遣人诈与贼约,刻日出降;贼喜,不为备。光弼使穿地道周贼营中,撑之以木。至期,光弼勒兵在城上,遣裨将将数千人出,如降状,贼皆属目。俄而营中地陷,死者千余人,贼众惊乱,官军鼓噪乘之,俘斩万计。会安禄山死,庆绪使思明归守范阳,留蔡希德等围太原。

译 文

唐肃宗至德二年丁酉（公元757年）

史思明从博陵、蔡希德从太行、高秀岩从大同、牛廷介从范阳发兵,叛军总数共十万,侵犯太原。李光弼军中精兵都赶赴朔方,剩余的团练兵都是乌合之众,不满一万人。史思明以为太原很快就能攻下来,如果占据太原,就可以长驱直入攻取朔方、河西、陇右。太原将领全都十分害怕,建议修固城池抵御叛军,李光弼说:"太原城方圆四十里,在叛军即将到来时修建城池,是没看见敌人而先困住自己。"于是率领士卒和百姓在城外挖壕沟来坚固城池。又让士卒做了几十万块砖,人们都不知道干什么用;当叛军来到城外攻城,李光弼用这些砖垒在城墙内,有毁坏的地方就立刻修补。史思明派人到崞山以东去取攻城的工具,让三千名胡兵护送过来,抵达广阳,被别将慕容溢、张奉璋阻击,将三千胡兵全部杀死。

史思明围攻太原,一个多月没有攻下来,于是挑选了骁勇精锐部队作为游击部队,告诫他们:"我攻打城北时你们就迅速秘密赶往城南,我攻打城东你们就秘密赶往城西,只要有缝隙就乘虚而入。"而李光弼军令严正,即使叛军没来,巡逻警戒也没有稍许懈怠,叛军无法入城。李光弼在军中悬赏招募,只要有小技能,都能入选,根据各自的才能任用,人尽其用。李光弼招募到安边军的三个铸钱工匠,他们善于挖地道。叛军在城下仰头朝城中辱骂,李光弼派人从地道里拽着叛军的脚把他们拉下来,押上城墙斩首。当时叛军行走时都低头盯着地面。叛军制作了云梯、土山来攻城,李光弼挖地道来迎战,这些工具只要靠近城边就会陷入地道中。敌军最初围攻太原城十分紧急,李光弼制作大炮,射出巨石,一发就能击毙二十多人,叛军十个人中被砸死两三个,于是撤退到军营几十步以外,围守更加坚固。李光弼派人假装与叛军结盟,约定当日出城投降;叛军大喜,不做防备。李光弼派人将地道一直挖到叛军营中,用木头支撑住。到达约定的期限,李光弼在城墙上指挥,派裨将率领几千人出城,做出投降的样子,叛军都注视着他们。忽然叛军军营中的土地凹陷下去，死了一千多人，叛军慌乱，朝廷官兵趁机鸣鼓喧哗前进，斩杀俘虏了上万叛军。正赶上安禄山死去，安庆绪派史思明返回镇守范阳，留蔡希德等人围攻太原。

张巡死守睢阳

原　文

肃宗文明武德大圣大宣孝皇帝至德二年丁酉，公元七五七年

庆绪以尹子奇为汴州刺史、河南节度使。甲戌，子奇以归、檀及同罗、奚兵十三万趣睢阳。许远告急于张巡，巡自宁陵引兵入睢阳。巡有兵三千人，与远兵合六千八百人。贼悉众逼城，巡督励将士，昼夜苦战，或一日至二十合；凡十六日，擒贼将六十余人，杀士卒二万余，众气自倍。远谓巡曰："远懦，不习兵，公智勇兼济，远请为公守，请公为远战。"自是之后，远但调军粮，修战具，居中应接而已，战斗筹画一出于巡。贼遂夜遁。

尹子奇复引大兵攻睢阳。张巡谓将士曰："吾受国恩，所守，正死耳。但念诸君捐躯命，膏草野，而赏不酬勋，以此痛心耳！"将士皆激励请奋。巡遂椎牛，大飨士卒，尽军出战。贼望见兵少，笑之。巡执旗，帅诸将直冲贼阵。贼乃大溃，斩将三十余人，杀士卒三千余人，逐之数十里。明日，贼又合军至城下，巡出战，昼夜数十合，屡摧其锋，而贼攻围不辍。

尹子奇益兵围睢阳益急，张巡于城中夜鸣鼓严队，若将出击者；贼闻之，达旦儆备。既明，巡乃寝兵绝鼓。贼以飞楼瞰城中，无所见，遂解甲休息。巡与将军南霁云、郎将雷万春等十余将各将五十骑开门突出，直冲贼营，至子奇麾下，营中大乱，斩贼将五十余人，杀士卒五千余人。巡欲射子奇而不识，乃剡蒿为矢，中者喜，谓巡矢尽，走白子奇，乃得其状，使霁云射之，丧其左目，几获之。子奇乃收军退还。

壬子，尹子奇复征兵数万，攻睢阳。先是，许远于城中积粮至六万石，虢王巨以其半给濮阳、济阴二郡，远固争之，不能得；既而济阴得粮，遂以城叛，而睢阳城至是食尽。将士人廪米日一合，杂以茶纸、树皮为食，而贼粮运通，兵败复征。睢阳将士死不加益，诸军馈救不至，士卒消耗至一千六百人，皆饥病不堪斗，遂为贼所围，张巡乃修守具以拒之。贼为云梯，势如半虹，置精卒二百于其上，推之临城，欲令腾入。巡预于城凿三穴，候梯将至，于一穴中出大木，末置铁钩，钩之使不得退；一穴中出一木，拄之使不得进；

一穴中出一木，木末置铁笼，盛火焚之，其梯中折，梯上卒尽烧死。贼又以钩车钩城上棚阁，钩之所及，莫不崩陷。巡以大木，末置连锁，锁末置大镮，揭其钩头，以革车拔之入城，截其钩头而纵车令去。贼又造木驴攻城，巡熔金汁灌之，应投销铄。贼又于城西北隅以土囊积柴为磴道，欲登城。巡不与争利，每夜，潜以松明、干蒿投之于中，积十余日，贼不之觉，因出军大战，使人顺风持火焚之，贼不能救，经二十余日，火方灭。巡之所为，皆应机立办，贼伏其智，不敢复攻，遂于城外穿三重壕，立木栅以守巡，巡亦于其内作壕以拒之。

睢阳士卒死伤之余，才六百人，张巡、许远分城而守之，巡守东北，远守西南，与士卒同食茶纸，不复下城。贼士攻城者，巡以逆顺说之，往往弃贼来降，为巡死战，前后二百余人。

译　文

唐肃宗至德二年丁酉（公元757年）

安庆绪任命尹子奇为汴州刺史、河南节度使。甲戌日，尹子奇率领归、檀、同罗、奚族士兵十三万人火速攻打睢阳。许远向张巡请求援助，张巡从宁陵率兵进入睢阳。张巡有兵力三千，与许远的兵力合起来有六千八百人。叛军全部兵力逼近睢阳城，张巡督导勉励将士，日夜苦战，有时一天交战二十次；总共交战十六天，捉拿叛军将领六十多人，杀死士卒两万多人，军队士气倍增。许远对张巡说："我许远懦弱，不懂兵法，你智勇双全，我请求替你守城，请你替我出战。"从此以后，许远只负责调运军粮，修缮战争用具，在城中接应而已，战斗筹划都由张巡负责。叛军于是连夜撤退。

尹子奇再次率大军攻打睢阳。张巡对将士说："我蒙受国恩，要死守睢阳城。但是一想到你们要为国捐躯，血染原野，而赏赐却难以酬劳你们所建立的功勋，我就为此痛心。"将士们都受到张巡的激励，请求奋战。张巡于是杀牛，犒赏士卒，派出全部兵力出战。敌军远远望见张巡的兵力少，都嘲笑张巡。张巡手执帅旗，率领各位将直冲叛军阵营。叛军溃败，三十多名将领被斩杀，士卒被杀死三千多人，张巡将叛军驱赶到几十里之外。第二天，叛军又合拢军队来到睢阳城下，张巡出战，一天一夜交战了几十次，几次挫败叛军的锋芒，但叛军却不放弃攻城。

尹子奇派出更多兵力围攻睢阳，情况愈发紧急，张巡夜晚在城中敲响战鼓严整军队，做出即将出击的样子；叛军听到声响，整夜警备。一直到天亮，张巡这才收兵，停止击鼓。叛军在飞楼上向城中俯瞰，没有看到军队，于是解下铠甲休息。张巡与将军南霁

云、郎将雷万春等十几人各自率领五十名骑兵打开城门突击出去，直接冲进叛军阵营，来到尹子奇军帐前面，营中大乱，斩杀叛军将领五十多人，杀死士卒五千多人。张巡想要射杀尹子奇，却又不认识，于是把蒿草削尖当作箭头，被射中的人都很高兴，认为张巡的箭射完了，都跑去向尹子奇汇报，张巡这才知道谁是尹子奇，派南霁云向他射箭，射中了尹子奇的左眼，差点将他抓获。尹子奇于是收兵撤退。

　　壬子日，尹子奇又招募几万士兵，攻打睢阳。之前，许远在城中积攒了六万石军粮，虢王李巨将其中一半给了濮阳、济阴两郡，许远执意反对，却没能成功；不久后济阴得到军粮，立刻连济阴城一同投降叛军，而睢阳城因此粮尽。将士们每日给米一合，掺杂茶纸、树皮作为粮食，而叛军的粮道通畅，战败之后反复来进攻。睢阳将士死伤后没有援兵，各路军队的支援救助也没有赶到，士卒减少到一千六百人，并且全都因饥饿生病无法战斗，于是睢阳城被叛军包围，张巡修缮战斗用具来抵抗叛军。叛军制作云梯，高大如同半个彩虹，让两百名精兵爬上去，再将云梯推到城墙边，想要翻越城墙入城。张巡提前在城墙边凿了三个洞穴，当云梯即将到达，从一个洞穴中伸出一根大木头，木头末端放置铁钩，勾住云梯使其无法后退；另一个洞穴中伸出一个木头，抵住云梯使其无法前进；另外一个洞穴中伸出一个木头，木头末端放置铁笼，里面盛放着火来烧云梯，云梯中间折断，梯上的士卒全被烧死。叛军又用钩车钩城上的城楼，钩子所到的地方，全部塌陷。张巡将大木头的末端放置链锁，锁的末端放置大环，套住叛军的钩车头，再用革车把钩车拽入城中，截断钩头再把车扔出去。叛军又制造木驴攻城，张巡用熔化的铁水浇木驴，木驴立刻被销毁。叛军又在城西北角落用土袋和木柴堆成阶梯，想要登城。

　　张巡不与叛军正面交锋，每到晚上，就偷偷把松明、干的蒿草扔到叛军搭建的阶梯里，这样做了十几天，叛军没有发觉，于是出兵大战，张巡派人顺风手持火把焚烧阶梯，叛军无法挽救，过了二十多天，火才烧灭。张巡的做法，都是随机应变，叛军都佩服他的智慧，不敢再进攻，于是在城外挖了三重壕沟，竖立木栅防守张巡，张巡也在城内挖壕沟抵抗叛军。

　　睢阳士卒死伤之后，仅剩六百人，张巡、许远把全城分为两部分，张巡镇守东北，许远镇守西南，与士卒一同以茶纸为食，不再下城。攻城的叛军，张巡对他们讲明逆顺的道理，许多人背弃叛军投降张巡，替张巡拼死交战，前后共有二百多人投降。

郭子仪收复长安

肃宗文明武德大圣大宣孝皇帝至德二年丁酉，公元七五七年

郭子仪以河东居两京之间，扼贼要冲，得河东则两京可图。时贼将崔乾祐守河东，丁丑，子仪潜遣人入河东，与唐官陷贼者谋，俟官军至，为内应。

郭子仪自洛交引兵趣河东，分兵取冯翊。己丑夜，河东司户韩旻等翻河东城迎官军，杀贼近千人。崔乾祐逾城得免，发城北兵攻城，且拒官军，子仪击破之。乾祐走，子仪追击之，斩首四千级，捕虏五千人，乾祐至安邑，安邑人开门纳之，半入，闭门击之，尽殪。乾祐未入，自白迳岭亡去。遂平河东。

戊辰，上劳飨诸将，遣攻长安，谓郭子仪曰："事之济否，在此行也！"对曰："此行不捷，臣必死之！"

郭子仪以回纥兵精，劝上益征其兵以击贼。怀仁可汗遣其子叶护及将军帝德等将精兵四千余人来至凤翔。上引见叶护，宴劳赐赉，惟其所欲。丁亥，元帅广平王俶将朔方等军及回纥、西域之众十五万，号二十万，发凤翔。俶见叶护，约为兄弟，叶护大喜，谓俶为兄。回纥至扶风，郭子仪留宴三日。叶护曰："国家有急，远来相助，何以食为！"宴毕，即行。日给其军羊二百口，牛二十头，米四十斛。

庚子，诸军俱发；壬寅，至长安城西，陈于香积寺北澧水之东。李嗣业为前军，郭子仪为中军，王思礼为后军。贼众十万陈于其北，李归仁出挑战，官军逐之，逼于其陈。贼军齐进，官军却，为贼所乘，军中惊乱，贼争趣辎重。李嗣业曰："今日不以身饵贼，军无孑遗矣。"乃肉袒，执长刀，立于阵前，大呼奋击，当其刀者，人马俱碎，杀数十人，阵乃稍定。于是嗣业帅前军各执长刀，如墙而进，身先士卒，所向摧靡。都知兵马使王难得救其裨将，贼射之中眉，皮垂鄣目。难得自拔箭，掣去其皮，血流被面，前战不已。

贼伏精骑于阵东，欲袭官军之后，侦者知之，朔方左厢兵马使仆固怀恩引回纥就击之，翦灭殆尽，贼由是气索。李嗣业又与回纥出贼阵后，与大军夹击，自午及酉，斩首六万级，填沟堑死者甚众，贼遂大溃。余众走入城，迨夜，嚣声不止。

唐肃宗至德二年丁酉（公元757年）

郭子仪认为河东位于两京之间，掐住叛军多条道路交会的地方，如果占据河东，收复两京就有希望。当时叛军将领崔乾祐镇守河东，丁丑日，郭子仪秘密派人潜入河东，与陷落叛军手中的大唐官员密谋，等官兵赶到，城中士兵就作为内应。

郭子仪从洛交率兵向河东进发，分出部分兵力攻取冯翊。己丑日夜晚，河东司户韩旻等人翻过河东城迎接官军，杀死近千名叛军。崔乾祐跳城逃走得以幸免，派出城北兵力攻城，抵抗官军，郭子仪将叛军击败。崔乾祐逃走，郭子仪在后面追击，斩杀四千人，俘虏五千人，崔乾祐抵达安邑，安邑人打开城门接纳叛军，当一半叛军入城之后，立刻关闭城门攻击叛军，将城中叛军全部杀死。崔乾祐没有入城，从白迳岭逃走。于是河东收复。

戊辰日，唐肃宗犒赏各将领，派他们攻打长安，唐肃宗对郭子仪说："事情是否成功，在此一举。"郭子仪答道："此战不胜，我定以死相报。"

郭子仪认为回纥兵力精良，劝唐肃宗征募更多的回纥士兵攻打叛军。怀仁可汗派他的儿子叶护和将军帝德等人率领精兵四千多人来到凤翔。唐肃宗引见叶护，设宴慰劳赏赐，满足他的一切要求。丁亥日，元帅广平王李俶率领朔方等地的军队以及回纥、西域的军队共十五万，号称二十万，从凤翔发兵。李俶见到叶护，两人结为兄弟，叶护十分高兴，叫李俶为兄长。回纥军队抵达扶风，郭子仪留军队宴饮三天。叶护说："国家有难，我们远道前来相助，怎么能只顾吃饭呢？"酒宴完毕之后，立刻前行。朝廷每天供给回纥军队两百头羊、二十头牛，四十斛米。

庚子日，各路军队一同出发；壬寅日，抵达长安城西，在香积寺以北澧水以东布阵。李嗣业作为前军，郭子仪为中军，王思礼为后军。叛军共十万人在北边列阵，李归仁出阵挑战，官军追赶他，追到敌军阵前。叛军一同前进，官军后退，被叛军趁机突击，官军大乱，叛军争抢官军物资。李嗣业说："今天不拼死抵抗，官军就无一幸存了。"于是李嗣业袒露上身，手持长刀，立于阵前，呐喊杀敌，碰到他刀锋的叛军，人马纷纷坠地，接连杀敌数十人，才稳定阵脚。李嗣业率领前军，每人都手持长刀，如墙而进，李嗣业身先士卒，军队所向披靡。都知兵马使王难得营救他的副将，叛军射中了王难得的眉骨，皮肤翻下来遮住了眼睛。王难得自己把箭拔下来，把皮扯掉，血流满面，依然不停止战斗。

叛军在阵营东侧埋伏精骑兵，想要从后面偷袭官军，被侦察兵发现，朔方左厢兵马使仆固怀恩率领回纥军队攻击叛军，将伏兵全部消灭，叛军因此士气大减。李嗣业又与回纥士兵绕到叛军后方，与大军夹击，从午时交战到酉时，斩杀六万名叛军，被填于沟壑中的死者很多，叛军溃散。剩下的叛军逃入城中，夜晚喧闹声不止。

卷四十二

财臣刘晏

德宗神武孝文皇帝建中元年庚申，公元七八〇年

初，安、史之乱，数年间，天下户口什亡八九，州县多为藩镇所据，贡赋不入，朝廷府库耗竭，中国多故，戎狄每岁犯边，所在宿重兵，仰给县官，所费不赀，皆倚办于晏。晏初为转运使，独领陕东诸道，陕西皆度支领之，末年兼领，未几而罢。

晏有精力，多机智，变通有无，曲尽其妙。常以厚直募善走者，置递相望，觇报四方物价，虽远方，不数日皆达使司，食货轻重之权，悉制在掌握，国家获利，而天下无甚贵甚贱之忧。常以为："办集众务，在于得人，故必择通敏、精悍、廉勤之士而用之；至于句检簿书、出纳钱谷，事虽至细，必委之士类；吏惟书符牒，不得轻出一言。"常言："士陷赃贿，则沦弃于时，名重于利，故士多清修；吏虽洁廉，终无显荣，利重于名，故吏多贪污。"然惟晏能行之，他人效者终莫能逮。其属官虽居数千里外，奉教令如在目前，起居语言，无敢欺给。当时权贵，或以亲故属之者，晏亦应之，使俸给多少，迁次缓速，皆如其志，然无得亲职事。其场院要剧之官，必尽一时之选。故晏没之后，掌财赋有声者，多晏之故吏也。

晏又以为户口滋多，则赋税自广，故其理财常以养民为先。诸道各置知院官，每旬月，具州县雨雪丰歉之状白使司，丰则贵籴(dí)，歉则贱粜(tiào)，或以谷易杂货供官用，及于丰处卖之。知院官始见不稔之端，先申，至某月须如干蠲免，某月须如干救助，及期，晏不俟州县申请，即奏行之，应民之急，未尝失时，不待其困弊、流亡、饿殍，然后赈之也。由是民得安其居业，户口蕃息。晏始为转运使，时天下见户不过二百万，其季年乃三百余万；在晏所统则增，非晏所统则不增也。其初财赋岁入不过四百万缗，季年乃千余万缗。

晏专用榷盐法充军国之用。时自许、汝、郑、邓之西，皆食河东池盐，度支主之；汴、滑、唐、蔡之东，皆食海盐，晏主之。晏以为官多则民扰，故但于出盐之乡置盐官，收盐户所煮之盐转鬻于商人，任其所之，自余州县不复置官。其江岭间去盐乡远者，转官盐于彼贮之。或商绝盐贵，则减价鬻之，谓之常平盐，官获其利而民不乏盐。其始江、

淮盐利不过四十万缗，季年乃六百余万缗，由是国用充足而民不困弊。其河东盐利，不过八十万缗，而价复贵于海盐。

先是，运关东谷入长安者，以河流湍悍，率一斛得八斗至者，则为成劳，受优赏。晏以为江、汴、河、渭，水力不同，各随便宜，造运船，教漕卒，江船达扬州，汴船达河阴，河船达渭口，渭船达太仓，其间缘水置仓，转相受给。自是每岁运谷或至百余万斛，无斗升沉覆者。船十艘为一纲，使军将领之，十运无失，授优劳，官其人。数运之后，无不斑白者。晏于扬子置十场造船，每艘给钱千缗。或言"所用实不及半，虚费太多。"晏曰："不然，论大计者固不可惜小费，凡事必为永久之虑。今始置船场，执事者至多，当先使之私用无窘，则官物坚牢矣。若遽与之屑屑校计锱铢，安能久行乎！异日必有患吾所给多而减之者；减半以下犹可也，过此则不能运矣。"其后五十年，有司果减其半。及咸通中，有司计费而给之，无复羡余，船益脆薄易坏，漕运遂废矣。

晏为人勤力，事无闲剧，必于一日中决之，不使留宿，后来言财利者皆莫能及之。

译 文

唐德宗建中元年庚申（公元780年）

当初，安史之乱，几年之间，天下百姓十个人中死了八九个人，州县大多被藩镇占据，朝贡税赋不入朝廷，朝廷库房消耗殆尽，然而国中变故仍旧频繁，戎狄部落每年侵犯边境，战事发生之处，朝廷驻扎重兵，军队全部依靠县官供养，花费的钱财不计其数，都要倚靠刘晏办理。刘晏当初担任转运使，独自主管陕东各道，陕西各道全由度支主管。到了后期，度支也由刘晏兼任，没过多久刘晏却被罢官。

刘晏精力充沛，头脑机智，善于变通，表达能力很强。常用高价招募善于走访的人，设置前后相望的驿站，偷偷查看各地物价，即使是很远的地方，不过几天也能将情况送到转运使司来，国家经济财政大权，都在掌握之中，国家获利，百姓也没有贫富贵贱的巨大差异。刘晏常认为："想要办成各种事务，在于是否能得到人才，因此一定要挑选通达聪慧、精明能干、廉洁勤勉的人来任用；至于检查财物出纳的簿册、钱粮收支等事务，虽然十分琐碎，但也一定要委托给读书人去做；官吏们只负责书写公文，不能轻易发表任何言论。"刘晏常说："读书人陷于贪赃受贿，就会被时局抛弃，名声重于利益，因此读书人大多操行洁美；官吏虽然清白廉洁，但终究没有显赫的荣耀，利益重于名声，因此官吏大多贪污。"但是这些方法只有刘晏能够实行，别人也效仿不来。刘晏属下的官员即使在千里之外任职，尊奉刘晏的教诲就如同刘晏在眼前一样，起居说话，不敢欺瞒。当时的权贵，有人将亲属故交嘱托给刘晏，刘晏也答应下来，领取俸禄的多少，升迁的快慢，都遵从他们的意愿，但从不让这些人亲自处理职事。他所管辖的场所中的重要官员，一定是当时竭尽全力选拔出来的。因此刘晏死后，掌管财政赋税的有名人物，都是刘晏旧时的手下官吏。

刘晏认为人口滋长，赋税的渠道自然就会拓宽，因此他理财常以安养百姓为先。各道分别设置了知院官，每隔十天、一个月，各州县的雨雪和收成状况都要据实上报给使司，如果丰收就高价买入粮食，如果歉收就贱卖粮食，或者用粮食交换杂货给官府使用，或者在丰收之处卖掉。知院官如果预见当年不能丰收的苗头，就必须提前申明到某月需要减免赋税，到某月需要提供救助，到了申明的日期，刘晏不等州县申请，就会向皇帝上奏执行，救助百姓的危急，从未曾错过救助时机，不会等到百姓困顿疲惫、流亡、饿死之后再赈济。因此百姓得以安居乐业，人口繁衍。刘晏刚做转运使时，当时天下可见的人口不过二百万，当他任职的后期，人口已经达到三百多万；在刘晏统辖的地方，人口就得到增长，不是刘晏统辖的地方，人口则没有增长。起初国家每年财政赋税收入不超过四百万缗，到刘晏任职后期则增长到一千多万缗。

刘晏专门用榷盐法满足军队和国家需求。当时从许州、汝州、郑州、邓州以西，都吃河东出产的池盐，由度支主管；汴州、滑州、唐州、蔡州以东，都吃海盐，由刘晏主管。刘晏认为官员太多则百姓会受到骚扰，因此只在出产盐的地方设置盐官，收盐户煮出来的盐再转卖给商人，任由商人自行买卖，其余州县不再设置官员。住在江岭之中距离出产食盐的地方比较远的人，就将官盐转运到居住地贮藏起来。有时盐商断绝，盐价上涨，就将官盐降价出售，将其称为常平盐，官府能够从中获利，百姓也不会缺盐食用。起初江、淮一带从食盐中获得的利润不超过四十万缗，到刘晏任职末期已经达到六百多万缗，因此国家用度充足而百姓也不会困顿疲惫。河东的食盐利润，不超过八十万缗，而价格却比海盐要贵。

之前，将关东的粮食运到长安的人，因为河流湍急，大抵一斛粮食能剩下八斗就算是成功，可以收到优厚的赏赐。刘晏认为长江、汴河、黄河、渭河的水力不同，应该各自根据便利，制造运船，训练运送漕粮的士兵，长江的船只运往扬州，汴河的船只运往河阴，黄河的船只运往渭口，渭河的船只运往太仓，路途中间在岸边设置粮仓，相互转送。从此每年运输的粮食可以达到一百多万斛，没有一斗一升的米沉入水中。每十艘船为一纲，派军将领统领，十次运输没有损失，就授予嘉奖，为其封官。多次运输之后，押运粮食的人没有不是头发斑白的。刘晏在扬子设置十处造船场，每艘船给一千缗钱。有人说："所用的钱实际上还不足半数，浪费太多。"刘晏说："不是这样，做大事的人不能

资治通鉴

舍不得小钱，凡事一定要为永久考虑。如今刚刚设置船场，管事的人很多，应该先让他们个人的生活不至于窘迫，那么官府使用的物品才能坚固牢靠。如果与他们斤斤计较锱铢必较，怎么能长久下去呢？某一天一定会有担心我给得太多而减少支出的人，减少半数以下还算可以，超过这个数量，那么制造出来的船根本就无法作为运输使用了。"五十年后，有关部门果然将造船的费用减去一半。到了咸通中年，有关部门计算费用付给工钱，没有多余的费用，船变得更脆更薄更容易坏，漕运因此被荒废了。

刘晏为人勤勉努力，无论清闲还是繁忙，事情一定要在一天之内解决，不能留到第二天，后来主管财政的官员没人能比得上他。

卷四十七

李泌单骑入陕州

原　文

德宗神武圣文皇帝贞元元年乙丑，公元七八五年

陕虢都知兵马使达奚抱晖鸩杀节度使张劝，代总军务，邀求旌节，且阴召李怀光将达奚小俊为援。上谓李泌曰："若蒲、陕连衡，则猝不可制。且抱晖据陕，则水陆之运皆绝矣。不得不烦卿一往。"辛丑，以泌为陕虢都防御水陆运使。上欲以神策军送泌之官，问"须几何人？"对曰："陕城三面悬绝，攻之未可以岁月下也，臣请以单骑入之。"上曰："单骑如何可入"？对曰："陕城之人，不贯逆命，此特抱晖为恶耳。若以大兵临之，彼闭壁定矣。臣今单骑抵其近郊，彼举大兵则非敌，若遣小校来杀臣，未必不更为臣用也。且今河东全军屯安邑，马燧入朝，愿敕燧与臣同辞皆行，使陕人欲加害于臣，则畏河东移军讨之，此亦一势也。"上曰："虽然，朕方大用卿，宁失陕州，不可失卿，当更使他人往耳。"对曰："他人必不能入。今事变之初，众心未定，故可出其不意，夺其奸谋。他人犹豫迁延，彼既成谋，则不得前矣。"上许之。泌见陕州进奏官及将吏在长安者，语之曰："主上以陕、虢饥，故不授泌节而领运使，欲令督江、淮米以赈之耳。陕州行营在夏县，若抱晖可用，当使将。有功，则赐旌节矣。"抱晖觇者驰告之，抱晖稍自安。泌具以语白上曰："欲使其士卒思米，抱晖思节，必不害臣矣。"上曰："善！"

戊申，泌与马燧俱辞行。庚戌，加泌陕虢观察使。

　　泌出潼关，鄜坊节度使唐朝臣以步骑三千布于关外，曰："奉密诏送公至陕。"泌曰："辞日奉进止，以便宜从事。此一人不可相蹑而来，来则吾不得入陕矣。"唐臣以受诏不敢去，泌写宣以却之，因疾驱而前。

　　抱晖不使将佐出迎，惟侦者相继。泌宿曲沃，将佐不俟抱晖之命来迎，泌笑曰："吾事济矣！"去城十五里，抱晖亦出谒。泌称其摄事保完城隍之功，曰："军中烦言，不足介意。公等职事皆按堵如故。"抱晖出而喜。泌既入城视事，宾佐有请屏人白事者。泌曰："易帅之际，军中烦言，乃其常理，泌到，自妥贴矣，不愿闻也。"由是反仄者皆自安。泌但索簿书，治粮储。明日，召抱晖至宅，语之曰："吾非爱汝而不诛，恐自今有危疑之地，朝廷所命将帅皆不能入，故丐汝余生，汝为我赍版、币祭前使，慎无入关，自择安处，潜来取家，保无它也。"泌之辞行也，上籍陕将预于乱者七十五人授泌，使诛之。泌既遣抱晖，日中，宣慰使至。泌奏"已遣抱晖，余不足问"。上复遣中使诣陕，必使诛之。泌不得已，械兵马使林滔等五人送京帅，恳请赦之。诏谪戍天德；岁余，竟杀之。而抱晖遂亡命，不知所之。

译文

唐德宗贞元元年乙丑（公元785年）

　　陕虢都知兵马使达奚抱晖用毒酒杀死节度使张劝，代理总军务，向唐德宗请求颁发旌节，并且秘密召来李怀光的将领达奚小俊作为支援。唐德宗对李泌说："如果蒲、陕联合，仓促之间难以控制。况且达奚抱晖占据陕州，那么水陆运输都会被他阻断。不得不劳烦你去一趟。"辛丑日，任命李泌为陕虢都防御水陆运使。唐德宗打算让神策军送李泌赴任，问"需要多少人"？李泌答："陕城三面险峻峭绝，不是一年半载能攻打下来的，我请求单人匹马进入陕城。"唐德宗说："单人匹马如何进入陕城？"李泌答："陕城的人，不习惯抗命，这次只是达奚抱晖一人作恶而已。如果看到大军来临，他一定会关闭城门只守不战的。如今我单人匹马抵达陕城近郊，如果达奚抱晖派大军阻拦，我一定不是对手，如果只派一个低级军官来杀我，未必不会被我利用。况且如今河东全军驻扎在安邑，马燧入朝，希望陛下下旨让马燧与我同时前往，即使陕城人想要加害于我，也会畏惧河东军队会前去讨伐他们，这也算是壮声势吧。"唐德宗说："虽然如此，但是我刚刚想要重用你，宁可失去陕州，不能失去你，再派别人去吧。"李泌说："别人一定无法进入陕州。如今变乱刚起，人心还没有安定，因此可以出其不意，威慑他们的阴谋。别人如果犹豫耽搁，当他们的阴谋成熟，就无法前往了。"唐德宗同意了。李泌见到在长安的陕州进奏官以及将领和官吏，对他们说："皇上因为陕州、虢州饥荒，因此不授给我节度使的职务而让我担任水陆运使的职责，想要让我督运江、淮一带的粮食来赈灾。陕州行营在夏县，如果达奚抱晖可用，就让他来率领行营吧。如果有功，就会把旌节赏赐给他。"达奚抱晖的密探驰马赶去报告，达奚抱晖这才稍稍安稳。李泌把这些话全部汇报给唐德宗："要让达奚抱晖的士卒惦记粮食，让达奚抱晖惦记旌节，就一定不会加害于我。"唐德宗说："好。"戊申日，李泌与马燧一同向唐德宗辞行。庚戌日，加封李泌为陕虢观察使。

李泌出了潼关，鄜坊节度使唐朝臣率领三千名步兵骑兵在关外布防，说："我奉密诏送你去陕州。"李泌说："向皇上辞行时我就已经奉旨见机行事。这次一个人都不要跟着我，如果跟着，我就无法进入陕州。"唐朝臣因为接受了诏命不敢离开，李泌写了一纸文书让他离开，之后就急速向前。

达奚抱晖不让高级军官出城迎接李泌，只有探子不断来往。李泌在曲沃留宿，高级军官们没有等到达奚抱晖的命令就已经前来迎接，李泌笑着说："我的事情成了。"距离陕城十五里，达奚抱晖也出城拜谒。李泌称赞他代理总军务后有保全城池的功劳，说："军中的闲言碎语，不必介意。你们的职务都和原来一样。"达奚抱晖出去后十分高兴。李泌进入陕城巡视，身边辅佐的人有人请求李泌屏退其他人禀告事情。李泌说："换帅的时候，军中会有闲言碎语，这是常理，我李泌来了，自然万事妥帖，不希望听到你讲这些事情。"于是不安的人都安定了下来。李泌只索要记录财物出纳的簿册，管理粮食储备。第二天，李泌召达奚抱晖到自己的住所，对他说："我不是因为怜惜你才不杀你，而是怕今后如果有危难之时，朝廷所任命的将帅都无法进入，因此才为你留条活路，你为我带着灵牌和祭奠器物去祭祀前任节度使，小心别再进入潼关，自己选择一处安全的地方，暗中来接走家眷，我保你不会发生意外。"李泌向唐德宗辞行时，唐德宗把陕州打算谋反的七十五人名单交给李泌，让李泌将他们处死。李泌已经将达奚抱晖打发走，中午，宣慰使来到。李泌上奏"已经将达奚抱晖打发走，其余人不值得审问了"。唐德宗再次派中使来宣旨，让李泌一定将他们处死。李泌不得已，只将兵马使林滔等五个人抓起来押送京城，并恳请唐德宗赦免他们。唐德宗颁发诏书命令他们戍守天德郡，一年多后，竟然将他们全部杀死。而达奚抱晖亡命天涯，不知所终。

卷五十六

裴度破蔡州

原文

宪宗昭文章武大圣至神孝皇帝元和十二年丁酉，公元八一七年

诸军讨淮、蔡，四年不克，馈运疲弊，民至有以驴耕者。上亦病之，以问宰相。李逢吉等竞言师老财竭，意欲罢兵。裴度独无言，上问之，对曰："臣请自往督战。"乙卯，上复谓度曰："卿真能为朕行乎？"对曰："臣誓不与此贼俱生！臣比观吴元济表，势实窘蹙，但诸将心不壹，不并力迫之，故未降耳。若臣自诣行营，诸将恐臣夺其功，必争进破贼矣。"上悦，丙戌，以度为门下侍郎、同平章事、兼彰义节度使，仍充淮西宣慰招讨处置使。又以户部侍郎崔群为中书侍郎、同平章事。制下，度以韩弘已为都统，不欲更为招讨，请但称宣慰处置使，仍奏刑部侍郎马总为宣慰副使，右庶子韩愈为彰义行军司马，判官、书记皆朝廷之选，上皆从之。度将行，言于上曰："臣若贼灭，则朝天有期；贼在，则归阙无日。"上为之流涕。

八月，庚申，度赴淮西，上御通化门送之。

李逢吉不欲讨蔡，翰林学士令狐楚与逢吉善，度恐其合中外之势以沮军事，乃请改制书数字，且言其草制失辞。壬戌，罢楚为中书舍人。

裴度过襄城南白草原，淮西人以骁骑七百邀之。镇将楚丘曹华知而为备，击却之。度虽辞招讨名，实行元帅事，以郾城为治所。甲申，至郾城。先是，诸道皆有中使监陈，进退不由主将，胜则先使献捷，不利则陵挫百端。度悉奏去之，诸将始得专军事，战多有功。

李祐言于李愬曰："蔡之精兵皆在洄曲，及四境拒守，守州城者皆羸老之卒，可以乘虚直抵其城。比贼将闻之，元济已成擒矣。"愬然之。冬十月，甲子，遣掌书记郑澥至郾城，密白裴度。度曰："兵非出奇不胜，常侍良图也。"

裴度帅僚佐观筑城于沱口，董重质帅骑出五沟，邀之，大呼而进，注弩挺刃，势将及度。李光颜与田布力战，拒之，度仅得入城。贼退，布扼其沟中归路。贼下马逾沟，

坠压死者千余人。

愬遣李进诚攻牙城，毁其外门，得甲库，取器械。癸酉，复攻之，烧其南门，民争负薪刍助之，城上矢如猬毛。晡时，门坏，元济于城上请罪，进诚梯而下之。甲戌，愬以槛车送元济诣京师，且告于裴度。是日，申、光二州及诸镇兵二万余人相继来降。

自元济就擒，愬不戮一人，凡元济官吏、帐下、厨厩之卒，皆复其职，使之不疑，然后屯于鞠场以待裴度。

董重质之去洄曲军也，李光颜驰入其壁，悉降其众。庚辰，裴度遣马总先入蔡州慰抚。辛巳，度建彰义军节，将降卒万余人入城，李愬具囊鞬出迎，拜于路左。度将避之，愬曰："蔡人顽悖，不识上下之分，数十年矣。愿公因而示之，使知朝廷之尊。"度乃受之。

裴度以蔡卒为牙兵，或谏曰："蔡人反仄者尚多，不可不备。"度笑曰："吾为彰义节度使，元恶既擒，蔡人则吾人也，又何疑焉！"蔡人闻之感泣。先是吴氏父子阻兵，禁人偶语于涂，夜不然烛，有以酒食相过从者罪死。度既视事，下令惟禁盗贼斗杀，余皆不问，往来者不限昼夜，蔡人始知有生民之乐。

译 文

唐宪宗元和十二年丁酉（公元817年）

各路军队讨伐淮、蔡，四年没能攻克，军粮匮乏，有些百姓甚至只能用驴来耕地。唐宪宗也为此忧虑，问宰相该如何解决。李逢吉等人争相说军队老化财力枯竭，想要停战。只有裴度不说话，唐宪宗问他，他才说："我请求亲自前去督战。"乙卯日，唐宪宗再次对裴度说："你真的能替我前去督战吗？"裴度答："我发誓不和敌军共存！我看了吴元济的奏表，形势的确困窘急促，但是各位将领并不齐心，没有协力逼迫他，因此还没有投降。如果我亲自前往行营，各将领恐怕我夺取他们的功劳，一定争抢着攻破敌军。"唐宪宗十分高兴，丙戌日，任命裴度为门下侍郎、同平章事兼彰义节度使，仍然担任淮西宣慰招讨处置使。又任命户部侍郎崔群为中书侍郎、同平章事。圣旨下达后，裴度任命韩弘已为都统，不想在自己的头衔上加上"招讨"二字，只请求称自己为宣慰处置使，同时奏请任命刑部侍郎马总为宣慰副使，右庶子韩愈为彰义行军司马，判官、书记都由朝廷任命，唐宪宗批准了裴度的全部请求。裴度临行前，对唐宪宗说："如果我消灭敌军，那么就有回来朝见天子的时候；如果敌军依然存在，那么我就没有返回朝廷的日子了。"唐宪宗为此伤心流泪。

八月，庚申日，裴度赶赴淮西，唐宪宗亲自前往通化门送行。

李逢吉不希望讨伐蔡州，翰林学士令狐楚与李逢吉交好，裴度担心他们里应外合破坏军事，于是申请在制书上更改几个字，并且说草拟的制书有言辞失当之处。壬戌日，唐宪宗将令狐楚贬为中书舍人。

裴度经过襄城南边的白草原，淮西人派来七百名骁勇骑兵阻截他。镇将楚丘人曹华得知这一情况提前做好防备，将淮西骑兵击退。裴度虽然推辞了官职中的"招讨"二字，但实际上是行使元帅的职责，将郾城作为政府驻地。甲申日，抵达郾城。之前，各道多有朝廷派出的宦官充任中使监阵，军队进退都不由主将决定，如果打了胜仗，中使就派人先去向朝廷报捷，如果战败，则百般羞辱主将。裴度将这些中使全部罢免，各将领终于能专心于军事，大多都立了战功。

李祐对李愬说："蔡州的精兵都在洄曲，并且都分布在四方边境驻守，镇守蔡州城的都是一些老弱残兵，可以乘虚直接攻往蔡州城。敌军将领发现时，吴元济已经被擒了。"李愬觉得有道理。冬季十月，甲子日，派掌书记郑澥抵达郾城，秘密向裴度禀告。裴度说："用兵只有出奇才能制胜，常侍这条计策很妙。"

裴度率领属下官员在沱口视察修筑城池的情况，董重质率领骑兵从五沟出兵，阻截裴度，大声呼喊着向前冲，剑拔弩张，即将逼近裴度。李光颜与田布奋力拼杀，将敌军击退，裴度这才能逃入城中。敌军退去，田布将敌军在五沟中的退路阻断。敌军下马翻过沟，掉落沟底被压死的有一千多人。

李愬派李进诚进攻牙城，毁坏牙城的外城门，攻占兵器库，夺取兵器。癸酉日，再次攻打，火烧牙城的南门，百姓争相背着柴草来让火烧得更旺，城墙上的箭像刺猬的毛一样密集地射下来。下午，南门被烧坏，吴元济在城墙上请罪，李进诚用梯子把他接了下来。甲戌日，李愬用槛车将吴元济送往京城，并且禀告裴度。当天，申、光二州及各镇守兵两万多人相继投降。

自从吴元济被抓，李愬没有再杀一个人，凡是吴元济的官员、部下、做饭养马的士卒，都恢复原先的职务，让他们不心生怀疑，之后驻扎在鞠场等待裴度。

董重质离开洄曲军营后，李光颜驰马赶到军营当中，将全部兵马招降。庚辰日，裴度派马总先进入蔡州抚慰军民。辛巳日，裴度手持彰义军的符节，率领一万多名投降士卒进入蔡州城，李愬全副武装出城迎接，在道路左侧向裴度下拜。裴度想要闪躲开，李愬说："蔡州城的人愚妄悖逆，不懂得区分上下级别，像这样已经几十年了。希望您能展示给他们看，让他们知道朝廷的尊贵。"裴度这才接受了李愬的拜礼。

裴度任命蔡州士卒为自己的亲兵，有人阻止道："蔡州还有很多人没有真心投降，不能不防备。"裴度笑着说："我是彰义节度使，首恶既然已经被抓，蔡州人就是我的人

了，有什么可怀疑的？”蔡州人听说后都感动哭泣。之前吴元济父子仗恃军队，禁止人们在道路上窃窃私语，夜晚不许点蜡烛，如果有人以酒饭相互往来，就叛死罪。裴度治理地方，下令只禁止盗贼、打斗、杀人，其余全不过问，人们相互往来没有白天黑夜的限制，蔡州人这才知道生活的乐趣。

卷六十一

甘露之变

原　文

文宗元圣昭献孝皇帝太和九年乙卯，公元八三五年

初，宋申锡获罪，宦官益横。上外虽包容，内不能堪。李训、郑注既得幸，揣知上意，训因进讲，数以微言动上。上见其才辩，意训可与谋大事，且以训、注皆因王守澄以进，冀宦官不之疑，遂密以诚告之。训、注遂以诛宦官为己任，二人相挟，朝夕计议，所言于上无不从，声势烜赫。注多在禁中，或时休沐，宾客填门，赂遗山积。外人但知训、注倚宦官擅作威福，不知其与上有密谋也。

郑注求为凤翔节度使，门下侍郎、同平章事李固言不可。丁卯，以固言为山南西道节度使，注为凤翔节度使。李训虽因注得进，及势位俱盛，心颇忌注。谋欲中外协势以诛宦官，故出注于凤翔。其实俟既诛宦官，并图注也。

李训、郑注密言于上，请除王守澄。辛巳，遣中使李好古就第赐鸩，杀之，赠扬州大都督。训、注本因守澄进，卒谋而杀之，人皆快守澄之受佞而疾训、注之阴狡，于是元和之逆党略尽矣。

始，郑注与李训谋，至镇，选壮士数百，皆持白棓，怀其斧，以为亲兵。是月，戊辰，王守澄葬于浐水，注奏请入护葬事，因以亲兵自随。仍奏令内臣中尉以下尽集浐水送葬，注因阖门，令亲兵斧之，使无遗类。约既定，训与其党谋："如此事成，则注专有其功，不若使行馀、璠以赴镇为名，多募壮士为部曲，并用金吾、台府吏卒，先期诛宦者，已而并注去之。"行馀、璠、立言、约及中丞李孝本，皆训素所厚也，故列置要地，独与是数人及舒元舆谋之，它人皆莫之知也。

壬戌，上御紫宸殿。百官班定，韩约不报平安，奏称："左金吾听事后石榴夜有甘露^{kuàng}，臣递门奏讫。"因蹈舞再拜，宰相亦帅百官称贺。训、元舆劝上亲往观之，以承天贶，上许之。百官退，班于含元殿。日加辰，上乘软舆出紫宸门，升含元殿。先命宰相及两省官诣左仗视之，良久而还。训奏："臣与众人验之，殆非真甘露，未可遽宣布，恐天下称贺。"上曰："岂有是邪！"顾左、右中尉仇士良、鱼志弘帅诸宦者往视之。宦者既去，训遽召郭行馀、王璠曰："来受敕旨！"璠股栗不敢前，独行馀拜殿下。时二人部曲数百，皆执兵立丹凤门外，训已先使人召之，令入受敕。独东兵入，邠宁兵竟不至。

　　仇士良等至左仗视甘露，韩约变色流汗。士良怪之曰："将军何为如是？"俄风吹幕起，见执兵者甚众，又闻兵仗声，士良等惊骇走出。门者欲闭之，士良叱之，关不得上。士良等奔诣上告变。训见之，遽呼金吾卫士曰："来上殿卫乘舆者，人赏钱百缗！"宦官曰："事急矣，请陛下还宫！"即举软舆，迎上扶升舆，决殿后罘罳^{fú sī}，疾趋北出。训攀舆呼曰："臣奏事未竟，陛下不可入宫！"金吾兵已登殿。罗立言帅京兆逻卒三百余自东来，李孝本帅御史台从人二百余自西来，皆登殿纵击，宦官流血呼冤，死伤者十余人，乘舆迤逦入宣政门，训攀舆呼益急，上叱之，宦者郗志荣奋拳殴其胸，偃于地。乘舆即入，门随阖，宦者皆呼万岁，百官骇愕散出。训知事不济，脱从吏绿衫衣之，走马而出，扬言于道曰："我何罪而窜谪！"人不之疑。王涯、贾𫖯、舒元舆还中书，相谓曰："上且开延英，召吾属议之。"两省官诣宰相请其故，皆曰："不知何事，诸公各自便！"士良等知上豫其谋，怨愤，出不逊语，上惭惧不复言。

　　士良等命左、右神策副使刘泰伦、魏仲卿等各帅禁兵五百人，露刃出阁门讨贼。王涯等将会食，吏白："有兵自内出，逢人辄杀！"涯等狼狈步走，两省及金吾吏卒千馀人填门争出。门寻阖，其不得出者六百余人皆死。士良等分兵闭宫门，索诸司，捕贼党。诸司吏卒及民酤贩在中者皆死，死者又千余人，横尸流血，狼藉涂地，诸司印及图籍、帷幕、器皿俱尽。又遣骑各千余出城追亡者，又遣兵大索城中。舒元舆易服单骑出安化门，禁兵追擒之。王涯徒步至永昌里茶肆，禁兵擒入左军。涯时年七十余，被以桎梏，掠治不胜苦，自诬服，称与李训谋行大逆，尊立郑注。王璠归长兴坊私第，闭门，以其兵自防。神策将至门，呼曰："王涯等谋反，欲起尚书为相，鱼护军令致意！"璠喜，出见之。将趋贺再三，璠知见绐，涕泣而行，至左军，见王涯曰："二十兄自反，胡为见引？"涯曰："五弟昔为京兆尹，不漏言于王守澄，岂有今日邪！"璠俯首不言。

又收罗立言于太平里，及涯等亲属奴婢，皆入两军系之。户部员外郎李元皋，训之再从弟也，训实与之无恩，亦执而杀之。故岭南节度使胡证，家巨富，禁兵利其财，托以搜贾𫠦入其家，执其子溵，杀之。又入左常侍罗让、詹事浑镈、翰林学士黎埴等家，掠其赀财，扫地无遗。镈，瑊之子也。坊市恶少年因之报私仇，杀人，剽掠百货。互相攻劫，尘埃蔽天。

癸亥，百官入朝，日出，始开建福门，惟听以从者一人自随，禁兵露刃夹道。至宣政门，尚未开。时无宰相御史知班，百官无复班列。上御紫宸殿，问："宰相何为不来？"仇士良曰："王涯等谋反系狱。"因以涯手状呈上，召左仆射令狐楚、右仆射郑覃等升殿示之。上悲愤不自胜，谓楚等曰："是涯手书乎？"对曰："是也！""诚如此，罪不容诛！"因命楚、覃留宿中书，参决机务。使楚草制宣告中外。楚叙王涯、贾𫠦反事浮泛，仇士良等不悦，由是不得为相。

李训素与终南僧宗密善，往投之。宗密欲剃其发而匿之，其徒不可。训出山，将奔凤翔，为盩厔镇遏使宋楚所擒，械送京师。至昆明池，训恐至军中更受酷辱，谓送者曰："得我者则富贵矣！闻禁兵所在搜捕，汝必为所夺，不若取我首送之！"送者从之，斩其首以来。

左神策出兵三百人，以李训首引王涯、王璠、罗立言、郭行馀；右神策出兵三百人，拥贾𫠦、舒元舆、李孝本献于庙社，徇于两市。命百官临视，腰斩于独柳之下，枭其首于兴安门外。亲属无问亲疏皆死，孩稚无遗，妻女不死者没为官婢。百姓观者怨王涯榷茶，或诟詈，或投瓦砾击之。

先是，郑注将亲兵五百，已发凤翔，至扶风。扶风令韩辽知其谋，不供具，携印及吏卒奔武功。注知训已败，复还凤翔。仇士良等使人赍密敕授凤翔监军张仲清令取注，仲清惶惑，不知所为。押牙李叔和说仲清曰："叔和为公以好召注，屏其从兵，于坐取之，事立定矣！"仲清从之，伏甲以待注。注恃其兵卫，遂诣仲清。叔和稍引其从兵，享之于外，注独与数人入。既啜茶，叔和抽刀斩注，因闭外门，悉诛其亲兵。乃出密敕，宣示将士，遂灭注家，并杀副使钱可复、节度判官卢简能、观察判官萧杰、掌书记卢弘茂等及其枝党，死者千余人。可复，徽之子；简能，纶之子；杰，俛之弟也。朝廷未知注死，丁卯，诏削夺注官爵，令邻道按兵观变。以左神策大将军陈君弈为凤翔节度使。戊辰夜，张仲清遣李叔和等以注首入献，枭于兴安门，人情稍安，京师诸军始各还营。

唐文宗太和九年乙卯（公元835年）

当初，宋申锡获罪，宦官愈发骄横。唐文宗对外虽然包容宦官，但在后宫中也有些无法忍受。李训、郑注得到唐文宗信任，能够揣度唐文宗的心意，李训因为给唐文宗讲解诗书文史，趁机几次以委婉的言辞劝说唐文宗。唐文宗见识到李训的才智机辩，觉得李训可以与自己谋划大事，况且李训、郑注都是凭借王守澄的缘故得以晋升，觉得宦官不会怀疑他们，于是将自己的想法偷偷告诉了他们。李训、郑注于是将诛杀宦官当作自己的责任，这二人相互依赖，日夜商议计策，他们的话唐文宗没有不采纳的，声望权势日益显赫。郑注大多数时间都在宫中，偶尔休假，登门的宾客众多，几乎堵塞门口，送来的用于行贿的财物堆积得像山一样。外人只知道李训、郑注倚靠宦官作威作福，不知道他们和唐文宗有密谋。

郑注申请担任凤翔节度使，门下侍郎、同平章事李固言不同意。丁卯日，任命李固言为山南西道节度使、郑注为凤翔节度使。李训虽然凭借郑注的关系得以晋升，但当他权势地位日益增长，心中对郑注十分忌惮，想要联合朝内外的势力来诛杀宦官，因此才将郑注外放到凤翔为官。其实李训是想等到诛杀宦官之后，一同将郑注也除掉。

李训、郑注向唐文宗密奏，请求除掉王守澄。辛巳日，派中使李好古到王守澄家中赐毒酒，将其毒死，追赠王守澄为扬州大都督。李训、郑注本是凭王守澄的关系晋升的，却最终密谋将王守澄杀死，人们在为奸佞王守澄被杀而拍手称快的同时，也厌恶李训、郑注的阴险狡诈，至此，元和年间的逆党几乎已经除尽。

起初，郑注与李训密谋，到了凤翔之后，挑选几百名壮士，全部手持棍棒，怀中揣着斧子，当作自己的亲兵。这一月，戊辰日，王守澄葬在浐水边，郑注上奏请求前去守护葬礼，因此让亲兵跟随自己。又上奏请求唐文宗下令，让中尉以下的宦官全部前往浐水边送葬，郑注趁机关上门，让亲兵们用斧子将所有宦官砍死，一个都不留。约定之后，李训与同党密谋："如果这件事做成，功劳就都归郑注了，不如让郭行馀、王璠以前去上任为名，前去任职地点多招募一些壮士作为亲兵，再加上金吾、台府官兵，在约定日期之前就把宦官全部诛杀，之后把郑注一同杀掉。"郭行馀、王璠、罗立言、韩约、中丞李孝本，都是李训向来厚待的人，因此将他们全部安置在重要的地方任职，李训只和他们以及舒元舆密谋这件事，其他人都不知道。

壬戌日，唐文宗驾临紫宸殿。百官列班站定，韩约不按规定报告平安，上奏称："左金吾衙门大厅后面的石榴树夜降甘露，昨夜我已经通过守门的宦官上奏报告此事。"之后行蹈舞礼，并向唐文宗下拜两次，宰相也率领百官为唐文宗道贺。李训、舒元舆劝唐

文宗亲自前去观看，以此承接上天馈赠，唐文宗答应了。百官退朝，列班站在含元殿。辰时刚过，唐文宗乘坐软轿出紫宸门，前往含元殿升朝。唐文宗先命令宰相和两省官到左金吾府衙后院查看，过了许久才回来。李训上奏：“我与大家检验了，好像不是真的甘露，不能急着宣布，以免天下人都为此庆贺。”唐文宗说：“岂有此理！”于是回头让左、右中尉仇士良、鱼志弘率领宦官们前去查看。宦官离开后，李训立刻召来郭行馀、王璠，对他们说：“快来接圣旨。”王璠两腿发抖不敢上前，只有郭行馀一人在殿下跪拜。当时这两人有几百名亲兵，都手执兵器站立在丹凤门外，李训已经先派人去召唤他们，令他们进入殿内接受诛杀宦官的敕命。然而只有郭行馀的河东亲兵进入含元殿，王璠的邠宁亲兵竟然没有来。

仇士良等人来到左金吾后院检视甘露，韩约变了脸色流汗不止。仇士良责怪道：“将军为何这样？”突然间风把帘幕吹了起来，露出许多手拿兵器的人，又听见兵器的声音，仇士良等人惊慌逃走。守门人想要把门关上，仇士良大声呵斥，门才没有关上。仇士良等人跑到唐文宗身边说有人造反。李训见到仇士良，立刻喊来金吾卫士，说：“来含元殿保护皇上的，每人赏一百缗钱。”宦官说：“事情紧急，请陛下回宫。”于是立刻抬起软轿，迎接唐文宗坐上去，冲断含元殿后面的丝网，快速向北跑出。李训扶着软轿喊道：“我还有事没有禀奏完，陛下不能回宫。”金吾兵已经登上含元殿。罗立言率领三百多名京兆府巡逻士卒从东边赶来，李孝本率领二百多名御史台随从从西边赶来，全都登上含元殿猛烈攻击宦官，宦官们都流血喊冤，死伤了十几个人，唐文宗的软轿缓慢行进到宣政门，李训扶着软轿呼喊得越发急促，唐文宗大声呵斥他，宦官郗志荣用拳头用力击打李训的胸部，将李训打倒在地。唐文宗的软轿立即进入宣政门，大门随后立即关闭，宦官们都大喊万岁，百官惊慌散去。李训知道事情没能成功，让身边跟随的官吏脱下绿色的官服给李训穿上，骑马跑出皇宫，在沿途故意喊道：“我有什么罪以至于被贬官啊？”人们都不怀疑他的话。王涯、贾餗返回中书省，相互说道：“皇上暂时开放延英殿，召我们去商议这件事。”两省官员都去拜谒宰相请教这件事情的原委，都说：“不知道发生了什么事，各位自便吧。”仇士良等人知道唐文宗事先参与密谋了这件事，心中怨愤，对唐文宗出言不逊，唐文宗惭愧恐惧竟然不敢说话。

仇士良等人命令左、右神策副使刘泰伦、魏仲卿等人各自率领五百名禁兵，露出刀刃从侧门出去讨伐贼人。王涯等人正准备会餐，官吏前来禀告：“有士兵从皇宫中出来，遇见人就杀。”王涯等人狼狈逃走，两省和金吾的官员士卒共一千多人堵塞门口争相逃出。大门不久就关闭了，没能逃出来的六百多人全部被杀死。仇士良等人分出一部分兵力闭守宫门，搜查各部门，捉捕贼人同党。各部门官员和正在里面卖酒的百姓和商人都被杀死，死者又增加了一千多人，尸横遍野，血流遍地，满地狼藉，各官府部门的官印以及地

图户籍、帷幕、器皿全部被毁坏。仇士良又派遣一千多骑兵出城追赶逃亡的人，又派兵在城中大规模搜索。舒元舆更换服装独自骑马跑出安化门，禁兵追上将他抓住。王涯徒步跑到永昌里茶馆，禁兵将他抓住送往左神策军中。王涯当时年过七十，被戴上脚镣和手铐，忍受不住拷打审问，屈打成招，说自己和李训一起谋逆，企图立郑注为皇帝。王璠返回位于长兴坊的私宅中，关上大门，靠自己的亲兵防守。神策军即将赶到门口，大喊："王涯等人谋反，朝廷想要任命尚书您为宰相，鱼护军让我们来传达旨意。"王璠大喜，出去见他们。神策军将领小步跑上前来再三祝贺，王璠发现自己被骗，流着泪向前走，来到左神策军中，见到王涯说："你参与谋反，为什么要连累我？"王涯说："你当年身为京兆尹，如果不向王守澄泄密，怎么会有今天？"王璠低头不说话。罗立言也在太平里被抓住，而王涯等人的亲属奴婢，都被抓入左、右神策军中捆绑起来。户部员外郎李元皋是与李训有着同一位曾祖父的弟弟，李训与他之间没有任何恩情往来，却也被抓住杀掉。过去的岭南节度使胡证，家中巨富，禁兵眼红他的财产，以搜查贾餗为借口闯入胡证的家，抓住胡证的儿子胡溵，将其杀死。又闯入左常侍罗让、詹事浑鐬、翰林学士黎埴等人家中，抢掠他们的财物，掠夺得一干二净。浑鐬，是浑瑊的儿子。街市上的恶少年也趁机报私仇，杀人，抢掠货物。人们互相攻击掠夺，激起的尘埃遮蔽天空。

癸亥日，百官入朝，太阳升起时，才打开建福门，宫中传话说每人只能带一名随从，禁兵在道路两旁露出刀刃防卫。来到宣政门时，门还未打开。当时没有宰相御史等人掌管朝仪，百官也不再列班站好。唐文宗驾临紫宸殿，问："宰相为何没来？"仇士良说："王涯等人谋反入狱。"之后呈上王涯自白的罪状，召左仆射令狐楚、右仆射郑覃等人登上大殿，展示给他们看。唐文宗悲愤不能自已，对令狐楚等人说："这是王涯亲笔书写的吗？"答道："是的。""如果真的如此，杀了他也不为过。"于是命令令狐楚、郑覃留在中书省过夜，参与决定机要事务。又让令狐楚草拟制书宣告朝内外。令狐楚陈述了王涯、贾餗的谋反经过，浮泛而不切中要害，仇士良等人不高兴，因此令狐楚没能被任命为宰相。

李训向来与终南山的僧人宗密关系亲密，前去那里投奔。宗密想要剃光李训的头发把他藏起来，他的徒弟却觉得不可以。李训逃出终南山，即将逃亡凤翔，被盩厔镇遏使宋楚抓住，押解送往京城。抵达昆明池时，李训担心到达军中后会遭受更多酷刑羞辱，于是对押送自己的人说："得到我的人就得到了富贵。听说禁兵正在搜捕我，一定会从你手中把我抢走，不如你取下我的头送过去吧！"押送的人听了李训的话，把他的头砍下来送到宫中。

左神策派出兵三百人，用李训的头引诱王涯、王璠、罗立言、郭行馀招供；右神策派出三百人，押着贾餗、舒元舆、李孝本，献祭太庙和太社，在东、西两市游街示众。命令百官必须前来观看，将这几人在独柳树下腰斩，在兴安门外砍掉他们的头。这几人的亲属无论关系亲密还是疏远都被处死，连孩子都没有放过，妻子和女儿没有被处死的就充入官府做奴婢。围观的百姓都怨恨王涯制定的榷茶制度，有人对其辱骂，有人扔瓦砾打他。

之前，郑注率领五百名亲兵，已经从凤翔出发，抵达扶风。扶风令韩辽知道郑注的阴谋，没有接待，带着官印和官兵赶往武功。郑注知道李训失败，又返回凤翔。仇士良等人派人给凤翔监军张仲清送去密令，让他抓住郑注，张仲清惶恐疑惑，不知道怎么做。押牙李叔和对张仲清说："我以您的名义好言好语把郑注叫来，屏退跟随他的士兵，在座位上将他抓住，事情就成了。"张仲清同意了，埋伏好士兵等郑注到来。郑注仗恃自己的亲兵，前来拜谒张仲清。李叔和把郑注的亲兵引开，在外面款待他们，郑注只和几个人一同进去。郑注刚刚喝完茶，李叔和就抽出刀把郑注杀死，之后立即关闭大门，将郑注的亲兵全部杀死。这才拿出密旨，宣读给将士们听，之后又杀死郑注的家人，又杀死副使钱可复、节度判官卢简能、观察判官萧杰、掌书记卢弘茂等人以及他们的同党，共杀死一千多人。钱可复，是钱徽的儿子；卢简能，是卢纶的儿子；萧杰，是萧俛的弟弟。朝廷不知道郑注已死，丁卯日，下诏削夺郑注的官爵，命令与凤翔临近的藩镇按兵不动，静观其变。任命左神策大将军陈君奕为凤翔节度使。戊辰日夜晚，张仲清派遣李叔和等人将郑注的首级献上，挂在兴安门上示众，京城的人心这才稍稍安定，京城各路军队开始返回军营。

卷六十八

黄巢起义

原 文

僖宗惠圣恭定孝皇帝乾符元年甲午，公元八七四年

上年少，政在臣下，南牙、北司互相矛楯。自懿宗以来，奢侈日甚，用兵不息，赋敛愈急。关东连年水旱，州县不以实闻，上下相蒙，百姓流殍，无所控诉。相聚为盗，所在蜂起。州县兵少，加以承平日久，人不习战，每与盗遇，官军多败。是岁，濮州人王仙芝始聚众数千，起于长垣。

乾符二年乙未，公元八七五年

冤句人黄巢亦聚众数千人应仙芝。巢少与仙芝皆以贩私盐为事，巢善骑射，喜任侠，粗涉书传，屡举进士不第，遂为盗，与仙芝攻剽州县，横行山东，民之困于重敛者争归之，数月之间，众至数万。

乾符三年丙申，公元八七六年

王仙芝攻蕲州，蕲州刺史裴偓，王铎知举时所擢进士也。王镣在贼中，为仙芝以书说偓。偓与仙芝约，敛兵不战，许为之奏官；镣亦说仙芝许以如约。偓乃开城延仙芝及黄巢辈三十余人入城，置酒，大陈货贿以赠之，表陈其状。诸宰相多言："先帝不赦庞勋，期年卒诛之。今仙芝小贼，非庞勋之比，赦罪除官，益长奸宄。"王铎固请，许之。乃以仙芝为左神策军押牙兼监察御史，遣中使以告身即蕲州授之。

仙芝得之甚喜，镣、偓皆贺。未退，黄巢以官不及己，大怒曰："始者共立大誓，横行天下，今独取官赴左军，使此五千余众安所归乎！"因殴仙芝，伤其首，其众喧噪不已。仙芝畏众怒，遂不受命。大掠蕲州，城中之人，半驱半杀，焚其庐舍。偓奔鄂州，敕使奔襄州，镣为贼所拘。贼乃分其军三千余人从仙芝及尚君长，二千余人从巢，各分道而去。

乾符四年丁酉，公元八七七年

正月，黄巢陷郓州，杀节度使薛崇。

三月，黄巢陷沂州。

七月，庚申，王仙芝、黄巢攻宋州，三道兵与战，不利，贼遂围宋威于宋州。

十二月，黄巢陷匡城，遂陷濮州。

乾符五年戊戌，公元八七八年

曾元裕奏大破王仙芝于黄梅，杀五万余人，追斩仙芝，传首，余党散去。

黄巢方攻亳州未下，尚让帅仙芝余众归之，推巢为王，号冲天大将军，改元王霸，署官属。巢袭陷沂州、濮州。既而屡为官军所败，乃遗天平节度使张裼书，请奏之。诏以巢为右卫将军，令就郓州解甲。巢竟不至。

三月，群盗陷朗州、岳州。曾元裕屯荆、襄，黄巢自滑州略宋、汴，乃以副使张自勉充东南面行营招讨使。黄巢攻卫南，遂攻叶、阳翟。

黄巢引兵渡江，攻陷虔、吉、饶、信等州。

七月，黄巢寇宣州，宣歙观察使王凝拒之，败于南陵。巢攻宣州不克，乃引兵攻浙东，开山路七百里，攻剽福建诸州。

十二月，甲戌，黄巢陷福州，观察使韦岫弃城走。

乾符六年己亥，公元八七九年

十月，黄巢在岭南，士卒罹瘴疫死者什三四，其徒劝之北还以图大事，巢从之。自桂州编大筏数十，乘暴水，沿湘江而下，历衡、永州，癸未，抵潭州城下。李系婴城不敢出战，巢急攻，一日，陷之，系奔朗州。巢尽杀戍兵，流尸蔽江而下。

广明元年庚子，公元八八〇年

六月，黄巢别将陷睦州、婺州。

庚戌，黄巢攻宣州，陷之。

九月，黄巢众号十五万，曹全晸（zhěng）以其众六千与之战，颇有杀获。以众寡不敌，退屯泗上，以俟诸军至，并力击之。而高骈竟不之救，贼遂击全晸，破之。

十月，黄巢陷申州，遂入颍、宋、徐、兖之境，所至吏民逃溃。

十一月，丁卯，黄巢陷东都，留守刘允章帅百官迎谒。巢入城，劳问而已，闾里晏然。

十二月，庚辰朔，承范等至潼关，搜菁中，得村民百许，使运石汲水，为守御之备。与齐克让军皆绝粮，士卒莫有斗志。是日，黄巢前锋军抵关下，白旗满野，不见其际。克让与战，贼小却，俄而巢至，举军大呼，声振河、华。克让力战，自午至酉始解，士卒饥甚，遂喧噪，烧营而溃，克让走入关。关左有谷，平日禁人往来，以榷征税，谓之“禁坑”。贼至仓猝，官军忘守之，溃兵自谷而入，谷中灌木寿藤茂密如织，一夕践为坦涂。承范尽散其辎囊以给士卒，遣使上表告急，称：“臣离京六日，甲卒未增一人，馈饷未闻影响。到关之日，巨寇已来，以二千余人拒六十万众，外军饥溃，蹋开禁坑。臣之失守，鼎镬（huò）甘心。朝廷谋臣，愧颜何寄！或闻陛下已议西巡，苟銮舆一动，则上下土崩。臣敢以犹生之躯奋冒死之语，愿与近密及宰臣熟议，未可轻动，急征兵以救关防，则高祖、太宗之业庶几犹可扶持，使黄巢继安禄山之亡，微臣胜哥舒翰之死！”

辛巳，贼急攻潼关，承范悉力拒之，自寅及申，关上矢尽，投石以击之。关外有天堑，贼驱民千余人入其中，掘土填之，须臾，即平，引兵而度。夜，纵火焚关楼俱尽。承范分兵八百人，使王师会守禁坑，比至，贼已入矣。壬午旦，贼夹攻潼关，关上兵皆溃，师会自杀，承范变服，帅余众脱走。至野狐泉，遇奉天援兵二千继至，承范曰：“汝来晚矣！"博野、凤翔军还至渭桥，见所募新军衣裘温鲜，怒曰："此辈何功而然，我曹反冻馁！"遂掠之，更为贼乡导，以趣长安。

晡时，黄巢前锋将柴存入长安，金吾大将军张直方帅文武数十人迎巢于霸上。巢乘金装肩舆，其徒皆被发，约以红缯，衣锦绣，执兵以从，甲骑如流，辎重塞涂，千里络绎不绝。民夹道聚观，尚让历谕之曰："黄王起兵，本为百姓，非如李氏不爱汝曹，汝曹但安居毋恐。"巢馆于田令孜第，其徒为盗久，不胜富，见贫者，往往施与之。居数日，各出大掠，焚市肆，杀人满街，巢不能禁。尤憎官吏，得者皆杀之。

庚寅，黄巢杀唐宗室在长安者无遗类。辛卯，巢始入宫。壬辰，巢即皇帝位于含元殿，画皁缯为衮衣，击战鼓数百以代金石之乐。登丹凤楼，下赦书。国号大齐，改元金统。谓广明之号，去唐下体而著黄家日月，以为己符瑞。唐官三品以上悉停任，四品以下位如故。以妻曹氏为皇后。以尚让为太尉兼中书令，赵璋兼侍中，崔璆、杨希古并同平章事，孟楷、盖洪为左右仆射、知左右军事，费传古为枢密使。以太常博士皮日休为翰林学士。璆，邠之子也，时罢浙东观察使，在长安，巢得而相之。

译文

唐僖宗乾符元年甲午（公元874年）

皇上年少，政权在臣子手中，南牙、北司相互攻击。自从唐懿宗以来，朝廷的奢侈之风日益严重，连年征战，赋税愈发急迫。关东连年水灾、旱灾，州县不将实情禀告，欺上瞒下，百姓流亡饿死，无处控诉。灾民聚在一起成为盗贼，盗贼团伙纷然并起。州县官兵数量少，加上太平日子过久了，人们不习惯战争，每次遇到盗贼，官军大多战败。当年，濮州人王仙芝聚集了几千人，在长垣起义。

唐僖宗乾符二年乙未（公元875年）

冤句人黄巢也聚集了几千人响应王仙芝。黄巢年少时与王仙芝都以贩卖私盐为生，黄巢善于骑射，将锄奸扶弱作为己任，粗略学习了一些诗书，几次科考都没中举，最终成为盗贼，与王仙芝一同攻略州县，在崤山以东地区横行，深受沉重的赋税压迫的百姓都争相投奔他们，几个月之间，聚集了几万人。

唐僖宗乾符三年丙申（公元876年）

王仙芝攻打蕲州，蕲州刺史裴渥，是王铎主管科考时挑选的进士。王镣在盗贼团伙当中，替王仙芝给裴渥写信说和。裴渥与王仙芝相约，收兵不战，并许诺为王仙芝向朝廷奏请官职；王镣也劝说王仙芝同意这个约定。裴渥于是打开城门邀请王仙芝和黄巢等三十

资治通鉴

多人入城，置办酒席，赠给他们许多物品作为贿赂，以表达和解的诚意。宰相们大多说："先帝没有赦免庞勋，一年后将其处死。如今王仙芝是小贼，无法与庞勋相比，但是如果赦免他的罪过授予他官职，就是助长他的作恶气焰。"王铎执意恳请，朝廷同意授予王仙芝官职，于是任命他为左神策军押牙兼监察御史，派中使带着任命状去蕲州授予王仙芝。

王仙芝得到任命状后十分高兴，王镣、裴渥都来祝贺。王仙芝等人还没有退出蕲州，黄巢因为没有给自己授予官职，大怒道："当初我们共同立下誓言，横行天下。如今你独自获得官职去左神策军赴任，让我们这五千多人如何安置？"于是为此殴打王仙芝，打伤了王仙芝的头，其余部众也喧闹不已。王仙芝担心激发众怒，于是没有接受朝廷的任命。将蕲州大肆抢掠一番，城中的人，一半被赶走一半被杀死，又用火烧毁他们的房屋。裴渥逃往鄂州，朝廷派来宣旨的使者逃往襄州，王镣被盗贼们关了起来。盗贼团伙中分出三千多人跟随王仙芝和尚君长，两千多人跟随黄巢，分头离开。

唐僖宗乾符四年丁酉（公元877年）

正月，黄巢攻陷郓州，杀死节度使薛崇。

三月，黄巢攻陷沂州。

七月，庚申日，王仙芝、黄巢攻打宋州，三道兵与其交战，没能战胜，盗贼们将宋威围困在宋州。

十二月，黄巢攻陷匡城，之后攻陷濮州。

唐僖宗乾符五年戊戌（公元878年）

曾元裕上奏在黄梅大败王仙芝，杀死盗贼五万多人，斩杀王仙芝，传送其首级，王仙芝的余党散去。

黄巢当时正在攻打亳州没有攻克，尚让率领王仙芝的余众投奔黄巢，推选黄巢为王，号称冲天大将军，改年号为王霸，任命官员。黄巢攻陷沂州、濮州。之后几次被官军打败，于是给天平节度使张裼送去书信，请他替自己向朝廷请奏。唐僖宗下诏任命黄巢为右卫将军，命令他在郓州就地脱下战甲。黄巢竟然没有来赴任。

三月，盗贼团伙攻陷朗州、岳州。曾元裕驻扎在荆州、襄州，黄巢从滑州攻略宋州、汴州，朝廷任命副使张自勉充任东南面行营招讨使。黄巢攻打卫南，之后攻打叶县、阳翟县。

黄巢率兵渡过长江，攻陷虔州、吉州、饶州、信州等州。

七月，黄巢攻打宣州，宣歙观察使王凝派兵抵抗，在南陵打败黄巢。黄巢没能攻占宣州，于是率兵攻打浙东，打开七百里山路，攻略福建各州。

十二月，甲戌日，黄巢攻陷福州，观察使韦岫弃城逃走。

十月，黄巢在岭南，士卒罹患瘴疫而死的十人中有三四人，他的手下劝说他回到北方再图谋大计，黄巢同意了。于是在桂州编制了几十个大木筏，乘洪水顺湘江而下，途经衡州、永州，癸未日，抵达潭州城下。李系环城而守不敢出战，黄巢急攻潭州城，一天将其攻陷，李系逃往朗州。黄巢将城中守兵杀光，尸体顺江而下遮蔽江面。

六月，黄巢的别将攻陷睦州、婺州。

庚戌日，黄巢攻陷宣州。

九月，黄巢号称十五万大军，曹全晸率领六千人与之交战，杀死许多贼军。但曹全晸终究寡不敌众，退守到泗水上，等待援军到来，合力攻打。然而高骈却没有来救援，贼军于是攻击曹全晸，将其打败。

十月，黄巢攻陷申州，于是进入颍州、宋州、徐州、兖州境内，所到之处官员百姓全部逃散。

十一月，丁卯日，黄巢攻陷东都洛阳，留守东都的刘允章率领百官迎接。黄巢进入洛阳城，只是慰问而已，百姓十分安定。

十二月，庚辰朔日，张承范等人抵达潼关，在草丛中搜出一百多名村民，让他们运石头挑水，为守御做准备。张承范与齐克让的军队都已经断粮，士卒没有斗志。这一天，黄巢的前锋军队抵达潼关下，白色的旗帜漫山遍野飘扬，看不到边际。齐克让与黄巢交战，黄巢的军队稍稍撤退，但很快大军就蜂拥而至，整个军队大声呼喊，喊声震动黄河、华山。齐克让奋力交战，从午时战到酉时才停战，士卒十分饥饿，于是开始喧哗躁动，把营寨烧毁，溃散而逃，齐克让逃入潼关。潼关左侧有山谷，平时禁止人员往来，以此收税，称之为"禁坑"。贼军来得仓促，官军忘记镇守禁坑，逃散的士兵从山谷进入禁坑，山谷中的灌木寿藤茂密得如同织网一般，一夜之间被踏为平地。张承范把军队的财物全部分发给士卒，派人向朝廷上表告急，说："我离京六天，士卒没有增多一人，军饷没有见到影子也没有听到声音。到达潼关那天，贼寇大军已经赶来，我凭借两千多人抵抗六十万大军，关外的军队因为饥饿而溃散，踏平禁坑。我的失守，就是把我投入油锅我也甘心。但是朝廷中的谋臣，羞愧容颜又该寄托在何处？听说陛下已经商议西巡，如果銮驾一动，朝廷上下就会土崩瓦解。我以一息尚存的身躯冒死说一句，希望陛下与近臣和宰相等人好好商议，不要轻举妄动，赶快征兵援救关防，那么高祖、太宗的基业也许还能扶持起来，让黄巢继安禄山之后灭亡，而我即使战死也比哥舒翰要强。"

辛巳日，贼军紧急攻打潼关，张承范派出全部兵力抵抗，从寅时交战到申时，潼关

上的箭全部射光，只能扔石头来击打贼军。潼关外有天然形成的巨大壕沟，贼军驱使一千多名百姓进入壕沟中，挖土填埋壕沟，不一会儿，壕沟就被填平，贼军率军度过壕沟。晚上，点火将潼关城楼全部烧光。张承范分出八百名士兵，派王师会镇守禁坑，当王师会赶到时，贼军已经进入潼关。壬午日早晨，贼军两面夹击潼关，关上官兵全部溃散，王师会自杀，张承范换了衣服，率领余下众人逃走。逃到野狐泉，遇到两千名从奉天赶来的援兵，张承范说："你们来晚了。"博野、凤翔的军队返回到渭桥，见到招募来的新兵都衣着光鲜，大怒道："你们有什么功劳能穿得这么好，我们却反要受冻？"于是抢来他们的衣服，并且为黄巢的军队做向导，让黄巢迅速攻打长安。

下午，黄巢的前锋将领柴存攻入长安，金吾大将军张直方率领文武官员几十人在霸上迎接黄巢。黄巢乘坐用黄金装饰的轿子，他的手下都披散着头发，穿着红色丝绸的锦绣华服，手拿兵器在一旁跟随，身穿铠甲的骑兵如同流水般络绎不绝，运输物资的车辆堵塞了道路，绵延千里络绎不绝。百姓夹道围观，尚让挨个告谕百姓："黄王起兵，本是为了百姓，不像李氏那样不爱你们，你们只管安居乐业不要恐惧。"黄巢在田令孜家住下，他的手下做盗贼做久了，受不了富贵，见到穷人，就会施舍他们。住了几天，各自外出大肆劫掠，焚烧街市商铺，满街杀人，黄巢无法禁止。他们尤其憎恨官员，见到官员就杀。

庚寅日，黄巢将留在长安的皇室宗族全部杀光。辛卯日，黄巢进入皇宫。壬辰日，黄巢在含元殿即皇帝位，做天子礼服，敲响几百下战鼓来代替庙堂音乐。黄巢登上丹凤楼，颁发赦令文告。改国号为大齐，改年号为金统。宣称"广明"这一年号是去掉"唐"字的下半部分为"广"，而黄家的日月加在一起是"明"字，将这两个字作为吉祥的征兆。唐朝三品以上的官员全部免职，四品以下官员保留原职。册立妻子曹氏为皇后。任命尚让为太尉兼中书令，赵璋兼侍中，崔璆、杨希古一同担任同平章事，孟楷、盖洪为左、右仆射，统领左、右军事，费传古为枢密使。任命太常博士皮日休为翰林学士。崔璆，是崔邠的儿子，当时正罢去浙东观察使，在长安，被黄巢俘获任命为宰相。

卷八十

朱全忠篡权

原文

昭宗圣穆景文孝皇帝天复元年辛酉，公元九〇一年

崔胤请上尽诛宦官，但以宫人掌内诸司事。宦官属耳，颇闻之，韩全诲等涕泣求哀于上，上乃令胤："有事封疏以闻，勿口奏。"宦官求美女知书者数人，内之宫中，阴令诇察其事，尽得胤密谋，上不之觉也。全诲等大惧，每宴聚，流涕相诀别，日夜谋所以去胤之术。胤时领三司使，全诲等教禁军对上喧噪，诉胤减损冬衣。上不得已，解胤盐铁使。

时朱全忠、李茂贞各有挟天子令诸侯之意，全忠欲上幸东都，茂贞欲上幸凤翔。胤知谋泄，事急，遗朱全忠书，称被密诏，令全忠以兵迎车驾，且言："昨者返正，皆令公良图，而凤翔先入朝抄取其功。今不速来，必成罪人，岂惟功为他人所有，且见征讨矣！"全忠得书，秋，七月，甲寅，遽归大梁发兵。

朱全忠至零口西，闻车驾西幸，与僚佐议，复引兵还赤水。左仆射至仕张浚说全忠曰："韩建，茂贞之党，不先取之，必为后患。"全忠闻建有表劝天子幸凤翔，乃引兵逼其城。建单骑迎谒，全忠责之，对曰："建目不知书，凡表章书檄，皆李巨川所为。"全忠以巨川常为建画策，斩之军门。谓建曰："公许人，可即往衣锦。"丁巳，以建为忠武节度使，理陈州，以兵援送之；以前商州刺史李存权知华州，徙忠武节度使赵珝为匡国节度使。车驾之在华州也，商贾辐凑，韩建重征之，二年，得钱九百万缗。至是，全忠尽取之。

天复三年癸亥，公元九〇三年

初，崔胤假朱全忠兵力以诛宦官，全忠既破李茂贞，并吞关中，威震天下，遂有篡夺之志。胤惧，与全忠外虽亲厚，私心渐异，乃谓全忠曰："长安密迩茂贞，不可不为守御之备。六军十二卫，但有空名，请召募以实之，使公无西顾之忧。"全忠知其意，曲从之，阴使麾下壮士应募以察其变。胤不之知，与郑元规等缮治兵仗，日夜不息。及朱友伦死，全忠益疑胤，且欲迁天子都洛，恐胤立异。

　　春，正月，全忠密表司徒兼侍中、判六军十二卫事、充盐铁转运使、判度支崔胤专权乱国，离间君臣，并其党刑部尚书兼京兆尹、六军诸卫副使郑元规、威远军使陈班等，皆请诛之。乙巳，诏责授胤太子少傅、分司，贬元规循州司户，班凑州司户。丙午，下诏罪状胤等。以裴枢判左三军事、充盐铁运使，独孤损判右三军事、兼判度支。胤所募兵并纵遣之。以兵部尚书崔远为中书侍郎，翰林学士、左拾遗柳璨为右谏议大夫，并同平章事。璨，公绰之从孙也。戊申，朱全忠密令宿卫都指挥使朱友谅以兵围崔胤第，杀胤及郑元规、陈班并胤所亲厚者数人。

　　初，上在华州，朱全忠屡表请上迁都洛阳，上虽不许，全忠常令东都留守佑国军节度使张全义缮修官室。

　　己酉，全忠引兵屯河中。丁巳，上御延喜楼，朱全忠遣牙将寇彦卿奉表，称邠、歧兵逼畿甸，请上迁都洛阳。及下楼，裴枢已得全忠移书，促百官东行。戊午，驱徙士民，号哭满路，骂曰："贼臣崔胤召朱温来倾覆社稷，使我曹流离至此！"老幼缰属，月余不绝。

　　壬戌，车驾发长安，全忠以其将张廷范为御营使，毁长安官室百司及民间庐舍，取其材，浮渭河而下，长安自此遂丘墟矣。

　　三月，丁巳，上复遣间使以绢诏告急于王建、杨行密、李克用等，令纠帅藩镇以图匡复，曰："朕至洛阳，则为所幽闭，诏敕皆出其手，朕意不复得通矣！"

　　四月，辛巳，朱全忠奏洛阳官室已成，请车驾早发，表章相继。上屡遣官人谕以皇后新产，未任就路，请俟十月东行。全忠疑上徘徊俟变，怒甚，谓牙将寇彦卿曰："汝速至陕，即日促官家发来。"闰月，丁酉，车驾发陕。壬寅，全忠逆于新安。上之在陕也，司天监奏："星气有变，期在今秋，不利东行。"故上欲以十月幸洛。至是，全忠令医官许昭远告医官使阎祐之、司天监王墀、内都知韦周、晋国夫人可证等谋害元帅，悉收杀之。

　　癸卯，上憩于谷水。自崔胤之死，六军散亡俱尽，所余击球供奉、内园小儿共二百余人，从上而东。全忠犹忌之，为设食于崿，尽缢杀之。豫选二百余人大小相类者，衣其衣服，代之侍卫。上初不觉，累日乃寤。自是上之左右职掌使令皆全忠之人矣。

　　八月，壬寅，帝在椒殿，玄晖选龙武牙官史太等百人夜叩官门，言军前有急奏，欲面见帝。夫人裴贞一开门见兵，曰："急奏何以兵为？"史太杀之。玄晖问："至尊安在？"昭仪李渐荣临轩呼曰："宁杀我曹，勿伤大家！"帝方醉，遽起，单衣绕柱走，史太追而弑之。渐荣以身蔽帝，太亦杀之。又欲杀何后，后求哀于玄晖，乃释之。

朱全忠闻朱友恭等弑昭宗，阳惊，号哭自投于地，曰："奴辈负我，令我受恶名于万代！"癸巳，至东都，伏梓宫恸哭流悌，又见帝，自陈非己志，请讨贼。先是，护驾军士有掠米于市者，甲午，全忠奏朱友恭、氏叔琮不戢士卒，侵扰市肆，友恭贬崖州司户，复姓名李彦威，叔琮贬白州司户，寻皆赐自尽。彦威临刑大呼曰："卖我以塞天下之谤，如鬼神何！行事如此，望有后乎！"

天祐二年乙丑，公元九〇五年

先是，全忠急于传禅，密使蒋玄晖等谋之。玄晖与柳璨等议：以魏、晋以来皆先封大国，加九锡，殊礼，然后受禅，当次第行之。乃先除全忠诸道元帅，以示有渐，仍以刑部尚书裴迪为送官告使，全忠大怒。宣徽副使王殷、赵殷衡疾玄晖权宠，欲得其处，因谮之于全忠曰："玄晖、璨等欲延唐祚，故逗遛其事以须变。"玄晖闻之惧，自至寿春，具言其状。全忠曰："汝曹巧述闲事以沮我，借使我不受九锡，岂不能作天子邪！"玄晖曰："唐祚已尽，天命归王，愚智皆知之。玄晖与柳璨等非敢有背德，但以今兹晋、燕、岐、蜀皆吾劲敌，王遽受禅，彼心未服，不可不曲尽义理，然后取之，欲为王创万代之业耳。"全忠叱之曰："奴果反矣！"玄晖惶遽辞归，与璨议行九锡。时天子将郊祀，百官既习仪，裴迪自大梁还，言全忠怒曰："柳璨、蒋玄晖等欲延唐祚，乃郊天也。"璨等惧，庚午，敕改用来年正月上辛。

译 文

唐昭宗天复元年辛酉（公元901年）

崔胤请求唐昭宗诛杀宦官，只用嫔妃掌管后宫各种事务。宦官耳目众多，听到了许多消息，韩全诲等人哭着哀求唐昭宗，唐昭宗于是命令崔胤："有事上奏折禀告，不要口述。"宦官召来了几名知书达理的美女，放在后宫中，秘密命令她们探听消息，得知了崔胤的全部密谋，而唐昭宗却没有发觉。韩全诲等人十分惊恐，每次聚餐，都会流着眼泪互相诀别，日夜都在谋划除掉崔胤的方法。崔胤当时统领三司，韩全诲等人教唆禁军对唐昭宗喧哗叫嚷，投诉崔胤减少将士过冬的衣服。唐昭宗不得已，罢免了崔胤盐铁使的职务。

当时朱全忠、李茂贞都有挟天子以令诸侯的意图，朱全忠想让唐昭宗巡幸东都洛阳，李茂贞想让唐昭宗巡幸凤翔。崔胤知道计谋泄露，事情紧急，写信给朱全忠，让朱全忠派兵迎接唐昭宗车驾，并且说："上次恢复皇上君位，都是你的妙计，而凤翔李茂贞却抢先入朝夺取你的功劳。现在你如果不赶快来，一定会成为罪人，怎么能让功劳被别人占去，并且让自己被讨伐呢？"朱全忠得到书信，秋季，七月，甲寅日，立刻返回大梁发兵。

朱全忠抵达零口西，听说唐昭宗车驾已经向西行进，与属下官员商议，再次领兵返回赤水。左仆射至仕张浚对朱全忠说："韩建，是李茂贞的党羽，不先攻下他，一定会成为后患。"朱全忠听说韩建曾上表劝说唐昭宗巡幸凤翔，于是率兵逼近韩建所在的华州城。韩建单骑迎接拜谒，朱全忠斥责他，韩建说："我不懂诗书，所有表章书信檄文，都是李巨川所写。"朱全忠因为李巨川常为韩建出谋划策，将他在军营外的大门斩首。又对韩建说："你是许州人，可以立即衣锦还乡了。"丁巳日，任命韩建为忠武节度使，管理陈州，派兵护送他上任；任命前商州刺史李存权管理华州，将原忠武节度使赵翊改任为匡国节度使。唐昭宗的车驾在华州，商人聚集，韩建重征赋税，两年，得到九百万缗钱。这些钱都被朱全忠占为己有。

唐昭宗天复三年癸亥（公元903年）

当初，崔胤借朱全忠的兵力诛杀宦官，朱全忠已经打败李茂贞，吞并关中地区，威震天下，于是就有了篡权夺位的志向。崔胤害怕，与朱全忠表面亲近，内心却渐渐不同，于是对朱全忠说："长安离李茂贞太近，不能不对他做防御准备。如今的六军十二卫，只有空名，我请求招募士兵来充实军队，让你西边没有后顾之忧。"朱全忠知道他的心意，假意顺从，又秘密派自己麾下的壮士去应征，以此来观察崔胤的动向。崔胤不知道，与郑元规等人修缮兵器，日夜不停。当朱友伦死后，朱全忠越发怀疑崔胤，并且打算让唐昭宗迁都洛阳，以免崔胤谋反。

唐昭宗天祐元年甲子（公元904年）

春季，正月，朱全忠秘密上表弹劾司徒兼侍中、判六军十二卫事、充盐铁转运使、判度支崔胤专权乱国，离间君臣，同时弹劾崔胤的同党刑部尚书兼京兆尹、六军诸卫副使郑元规、威远军使陈班等人，请求将他们全部处死。乙巳日，唐昭宗下诏授予崔胤太子少傅、分司一职，贬郑元规为循州司户，陈班为溱州司户。丙午日，下诏公布崔胤等人的罪状。任命裴枢管理左三军事务、充盐铁转运使，独孤损管理右三军事务、兼判度支。崔胤所招募的士兵全部遣散。任命兵部尚书崔远为中书侍郎，翰林学士、左拾遗柳璨为右谏议大夫，并同平章事。柳璨，是柳公绰的侄孙。戊申日，朱全忠秘密命令宿卫都指挥使朱友谅带兵包围崔胤府邸，杀死崔胤和郑元规、陈班以及几名与崔胤关系亲近的人。

当初，唐昭宗在华州，朱全忠几次上表请唐昭宗迁都洛阳，唐昭宗虽然没有答应，朱全忠还是命令东都留守佑国军节度使张全义修缮宫室。

己酉日，朱全忠带兵驻扎河中。丁巳日，唐昭宗驾临延喜楼，朱全忠派牙将寇彦卿上表，声称邠州、岐州的兵力逼近京城，请唐昭宗迁都洛阳。等唐昭宗下了延喜楼，裴枢已经得到朱全忠送来的信，督促百官向东行进。戊午日，驱赶百姓迁徙，沿途充斥着号哭声，百姓都骂："贼臣崔胤召朱温来颠覆国家，让我们流离失所。"沿途迁徙的老幼连续不断，一个多月都没有迁徙完毕。

壬戌日，唐昭宗车驾从长安出发，朱全忠派自己手下的将领张廷范为御营使，毁掉长安宫室官府以及百姓房屋，取走房屋的木材，顺着渭河漂流而下，长安从此成为废墟。

三月，丁巳日，唐昭宗再次派遣密使在绢帛上写下诏书紧急送给王建、杨行密、李克用等人，命令他们聚集藩镇兵力谋划匡复大业，说："我到了洛阳，就会被朱全忠幽禁起来，到时候诏令都会出自他的手，我的心意无法与外界沟通了。"

四月，辛巳日，朱全忠禀奏洛阳宫室已经建成，请求唐昭宗车驾及早出发，请求迁都的奏表奏章接二连三地呈上来。唐昭宗几次派宫人下谕，因为皇后刚刚产子，无法立刻上路，请求等到十月再向东出发。朱全忠怀疑唐昭宗徘徊不前是在等待事态变化，十分生气，对牙将寇彦卿说："你快去陕州，让那边催促皇上立刻赶来。"闰四月，丁酉日，唐昭宗车驾从陕州出发。壬寅日，朱全忠在新安迎接。唐昭宗在陕州时，司天监禀奏："星气有变化，时间就在今年秋天，不利于向东出行。"因此唐昭宗想要等十月再前往洛阳。到这个时候，朱全忠命令医官许昭远告发医官使阎祐之、司天监王墀、内都知韦周、晋国夫人可证等人谋害元帅朱全忠，将这些人全部处死。

癸卯日，唐昭宗车驾在谷水休息。自从崔胤死后，六军死的死散的散，剩下的只有击球供奉、内园小儿共二百多人，跟随唐昭宗东行。朱全忠还是忌惮这些人，在帷帐中为他们设宴，将他们全部勒死。事先挑选了二百多名与这些人年岁、身高差不多的人，穿上他们的衣服，代替他们担任侍卫。唐昭宗起初没有发觉，时间久了才醒悟。从此唐昭宗身边做事的人都是朱全忠的人了。

八月，壬寅日，唐昭宗在后宫，蒋玄晖挑选龙武牙官史太等一百多人深夜敲响宫门，说战场上有紧急情况禀奏，想要面见唐昭宗。夫人裴贞打开门看见兵士，说："有急奏为什么派兵来？"史太将裴贞杀死。蒋玄晖问："皇上在哪儿？"昭仪李渐荣对着窗户大喊："宁可杀了我们，不要伤害陛下。"唐昭宗刚刚喝醉，突然起身，穿着单衣绕着柱子逃跑躲避，史太追上去将唐昭宗杀死。李渐荣用身体保护唐昭宗，也被史太杀死。史太还想杀何皇后，皇后哀求蒋玄晖，这才幸免。

朱全忠听说朱友恭等人杀死唐昭宗，表面上震惊，趴在地上大哭，说："这些奴才背叛我，让我万代承受骂名。"癸巳日，车驾抵达东都洛阳，朱全忠扶着唐昭宗的棺材痛哭流涕，又觐见唐昭宣帝，自我表白杀死唐昭宗不是自己的心意，请求讨伐叛贼。之前，护驾的军士中有人在街市上抢掠粮食，甲午日，朱全忠上奏说朱友恭、氏叔琮不能约束士卒，让他们侵扰街市，朱友恭被贬为崖州司户，恢复原名李彦威，氏叔琮被贬为白州司户，不久后都被赐自尽。李彦威在行刑前大喊："朱全忠可以出卖我来堵塞天下人的责备，但是又能拿鬼神怎么办？这样做事，还指望有后代吗？"

唐昭宣帝天祐二年乙丑（公元905年）

之前，朱全忠急于让唐昭宣帝禅让皇位给自己，于是秘密派蒋玄晖等人密谋。蒋玄晖与柳璨等人商议：自从魏、晋以来都是先封大国，加九锡赏赐，特殊礼遇，之后再接受禅让，应该按次序进行。于是先授予朱全忠各道元帅的职务，来表示先后次序，仍派刑部尚书裴迪为送宫告使，朱全忠大怒。宣徽副使王殷、赵殷衡嫉妒蒋玄晖的权力和恩宠，想要得到他的位置，于是在朱全忠面前诬陷道："蒋玄晖、柳璨等人想要延续唐朝国祚，因此拖延着等待事态变化。"蒋玄晖听说后感到害怕，亲自前往寿春，将全部事实说出来。朱全忠说："你们陈述无关紧要的事来阻止我，让我无法接受九锡赏赐，岂不是就不能做天子了吗？"蒋玄晖说："唐朝国祚气数已尽，天命归属于大王您，这是傻子都知道的事情。我与柳璨等人不敢违背您的恩德，但是因为如今晋、燕、岐、蜀都是我们的劲敌，大王仓促接受禅让，他们都不会臣服，不能不设法尽了礼义，再取得帝位，我们是想要为大王您创造千秋万代的基业啊。"朱全忠斥责道："你们这些奴才果然反了。"蒋玄晖因为恐惧立刻告辞返回，与柳璨等人商议赏赐九锡的仪式。当时唐昭宣帝即将去郊外祭祀，百官已经练习了仪式，裴迪从大梁返回，对朱全忠恼怒地说："柳璨、蒋玄晖等人想要延续唐朝国祚，这才去郊外祭天。"柳璨等人害怕，庚午日，敕令改为来年正月上旬的辛日。

后梁纪

卷 一

朱全忠建后梁

原 文

太祖神武元圣孝皇帝开平元年丁卯，公元九〇七年

正月，甲辰，唐昭宣帝遣御史大夫薛贻矩至大梁劳王，贻矩请以臣礼见，王揖之升阶，贻矩曰："殿下功德在人，三灵改卜，皇帝方行舜、禹之事，臣安敢违！"乃北面拜舞于庭。王侧身避之。贻矩还，言于帝曰："元帅有受禅之意矣！"帝乃下诏，以二月禅位于梁，又遣宰相以书谕王；王辞。

二月，唐大臣共奏请昭宣帝逊位。壬子，诏宰相帅百官诣元帅府劝进，王遣使却之。于是朝臣、藩镇，乃至湖南、岭南上笺劝进者相继。

三月，庚戌，梁王始御金祥殿，受百官称臣，下书称教令，自称曰寡人。辛亥，令诸笺、表、簿、籍皆去唐年号，但称月、日。

甲子，张文蔚、杨涉乘辂自上源驿从册宝，诸司各备仪卫卤簿前导，百官从其后，至金祥殿前陈之。王被衮冕，即皇帝位。张文蔚、苏循奉册升殿进读，杨涉、张策、薛贻矩、赵光逢以次奉宝升殿，读已，降，帅百官舞蹈称贺。帝遂与文蔚等宴于玄德殿。帝举酒曰："朕辅政未久，此皆诸公推戴之力。"文蔚等皆惭惧，俯伏不能对，独苏循、薛贻矩及刑部尚书张祎盛称帝功德宜应天顺人。

后梁太祖开平元年丁卯（公元907年）

正月，甲辰日，唐昭宣帝派御史大夫薛贻矩去大梁慰劳朱全忠，薛贻矩请求以臣子的礼节觐见，朱全忠拱手作揖让他登上台阶，薛贻矩说："殿下的功德都在人们心里，日月星辰已经改选你为新的皇帝，应该效仿舜、禹之前禅让帝位的行为，我怎么敢违抗天意？"于是面向北在大殿上施拜舞之礼。朱全忠侧身躲避。薛贻矩返回，对唐昭宗说："元帅有接受禅让的意向了。"唐昭宣帝于是下诏，二月禅让皇位给朱全忠，又派宰相写信告谕朱全忠，朱全忠推辞。

二月，唐朝大臣共同奏请唐昭宣帝退位。壬子日，唐昭宣帝诏令宰相率领百官拜访元帅府劝朱全忠接受禅让，朱全忠派人让他们离开。于是朝中大臣、藩镇，甚至湖南、岭南劝朱全忠登基的信笺接连到来。

三月，庚戌日，朱全忠开始驾临金祥殿，接受百官称臣，下达的指令成为教令，自称寡人。辛亥日，下令将笺、表、簿、籍都去掉唐代的年号，只留月、日。

甲子日，张文蔚、杨涉乘坐辂车从上源驿随从册宝，各府衙分别准备仪仗护卫在前方开路，百官跟在后面，抵达金祥殿前面排列。朱全忠身穿帝王礼服，即皇帝位。张文蔚、苏循捧着册文登上金祥殿宣读，杨涉、张策、薛贻矩、赵光逢依次捧着印玺登上金祥殿，册文读罢，下殿，率领百官跪拜祝贺。后梁太祖于是与张文蔚等人在玄德殿宴饮。后梁太祖举着酒杯说："朕辅政不久，这些都是你们拥戴的功劳。"张文蔚等人都惭愧害怕，趴在地上不敢回答，只有苏循、薛贻矩以及刑部尚书张祎极力宣称后梁太祖的功德是顺应天命和人心。

后唐纪

卷　一

骁勇名将王彦章

原　文

庄宗光圣神闵孝皇帝同光元年癸未，公元九二三年

梁主闻郓州失守，大惧，斩刘遂严、燕颙于市，罢戴思远招讨使，降授宣化留后，遣使诘让北面诸将段凝、王彦章等，趣令进战。敬翔知梁室已危，以绳内靴中，入见梁主曰："先帝取天下，不以臣为不肖，所谋无不用。今敌势益强，而陛下弃忽臣言。臣身无用，不如死！"引绳将自经。梁主止之，问所欲言，翔曰："事急矣，非用王彦章为大将，不可救也。"梁主从之，以彦章代思远为北面招讨使，仍以段凝为副。

梁主召问王彦章以破敌之期，彦章对曰："三日。"左右皆失笑。彦章出，两日，驰至滑州。辛酉，置酒大会，阴遣人具舟于杨村；夜，命甲士六百，皆持巨斧，载冶者，具韝炭，乘流而下。会饮尚未散，彦章阳起更衣，引精兵数千循河南岸趋德胜。天微雨，朱守殷不为备，舟中兵举锁烧断之，因以巨斧斩浮桥，而彦章引兵急击南城。浮桥断，南城遂破，斩首数千级。时受命适三日矣。守殷以小舟载甲士济河救之，不及。彦章进攻潘张、麻家口、景店诸寨，皆拔之，声势大振。

王彦章疾赵、张乱政，及为招讨使，谓所亲曰："待我成功还，当尽诛奸臣以谢天下！"赵、张闻之，私相谓曰："我辈宁死于沙陀，不可为彦章所杀。"相与协力倾之。段凝素疾彦章之能而谄附赵、张，在军中与彦章动相违戾，百方沮挠之，惟恐其有功，

潜伺彦章过失以闻于梁主。每捷奏至，赵、张悉归功于凝，由是彦章功竟无成。及归杨村，梁主信谗，犹恐彦章且夕成功难制，征还大梁。使将兵会董璋攻泽州。

十月，壬申，帝以大军自杨刘济河，癸酉，至郓州，中夜，进军逾汶，以李嗣源为前锋，甲戌旦，遇梁兵，一战败之，追至中都，围其城。城无守备，少顷，梁兵溃围出，追击，破之。王彦章以数十骑走，龙武大将军李绍奇单骑追之，识其声，曰："王铁枪也！"拔槊刺之，彦章重伤，马踬，遂擒之，并擒都监张汉杰、曹州刺史李知节、裨将赵廷隐、刘嗣彬等二百余人，斩首数千级。

彦章尝谓人曰："李亚子斗鸡小儿，何足畏！"至是，帝谓彦章曰："尔常谓我小儿，今日服未？"又问："尔名善将，何不守兖州？中都无壁垒，何以自固？"彦章对曰："天命已去，无足言者。"帝惜彦章之材，欲用之，赐药傅其创，屡遣人诱谕之。彦章曰："余本匹夫，蒙梁恩，位至上将，与皇帝交战十五年；今兵败力穷，死自其分，纵皇帝怜而生我，我何面目见天下之人乎！岂有朝为梁将，暮为唐臣！此我所不为也。"帝复遣李嗣源自往谕之，彦章卧谓嗣源曰："汝非邈佶烈乎？"彦章素轻嗣源，故以小名呼之。于是诸将称贺，帝举酒属李嗣源曰："今日之功，公与崇韬^{xiàng}之力也。曏从绍宏辈语，大事去矣。"

是夕，嗣源帅前军倍道趣大梁。乙亥，帝发中都，舁王彦章自随，遣中使问彦章曰："吾此行克乎？"对曰："段凝有精兵六万，虽主将非材，亦未肯遽尔倒戈，殆难克也。"帝知其终不为用，遂斩之。

译 文

后唐庄宗同光元年癸未（公元923年）

后梁主听说郓州失守，十分害怕，在街市将刘遂严、燕颙斩首，罢免戴思远的招讨使一职，降职为宣化留后，又派使者诘责北方的段凝、王彦章等将领，命令他们迅速出战。敬翔知道后梁皇室已经危在旦夕，把绳子藏在靴子里，入朝觐见后梁主说："先帝夺取天下，不认为我没出息，我的所有谋略都被先帝采用。如今敌军势头日益强盛，而陛下却忽略我的话。我这个人没用，不如去死。"于是拿出绳子打算自尽。后梁主制止了他，问他想说什么，敬翔说："事态紧急，如果不任命王彦章为大将，国家就不可拯救了。"后梁主同意了，任命王彦章代替戴思远担任北面招讨使，仍然任命段凝为副使。

后梁主召见王彦章问他破敌期限，王彦章答道："三天。"旁边的人都忍不住发笑。王彦章出宫后，两天，驰马赶到滑州。辛酉日，大办酒宴，秘密派人在杨村准备好船；夜晚，命令六百名身穿铠甲的士兵，全部手持巨斧，船上载着冶炼工匠，准备了吹火用的皮囊和炭，顺流而下。当时宴会还没有结束，王彦章假装起身换衣服，率领几千名精兵沿着黄河南岸迅速赶往德胜。当时天下着小雨，朱守殷没有防备，船上的士兵用火烧断城门的锁，之后用巨斧砍断浮桥，而王彦章率兵紧急攻打南城。浮桥被砍断，南城于是被攻破，斩杀了几千人。截止到此时正好是王彦章接受命令的第三天。朱守殷乘坐着载着士兵的小船渡河营救，已经来不及。王彦章进攻潘张、麻家口、景店各寨，全部攻克，声势大振。

王彦章痛恨赵岩、张汉杰扰乱朝政，当他担任招讨使后，对自己亲近的人说："等我成功返回，应当杀光奸臣来答谢天下。"赵岩、张汉杰听说这件事，私下相互说："我宁可被突厥部落杀死，也不能被王彦章杀死。"两人相互约定合力除掉王彦章。段凝向来憎恨王彦章的才能，因此谄媚依附在赵岩、张汉杰一伙，段凝在军中动不动就和王彦章对着干，千方百计阻挠王彦章，生怕他建立战功，又暗中观察王彦章的过失，偷偷告诉后梁主。每当有捷报送到朝廷，赵岩、张汉杰就将其归功于段凝，因此王彦章竟然没有一点功劳。当王彦章回到杨村，后梁主听信谗言，还担心王彦章一旦成功难以控制，于是将他召回大梁。派他率兵与董璋一起攻打泽州。

十月，壬申日，后唐庄宗率领大军从杨刘渡过黄河，癸酉日，抵达郓州，午夜时分，进攻逾汶，任命李嗣源为前锋。甲戌日清晨，遇到后梁军队，交战一场就将后梁军队战败，追击到中都，包围城池。城中没有守备，不一会儿，后梁军突破重围冲出来，后唐军在后面追击，将后梁军击败。王彦章带领几十名骑兵逃走，龙武大将军李绍奇单枪匹马追赶，他认得王彦章的声音，喊道："这就是王铁枪。"拔出长矛刺向王彦章，王彦章重伤，马被绊倒，于是被抓，同时被抓的还有都监张汉杰、曹州刺史李知节、副将赵廷隐、刘嗣彬等二百多人，几千人被斩首。

王彦章曾经对人说："李存勖就是斗鸡小儿，没什么可怕。"到此时，后唐庄宗对王彦章说："你常说我是小儿，今天服了吗？"又问："你名为善战之将，怎么不去守兖州？中都没有防御工事，怎么能守住？"王彦章答道："天命已去，没什么可说的。"后唐庄宗珍惜王彦章的才能，想要重用他，赐给他药来疗伤，几次派人引诱他。王彦章说："我本是普通人，承蒙后梁恩德，坐到上将的职位，与后唐皇帝交战了十五年；如今兵败力穷，死是预料得到的事情，纵然后唐皇帝怜惜我让我活下去，我有何脸面见天下人呢？哪有早上还是后梁将领，到了晚上就是后唐臣子的道理呢？这不是我能做到的。"后唐庄宗再次派李嗣源亲自前去告谕，王彦章躺着对李嗣源说："你不是邈佶烈吗？"王彦章向来看不起李嗣源，因此特意叫他的小名。此时，将领们都在举杯庆贺，后唐庄宗举着酒杯对李嗣源说："今天的功劳，都是你和郭崇韬的。如果之前听了李绍宏的话，早就大势已去了。"

当天晚上，李嗣源率领前军快速直奔大梁。乙亥日，后唐庄宗从中都发兵，抬着王彦章跟随部队一同行进，派中使问王彦章："我这次能战胜吗？"王彦章答："段凝有精兵六万，虽然主将没有才能，但也不肯立刻投降，恐怕难以战胜。"后唐庄宗知道王彦章最终也不会被自己所用，于是将他处死。

李存勖灭后梁

原文

庄宗光圣神闵孝皇帝同光元年癸未，公元九二三年

晋王筑坛于魏州牙城之南，夏，四月，己巳，升坛，祭告上帝，遂即皇帝位，国号大唐，大赦，改元。尊母晋国太夫人曹氏为皇太后，嫡母秦国夫人刘氏为皇太妃。以豆卢革为门下侍郎，卢程为中书侍郎，并同平章事；郭崇韬、张居翰为枢密使，卢质、冯道为翰林学士，张宪为工部侍郎、租庸使，又以义武掌书记李德休为御史中丞。

诏卢程诣晋阳册太后、太妃。初，太妃无子，性贤，不妒忌；太后为武皇侍姬，太妃常劝武皇善待之，太后亦自谦退，由是相得甚欢。及受册，太妃诣太后宫贺，有喜色，太后怃怩不自安。太妃曰："愿吾儿享国久长，吾辈获没于地，园陵有主，余何足言！"因相向歔欷。

王彦章败卒有先至大梁，告梁主以"彦章就擒，唐军长驱且至"者，梁主聚族哭曰："运祚尽矣！"召群臣问策，皆莫能对。梁主谓敬翔曰："朕居常忽卿所言，以至于此。今事急矣，卿勿以为怼。将若之何？"翔泣曰："臣受先帝厚恩，殆将三纪，名为宰相，其实朱氏老奴，事陛下如郎君。臣前后献言，莫匪尽忠。陛下初用段凝，臣极言不可，小人朋比，致有今日。今唐兵且至，段凝限于水北，不能赴救。臣欲请取下出居避狄，陛下必不听从；欲请陛下出奇合战，陛下必不果决。虽使良、平更生，谁能为陛下计者！臣愿先赐死，不忍见宗庙之亡也。"因与梁主相向恸哭。

梁主登建国楼，面择亲信厚赐之，使衣野服，赍蜡诏，促段凝军，既辞，皆亡匿。或请幸洛阳，收集诸军以拒唐，唐虽得都城，势不能久留。或请幸段凝军，控鹤都指挥使皇甫麟曰："凝本非将材，官由幸进，今危窘之际，望其临机制胜，转败为功，难矣且凝闻彦章军败，其胆已破，安知能终为陛下尽节乎！"赵岩曰："事势如此，一下此楼，谁心可保！"梁主乃止。复召宰相谋之，郑珏请自怀传国宝诈降以纾国难，梁主曰："今日固不敢爱宝，但如卿此策，竟可了否？"珏俯首久之，曰："但恐未了。"左右皆缩颈而笑。梁主日夜涕泣，不知所为；置传国宝于卧内，忽失之，已为左右窃之迎唐军矣。

梁主谓皇甫麟曰："李氏吾世仇，理难降首，不可俟彼刀锯。吾不能自裁，卿可断吾首。"麟泣曰："臣为陛下挥剑死唐军则可矣，不敢奉此诏。"梁主曰："卿欲卖我邪？"麟欲自刭，梁主持之曰："与卿俱死！"麟遂弑梁主，因自杀。梁主为人温恭俭约，无荒淫之失；但宠信赵、张，使擅威福，疏弃敬、李旧臣，不用其言，以至于亡。

己卯旦，李嗣源军至大梁，攻封丘门，王瓒开门出降，嗣源入城，抚安军民。是日，帝入自梁门，百官迎谒于马首，拜伏请罪，帝慰劳之，使各复其位。李嗣源迎贺，帝喜不自胜，手引嗣源衣，以头触之曰："吾有天下，卿父子之功也，天下与尔共之。"帝命访求梁主，顷之，或以其首献。

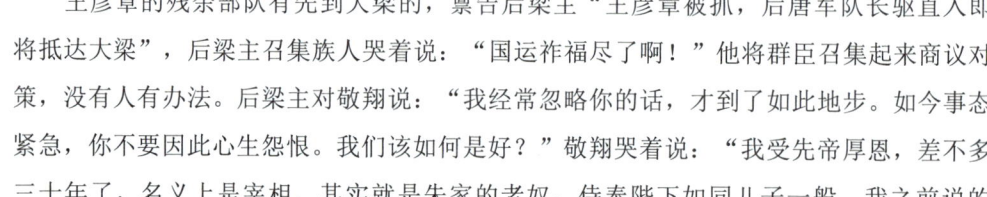

译 文

后唐庄宗同光元年癸未（公元923年）

晋王李存勖在魏州牙城之南修筑祭坛，夏季，四月，己巳日，登上祭坛，祭告上帝，即皇帝位，国号大唐，大赦天下，更改年号。尊称母亲晋国太夫人曹氏为皇太后，嫡母秦国夫人刘氏为皇太妃。任命豆卢革为门下侍郎，卢程为中书侍郎，并同平章事；郭崇韬、张居翰为枢密使，卢质、冯道为翰林学士，张宪为工部侍郎、租庸使，又任命义武掌书记李德休为御史中丞。

下诏令卢程前往晋阳册封太后、太妃。当初，太妃没有儿子，个性贤良，不嫉妒；太后为后唐武皇帝侍妾，太妃常常劝后唐武皇帝善待她，太后也十分谦让，因此两人相处十分和谐。当册封典礼完成后，太妃到太后宫中拜谒庆贺，脸上有高兴的神色，太后扭捏不安。太妃说："希望我们的儿子能长久地在王位上，我们寿终正寝后，皇家园陵也有了主人，其余还有什么不满足的？"两人相对唏嘘啜泣。

王彦章的残余部队有先到大梁的，禀告后梁主"王彦章被抓，后唐军队长驱直入即将抵达大梁"，后梁主召集族人哭着说："国运祚福尽了啊！"他将群臣召集起来商议对策，没有人有办法。后梁主对敬翔说："我经常忽略你的话，才到了如此地步。如今事态紧急，你不要因此心生怨恨。我们该如何是好？"敬翔哭着说："我受先帝厚恩，差不多三十年了，名义上是宰相，其实就是朱家的老奴，侍奉陛下如同儿子一般。我之前说的话，没有不尽忠心的。陛下当初重用段凝，我极力言说不可以，小人相互勾结，才导致今天的局面。如今后唐军即将赶到，段凝被困在黄河以北，无法赶来救援。我想请陛下出宫到狄人部落躲避，陛下一定不会同意；想请陛下出奇兵与后唐军交战，陛下也一定无法果断决定。即使让张良、陈平重生，谁又能为陛下想出好办法呢？我希望先被赐死，不忍心见到宗庙灭亡啊。"于是敬翔与后梁主相对恸哭。

后梁主登上建国楼，当面挑选亲信，丰厚地赏赐他们，让他们穿上村野平民的衣服，给他们一份用蜡封上的诏书，让他们迅速赶往段凝的军队。这些人告辞后，全都逃走藏了起来。有人请求后梁主巡幸洛阳，召集各路军队抵抗后唐军队，后唐军队虽然得到都城，但形势不容他们久留。有人请求巡幸段凝的军队，控鹤都指挥使皇甫麟说："段凝本就不是将才，因为宠幸才得到官职，如今危急关头，指望他临危取胜，扭转败局，太难了。况且段凝听说王彦章的军队战败，已经吓破了胆，怎么可能最终为陛下守节呢？"赵岩说："形势如此，一旦走下建国楼，谁的心又能担保呢？"后梁主阻止了他们，又召宰相商议，郑珏请求亲自怀揣传国玉玺假装投降以此缓解国难，后梁主说："事到如今的确不敢再爱惜玉玺了，但是依照你的计策，真的能够了结国难吗？"郑珏低头想了很久，说："只怕不能了结。"一旁的人都缩着脖子嘲笑。后梁主日夜哭泣，不知道怎么办；将传国玉玺放在卧室里，忽然有一天不见了，已经被身边的人偷走去迎接后唐军了。

后梁主对皇甫麟说："李氏是我们的世仇，按理不能投降，不能等到刀架在我的脖子上。我不能自杀，但你可以砍下我的头。"皇甫麟哭着说："我为陛下挥剑砍死后唐军还可以，不敢接受这条诏命。"后梁主说："你想出卖我吗？"皇甫麟想要自刎，后梁主拉住他说："我和你一起死。"皇甫麟于是杀死后梁主，之后自杀。后梁主为人温和谦恭、简朴节约，没有荒淫的过失；只是宠信赵岩、张汉节，让他们作威作福，疏远舍弃了敬翔、李振等旧臣，不采用他们的言论，才导致亡国。

己卯日清晨，李嗣源的军队抵达大梁，攻打封丘门，王瓒打开城门投降，李嗣源进入城中，安抚军民。当天，后唐庄宗从梁门入城，百官在马前迎接，匍匐跪拜请求治罪，后唐庄宗慰劳他们，让他们各自官复原职。李嗣源迎接祝贺，后唐庄宗喜不自禁，手拉着李嗣源的衣服，用头碰触了一下说："我有天下，是你们父子的功劳，天下要与你共享。"后唐庄宗命人搜寻后梁主，不一会儿，有人就献上了后梁主的头。

后晋纪

卷 一

儿皇帝石敬瑭

原 文

高祖圣文章武明德孝皇帝天福元年丙申，公元九三六年

正月，癸丑，唐主以千春节置酒，晋国长公主上寿毕，辞归晋阳。帝醉，曰："何不且留？遽归，欲与石郎反邪！"石敬瑭闻之，益惧。

石敬瑭尽收其货之在洛阳及诸道者归晋阳，托言以助军费，人皆知其有异志。唐主夜与近臣从容语曰："石郎于朕至亲，无可疑者；但流言不息，万一失欢，何以解之？"皆不对。

初，石敬瑭欲尝唐王之意，累表自陈羸疾，乞解兵柄，移他镇。帝与执政议从其请，移镇郓州。房暠、李崧、吕琦等皆力谏，以为不可，帝犹豫久之。

五月，庚寅夜，李崧请急在外，薛文遇独直，帝与之议河东事，文遇曰："谚有之：'当道筑室，三年不成。'兹事断自圣志；群臣各为身谋，安肯尽言！以臣观之，河东移亦反，不移亦反，在旦暮耳，不若先事图之。"先是，术者言国家今年应得贤佐，出奇谋，定天下。帝意文遇当之，闻其言，大喜，曰："卿言殊豁吾意，成败吾决行之。"即为除目，付学士院使草制。辛卯，以敬瑭为天平节度使，以马军都指挥使、河阳节度使宋审虔为河东节度使。制出，两班闻呼敬瑭名，相顾失色。

甲午，以建雄节度使张敬达为西北蕃汉马步都部署，趣敬瑭之郓州。敬瑭疑惧，谋

于将佐曰："吾之再来河东也，主上面许终身不除代；今忽有是命，得非如今年千春节与公主所言乎？我不兴乱，朝廷发之，安能束手死于道路乎！今且发表称疾以观其意，若其宽我，我当事之；若加兵于我，我则改图耳。"幕僚段希尧极言拒之，敬瑭以其朴直，不责也。节度使判官华阴赵莹劝敬瑭赴郓州；观察判官平遥薛融曰："融书生，不习军旅。"都押牙刘知远曰："明公久将兵，得士卒心；今据形胜之地，士马精强，若称兵传檄，帝业可成，奈何以一纸制书自投虎口乎！"掌书记洛阳桑维翰曰："主上初即位，明公入朝，主上岂不知蛟龙不可纵之深渊邪？然卒以河东复授公，引乃天意假公以利器。明宗遗爱在人，主上以庶孽代之，群情不附。公明宗之爱婿，今主上以反逆见待，此非首谢可免，但力为自全之计。契丹主素与明宗约为兄弟，今部落近在云、应，公诚能推心屈节事之，万一有急，朝呼夕至，何患无成。"敬瑭意遂决。

戊戌，昭义节度使皇甫立奏敬瑭反。敬瑭表："帝养子，不应承祀，请传位许王。"帝手裂其表抵地，以诏答之曰："卿于鄂王固非疏远，卫州之事，天下皆知；许王之言，何人肯信！"壬寅，制削夺敬瑭官爵。

石敬瑭遣间使求救于契丹，令桑维翰草表称臣于契丹主，且请以父礼事之，约事捷之日，割卢龙一道及雁门关以北诸州与之。刘知远谏曰："称臣可矣，以父事之太过。厚以金帛赂之，自足致其兵，不必许以土田，恐异日大为中国之患，悔之无及。"敬瑭不从。表至契丹，契丹主大喜，白其母曰："儿比梦石郎遣使来，今果然，此天意也。"乃为复书，许俟仲秋倾国赴援。

契丹主谓石敬瑭曰："吾三千里赴难，必有成功。观汝气貌识量，真中原之主也。吾欲立汝为天子。"敬瑭辞让数四，将吏复劝进，乃许之。契丹主作册书，命敬瑭为大晋皇帝，自解衣冠授之，筑坛于柳林。是日，即皇帝位。割幽、蓟、瀛、莫、涿、檀、顺、新、妫、儒、武、云、应、寰、朔、蔚十六州以与契丹，仍许岁输帛三十万匹。己亥，制改长兴七年为天福元年，大赦；敕命法制，皆遵明宗之旧。以节度判官赵莹为翰林学士承旨、户部侍郎、知河东军府事，掌书记桑维翰为翰林学士、礼部侍郎、权知枢密使事，观察判官薛融为侍御史知杂事，节度推官白水窦贞固为翰林学士，军城都巡检使刘知远为侍卫军都指挥使，客将景延广为步军都指挥使。延广，陕州人也。立晋国长公主为皇后。

后晋高祖天福元年丙申（公元936年）

正月，癸丑日，后唐末帝为自己的生日置办酒宴，晋国长公主贺寿完毕，就告辞要返回晋阳。后唐末帝喝醉了，问："为什么不多留一会儿？急着回去，是想要帮助石敬瑭谋反吗？"石敬瑭听说这件事，更加恐惧。

石敬瑭把自己放在洛阳和各道的财物全部收拢起来返回晋阳，借口用这些财物来资助军费，人们都知道他有谋反的打算。后唐末帝晚上和近臣们悠闲地聊天，说："石敬瑭是我的至亲，没什么可怀疑的；但是流言不止，万一他不高兴了，该怎么办？"大臣们都无法回答。

当初，石敬瑭想要试探后唐末帝的心意，几次上表说自己体弱多病，请求解除自己的兵权，让自己担任其他的职务。后唐末帝与执政大臣商议后同意了他的请求，将他调去镇守郓州。房暠、李崧、吕琦等人都极力阻止，认为不可以，后唐末帝犹豫了很久。

五月，庚寅日晚上，李崧请假在外，薛文遇独自值班，后唐末帝与他商议河东的事情，薛文遇说："俗语说：'在道路当中盖房子，三年也盖不成。'这件事应该由陛下来决断；群臣各为自己的利害做打算，怎么肯什么话都说？依我看来，河东的事情，迁调石敬瑭，他也会谋反，不迁调，他也会谋反，就是早晚的事情罢了，不如先把他解决掉。"之前，占卜术士说国家今年会得到贤臣，出奇谋，平定天下。后唐末帝认为薛文遇就是这个贤臣，听到他的话，十分高兴，说："你的话让我豁然开朗，无论成败，我决定执行。"立刻书写授予官员的文书，交给学士院草拟圣旨。辛卯日，任命石敬瑭为天平节度使，任命马军都指挥使、河阳节度使宋审虔为河东节度使。制令颁发后，文武两班官员听到叫石敬瑭的名字，全都惊恐变了脸色。

甲午日，任命建雄节度使张敬达为西北蕃汉马步都部署，催促石敬瑭快去郓州。石敬瑭疑惑恐惧，与身边的军官商议道："我第二次来河东时，皇上答应我终身不让别人取代我；如今突然下达这样的命令，难道是因为皇上生日时与晋阳公主说的话有关？我不谋反，朝廷却先发制人，怎么能在半路束手就擒而死呢？现在我暂且上表称病以此观察朝廷的动向，如果能宽容对待我，我就继续服侍皇上；如果派兵镇压我，我就另做打算。"石敬瑭的幕僚段希尧极力劝阻，石敬瑭因为他淳朴率直，没有责怪他。节度使判官华阴人赵莹劝石敬瑭去郓州赴任；观察判官平遥人薛融说："我是书生，不懂军事。"都押牙刘知远说："明公您长期统领军队，深得士卒的心；如今占据险要之地，兵强马壮，如果兴兵传送檄文，就能成就帝业了，怎么还因为一纸制书自投虎口呢？"掌书记洛阳人桑维翰说："皇上刚刚即位，明公您入朝，皇上怎能不知道不能把蛟龙放回深渊的道理？但是

最终还是把河东交给你，这是上天把利器传授给你。明宗仍留有仁爱于后世，当今皇上却以庶子的身份登基，众人的情感是不依附于他的。您是明宗的爱婿，当今皇上却把你当作谋反之人来对待，这不是低头服从就能赦免的罪过，应该全力为保全自己考虑。契丹国主向来与明宗结为兄弟，如今契丹部落近在云州、应州，您如果能推心置腹地向契丹表示屈服，万一有紧急情况，早上呼唤他们晚上就能到来，还担心事情不会成功吗？"石敬瑭谋反的打算就此铁下心来。

戊戌日，昭义节度使皇甫立上奏说石敬瑭谋反。石敬瑭上表："当今皇帝是养子，不应该继承帝位，请求传位给许王。"后唐末帝将表文撕碎扔在地上，下诏答复："你与鄂王本来并不疏远，卫州的事情，天下皆知；许王的话，谁肯相信？"壬寅日，下制书削夺石敬瑭的官爵。

石敬瑭派密使向契丹求救，让桑维翰草拟表书向契丹国主称臣，并且请求以侍奉父亲的礼节侍奉契丹国主，约定事成之日，将卢龙一道及雁门关以北各州割让给契丹。刘知远劝阻说："称臣可以，但是以对父亲的礼节侍奉契丹主则太过分。只要多给一些金帛贿赂他们，就足以让他们派兵援助，不必许诺给他们土地，否则恐怕将来成为中国最大的祸患，后悔也来不及。"石敬瑭不听。表文送达契丹，契丹国主大喜，对他的母亲说："我梦见石敬瑭派使者来，如今果然来了，这是天意啊。"于是回复书信，许诺等待仲秋时节发全国兵力支援。

契丹国主对石敬瑭说："我从三千里外赶来帮你解决危难，一定会成功。我观察你的容貌与胆量，是中原真正的主人啊。我想要立你为天子。"石敬瑭推辞了四次，身边的将领官员再次劝他即位，这才同意。契丹国主制作册命之书，任命石敬瑭为大晋皇帝，亲自脱下衣冠传授给他，在柳林修筑祭坛。当天，石敬瑭即皇帝位，将幽州、蓟州、瀛洲、莫州、涿州、檀州、顺州、新州、妫州、儒州、武州、云州、应州、寰州、朔州、蔚州十六州割让给契丹，还许诺每年给契丹三十万匹帛。己亥日，下制书将长兴七年改为天福元年，大赦天下；敕命各法制都遵循明宗时期的旧制。任命节度判官赵莹为翰林学士承旨、户部侍郎、知河东军府事，掌书记桑维翰为翰林学士、礼部侍郎、权知枢密使事，观察判官薛融为侍御史知杂事，节度推官白水人窦贞固为翰林学士，军城都巡检使刘知远为侍卫军都指挥使，客将景延广为步军都指挥使。景延广，是陕州人。册封晋国长公主为皇后。

后汉纪

卷 一

契丹崛起

高祖睿文圣武昭肃孝皇帝天福十二年丁未，公元九四七年

正月，丁亥朔，百官遥辞晋主于城北，乃易素服纱帽，迎契丹主，伏路侧请罪。契丹主貂帽、貂裘，衷甲，驻马高阜，命起，改服，抚慰之。左卫上将军安叔千独出班胡语，契丹主曰："汝安没字邪？汝昔镇邢州，已累表输诚，我不忘也。"叔千拜谢呼跃而退。

晋主与太后已下迎于封丘门外，契丹主辞不见。

契丹主入门，民皆惊呼而走。契丹主登城楼，遣通事谕之曰："我亦人也，汝曹勿惧！会当使汝曹苏息。我无心南来，汉兵引我至此耳。"至明德门，下马拜而后入宫。以其枢密副使刘密权开封尹事。日暮，契丹主复出，屯于赤冈。

辛卯，契丹以晋主为负义侯，置于黄龙府。黄龙府，即慕容氏和龙城也。契丹主使谓李太后曰："闻重贵不用母命以至于此，可求自便，勿与俱行。"太后曰："重贵事妾甚谨。所失者，违先君之志，绝两国之欢耳。今幸蒙大恩，全生保家，母不随子，欲何所归！"

癸巳，契丹迁晋主及其家人于封禅寺，遣大同节度使兼侍中河内崔廷勋以兵守之。契丹主数遣使存问，晋主每闻使至，举家忧恐。时雨雪连旬，外无供亿，上下冻馁。太后使人谓寺僧曰："吾尝于此饭僧数万，今日独无一人相念邪！"僧辞以"虏意难测，不敢献食。"晋主阴祈守者,乃稍得食。

是日,契丹主自赤冈引兵入宫,都城诸门及宫禁门,皆以契丹守卫,昼夜不释兵仗。礫犬于门,以竿悬羊皮于庭为厌胜。契丹主谓晋群臣曰:"自今不修甲兵,不市战马,轻赋省役,天下太平矣。"废东京,降开封府为汴州,尹为防御使。乙未,契丹主改服中国衣冠,百官起居皆如旧制。

癸卯,晋主与李太后、安太妃、冯后及弟睿、子延煦、延宝俱北迁,后宫左右从者百余人。契丹遣三百骑援送之,又遣晋中书令赵莹、枢密使冯玉、马军都指挥使李彦韬与之俱。

晋主在涂,供馈不继,或时与太后俱绝食,旧臣无敢进谒者。独磁州刺史李谷迎谒于路,相对泣下。谷曰:"臣无状,负陛下。"因倾赀以献。

晋主至中度桥,见杜重威寨,叹曰:"天乎!我家何负,为此贼所破!"恸哭而去。

译 文

后汉高祖天福十二年丁未(公元947年)

正月,丁亥朔日,百官在城北远远地向后晋皇帝辞别,然后更换白衣纱帽,迎接契丹国主,趴在路边请罪。契丹国主戴着貂帽、穿着貂裘,衣服里面穿着铠甲,在一处高起的土丘上停下马,命令大臣们起身,更换衣服,抚慰他们。左卫上将军安叔千独自走出行列用胡语和契丹国主交谈,契丹国主说:"你不是安没字吗?你曾经镇守邢州,已经几次上表表达诚意,我不会忘的。"安叔千拜谢后欢呼雀跃地退下。

后晋皇帝与太后已经到封丘门外迎接,契丹国主推辞不见。

契丹国主进入城门,百姓全都惊讶呼喊着逃走。契丹国主登上城楼,派通事告谕百姓:"我也是人,你们不要害怕!我会让你们安居乐业。我本无心向南来到这里,是汉兵把我引到这里的。"来到明德门,契丹国主下马拜礼之后进宫。让枢密副使刘密权为代理开封尹。黄昏,契丹国主出来,在赤岗驻扎。

辛卯日,契丹任命后晋皇帝为负义侯,将其安置在黄龙府。黄龙府,就是慕容氏的和龙城。契丹国主派人对李太后说:"听说石重贵是因为不听母亲的话才落到如此境地,你可以自便,不用跟着同行。"太后说:"石重贵侍奉我十分恭谨,他的过失,是违背了先皇的志向,断绝了梁国的邦交而已。如今有幸承蒙大恩,家人得以保全,母亲如果不跟随儿子,又能去哪里呢?"

癸巳日,契丹将后晋皇帝和家人安置在封禅寺,派大同节度使兼侍中河内人崔廷勋带兵看守。契丹国主几次派使者慰问，后晋皇帝每次听说使者到来，全家都担忧恐惧。当时雨雪连绵，衣食没有按需供给，所有人都挨饿受冻。太后派人对寺院僧人说："我曾经在这里供给几万名僧人的斋饭，如今却没有一个人记得吗？"僧人们以"胡人的心意难以预测，不敢提供食物"为由拒绝了。后晋皇帝暗中祈求看守的人，才稍稍得到一点食物。

这一天，契丹国主从赤岗率兵入宫，都城各门和宫禁门，都派契丹士兵守卫，日夜都不放下兵器。在宫门口杀犬祭祀，在庭院中用竹竿悬挂羊皮作为对敌人的诅咒。契丹国主对后晋群臣说："从今往后不治兵器，不购买战马，减轻赋税徭役，天下就会太平了。"之后废弃东京，将开封府降为汴州，开封府尹降为防御使。乙未日，契丹国主改穿中国服装，百官都按照旧制上朝退朝。

癸卯日，后晋皇帝与李太后、安太妃、冯皇后及弟弟石重睿、儿子石延煦、石延宝一同向北迁徙，四百多名后宫侍者跟随。契丹人派三百名骑兵押送，又派后晋中书令赵莹、枢密使冯玉、马军都指挥使李彦韬与之同行。

后晋皇帝在路上，供给无法及时送达，有时与太后一同断绝食物，旧臣没人敢谒见，只有磁州刺史李谷在途中迎接拜谒，与后晋皇帝相对哭泣。李谷说："我没有能力，辜负了陛下。"于是把自己的财物全部献给后晋皇帝。

后晋皇帝行至中度桥，看到杜重威的大寨，惊叹道："天啊！我家何负于人，竟然被这个贼子所破！"后晋皇帝大哭离去。

刘知远建后汉

原　文

高祖睿文圣武昭肃孝皇帝天福十二年丁未，公元九四七年

初，晋主与河东节度使、中书令、北平王刘知远相猜忌，虽以为北面行营都统，徒尊以虚名，而诸军进止，实不得预闻。知远因之广募士卒。阳城之战，诸军散卒归之者数千人，又得吐谷浑财畜，由是河东富强冠诸镇，步骑至五万人。

晋主与契丹结怨，知远知其必危，而未尝论谏。契丹屡深入，知远初无邀遮、入援之志。及闻契丹入汴，知远分兵守四境以防侵轶。遣客将安阳王峻奉三表诣契丹主：一，贺入汴；二，以太原夷、夏杂居，戍兵所聚，未敢离镇；三，以应有贡物，值契丹将刘九一军自土门西入屯于南川，城中忧惧，俟召还此军，道路始通，可以入贡。契丹主赐诏褒美，及进书，亲加"儿"字于知远姓名之上，仍赐以木拐。胡法，优礼大臣则赐之，如汉赐几仗之比，惟伟王以叔父之尊得之。

知远又遣北都副留守太原白文珂入献奇缯名马，契丹主知知远观望不至，及文珂还，使谓知远曰："汝不事南朝，又不事北朝，意欲何所俟邪？"蕃汉孔目官郭威言于知远曰："虏恨我深矣！王峻言契丹贪残失人心，必不能久有中国。"

或劝知远举兵进取。知远曰："用兵有缓有急，当随时制宜。今契丹新降晋兵十万，虎据京邑，未有他变，岂可轻动哉！且观其所利止于货财，货财既足，必将北去。况冰雪已消，势难久留，宜待其去，然后取之，可以万全。"

荆南节度使高从诲遣使入贡于契丹，契丹遣使以马赐之。从诲亦遣使诣河东劝进。

于是将佐劝知远称尊号，以号令四方，观诸侯去就。知远不许。闻晋主北迁，声言欲出兵井陉，迎归晋阳。丁卯，命武节都指挥使荥泽史弘肇集诸军于球场，告以出军之期。军士皆曰："今契丹陷京城，执天子，天下无主。主天下者，非我王而谁！宜先正位号，然后出师。"争呼万岁不已。知远曰："虏势尚强，吾军威未振，当且建功业。士卒何知！"命左右遏止之。

已巳，行军司马潞城张彦威等三上笺劝进，知远疑未决。郭威与都押牙冠氏杨邠入说知远曰："今远近之心，不谋而同，此天意也。王不乘此际取之，谦让不居，恐人心且移，移则反受其咎矣。"知远从之。

辛未，刘知远即皇帝位。自言未忍改晋国，又恶开运之名，乃更称天福十二年。

译　文

后汉高祖天福十二年丁未（公元947年）

当初，后晋皇帝与河东节度使、中书令、北平王刘知远相互猜忌，虽然任命他为北面行营都统，却徒有虚名而已，各路军队的动向，都不告诉刘知远实情。刘知远因此广泛招募士卒。阳城之战，各路军队散兵投奔刘知远的有几千人，又得到吐谷浑的财物与牲畜，因此河东的富强成为各镇之首，步兵骑兵加起来达到五万人。

后晋皇帝与契丹结怨，刘知远知道后晋一定会面临危险，却从来没有尝试出言劝阻，契丹人几次深入，刘知远起初没有阻拦、援救的打算，当听说契丹攻入汴州，刘知远分散兵力戍守四方边境以防契丹侵袭。又派客将安阳人王峻向契丹国主奉上三道表章：一、恭贺进入汴州；二、因为太原夷人与夏人杂居，戍守在此地的士兵不敢离开镇守之地前去祝贺；三、本应献上贡品，但正值契丹将领刘九一的军队从土门向西进入南川驻扎，城中人担忧恐惧，等到契丹召回这支军队，道路才能通畅，到时就可以呈上贡品。契丹国主赐诏书褒奖称赞刘知远，当审批诏书时，又亲笔在刘知远的姓名上加了一个"儿"字，还赏赐给他木制的手杖。按照胡人法律，享受优待的大臣才有这个赏赐，就如同汉族赏赐的坐几和手杖一样，只有伟王凭借叔父的尊贵身份才得到过。

刘知远又派北都副留守太原人白文珂入京献上珍奇的丝织品和名马，契丹国主知道刘知远观望不前，当白文珂返回，派人对刘知远说："你不向南称臣，又不向北称臣，打算干什么？"蕃汉孔目官郭威对刘知远说："胡人对我们的怨恨很深啊。王峻说契丹人贪婪残暴失去人心，一定不会长久霸占中国。"

有人劝刘知远举兵进攻。刘知远说："用兵有缓有急，应当随机应变。如今契丹刚刚招降了十万后晋兵马，占据京城，如果没有其他变故，怎能轻举妄动？暂且观察他们的动向，他们想得到的只是财物，物品和钱财若满足了他们，一定会回到北方。况且冰雪已经消融，形势难以久留，应该等他们离开，然后再夺取京城，可保完全。"

荆南节度使高从诲派使者向契丹进贡，契丹派使者赏赐马匹。高从诲也派使者前往河东劝刘知远登基称帝。

于是将领们都劝刘知远称帝，以此号令天下，观察诸侯的去留。刘知远不答应。听说后晋皇帝迁往北方，刘知远声称要从井陉出兵，迎接后晋皇帝返回晋阳。丁卯日，命令武节都指挥使荥泽人史弘肇召集各路军队到球场，告谕军队出师的日期。军士们都说："如今契丹攻陷京城，挟持天子，天下没有君主。执掌天下的，除了我们大王还有谁？应该先确定皇帝名号，然后再出师。"将士们争相呼喊万岁。刘知远说："契丹势头依然强盛，我们的军威还没振奋，应当建立功业，士卒们知道什么？"命令左右亲信制止将士们的言论。

己巳日，行军司马潞城人张彦威等人三次上表劝刘知远登基，刘知远迟疑未决。郭威与都押牙冠氏人杨邠进去劝说刘知远："如今远近的人心，不谋而合，这是天意。大王您不趁机夺取天下，却谦让不登基，恐怕人心会变，变了就会反受其害了。"刘知远同意了。

辛未日，刘知远即皇帝位。自称不忍心改变晋国国号，又厌恶开运这个年号，于是改称为天福十二年。

资治通鉴

后周纪

卷 一

郭威废帝自立

隐皇帝乾祐三年庚戌，公元九五〇年

帝自即位以来，枢密使、右仆射、同平章事杨邠总机政，枢密使兼侍中郭威主征伐，归德节度使、侍卫亲军都指挥使兼中书令史弘肇典宿卫，三司使、同平章事王章掌财赋。邠颇公忠，退朝，门无私谒，虽不却四方馈遗，有余辄献之。弘肇督察京城，道不拾遗。是时承契丹荡覆之余，公私困竭，章捃摭遗利，吝于出纳，以实府库。属三叛连衡，宿兵累年而供馈不乏。及事平，赐予之外，尚有余积，以是国家粗安。

十一月，丙子旦，邠等入朝，有甲士数十自广政殿出，杀邠、弘肇、章于东庑下。文进函召宰相、朝臣班于崇元殿，宣云："邠等谋反，已伏诛，与卿等同庆！"又召诸军将校至万岁殿庭，帝亲谕之，且曰："邠等以稚子视朕，朕今始得为汝主，汝辈免横忧矣！"皆拜谢而退。又召前节度使、刺史等升殿谕之，分遣使者帅骑收捕邠等亲戚、党与、僚从，尽杀之。

弘肇待侍卫步军都指挥使王殷尤厚，邠等死，帝遣供奉官孟业赍密诏诣澶州及邺都，令镇宁节度使李洪义杀殷，又令邺都行营马军都指挥使郭崇威、步军都指挥使真定曹威杀郭威及监军、宣徽使王峻。

丁丑，使者至澶州，李洪义畏懦，虑王殷已知其事，不敢发，乃引孟业见殷。殷囚业，遣副使陈光穗以密诏示郭威。威召枢密吏魏仁浦,示以诏书曰:"奈何?"仁浦曰:"公,国之大臣,功名素著,加之握强兵,据重镇,一旦为群小所构,祸出非意,此非辞说之所能解。时事如此,不可坐而待之。"威乃召郭崇威、曹威及诸将,告以杨邠等冤死及有密诏之状,且曰:"吾与诸公,披荆棘,从先帝取天下,受托孤之任,竭力以卫国家,今诸公已死,吾何心独生!君辈当奉行诏书,取吾首以报天子,庶不相累。"郭崇威等皆泣曰:"天子幼冲,此必左右群小所为,若使此辈得志,国家其得安乎!崇威愿从公入朝自诉,荡涤鼠辈以清朝廷,不可为单使所杀,受千载恶名。"翰林天文赵修已谓郭威曰:"公徒死何益!不若顺众心,拥兵而南,此天启也。"郭威乃留其养子荣镇邺都,命郭崇威将骑兵前驱,戊寅,自将大军继之。

辛巳,鹥脱至大梁。前此帝议自往澶州,闻郭威已至河上而止。帝甚有悔惧之色,私谓窦贞固曰:"属者亦太草草。"

甲申,帝欲再出,太后力止之,不可。

是夕,帝独与三相及从官数十人宿于七里寨,余皆逃溃。乙酉旦,郭威望见天子旌旗在高阪上,下马免胄往从之,至则帝已去矣。帝策马将还宫,至玄化门,刘铢在门上,问帝左右:"兵马何在?"因射左右。帝回辔,西北至赵村,追兵已至,帝下马入民家,为乱兵所弑。

丁亥,郭威帅百官诣明德门起居太后,且奏称:"军国事殷,请早立嗣君。"太后诰称:"郭允明弑逆,神器不可无主。河东节度使崇,忠武节度使信,皆高祖之弟;武宁节度使赟,开封尹勋,高祖之子。其令百官议择所宜。"赟,崇之子也,高祖爱之,养视如子。郭威、王峻入见太后于万岁宫,请以勋为嗣。太后曰:"勋久羸疾不能起。"威出谕诸将,诸将请见之,太后令左右以卧榻举之示诸将,诸将乃信之。于是郭威与峻议立赟。己丑,郭威帅百官表请以赟承大统。太后诰所司,择日,备法驾迎赟即皇帝位。郭威奏遣太师冯道及枢密直学士王度、秘书监赵上交诣徐州奉迎。

十二月,壬子,郭威渡河,馆于澶州。癸丑旦,将发,将士数千人忽大噪。威命闭门,将士逾垣登屋而入曰:"天子须侍中自为之,将士已与刘氏为仇,不可立也!"或裂黄旗以被威体,共扶抱之,呼万岁震地,因拥威南行。威乃上太后笺,请奉汉宗庙,事太后为母。丙辰,至韦城,下书抚谕大梁士民,以昨离河上,在道秋毫不犯,勿有忧疑。戊午,威至七里店,窦贞固帅百官出迎拜谒,因劝进。威营于皋门村。

郭威遗贽书，云为诸军所迫，召冯道先归，留赵上交、王度奉侍。道辞行，贽曰："寡人此来所恃者，以公三十年旧相，故无疑耳。今崇威夺吾卫兵，事危矣，公何以为计？"道默然。客将贾贞数目道，欲杀之。贽曰："汝辈勿草草，此无预冯公事。"崇威迁贽于外馆，杀其腹心董裔、贾贞等数人。

庚申，太后诰，以侍中监国。百官藩镇相继上表劝进。

太祖圣神恭肃文孝皇帝广顺元年辛亥，公元九五一年

春，正月，丁卯，汉太后下诰，授监国符宝，即皇帝位。监国自皋门入宫，即位于崇元殿，制曰："朕周室之裔，虢叔之后，国号宜曰周。"改元，大赦。杨邠、史弘肇、王章等皆赠官，官为敛葬，

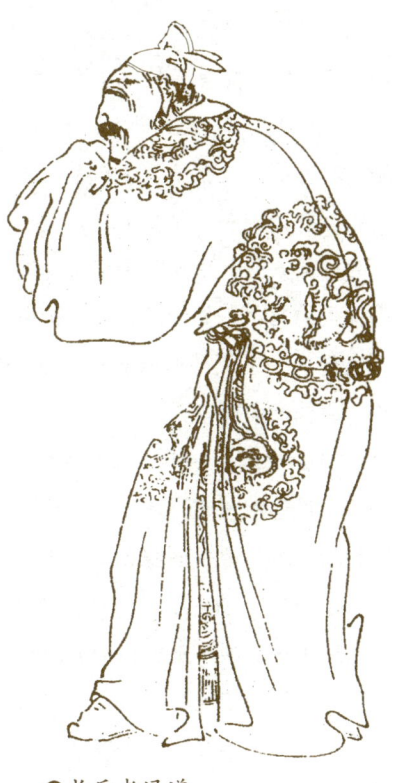

●长乐老冯道

仍访其子孙叙用之。凡仓场、库务掌纳官吏，无得收斗余、称耗。旧所进羡余物，悉罢之。犯窃盗及奸者，并依晋天福元年以前刑名，罪人非反逆，无得诛及亲族，籍没家赀。唐庄宗、明宗、晋高祖各置守陵十户，汉高祖陵职员、官人，时月荐享及守陵户并如故。初，唐衰，多盗，不用律文，更定峻法，窃盗赃三匹者死。晋天福中，加至五匹。奸有夫妇人，无问强、和，男女并死。汉法，窃盗一钱以上皆死。又罪非反逆，往往族诛、籍没，故帝即位，首革其弊。

译文

后汉隐帝乾祐三年庚戌（公元950年）

后汉隐帝自即位以来，枢密使、右仆射、同平章事杨邠总管机政要务，枢密使兼侍中郭威主管军事征战，归德节度使、侍卫亲军都指挥使兼中书令史弘肇主管宫中守卫，三司使、同平章事王章主管财税。杨邠十分公正忠诚，退朝之后，从不因私事拜谒，虽然不拒绝各处的馈赠，但只要有富余的就会献给皇帝。史弘肇督管京城，路不拾遗。当时刚刚从契丹之乱中恢复过来，朝廷和百姓的资产都十分困顿，王章搜集点滴余利，节约开支，以

此充实国库。虽然赶上三叛连衡，连年征战却没有中断军用物资。当叛乱平息，论功行赏之后，国库还有富余，因此国家稍稍安定了下来。

十一月，丙子日早晨，杨邠等人入朝，突然有几十名身穿铠甲的士兵从广政殿出来，将杨邠、史弘肇、王章杀死在东边的走廊下面。聂文进紧急召集宰相、朝臣在崇元殿上朝，宣读诏书："杨邠等人谋反，已被处死，与大家一同庆祝。"又召各军将领校尉来到万岁殿庭院，后汉隐帝亲自告谕，说："杨邠等人把我当作小孩子看待，我如今终于成为你们的君主，你们再也没有忧患了。"文武官员都跪拜谢恩后退下。又召来前节度使、刺史等人登上大殿聆听告谕，又分别派出使者率领骑兵收捕杨邠等人的亲戚、党羽、仆役，将他们全部杀死。

史弘肇对侍卫步军都指挥使王殷十分优厚，杨邠等人死后，后汉隐帝派供奉官孟业把密诏送往澶州和邺都，命令镇宁节度使李洪义杀死王殷，又命令邺都行营马军都指挥使郭崇威、步军都指挥使真定人曹威杀死郭威和监军、宣徽使王峻。

丁丑日，使者抵达澶州，李洪义胆怯，担心王殷已经知道这件事，不敢发兵，于是带孟业去见王殷。王殷将孟业囚禁，派副使陈光穗把密诏给郭威看。郭威召来枢密官吏魏仁浦，把诏书给他看，说："怎么办？"魏仁浦说："您，是国家大臣，功绩名声向来显著，再加上手握强兵，占据重镇，一旦被小人们构陷，会有预料不到的灾祸，这不是光靠解释就能解除怀疑的。事已至此，不能坐以待毙。"郭威于是召来郭崇威、曹威和将领们，告诉他们杨邠等人是冤死的，并且还有密诏这条罪状，还说："我和你们，披荆斩棘，跟随先帝夺取天下，受先帝托孤重任，竭尽全力保卫国家，如今杨邠等人已死，我怎么能独活？你们应当尊奉诏书，取下我的头来报答天子，我不连累你们。"郭崇威等人都哭着说："天子年幼冲动，这一定是身边那些小人的作为，如果让这些人得志，国家怎能安定？我愿意跟随您入朝自辩，铲除这些鼠辈来让朝廷干净，不能因为一个使者就杀死您，承受千载的恶名。"翰林天文赵修己对郭威说："您白白送死有什么用？不如顺应人心，向南发兵，这是上天的启示。"郭威于是留下自己的养子郭荣镇守邺都，命令郭崇威率领骑兵作为先驱部队，戊寅日，郭威亲自率领大军出发。

辛巳日，銮脱抵达大梁。之前后汉隐帝想要亲自去往澶州，听说郭威的军队已经停在黄河之上，后汉隐帝十分恐惧后悔，私下里对窦贞固说："之前的决定太草率了。"

甲申日，后汉隐帝再次想要出城，太后极力阻止，不答应。

当天晚上，后汉隐帝与三位宰相及从属官员几十人住在七里寨，其余的人全部逃散。乙酉日早晨，郭威望见天子的旌旗插在高坡上，下马脱下铠甲向那里走去，当他赶到时后汉隐帝已经离开。后汉隐帝想要快马加鞭赶回皇宫，到达玄化门时，刘铢在城门上

资治通鉴

三六八

方，问后汉隐帝身边的人："兵马在哪里？"之后就放箭射向他们。后汉隐帝掉转马头，跑到西北方向的赵村，追兵已经赶到，后汉隐帝下马躲进百姓家里，被乱兵所杀。

丁亥日，郭威率领百官到明德门向太后请安，并且上奏："军事国事繁多，请早日确立皇位继承人。"太后下诰命："郭允明弑君，国家不能无主。河东节度使刘崇、忠武节度使刘信，都是高祖皇帝的弟弟；武宁节度使刘赟、开封尹刘勋，是高祖皇帝的儿子。让百官们商议从中挑选一个合适的人吧。"刘赟，是刘崇的儿子，后汉高祖十分疼爱他，把他当作儿子一样养。郭威、王峻入朝在万岁宫觐见太后，请求立刘勋为皇位继承人。太后说："刘勋久病孱弱不能起身。"郭威出去告谕将领们，将领们请求面见刘勋，太后命人把躺在卧榻上的刘勋抬出来展示给将领们看，将领们这才相信。于是郭威与王峻商议立刘赟为皇位继承人。己丑日，郭威率领百官请求让刘赟登皇位。太后诰命有关部门，挑选吉日，准备皇帝车驾迎接刘赟即皇帝位。郭威上奏请求派太师冯道及枢密直学士王度、秘书监赵上交去徐州迎接刘赟。

十二月，壬子日，郭威渡过黄河，住在澶州。癸丑日早晨，即将出发时，几千名将士突然喧哗躁动起来。郭威命令关上大门，将士们翻过院墙闯进屋中说："天子一定要侍中您亲自来做，将士们已经和刘氏结仇，不能再立刘氏为皇帝。"有人扯下黄色的旗子披在郭威身上，一同用双手扶持着他，呼喊万岁的声音震动天地，于是拥戴郭威向南出发。郭威于是上笺给太后，请求供奉后汉宗庙，遵太后为母亲。丙辰日，抵达韦城，下官文安抚告谕大梁百姓，说昨天离开黄河岸边，在途中没有伤害大家一分一毫，不要担心怀疑。戊午日，郭威抵达七里店，窦贞固率领百官出城迎接拜谒，趁机劝郭威登基。郭威在皋门村驻扎下来。

郭威给刘赟送去书信，说自己被各军队逼迫，召冯道先回来，留下赵上交、王度在那里侍奉。冯道辞行时，刘赟说："我这次来所依靠的，就是您这位三十年的老宰相，因此没有任何怀疑。如今郭威夺走我的卫兵，事情危急，你打算怎么办？"冯道沉默。客将贾贞看了冯道几眼，想要杀他。刘赟说："你们不要草率，这里不关涉冯道的事情。"郭崇威将刘赟挪到外馆，杀死他的心腹董裔、贾贞等人。

庚申日，太后下诰命，任命侍中郭威监管国事。百官和藩镇首领相继上表劝郭威登基。

后周太祖广顺元年辛亥（公元951年）

春季，正月，丁卯日，后汉太后下诰命，授予监国郭威传国玉玺，即皇帝位。郭威从皋门入宫，在崇元殿即位，下制书："我是周室后裔，虢叔的后代，国号应该为周。"更改年号，大赦天下。杨邠、史弘肇、王章等人全部追赠官职，官府为他们收殓安葬，仍旧寻访他们的子孙依次任用。凡是掌管仓场、国库的官吏，不得收取额外的点滴钱财。从前以赋税盈余的名义进贡的物品，全部取消。犯偷盗和强奸罪的，全部按照后晋天福元年以前的刑法来定罪，如果不是谋反罪，不得株连亲族，不得收没家产。后唐庄宗、明宗、后晋高祖的陵墓分别设置十户守陵的人家，后汉高祖陵墓的职员、宫人，一年四季的供奉祭祀和守陵的人家户数按照过去的规矩。当初，后唐衰弱，盗贼很多，不用原来的法律条文，更改了更严峻的刑法，盗窃者的赃物达到三匹绢帛的价格就被判死刑。后晋天福年间，增加到五匹。强奸有夫之妇，不过问是强迫的还是自愿的，男、女一同处死。后汉法律规定，偷盗一钱以上就判死刑。不是谋反的大罪，往往也会株连亲族，抄没家产，因此后周太祖即位后，首先革除了这一弊政。